破产典型案例实务解析

——最高人民法院民事审判第二庭 编著——

人民法院出版社

图书在版编目（CIP）数据

破产典型案例实务解析 / 最高人民法院民事审判第二庭编著. -- 北京 : 人民法院出版社, 2025. 1.
ISBN 978-7-5109-4384-3

Ⅰ. D922.291.925

中国国家版本馆CIP数据核字第2024VP4896号

破产典型案例实务解析

最高人民法院民事审判第二庭　编著

责任编辑　刘晓宁
执行编辑　沈洁雯
出版发行　人民法院出版社
地　　址　北京市东城区东交民巷 27 号（100745）
电　　话　（010）67550572（责任编辑）　67550558（发行部查询）
65223677（读者服务部）
客 服 QQ　2092078039
网　　址　http://www.courtbook.com.cn
E - mail　courtpress@sohu.com
印　　刷　天津嘉恒印务有限公司
经　　销　新华书店

开　　本　787 毫米×1092 毫米　1/16
字　　数　475 千字
印　　张　28
版　　次　2025 年 1 月第 1 版　2025 年 1 月第 1 次印刷
书　　号　ISBN 978 - 7 - 5109 - 4384 - 3
定　　价　98.00 元

破产典型案例实务解析
编 委 会

前 言

破产审判既是人民法院审判工作的重要组成部分，也是构建高水平社会主义市场经济体制的重要环节。党的十八大以来，各级人民法院坚持以习近平新时代中国特色社会主义思想为指导，持续推动体制机制改革，为服务保障高质量发展，清出“僵尸”企业，挽救濒危企业，为依法防范化解风险等作出了积极贡献。与此同时，必须注意到的是，新形势新任务对破产审判工作提出了新的更高的要求，破产审判与市场主体需求、与构建高水平社会主义市场经济体制的要求还有一定差距，人民法院必须坚持从我国国情与实际出发，加强问题攻关破解，统一法律适用，不断推进破产审判体系和审判能力现代化。

《破产典型案例实务解析》一书的出版，旨在：一是总结破产审判中的重点、难点问题，进一步提升对全国法院破产审判的理念引领和业务指导，为企业破产重整工作提供有力的司法保障；二是通过破产案例解析，更直观地释法说理，促进社会提升企业破产法治意识和法律素养，为广大法律工作者和社会公众提供一份有价值和意义的学习资料。

本书从全国各级法院近年来审结的破产案件中，精选出70件具有典型性、代表性的案例，依照案件事实和法律适用中最为突出的重点难点问题，将70件典型案例分类为十二个主题。其中，一至七章主要遵循破产程序推进的时间顺序，按照预重整、债权审查认定和清偿方案设计、破产财产的归集和处置、重整方案设计、重整方案表决、关联企业合并破产、程序衔接转化的逻辑顺序分类编排；八至十二章则根据破产企业类型分类整合，涵盖上市公司、房地产企业、小微企业、金融机构等特殊主体破产问题，内容上实质体现各类破产法律问题的特殊性，体例上维持各章数量的大致平衡，聚焦主题，突出重点。在单个案例体例上，则主要包括企业基本情况、案件审理情况、主要法律问题及解决途径、审理经验、推荐理由几个部分。法律问题及解决途径、审理经验凝结了破产一线法官长期办理疑难复杂破产案件的心血和智慧。

总体而言，本书的编写有利于进一步明确法律适用，破解疑难问题，不断提升破产审判的专业化水平。但由于编写人员的水平有限，仍有诸多的疏漏和不足之处，恳请广大读者批评斧正。

本书编写组

2025年1月

目　录

第一章　预重整

一、海南新某通制药有限公司预重整转重整案

企业基本情况

海南新某通制药有限公司（以下简称新某通制药公司）系于 1994 年 7 月 29 日经海口市市场监督管理局登记成立的有限责任公司（自然人投资或控股），曾用名洋某南帝工贸发展有限公司，注册资本为 3318.18 万元人民币，登记地址为海南省海口市南海大道，经营范围如下：粉针剂（含头孢菌素类）、冻干粉针剂、小容量注射剂（均含抗肿瘤类）、片剂、硬胶囊剂、颗粒剂的生产，化工原料（危险品除外）、箱包、工艺品、首饰、钢材及加工，进出口业务按琼外经贸［2002］87 号文核准目录经营，水产品加工及销售，医疗器械的生产和销售，药品技术转让。

新某通制药公司有两个厂区，分别位于海口保税区（旧厂区）和海口药谷（新厂区），有成熟完备的生产线，有专门为残疾人开设的生产车间，部分药品占有较高的市场份额。该公司有较为可观的土地、房产等实物资产以及知识产权等无形资产。近年来，该公司因经营策略失误，深陷诉讼漩涡，核心资产被查封，导致资金链断裂，融资渠道被阻断，不能清偿到期债务，陷入经营困境。

案件审理情况

（一）审理经过、债权分类与分组表决情况

本案系执转破案件。因新某通制药公司不能偿还到期债务，债权人海南某通印务有限公司向海口市中级人民法院（以下简称海口破产法庭）申请破产清算。在海口破产法庭审查期间，新某通制药公司提出预重整申请。经审查研判，海口破产法庭于2022年7月8日决定对该公司进行预重整，并依据《海南自由贸易港企业破产程序条例》第18条规定，采用债务人和债权额占已知债权总额1/4以上的债权人联合推荐的方式，确定了临时管理人。债权人海南某通印务有限公司根据预重整工作开展情况，将其申请事项由破产清算变更为破产重整。2022年11月18日，海口破产法庭裁定受理海南某通印务有限公司提出的对新某通制药公司进行重整的申请，并根据联合推荐结果，指定预重整期间的临时管理人继续担任重整程序的管理人。

2023年1月11日，海口破产法庭主持召开第一次债权人会议，管理人沿用预重整期间的工作成果，制订了重整计划草案，提请债权人会议分组表决。表决组设置情况如下：设置有财产担保债权组、普通债权组对重整计划草案进行表决；设置出资人组对重整计划草案中涉及出资人权益调整的事项进行表决；职工债权和税款债权权益未作调整，按重整计划草案可实现现金100%清偿，不参加表决；劣后债权非单独债权，属于某一笔普通债权中部分金额的性质认定，不单独设置表决组。表决通过网络投票和书面投票相结合的方式进行。因部分债权人表决流程复杂，经管理人申请海口破产法庭同意，表决两次延期。经分组表决及二次协商，表决情况如下：（1）有财产担保债权组共5笔债权，债权总额为214 699 452.30元，全部同意重整计划草案，该组表决通过。（2）普通债权组共41笔债权，债权总额为175 837 447.66元。已作出表决的有38人，未表决3人。其中，34名债权人同意重整计划草案，占该组债权人总人数的82.93%，其代表的债权额为72 014 490.71元，占该组债权总额的40.96%，该组表决未通过。（3）出资人组共11名出资人，持股比例100%。已作出表决的有8人，未表决3人。其中，有5名出资人同意重整计划草案，合计持有的股权占新某通制药公司股权的72.43%，即出资人组已通过重整计划草案涉及出资人权益调整的事项。管理人认为重整计划草

案符合《企业破产法》第87条第2款规定，向海口破产法庭申请批准重整计划草案。

海口破产法庭经审查认为，有担保债权组、出资人组已通过重整计划草案，职工债权、税款债权按照重整计划草案将获得全额清偿。普通债权组虽未通过重整计划草案，但该组表决同意的债权人占该组债权人总人数的82.93%，符合大多数债权人的需求，且按照重整计划草案，普通债权的债权清偿比例预估为22.17%，而在破产清算状态下，普通债权的债权清偿比例预估为零。此外，按照重整计划草案，新某通制药公司投资人及其关联公司将为该公司提供医疗行业管理及技术方面的全方位支持，最大限度留用现有技术人员和职工，持续投入生产经营所需资金，挖掘其闲置产能，经营方案具有可行性。虽然普通债权组表决未通过，但重整计划草案有助于新某通制药公司通过重整实现重生，使其恢复经营活力，保持持续经营并不断发展壮大，践行其社会责任；有助于提高债权清偿率，维护全体债权人的合法权益。管理人提请法院裁定批准重整计划草案，符合法律规定，亦符合社会主义核心价值观。2023年4月6日，海口破产法庭裁定批准重整计划草案。

（二）投资人引进情况及清偿方案、经营方案

第一，在投资人引进方面，管理人通过预重整期间接洽、重整期间发布投资人招募公告，最终选定中清某事通（海南）制药有限公司（以下简称某事通公司）作为投资人，签署了《重整投资协议》，缴纳了1000万元重整保证金。某世通公司成立于2022年12月20日，注册资本为5000万元人民币，注册地为海南省澄迈县老城镇高新技术产业示范区海南生态软件园孵化楼五楼，所属行业为医药制造业。某世通公司由某清阖源有限公司（以下简称某清阖源）持股51%，为某清阖源投资控股的子公司，系某清阖源为重整投资新某通制药公司而专门设立。某清阖源有意开拓海南医药市场，有意在海南投资一个集“南药”“黎药”种植及深加工、药品研发生产、销售为一体的产业基地。经考察新某通制药公司的资产、生产技术及设备、人员、药品销售情况，某清阖源认为参与重整投资新某通制药公司符合公司业务需要，有助于优化公司整体产业布局，整合行业资源，打造集研发设计、生产制造、仓储物流、市场销售于一体的现代化中医药产业基地。

第二，在经营方案方面，投资人及其关联公司拥有成熟的医药制造、销

售、管理团队，拥有丰富的人才和资金储备，将为新某通制药公司提供医药行业管理及技术方面的全方位支持。重整成功后新某通制药公司将最大限度上留用现有技术人员和职工，持续投入生产经营所需资金，利用该公司现有商号及生产设备扩大生产及市场份额，整合、充分挖掘闲置产能，借助海南自贸港政策支持，走上持续经营、发展壮大的道路。经营风险，主要指经营环境发生重大改变，或市场行情陷入极度低迷，导致企业发生亏损可能无力承担留债金额的情况。投资人承诺：一方面，做好企业资产维护，及时足额购买保险。另一方面，加强政策研究，及时掌握政策动向，防患于未然。针对可能的市场行情变化，做好市场研究，抓好新某通制药公司产业布局，做大做强制药行业，同时积极加大对大健康产业、相关科研教育的投资，延伸产业链，增加企业产品的附加值。留债债权人同意重整后在符合条件的情况下为新某通制药公司提供不少于4000万元的流动资金贷款，适用基准利率基础上的优惠利率标准，促使其扩大产能，开拓市场，提升经营利润。

第三，在清偿方案方面，投资人投入现金6000万元（含保证金1000万元），用于清偿破产费用和共益债务以及职工债权和税收债权、普通债权（选择留债的除外），采用留债方式的有担保债权和部分普通债权不占用6000万元偿债资金。具体如下：（1）破产费用和共益债务依法随时由偿债资金全额清偿；职工债权和税收债权以现金方式全额清偿；普通债权（选择留债的除外）按照比例进行清偿，清偿比例预估为22.17%；劣后债权将不直接占用重整偿债资源，不再清偿。（2）有财产担保的债权按照留债方式偿还，留债期限8年，留债金额为未还款本金，债权人放弃利息、罚息、复息、违约金、诉讼费、迟延履行金和其他实现债权费用等债权，留债利率按每年3%确定，利息自重整计划草案获得法院裁定批准之日次日起算。同时，留债债权人承诺就债务免除部分（债权人放弃的利息、罚息、复息、违约金、诉讼费、迟延履行金和其他实现债权费用等债权）不再向所有担保人主张。原担保方式（仅指物保）不变，在新某通制药公司履行完毕有财产担保债权清偿义务后，有财产担保债权及担保物权消灭，债权人应协助注销抵押登记。未及时注销的，不影响担保物权的消灭。留债期间，若处置抵押担保物的，抵押担保物处置价款将优先用于清偿剩余尚未清偿的留债部分。普通债权的债权人选择以留债方式进行清偿的，留债期限、留债金额、清偿安排、留债利率、还款时间参照有财产担保债权的留债方式执行。

（三）衍生诉讼情况

海口破产法庭裁定受理重整申请后，新某通制药公司衍生诉讼共有 2 起，均为债权确认纠纷，尚在审理中。

主要法律问题及解决途径

（一）应通过何种形式启动预重整

全国各地探索不一，有通知书、决定书和其他形式。海口破产法庭认为，通知书一般用于人民法院通知相关事项，裁定书下发须有法律明确规定，而预重整是经人民法院审查后作出的一项决定，故宜采用决定书形式决定对债务人进行预重整。

（二）预重整是否必须听证

法律法规并未明确规定人民法院应就预重整事项组织听证，建议视案件情况尽可能组织听证，以免引发利害关系人异议甚至信访。

（三）采用联合推荐方式指定临时管理人的，是否还需征询其他债权人意见

《海南自由贸易港企业破产程序条例》第 18 条规定，债务人和债权额占已知债权额 1/4 以上的债权人可联合推荐管理人。联合推荐后，是否还需征询其他债权人意见？如征询，在已知债权人人数较多的情况下，可能会大大影响预重整工作进程；如不征询，可能会引起部分债权人异议甚至信访。建议根据债权人人数、债权额等因素考量是否征询意见。

（四）意向投资人公开招募可否在预重整阶段进行

如果在预重整阶段公开招募，可能会导致预重整进程拉长。如果只能在重整阶段招募，由于预重整阶段的意向投资人未缴纳任何投资保证金，可能会导致其在进入重整程序后随意退出，不利于预重整草案与重整计划草案的衔接，影响重整成功率。建议视案件情况决定是否在预重整阶段公开招募意向投资人，如果不招募，须对其无正当理由随意退出投资的行为作出合同约束。

（五）债权人有无权利对投资人提出尽职调查请求

如允许部分债权人进行尽职调查，可能会使其他债权人提出同样的请求，严重影响重整进展。如不允许，债权人可能会有异议，甚至在表决重整计划草案时，会因对投资人不够了解、不够信任而投反对票。建议由管理人组织尽职调查，债权人可选派代表参与。

（六）预重整期间执行程序是否中止

《最高人民法院关于适用〈中华人民共和国民事诉讼法〉的解释》第511条以及《最高人民法院关于执行案件移送破产审查若干问题的指导意见》第8条规定，执转破案件的执行程序在执行法院作出移送破产审查决定时应当中止，如预重整案件的来源是执转破案件，预重整期间执行程序应当中止。但对于非执转破案件下的预重整，法律并未规定执行程序应当中止。如果不中止，可能会导致债务人资产被执行，预重整的基础将不复存在，失去了预重整的意义，最终影响重整。如果中止，可能会导致申请执行人异议甚至信访。建议法律明确规定非执转破案件在破产审查期间执行程序应否中止。

本案中，个别申请执行人认为法律未规定预重整期间执行案件中止执行，要求继续执行，并多次向海口破产法庭和执行局提出异议甚至信访。虽然法律未规定预重整期间执行案件中止执行，但由于预重整发生在“破产申请”阶段，且为执转破案件，根据法律规定，执行程序应当中止。

（七）相关权利人是否需对重整计划草案进行表决

相关权利人对预重整草案作出是否同意的意思表示前，临时管理人应书面告知该权利人，如预重整草案与重整计划草案内容一致或无实质性变化，重整计划草案不减损该权利人在预重整草案中的权益的，对预重整草案的同意视为对重整计划草案表决同意。在该权利人投反对票或弃权的情况下，上述告知事项可以作为法院强裁的依据。

（八）重整计划草案中采用留债方式清偿债务的，留债期间如债务人未履行义务应如何处理

《企业破产法》规定重整计划执行期间，如债务人未履行或无法履行重整计划草案的义务的，人民法院根据申请应宣告债务人破产，进行破产清算。

但对于重整计划执行期满后，债务人未履行留债期间义务的行为应如何认定、处理并无规定，是由债权人起诉债务人追究其违约责任还是向法院申请对债务人进行破产清算，建议法律对此予以明确。

其他审理经验

一是人民法院在决定是否受理预重整申请之前应尽可能组织债务人、出资人及已知债权人听证，以免引发利害关系人异议甚至信访。

二是对于预重整/重整案件尽量不采用摇号方式指定临时管理人/管理人，宜采用联合推荐或公开竞争方式选任。

三是加强府院联动，人民法院在决定是否受理预重整申请时应积极与企业所在地政府进行沟通，争取当地政府支持；在预重整阶段充分组织意向投资人、主要债权人、债务人形成良性沟通交流机制，做好各项预判，避免重整程序中问题、风险突发而陷入被动局面。

推荐理由

本案为海南首例预重整转重整案，该案创新了管理人选任方式，采用债务人和债权人联合推荐选任的方式确定临时管理人。

二、紫某集团有限公司等 7 家公司实质合并重整案

企业基本情况

紫某集团有限公司（以下简称紫某集团）以云网、集成电路为主营业务，是我国“芯云”产业的龙头企业。旗下上市公司紫某股份和紫某国微分别是其云业务和安全芯片业务的核心企业，是集团最优质的资产。在过去的几年中，紫某集团在境内外大举并购，多数投资难以在短期内形成盈利回报，负债规模持续扩大。2020 年年底，因业务亏损、财务指标恶化，紫某集团现金流枯竭，巨额到期债务无法偿还。为进一步研究化解企业债务风险，2021 年年初，在紫某集团股东清某控股有限公司的邀请下，专门工作团队进驻紫某

集团，随后有效稳住企业基本面，维持企业持续运营，并在此阶段摸清了企业债务和资产规模，最终明确紫某集团已经资不抵债，很难通过庭外重组化解巨额债务，亟须进入司法重整进行救援。

案件审理经过

为市场化、法治化推进债务化解工作，2021 年 7 月 16 日，北京市第一中级人民法院（以下简称北京一中院）裁定受理紫某集团重整案。此后，紫某集团管理人申请对紫某集团等 7 家公司进行实质合并重整。经审查，北京一中院认为，紫某集团与北京紫某通信科技集团有限公司、北京紫某资本管理有限公司、西藏紫某大器投资有限公司、西藏紫某卓远股权投资有限公司、西藏紫某通信投资有限公司、西藏紫某春华投资有限公司之间法人人格高度混同，区分各关联企业成员财产的成本过高，对其实质合并重整有利于保护全体债权人的公平清偿利益，降低清理成本，增加重整可能性，提高重整效率，故于 2021 年 8 月 27 日裁定对紫某集团等 7 家公司进行实质合并重整。

重整中，债权人、行业专家、管理人组成评审小组，通过对公开招募的投资人“背对背”打分，与其进行竞争性谈判，法院最终选定智某建广联合投资体为本次重整主体，引入 600 亿元现金偿债。其后出台的重整计划草案中的清偿方案明确，120 万元以下的部分均获得全额现金清偿；普通债权 120 万元以上的部分可在“现金+股票抵债+3 年期留债”“现金+股票抵债+5 年期留债”“现金+8 年期留债”三种清偿方式中任选一种获得清偿，重整债权清偿率预期可达 95%～100%。2021 年 12 月 29 日，债权人召开第二次债权人会议，分组表决重整计划草案。因紫某集团不欠付职工工资，在重整中全额清偿所欠税款，因此本次表决仅设置担保债权组、普通债权组和出资人组。会上各表决组高票通过重整计划草案。2022 年 1 月 14 日，北京一中院裁定批准重整计划。

在为期 6 个月的重整计划执行期间，债务人企业共向 1062 家债权人偿付资金 596.29 亿元。2022 年 7 月 13 日，北京一中院裁定确认紫某集团等 7 家公司实质合并重整案重整计划执行完毕，并终结紫某集团等 7 家公司重整程序。

该案中，法院帮助我国有较大行业影响力的千亿级高科技企业集团实现重生，是有效化解企业重大风险、助力优化营商环境的典型范例。本次司法重整为企业引入600亿元投资，一年内依法平稳化解1500多亿元债务，促使集团体系内298家企业持续运营，保留5万多个职工岗位，该案在引入资金额度、债权清偿率、即时清偿效果三个方面走在全国大型企业集团类重整前列。该案入选“新时代推动法治进程2022年度十大案件”、2022年度“全国破产经典案例”。

主要法律问题及解决途径

（一）做好庭外工作与庭内程序的有效衔接

当企业陷入经营困境时，此时不仅需要企业自行判断自己的债务规模和风险，而且债权人或者相关主管部门也需要对相应风险加以研判。在陷入困境后，债务人自行清产核资一般会存在较大难度，主要有以下四个原因：一是内部治理通常会陷入瘫痪，事实上无法推进相关财务审计等工作；二是陷入困境的企业通常有公司管理或决策方面的失误，相关管理层、股东担心被追责，因此主动梳理债权债务，邀请第三方进驻可能性较低；三是根据我国《企业破产法》的规定，重整时资不抵债企业的出资人权益通常会受到影响，因此重整对于原股东并没有好处，导致其不愿意尽早开始破产程序；四是陷入困境的企业通常已伴随很久的债务违约，很难取得债权人信任，因此也难以开展有效的庭外重组。我国仅在金融相关行政监管制度中明确金融监管部门可以对金融机构进行接管，但是对于我国在相关行业、产业中有重要地位，其债务危机可能引发连锁反应的大型集团企业，我国目前法律法规上没有第三方进驻或接管的强制规定，不利于风险的早期识别。

紫某集团作为某大学下属企业，其主营业务涉及国家科技领域重大攻关项目，且其债务风险波及上下游多个产业，风险外溢性明显。此时，有必要由中立第三方进驻，及时摸清企业资产、债务规模和风险，尽早开展拯救工作，识别企业营业市场价值。在紫某集团重整案件中，两位股东协商同意由政府推荐的第三方专门工作团队进驻，在《公司法》框架内加快诊断企业困境原因，尽早谋划脱困方案，实现庭外诊断与庭内重整的有序衔接。

（二）采用整体承接的存续式重整模式

采用存续式重整模式有利于降低重整资产交易成本，有效保留企业原有专业职工队伍，平稳实现法人机构更迭。在本案审理过程中，争议比较大的是采用何种重整模式。重整过程中，在最终确定投资人之前，有投资人主张仅出资购买紫某集团的核心业务资产，这就意味着需要选择本案重整模式。管理人向法院报告，如果最终确定的投资人仅购买核心业务资产，那么剩余资产则打包给信托计划进行处置。法院要求管理人明确剩余资产项目及价值，在此基础上，法院认为，由于剩余资产多数为股权，项目少且价值低，如果采用出售式重整模式，则剩余资产应当由管理人按照破产清算程序进行拍卖处置变现和分配，不建议在出售式重整中采用信托模式处置剩余资产。在法院释明下，管理人明确表示如果采用出售式重整模式，剩余财产由管理人负责处置。此后管理人在组织遴选投资人过程中，重点关注是否有整体承接的意向投资人，最终通过各方不懈努力，选定了出资额最高且能对紫某集团资产进行整体承接的投资人。

破产重整案件办理过程中，债权人会议和管理人职责有一定的界限和划分，事事提交债权人会议决策并不经济，效率也低下。大型集团企业所涉债权人众多，在招募投资人、重整模式选择等方面，涉及各种专业、经济等考量因素，此时难以通过组织债权人会议来决策选择。因此，在管理人决策过程中，法院要发挥好监督指导职能，提前就相关方案进行了解沟通，紧紧抓住考察管理人开展工作的相关法律依据及利害关系人权益保护这两个重点，及时指导监督相关工作开展，对于不符合法律精神、增加破产成本等方案、做法，也及时加以指导改善。

（三）关于本案管理人报酬的确定

1. 以债权人在重整程序中所受实际清偿作为报酬计算基数

管理人以普通债权金额 1165. 83 亿元作为计算报酬的基数，但是该基数并不符合《最高人民法院关于审理企业破产案件确定管理人报酬的规定》第 2 条规定的“最终清偿的财产价值总额”的要求。紫某集团等 7 家公司重整计划中针对普通债权的清偿方案如下：120 万元以下部分全额现金清偿。120 万元以上债权部分提供三种清偿方案选择权，债权人可以在三种方案中任选一种进行受偿。方案一：现金+股票抵债+3 年期留债；方案二：现金+股票抵债+5 年期留债；方案三：现金+8 年期留债。方案中以留债偿还普通债权的清偿方式，尚未清偿完毕，需要重整后的紫某集团利用经营所得去偿还，故留债金额不应纳入“最终清偿的财产价值总额”进行计算。

截至2022年7月13日，法院裁定终结重整程序，紫某集团已经清偿的债权金额如下：（1）普通债权现金清偿额为436.385亿元；（2）以下属上市公司股票抵债方式清偿的普通债权金额为62.075亿元；（3）已清偿三个方案中普通债权的留债利息为12.895亿元；（4）税款债权清偿金额为2.06亿元。前述四项金额共计513.415亿元，并以此作为“最终清偿的财产价值总额”来计算管理人报酬。

2. 确定律所报酬金额时的考量因素

一是律所在本案中取酬的性质。紫某集团重整案诸多超常规的疑难复杂及关键性问题已通过府院联动工作机制牵头协调解决，加之北京市相关部门领导和公务员逾30人被纳入管理人团队，发挥重要作用，且不收取任何报酬。故律所作为管理人聘用的第三方中介机构，应当根据《最高人民法院关于审理企业破产案件确定管理人报酬的规定》第15条的规定，按照其履职情况收取相应报酬，不应收取属于管理人的总体报酬。

二是管理人团队构成情况。法院指定的紫某集团清算组担任管理人，共有18名清算组成员，有16人系来自中央、北京市政府部门的公务人员，占比89%。在紫某集团整个风险处置过程中，有15名公务员日常参与各种重整工作事务。律所参与协助整个风险处置工作，并负责其中的法律事务。

三是其他考量因素。在整个重整期间，管理人聘用了紫某集团原有高管开展日常经营等工作，并用债务人财产支付了相应工资报酬。因最高人民法院发布涉紫某集团下属企业“三中止”支持政策，在整个重整程序中，律所未参与衍生诉讼。本案聘用天某国际会计师事务所从事审计及税务筹划工作，聘用北京天某兴业资产评估有限公司从事本案资产评估工作，聘用中国某金融股份有限公司担任本案财务顾问，在紫某集团风险处置期间，参与重整投资人招募等工作。

考虑到央地两级府院联动工作机制在本次重整中起到的决定性作用，以及政府部门、其他第三方中介机构的参与，应给予律所管理人总体报酬数额的30%~50%作为报酬。具体考虑到律所所提供的法律服务在整个重整案件中的工作量、工作难度及贡献，给予其管理人总报酬数额的38%作为报酬。

三、福建省龙岩龙某化工有限公司预重整转重整案
——预重整与重整程序的衔接运用

企业基本情况

新冠肺炎疫情期间，福建省重要的防疫消毒物资生产企业福建省龙岩龙某化工有限公司（以下简称龙某公司）却陷入了破产困境。龙某公司始建于1970年，2003年由国有企业改制为民营企业，是一家以氯碱化工、精细化工为主导产业，为轻纺、冶金、造纸、化工、食品、塑料等行业提供基础化工原料的企业，其主要产品为烧碱、ADC发泡剂、盐酸、双氧水、漂白粉、漂白液等。作为一家具有50多年历史的大型危化品企业，其年产值达5亿余元，年均纳税达2000余万元，企业员工超过400人。新冠肺炎疫情出现后，消毒剂等重要抗疫物资紧缺，龙某公司作为主要消毒剂生产企业，全力保障消毒产品供应全省、辐射全国，为抗击疫情和地方经济发展、解决地方就业作出了重大贡献。因陷入高管及股东对外投资的担保链诉讼，该主营业务优良的企业濒临破产，至2021年9月，龙某公司账面资产为2.3527亿元，负债近20亿元。

案件审理经过

因龙某公司化工物料多且易燃易爆，其破产不仅会使400余名职工失业、生产车间无序运行，还会产生化学品泄漏或爆炸的危险，严重威胁当地居民安全及生态环境，为避免矛盾集中爆发，法院决定借力“新型府院联通机制”，对公司进行预重整。2021年7月19日，龙岩市中级人民法院（以下简称龙岩中院）指导龙岩市新罗区人民政府牵头成立由政府各职能部门和北京德某（温州）律师事务所组成的预重整协调工作组及清算组，正式启动预重整程序。预重整期间接收债权申报33个，总额共计23亿余元，最终确认债权16亿余元。9月25日，债权人及出资人分组预表决通过《预重整计划草案》。9月27日，龙某公司向法院提交《重整申请书》，法院于9月28日裁定受理其申请，并指定清算组继续担任管理人。2021年11月5日，第一次债权

人会议召开并高票通过《重整计划（草案）》，其中出资人组、优先债权人组100%表决通过，普通债权组通过人数过半、金额占比90.51%。

申请人龙某公司管理人制订的重整计划草案，经债权人分组表决通过，且表决程序合法。2021年11月16日，龙岩中院根据龙某公司管理人的申请，依据《企业破产法》第86条第2款之规定，裁定批准龙某公司重整计划并终止龙某公司重整程序。本案从受理重整申请到批准重整计划仅49天。

按重整计划，龙某公司“运营板块”以评估价2.3亿元在阿里破产拍卖平台起拍，经过41轮竞价，最终以4.222431亿元确定重整投资人，实现近80%的溢价率，并于2021年12月16日实现款项到位、公司交接完毕。龙某公司重整成功引起较大反响。新罗区人民政府向法院致感谢信，债权人、债务人、企业职工分别向龙岩中院送来锦旗。该案被全国十余家主流媒体竞相报道，并写入2021年福建省高级人民法院、龙岩中院的省、市“两会”工作报告。

本案是预重整衔接重整程序提升审理质效的有益探索。一个负债16亿余元的企业从7月19日启动预重整到11月16日重整成功合计用时不超过120日，而重整仅用时49日。在预重整程序中由债务人与债权人自主协商谈判既尊重当事人意思自治，又符合市场规律，同时维护了企业商誉，促进了正常经营，保存了企业重整价值，避免了更激烈的社会矛盾。

主要法律问题及解决途径

关于预重整，目前仅有《全国法院破产审判工作会议纪要》第22条以及《全国法院民商事审判工作会议纪要》第115条作出相关规定，但具体操作规范及指引均处于探索阶段。理论界和各地法院的实践中对于预重整的观点也存在分歧，体现在预重整的功能定位、启动主体及要件、临时管理人或者辅助机构的选定及职能定位、司法程序的介入程度等方面。本案中，针对龙某公司这一特殊危化品企业所涉及的诸多问题，法院经分析研判后，在遵循市场化重整及强调当事人的意思自治的基础上，引入预重整程序，将困境企业拯救中的疑难问题提前处理，减轻了对企业商业信誉的负面影响，避免了企业自救失败和直接进入破产重整程序的不可逆性，并克服了重整程序中存在的时间较长、成本高昂、风险较大等顽疾。

（一）从预重整的功能定位看本案路径选择之必要性

最高人民法院在2018年3月4日公布的《全国法院破产审判工作会议纪要》中关于预重整制度的表述①，是从当事人合意角度出发，赋予了预重整以破产重整程序前当事人进行债权债务协商谈判、实现企业自我救治的功能定位。在此定位下，预重整兼具灵活性与预先性，且预重整失败不直接产生企业破产的不可逆后果。本案中，龙某公司现有市场渠道稳定，具有优良的经营价值。但同时，龙某公司也面临着不可调和的棘手难题：龙某公司作为危化品生产企业有严格的申请、审批条件，该行业专业要求高，投资风险大；企业职工队伍庞大且身份复杂，多数职工已历经一次国企改制，职工群体凝聚力强且具有丰富的谈判经验，妥善安抚职工情绪、保证车间有序运行成为重大挑战；另外，金融债权占比较大势必导致重整表决难度大。针对龙某公司现状及存在问题，直接通过政府行政干预或者径直进入破产重整都易激化矛盾，且未必能最大化盘活资产、最大化维护和平衡债权人及债务人利益。此时，融司法程序与自力救济程序优点于一身的“预重整”成为化解本案难点的最优选择。

（二）预重整启动主体及要件

有学者认为：预重整是当事人之间在法庭外自愿协商重组的过程。法院仅对法庭内的事务享有司法权力，对法庭外当事人自愿协商重组是无权力干预的，这是基本的法律规则。② 这种理念也为目前实务界提供了参考。本案中，龙岩中院指导龙岩市新罗区人民政府牵头成立由“政府各职能部门+北京德某（温州）律师事务所”组成的预重整协调工作组及清算组，并以政府发文形式宣布于2021年7月19日正式启动预重整程序。

在预重整程序的启动过程中，尤其要注意债务人适用预重整的必要条件审查、保障当事人在法庭外协商的自愿性、市场化运作的公开透明化以及程序的合法化等基本要件，优势是要从市场化、透明化运作上去保障各方合法权益，提高债权清偿率。具体到本案中，表现在如下三个方面：

---

① 在企业进入重整程序之前，可以先由债权人与债务人、出资人等利害关系人通过庭外商业谈判，拟定重整方案。重整程序启动后，可以重整方案为依据拟定重整计划草案提交人民法院依法审查批准。

② 王欣新：《建立市场化法治化的预重整制度》，载《政法丛坛》2021年第6期。

第一，公开遴选第三方专业审计、评估机构。以询邀方式发出邀请函，组建由清算组成员代表、债务人代表、债权人代表三方组成遴选工作小组，制订遴选工作方案及遴选评分细则，全程视频录音录像，保证程序的公正，并加入面试环节，对排名前三的中介机构进行面试，将本案案情和要求向其进行介绍，双向选择。最后将竞标资料及面试环节得分最高的机构确定为龙某公司重整案的审计、评估机构。

第二，创新引入“分拆式重整”。龙某公司作为本地知名大型危化品生产企业，名下资产除传统的土地、厂房、车辆、生产设备外，还涉及商标、危化品生产证照以及大量对外股权投资、应收债权等，整体打包处置难度大，变现时间长。在传统重整模式已无法挽救企业的情况下，管理人将龙某公司的资产分拆为“运营板块”和“非运营板块”两部分，将与运营有关的土地使用权、排污权等无形资产以及房屋建筑物、构筑物等有形资产组成“运营板块”，以评估价2.3亿元作为起拍价，通过竞价方式引入重整投资人；其他资产归入“非运营板块”，由管理人继续清查处置，所得款项用于清偿债权人。通过“分拆式”的重整方式，一方面保留了债务人的主要营业事务，盘活了资产，另一方面也通过最高效的资产处置方式使资产价值最大化，维护了债权人的合法权益。

第三，公开市场化引入投资人。龙某公司危化品行业的特殊性质，未来可持续经营、员工就业稳定等问题，对重整投资人的实力、经验、匹配度要求更高。管理人多渠道公开发布重整投资人的招募公告，并要求意向投资人参与竞拍前提交有关经营方案，了解意向投资人在竞价成功后对企业的管理及规划，确保新龙某公司能够获得新生。为了保证龙某公司未来持续稳定的运营以及对重整投资人的投资负责，管理人在阿里破产强清平台设置了资格审查的账号，意向投资人在获得管理人提供的竞价资格确认书后才可参与竞价活动，保证竞价活动的顺利开展。经过41轮竞价，法院最终以422 243 100元确定重整投资人，实现近80%的增幅溢价，大大提高了债权人的清偿率。本案是破产重整程序充分市场化、透明化、法治化的典型案例。

（三）临时管理人或者辅助机构的选定及职能定位

对于预重整程序中临时管理人的选定及职能定位问题，目前尚无明确规定。但预重整的成果最终需要法院裁定认可，这就必然导致从程序启动到法院裁定认可预重整成果的中间程序必须符合法律规定。如何才能既程序合法，又高效有序地推进预重整呢？仅凭债权人、债务人自身的市场化谈判恐难兼顾程序的合法性和实质的公平性，因此临时管理人制度呼之欲出，也成为解决问题的重要一环。在近两年的司法实践中，有的法院对预重整中的临时管理人作了明确规定，比如苏州工业园区人民法院出台的《苏州工业园区人民法院审理破产预重整案件的工作指引（试行）》第2条提到“……在法院受理重整申请前，指定临时管理人协助债务人对具有重整原因的债务人参照《企业破产法》第八十一条规定，制定预重整草案，并征集利害关系人意见形成预重整方案的程序”，这是明确提到预重整中临时管理人角色的文件。

在龙某公司预重整案中，仅凭债务人、债权人自行开展预重整，很难解决如高危化工品企业生产事故的防控、近百名职工潜在闹访风险、部分竞标人联合多方力量及债权人阻挠竞价招募投资人等问题，一个强有力的临时管理人既可以厘清问题，又能确保预重整依法推进。在借鉴和创新的基础上，龙岩中院打破传统的“府院联通”工作模式，将政府管理、协调的角色转换为案件深度参与者，创设出新型“府院联通”机制之下的临时管理人制度，在保障市场化、法治化前提下凝聚最大审判合力。

1. 组建管理人：“政府职能部门+律师事务所”

预重整中，法院指导成立由新罗区政府办、金融办、国资办、龙雁经开区管委会以及北京德某（温州）律师事务所共同组成的预重整清算组，并由其担任预重整临时管理人以及重整管理人，发挥“政府职能部门+律师事务所”作为管理人的最大优势，在涉及企业安全生产、证照资质维护、股权登记过户、债务重组收益涉税问题以及与政府职能部门沟通协调等方面实现“府院联通一站式处理”，对维护破产企业稳定、增强债权人及职工信心产生积极影响，对破产案件的顺利推进起到重要作用。

2. 分工与协作：凝聚最大化审判合力

政府、法院、管理人各司其职，信息互通、互相配合。区政府牵头成立预重整清算组推进案件进程，第一时间掌握涉危、涉稳、涉疫问题并及时研判处理，创造良好的营商环境，极大坚定了投资人重整企业的信心，为本案最终确定投资人打下了坚实的基础；人民法院对重整工作全程提供合法合规指导和监督；管理人在维护企业生产经营、稳定职工、核查债权、招募投资人、制订重整方案、债权人的沟通协调等具体工作中发挥作用。三方形成以市场主导、法院指导、政府引导的新型“府院联通”形式，职责明确、界限清晰。政府成为破产案件管理人的一员，可以免去传统“府院联通”中的沟通、协调等中间环节，使政府及时全面掌握相关信息，既积极主动作为，又保持高度的职能谦抑性；律师事务所与政府管理人共同搭档，由律所对企业具体重整事务和债权债务关系主导推进，同时保证政府管理人依法履职不越界；法院则全程对管理人工作进行细致的指导与严格的监督，凝聚形成市场化、法治化下的最大审判合力。

（四）司法的介入程度——危化品生产企业在预重整与重整的有效衔接中实现“无感重整”

在预重整制度中，法院一般不介入预重整程序，对债权登记、资产评估、重整草案制订及最终的表决不会过多地介入，而仅仅在预重整成果需要得到法院认可时才发挥司法审查作用。本案龙某公司作为危化品生产企业，对物料保管及设备操作都有专业要求，部分岗位还需要24小时值守，稍有疏忽都有安全隐患。由于公司原法定代表人及大股东因涉嫌犯罪已被采取强制措施，公司400余名职工的管理和企业有序运行成为重中之重。为保证企业平稳生产、安抚职工情绪、保留技术队伍，法院厘清公司现有管理班子，决定由管理人监督龙某公司自行管理财产和营业事务，并将破产重整的债权审核、资产审计评估、重整计划制订、表决和通过等重整程序中的核心事务提前在预重整程序中完成，最大限度降低舆情风险，避免引起社会波动，为后续重整程序做足准备。进入重整程序后，绝大部分债权人对预重整表决效力直接带入重整程序并无异议，仅有个别债权人要求在重整程序中变更预表决意思表示。法院对债权人同意将《预重整计划草案》表决效力带入重整阶段的意思表示依法予以认可，且不剥夺其在重整程序中就《重整计划（草案）》再表决的权利，大大提高破产案件审理质效。从预重整到重整，该危化品生产企业经营稳定有序、职工情绪平稳，真正实现“无感重整”。

其他审理经验

对于重大疑难破产案件，法院要在市场化导向的前提下，综合分析企业的生产效能及生存价值，在现行破产法框架内灵活运用破产清算、重整及和解制度。在债务人具有重整价值和挽救可能的基础上因企施策，积极探索适用预重整程序，将债权审核、资产评估、财务审计、沟通各债权人表决重整计划草案等耗时耗力的工作提前至破产重整程序前进行，并将预重整中的工作成果与重整程序进行衔接，大大提高重整效率和成功率，充分发挥预重整的成本优势和效率优势。

四、天津市金某调味品有限公司破产重整案
——拯救特色国企升级转型

企业基本情况

天津市金某调味品有限公司（以下简称金某公司）成立于2002年10月14日，注册资本为人民币426.76万元，法定代表人为李某莉，住所地为天津市静海区陈官屯镇。经营范围如下：许可项目：调味品生产；食品生产；食品经营；道路货物运输（不含危险货物）；货物进出口；技术进出口。一般项目：农副产品销售；包装材料及制品销售；日用杂品销售；非居住房地产租赁；食用农产品零售；食用农产品初加工。

金某公司股东包括两个：分别为天津某品进出口股份有限公司（以下简称某品公司），出资额为384.08万元，持股比例为90%；天津市某工贸总公司，出资额为42.68万元，持股比例为10%，股东出资均已实缴。

金某公司生产的产品采用的是固态纯人工发酵传统工艺，所以人工成本较高，产量不高，产品销售渠道主要是出口，因出口产量一直无法提升，导致各项费用增高，加之环保、职工因欠薪停工等问题，进而导致企业经营连年亏损。

案件审理情况

（一）案件主要审理阶段

申请人某品公司因被申请人金某公司不能清偿到期债务且明显缺乏清偿

能力，依法向天津市第二中级人民法院（以下简称天津二中院）申请对被申请人进行破产重整。金某公司对某品公司的申请无异议。天津二中院经审查认为符合法定的破产重整条件，于2021年12月30日依法出具（2021）津02破申234号民事裁定书，裁定受理金某公司重整案，并指定天津某展律师事务所担任管理人。

2022年3月29日，本案召开了第一次债权人会议，管理人向法院和债权人汇报了自接管以来开展的主要工作情况。

2022年12月19日，金某公司召开第二次债权人会议，会议表决通过了《天津市金某调味品有限公司重整计划（草案）》。

2022年12月28日，天津二中院作出（2021）津02破1号之二民事裁定书，裁定批准金某公司重整计划并终结重整程序。

（二）债权核查情况

本破产重整案件共有13家债权人向管理人申报了债权，申报债权金额为15 802 912.74元。经管理人核查确认，破产费用为15万元，由投资人天津市天某园调味食品有限公司（以下简称天某园公司）垫付，用于支付审计费、评估费、邮递费、公告费等破产费用；职工债权共1个，涉及债权金额为2 893 618.77元，即天某园公司垫付的职工社保费用64 161.15元和经济补偿金费用2 829 457.62元；普通债权共11个，涉及债权金额为12 293 558.33元。

（三）重整计划草案表决情况

2022年12月19日，金某公司召开第二次债权人会议，对《天津市金某调味品有限公司重整计划（草案）》进行了表决，结合债权申报与审查情况，金某公司债权分为职工债权和普通债权两类。表决设置了职工债权组、普通债权组以及出资人组，三组均表决通过了《天津市金某调味品有限公司重整计划（草案）》。

（四）清偿及经营方案情况

1. 出资人权益调整方案

金某公司原有股东为某品公司（持股比例90%）和天津市某工贸总公司（持股比例10%），因金某公司已严重资不抵债，生产经营和财务状况均已陷入困境，如果进行破产清算，现有资产在清偿各类债权后已无剩余财产向出资人分配，故出资人权益应当为零。某品公司需将其持有的90%股权全部转让给战略投资人，但由于金某公司房产土地性质为集体土地，故股东天津市某工贸总公司持有金某公司10%的股权继续保留，重整草案执行完毕后的相关事宜，由重整投资人与天津市某工贸总公司另行协议约定。

2. 债权调整及受偿方案

对职工债权、税款债权以及除股东食品公司和投资人天某园公司之外的9户普通债权人进行全额清偿，对股东某品公司和投资人天某园公司的债权在10万元以下的部分进行全额清偿，10万元以上的部分按照12.14%的清偿率进行清偿。

3. 经营方案

金某公司主要生产“长城”牌浙醋，具有传统固态发酵技术，选择优质原料纯粮酿造，属于“非物质文化遗产”，具备良好的市场前景，继续经营的价值较高。战略投资人承诺在未来五年内将在保有金某公司传统浙醋工艺的基础上，强化企业生产管理，提高产品研发创新，加快企业产能升级，发挥特色产业文化优势，筹建天津市浙醋博物馆，以促进该镇文化旅游融合，促进当地就业和经济发展。

4. 重整计划的执行期限及监督期限

重整计划的执行期限为自法院裁定批准重整计划之日起6个月内，监督期限与执行期限一致。

（五）投资人引进情况

在某品公司提出重整申请后，正式进入重整前，天津二中院主审法官经过查阅立案材料以及与申请人、被申请人、意向投资人等多方进行深入沟通后，发现本案涉及的职工较多，职工问题属于本案最主要的问题之一，为保障职工权益以及后续重整的顺利进行，通过深入研究探讨后决定参考预重整制度，通过公证提前解决主要的职工问题，后由意向投资人天某园公司垫资以公证形式向35名职工进行了安置补偿，为后续重整的顺利开展奠定了稳固的基础。重整期间，天津二中院依法有序推动重整各项工作，指导管理人对金某公司开展财产全面调查，受理债权申报与审核、调查职工债权、进行资产审计评估及税务筹划、召开债权人会议、遴选重整投资人、资产管理和维护、制作重整计划草案等工作。

尽管本案在受理之前已存在意向投资人，但是为了保障案件的公平公正，更好地维护债权人合法权益并保障破产重整程序的顺利进行，第一次债权人会议后，管理人积极推进重整投资人公开招募以及重整计划草案的制订工作。2022 年 6 月 15 日，管理人在全国企业破产重整案件信息网上发布了招募投资人公告，后有 3 家意向方来电咨询，截至 6 月 30 日，管理人仅收到了 1 家意向投资方提交的书面材料和保证金，该意向投资人为天某园公司。后于 2022 年 7 月 11 日，管理人发布了关于确定重整投资人的公告，确定天某园公司为本案的重整投资人。

（六）衍生诉讼情况

本案存在三件衍生诉讼案件，即两件职工债权确认诉讼案件和一件买卖合同纠纷执行案件。针对两名职工的诉讼，在天津二中院的指导沟通下，管理人最终说服投资人与两名职工签署“一揽子协议”，由投资人对二人进行一定金额的补偿后，二人撤诉。在重整程序终结后，执行案件的申请执行人债权得到了全额清偿，执行法院予以结案，对金某公司及其法定代表人采取的执行措施予以解除。

主要法律问题及解决途径

（一）关于延期提交重整计划的确定

2022 年，受新冠肺炎疫情影响，投资人引进以及资产审计评估无法如期完成，管理人遂向天津二中院申请延期提交重整计划草案，天津二中院后根据《最高人民法院关于依法妥善审理涉新冠肺炎疫情民事案件若干问题的指导意见（二）》第 20 条第 1 款“在破产重整程序中，对于因疫情或者疫情防控措施影响而无法招募投资人、开展尽职调查以及协商谈判等原因不能按期提出重整计划草案的，人民法院可以依债务人或者管理人的申请，根据疫情或者疫情防控措施对重整工作的实际影响程度，合理确定不应当计入企业破产法第七十九条规定期限的期间，但一般不得超过六个月”的规定，批准同意管理人的申请，并告知管理人尽快积极推进重整相关工作进程。

（二）关于破产财产价值的确定

根据《企业破产法》第61条之规定，债权人会议具备通过重整计划等职权。评估报告应当准确反映被评估财产的价值，债权人才有可能获得充分合理的清偿。本案中，因评估机构出具的报告存在诸多错误，存在评估结果准确性存疑等情况，天津二中院指导管理人召开债权人会议协商确定了最终的破产财产价值，巧妙化解了二次评估带来的时间和经济成本支出。天津二中院委托天津某资产评估事务所有限公司出具津华天盛评字（2022）第033号《资产评估报告》，显示：评估基准日为2022年3月31日，评估价值为1305.10万元，增值率为221.15%。上述评估报告结果管理人经向债权人、股东方、债务人进行告知后，债务人、部分债权人及股东方均提出了书面异议，认为该评估报告存在内容记载多处数值计算错误、引用数据错误、报告披露的实物状态与实际情况严重不符、评估值明显背离正常逻辑、实物资产状况未核实清楚等诸多严重错误情况，异议人认为该评估报告不能作为重整资金的参考标准。管理人就异议人反映的情况向评估机构书面致函，要求予以合理解释并进行修改，评估机构仅认可数值计算错误、引用数据错误等情况。但鉴于该报告的重大瑕疵和极为不严谨，管理人及异议人认为修改后的报告结果也已不能作为衡量重整资金的参考标准，因此，为避免阻碍重整进程，避免出现破产清算的结果，管理人在向天津二中院请示后召开了债权人沟通会，向全体债权人说明了评估报告存在的问题，结合审计报告以及市场同类资产拍卖价值进一步确定破产财产价值，并在重整计划草案中对该事项予以说明，取得了债权人的一致同意，更好地维护了债权人的合法权益。对此，人民法院予以认可。

（三）关于涉诉职工问题的化解

本案中，金某公司存在两名职工要求补缴1993年至2008年欠缴的医疗、失业、工伤生育保险以及返还1993年至2008年个人垫付的社保款的相关未决诉讼案件。在天津二中院的指导沟通下，管理人最终说服战略投资人与两名职工签署“一揽子协议”，由战略投资人对二人进行一定金额的补偿后，二人撤诉，并承诺不再向金某公司提起相关诉求。此举不仅体现了对劳动者权益的保障，避免职工和企业的后续诉累，也促进了重整计划草案的顺利通过，维护了广大债权人的合法权益。

其他审理经验

关于“预重整”制度探索——利用公证化解职工债务。2021 年 10 月 31 日，国务院发布《国务院关于开展营商环境创新试点工作的意见》，该意见提及在北京、上海、重庆、杭州、广州、深圳 6 个首批试点城市推行破产预重整制度。在意见发布之后，全国各地再次涌现预重整制度讨论热潮。天津二中院在本市尚未正式推出“预重整”制度的情况下，学习国内各地先进经验，充分衔接庭外预重整的市场机能，节约庭内重整的司法资源，推动多元纠纷化解机制在破产领域的运用。在庭外引入公证程序，由意向投资人垫资，成功化解 35 名职工债务问题，将职工债权、债务人、职工、意向投资人、股东等各方协调沟通等庭内重整的工作前移，运用市场力量自主自发完成，为后续重整程序的开展奠定基础、减少阻碍，既保障了职工权益，又大大节省了司法资源，同时还为多元纠纷化解机制在市场化破产领域的运用塑造了成功样本。

五、河某集团有限公司预重整转重整案

企业基本情况

河某集团有限公司（以下简称河某公司）成立于 1998 年 9 月 30 日，是温州老牌服装企业，具有较高本土知名度，曾是全国民营企业 500 强、全国服装行业“双百强”、中国连锁百强，荣获国家质量标准“一等品”，后因市场变化以及受担保链影响出现债务危机。2019 年 8 月 1 日，温州市鹿城区风险企业帮扶和银行不良贷款处置工作领导小组办公室受理河某公司预重整申请，并经公开选任指定北京德某（温州）律师事务所担任预重整管理人。2020 年 1 月 3 日完成预重整，用时 5 个月零 3 天。

2020 年 1 月 14 日，温州市中级人民法院（以下简称温州中院）根据申请作出（2020）浙 03 破申 5 号裁定书，裁定受理河某公司重整申请，并指定北京德某（温州）律师事务所担任管理人。2020 年 2 月 18 日，河某公司第一次债权人会议通过全国企业破产重整案件信息网顺利召开，是温州首例使用该平台召开的债权人网络会议，会议顺利表决通过《河某公司重整计划草案》。2020 年 2 月 21 日，温州中院批准《河某公司重整计划》，河某公司历经 39 天重整成功。

本案中，政府部门主动有为、人民法院积极作为、管理人勤勉履职，各方共同努力成就了一个充分发挥预重整制度价值，践行“府院联动”机制，有效提高重整效率和成功率，并充分利用互联网技术简化案件审理的典型案例。本案荣获 2020 年浙江法院破产审判十大典型案例、浙江省破产管理人 2020 年度十大优秀履职案例、温州法院近三年（2018～2020 年）十大破产审判典型案例等荣誉，同时本案在新冠肺炎疫情期间的第一次网络债权人会议入选浙江省十大最佳在线诉讼。

案件审理情况

（一）河某公司预重整阶段

2019 年 8 月 1 日，温州市鹿城区风险企业帮扶和银行不良贷款处置工作领导小组办公室（以下简称鹿城区处置办）受理河某公司预重整申请；2019 年 9 月 11 日，经公开评选，法院确定北京德某（温州）律师事务所担任河某公司预重整的管理人；之后，温州中院根据河某公司的申请立（2019）浙 03 引调 32 号案件对本案予以指导和监督；2019 年 12 月 20 日，河某公司预重整案第一次债权人会议在北京德某（温州）律师事务所六楼会议室召开，温州中院经办法官及鹿城区处置办领导现场指导监督；2020 年 1 月 3 日，《河某集团重整计划草案》经债权人预表决通过。

（二）河某公司重整阶段

2020 年 1 月 10 日，河某公司向温州中院提交《重整申请书》；2020 年 1 月 14 日，温州中院裁定受理河某公司重整申请，于同日指定北京德某（温州）律师事务所担任河某公司管理人；在本次河某公司破产重整中，对于预重整阶段已经债权人和管理人确认无误的债权，债权人仅补充申报 2019 年 8 月 1 日至 2020 年 1 月 14 日的孳息债权。2020 年 1 月 16 日，经管理人与债权人充分沟通，债权人均同意按照以上方式申报确定债权。

根据新型冠状病毒肺炎疫情防控工作的要求，原定第一次债权人会议无法在线下准时召开，温州中院和管理人遂果断决定以线上方式召开河某公司第一次债权人会议，并于2020年2月2日在全国企业破产重整案件信息网发布网络第一次债权人会议公告。同时，管理人通过电话、微信、短信等方式告知所有已知债权人，并充分听取债权人的意见，获得全体债权人的响应与支持。

2020年2月18日，河某公司重整案第一次债权人网络会议通过全国企业破产重整案件信息网顺利召开，全体债权人均上线参会，会议表决通过《河某集团重整计划草案》。

2020年2月21日，温州中院作出（2020）浙03破2号无争议债权确认裁定书及（2020）浙03破2号之一裁定书，批准《河某集团重整计划》；终止河某公司重整程序。

（三）重整方案及投资人招募

1. 重整计划设计亮点

本案中，鉴于抵押权人以及普通债权人争议巨大，在重整方案设计中，招募重整投资人的底价是资产评估价总价溢价2000万元，成交价超过底价部分的80%优先清偿抵押债权，剩余20%部分，扣除破产费用和共益债务、税收债权后，清偿普通债权。通过这种巧妙设计，平衡各方权益，争取到了债权人同意票，尤其是抵押权人同意票。

2. 债权分类及表决情况

本案不涉及欠薪欠税，债权分类为特定财产担保债权（包括抵押债权、质押债权及工程款债权，鉴于工程款债权性质属于优先债权，债权人会议不设置工程款债权组，将其列入有特定财产担保债权组）和普通债权。

重整计划草案表决情况：（1）有特定财产担保债权组：4人同意，同意人数占有表决权的债权人人数的比例为100%，其所代表的债权额占该组债权总额的比例为100%。（2）普通债权组：13人同意，同意人数占有表决权的债权人人数的比例为76.47%，其所代表的债权额占该组债权总额的比例为86.63%。（3）出资人组：2人同意，同意人数占有表决权的债权人人数的比例为100%，其所代表的债权额占该组债权总额的比例为100%。

3. 清偿方案

有特定财产担保优先债权人根据其享有优先权的财产（主要为土地、厂房、在建工程、商标、股权）的评估价优先清偿。普通债权（含未清偿优先债权额转为普通债权）以河某公司重整投资人公开竞价所得加上河某公司的流动资金，在清偿抵押债权、质押债权、工程款债权、破产费用和共益债务后第一次分配比例为2.45%。最终清偿率以实际分配所得为准。

4. 重整投资人招募

本案通过假马竞标+公开竞价方式成功引入重整投资人。管理人根据预重整阶段已经债权人预表决通过的《河某公司重整计划草案》的约定，于2020年1月3日通过人民法院诉讼资产网刊登《河某集团有限公司管理人关于以竞价方式确定重整投资人的破产竞价公告》，于2020年1月19日10时至2020年1月20日10时（延时除外）在人民法院诉讼资产网公开竞价招募河某公司重整投资人。经公开竞价，成功招募重整投资人，成交价为起拍价79 292 480元。

主要法律问题及解决途径

（一）实现预重整与重整的有效衔接

1. 债权人疑问及解答

本案预重整阶段，银行等金融机构债权人就同意重整计划草案的预表决票效力能否延续到重整程序这一问题向管理人提出疑问，管理人就该问题做了深入研究，从现有制度规定及法理依据两个层面深入剖析研究，并在与鹿城区处置办及温州中院经办法官进行深入沟通探讨之后，向债权人予以解答，获得债权人理解与支持，确保本案预重整程序与重整程序的有效衔接。

重整程序中的核心步骤，即债权审核、资产审计评估、重整计划制订、表决和通过等，已经在预重整程序中完成，有效缩短司法处置周期。进入重整程序后，根据预重整会议纪要设置的操作规则，实现预重整转重整的“无缝”对接，包括预重整司法备案、指定管理人以及债权人承诺的衔接。

河某公司预重整阶段即召集债权人进行重整计划预表决，债权人同意预表决票中的表决效力延续至正式的重整阶段，固定了大部分债权人的赞成票。进入重整后，温州中院指定预重整阶段的管理人继续担任重整管理人，河某公司案件从受理、公告、确定债权人会议时间到通过重整计划，仅用时39日。

2. 法律依据

最高人民法院于2018年3月4日印发的《全国法院破产审判工作会议纪要》第22条规定："……在企业进入重整程序之前，可以先由债权人与债务人、出资人等利害关系人通过庭外商业谈判，拟定重组方案。重整程序启动后，可以重组方案为依据拟定重整计划草案提交人民法院依法审查批准。"

最高人民法院于2019年11月8日发布的《全国法院民商事审判工作会议纪要》第115条规定："继续完善庭外重组与庭内重整的衔接机制，降低制度性成本，提高破产制度效率。人民法院受理重整申请前，债务人和部分债权人已经达成的有关协议与重整程序中制作的重整计划草案内容一致的，有关债权人对该协议的同意视为对该重整计划草案表决的同意。但重整计划草案对协议内容进行了修改并对有关债权人有不利影响，或者与有关债权人重大利益相关的，受到影响的债权人有权按照企业破产法的规定对重整计划草案重新进行表决。"

以上两条会议纪要均可作为预重整表决票的效力延续至重整阶段的依据。管理人也充分保障债权人会议程序及实体上的公平正义，第一次债权人会议就重整计划草案的表决，已经实质上征求了全体债权人的意见。

（二）在抗击新冠肺炎疫情的特殊时期，利用互联网技术支持线上债权人会议

本案进入重整程序后法院确定的第一次债权人会议时间正是新冠肺炎疫情期间，该怎么办？原确定线下召开第一次债权人会议的公告已经发布，现各方人员无法到场参加，如果等待新冠肺炎疫情好转再召开，又恐耽误本案重整进度，影响企业重整效果。对于这一难题，为了顺利推进重整进程，响应政府相关政策，加强疫情防控工作，法院和管理人果断决定改为通过全国企业破产重整案件信息网线上会议平台召开第一次债权人会议。法院立即通过全国企业破产重整案件信息网发布更改会议方式公告，管理人负责通知到每一位已经申报债权的债权人，并指导全体债权人会前完成会议测试，确保全体已知债权人的与会权利。

2020年2月18日，河某公司第一次债权人线上会议准时召开，全体债权人均上线参会，会议表决通过《河某公司重整计划草案》。由于重整阶段处于抗击新冠肺炎疫情的特殊时期，温州中院和河某公司管理人减少人员流动聚

集，充分利用互联网信息化手段，采取网络会议的方式召开河某公司第一次债权人会议。本次新冠肺炎疫情期间的网络第一次债权人会议入选浙江省十大最佳在线诉讼。

其他审理经验

在本案预重整阶段、重整阶段以及预重整和重整程序的衔接过程中，管理人均积极勤勉履职，与债权人和债务人充分沟通解释本案程序中的法律问题，并顺利解决在预重整中涉及的管理人尽职调查和诉讼以及在新冠肺炎疫情期间债权人会议召开等困难。在管理人的积极推动下，本案预重整获得成功，最终河某公司用时39日成功重整。

（一）府院联动再创佳绩

2017年11月，温州中院推动出台《企业金融风险处置工作府院联席会议纪要》，建立企业破产预重整制度的温州模式，构建了以政府为主导、法院指导监督、管理人具体参与的良性互动机制。在河某公司预重整受理之前以及预重整阶段，温州中院、鹿城区处置办均给予高度重视，多次召集债务人及主要债权人就河某集团重整可行性以及本案中的重点、难点问题开展专题讨论。通过温州中院、鹿城区处置办及管理人的共同努力，顺利推进预重整工作。

河某公司预重整案是继山某公司预重整案后，又一个践行府院联动机制的成功案例，为今后预重整案件的成功办理提供了引导和示范。

（二）“e”时代中“疫”时期的“e”手段

在抗击新型冠状病毒肺炎疫情的特殊时期，河某公司重整案仅仅用时39日即重整成功，这得益于在河某公司预重整阶段温州中院、鹿城区处置办、管理人、全国企业破产重整案件信息网及12368平台的相互配合与不懈努力。

由于重整阶段处于抗击疫情的特殊时期，温州中院和河某公司管理人响应政府相关政策，加强新冠肺炎疫情防控工作，减少人员流动聚集，充分利用互联网信息化手段，采取网络会议的方式召开河某公司第一次债权人会议。该项举措一方面有利于顺利推进重整进程；另一方面也更好地维护了债权人的利益，减少了不必要的出行，节省了时间。

（三）响应新冠肺炎疫情防控工作要求，保证债权人会议的合法性和有效性

温州中院和管理人通过贯彻落实“互联网+重整”的方式，响应新冠肺炎疫情防控工作的要求，高质量、高效率地推进破产案件的各项流程，并确保债权人会议的客观性、真实性和有效性。

1. 采用网络会议颠覆了传统会议的空间应用概念，在抗击疫情的特殊时期，使用线上网络会议助力重整，这一优点更加明显。

2. 会议由温州中院、管理人、全国企业破产重整案件信息网及12368平台联动配合，在获得各债权人同意与支持的情况下，利用信息化的方式线上召开，并通过转档后将会议视频及文件保存于电子案卷内。这无形中增加了档案的利用价值和利用效率，并且数字化档案不会因为重复性利用而失效，更加经济和环保。

3. 债权人会议数据存储在最高人民法院专有云环境中，系统满足等保三级要求，防入侵、防篡改、防泄露。管理人可以随时登录全国企业破产重整案件信息网查看会议数据；会后，债权人可以随时查看本次会议的文件信息，为债权人查阅会议资料提供便利。

4. 会前，管理人告知全体已知债权人参会方式、账号获取方式、操作流程以及会议常见问题等，并配合全国企业破产重整案件信息网完善建会信息，指导各位债权人会前完成会议测试，确保全体已知债权人的与会权利。最终，本次会议在全体债权人均登录网络会议参会的情况下顺利召开。

（四）利用互联网技术支持，为破产案件简化审理“打样”

河某公司第一次债权人网络会议是“疫”时期下法院利用互联网技术，打破空间限制、升级工作方式、提高工作效率的一次有益尝试，也为今后破产案件进一步简化审理提供了很好的参照素材。

1. 相比线下召开会议，采取线上网络会议具有更高的灵活性和便捷性。只要手机信号畅通，电脑连接网络，就能够在不同场合使用，包括移动环境中，非常方便。这不仅提高了债权人会议债权人的出席率，突破了地域限制；而且简化会务工作，提高会议效率，无须现场签到、制作纸质选票和纸质会议资料。同时，也加快了信息传递速度，让决策更加高效，实现视频和声音、

图像的稳步传输，达到远程信息高效交互的目的。

2. 线上网络会议只需通过互联网就能减少人员的流动，优化会议信息的沟通模式，节约债权人会议成本。一方面，节约债权人参加现场会产生的交通费、住宿费等成本，同时也减少了时间成本；另一方面，节约会议本身成本，节约会议材料打印、会议其他所需文具材料等成本。

3. 线上会议操作简便高效，既可以通过电脑 PC 端登录全国企业破产重整案件信息网参会，也可通过手机微信端口关注公众号登录参会，为债权人创设多样化的参会形式，保证债权人的与会权利。

案件办理效果

（一）保留企业品牌价值

河某公司是温州市知名老企业，其服装品牌曾伴随一代温州人生活，彻底破产清算将无法发挥品牌价值，重整可以使公司剩余价值最大化，河某公司品牌价值得以保留。

（二）盘活市场资源

引入重整投资人后，河某公司的整体运营价值得以保留，现有资产得以盘活，资产处置僵局得以有效化解，核销债权 7.2 亿余元，公司在困境中打造的“瘦身、转型、升级、引进”运营模式可以转化为切实可见的经济效益。本案成功重整使多方权益得到最大保障，同时也促进了当地经济发展和社会秩序稳定。

（三）维护社会稳定，保障民生

本案成功重整解决了烂尾工程涉及的工程款纠纷，维护了企业上下游生产经营链条的就业机会，避免造成公司大量原有供应链员工失业，避免给社会增加就业压力，符合政府和金融机构支持实体经济、化解企业危机的政策精神，有利于社会的稳定，保障民生。

（四）节省债权人成本

新冠肺炎疫情期间，本案办理中的一系列具有创新意义的举措顺应了当今“互联网+”时代的潮流，为全面做好新冠肺炎疫情期间线上重整工作提供范本，为后期破产案件进一步简化审理提供了很好的参考素材，也节约了债权人参会的成本，广受债权人好评。

（五）府院联动保障企业重生

企业重整后面对重整企业信用修复的重重困难，管理人积极协调沟通，充分发挥破产案件审理中法院与政府协调联动机制的作用，协调处理好重整企业信用修复工作，既为破产企业进一步顺利执行重整计划奠定良好基础，又维护了重整企业的生产能力，该案系政治效果、法律效果、社会效果有机统一的成功实践。

六、江西星某科技股份有限公司及其子公司合并破产重整案

企业基本情况

江西星某科技股份有限公司（以下简称星某科技）于 2011 年 8 月 19 日在深圳证券交易所创业板挂牌上市，股票简称星某科技，股票代码为 300×××，主要从事视窗防护屏、触控显示模组及精密结构件的研发和制造，关联公司 40 家，分布在深圳、东莞、台州、萍乡等地，集团原有职工 7936 名，股民近 5 万名。2021 年 8 月 21 日，星某科技“爆雷”，发布会计差错更正，将 2020 年度星某科技净资产由 19.56 亿元调整为-22.22 亿元，2020 年度净利润由 5203.23 万元调整为-24.93 亿元。深圳证券交易所针对该项差更，于 2021 年 8 月 24 日对星某科技实施“退市风险警示”特别处理，股票简称由“星某科技”变为“＊ST 星某”。根据上市规则，如果星某科技 2021 年度净资产依然为负值，则面临退市的结局。

案件审理情况

2021 年 8 月 16 日，债权人萍乡市汇某投资有限公司向江西省萍乡市中级人民法院（以下简称萍乡中院）申请星某科技重整。在组织听证后，星某科技对申请重整程序无异议，并于 2021 年 8 月 20 日向法院提交预重整申请、预

重整可行性报告。萍乡中院于2021年8月23日作出（2021）赣03破申5号决定书，决定对星某科技启动预重整程序；于2022年2月14日裁定对萍乡星某触控科技有限公司、星某精密科技（深圳）有限公司等星某科技下属子公司实质合并重整案件提级管辖。预重整期间，萍乡中院指导预重整临时管理人完成债权申报、债权审查、共益债务认定、继续经营、确定招募投资人方案、重整计划草案的拟定等事宜。

预重整期间，有356家债权人向临时管理人申报了债权，通过临时管理人资格审查的债权人有271家，申报金额共计6 416 767 378.92元。根据《企业破产法》第82条的规定，星某科技债权包括有财产担保债权组、职工债权组和普通债权组、无税款债权组。第一次债权人会议由两组债权人（有财产担保债权组及普通债权组）对《江西星某科技股份有限公司重整计划（草案）》进行表决，其中出席会议并表决同意《江西星某科技股份有限公司重整计划（草案）》的有财产担保债权人共1家，其所代表的债权金额为18 382 373.98元，占该组债权总额的100%；出席会议并表决同意《江西星某科技股份有限公司重整计划（草案）》的普通债权人共232家，占出席会议的该组债权人的96.27%，超过本组出席会议债权人的半数，该232家债权人所代表的债权金额为2 105 699 031.71元，占该组债权总额的85.48%，超过本组债权总额的2/3。根据《企业破产法》第84条第2款、第86条第1款之规定，《江西星某科技股份有限公司重整计划（草案）》已获得第一次债权人会议表决通过。

关于清偿方案，其中有财产担保债权在担保财产评估价值范围内，以货币形式优先受偿，未能优先受偿的部分按照普通债权调整和受偿；以星某科技的机器设备担保的债权就相关机器设备变价所得优先受偿，未能优先受偿的部分按照普通债权调整和受偿。职工债权经管理人公示后，在重整计划执行期间以货币形式全额受偿。普通债权经法院裁定确认后将全额受偿，普通债权数额20万元以下（含20万元）的部分以货币形式全额清偿；超过20万元的部分，以星某科技的股票清偿，每100元债权可分得股票12.5股。

星某科技自2022年5月25日正式进入重整后，管理人的招募投资人工作进入实质尽职调查阶段。在双向互动式的府院联动机制作用下，萍乡市人民政府通过政府招商引资的方式，共吸引4家重整投资人提交正式投资方案并缴纳保证金。2022年7月10日上午10时，星某科技重整投资人遴选评审会在萍乡中院召开，合议庭成员全程参与监督，根据前期确定的遴选机制和遴选评分细则，星某科技正式遴选出重整投资人某车业集团及其联合体，约定联合投入重整资金 7.5 亿元。同日，星某科技及管理人分别与产业投资人立某车业集团及其指定的联合产业投资人等签署了《关于星某科技重整投资协议》。关于重整后的经营方案，星某科技将在化解危机、消除债务负担后，适时、分阶段调整现有玻璃盖板、触显模组以及精密结构件的业务结构，实现业务转型，并在现有业务基础上，借助产业投资人的品牌效应和行业优势，引入产业投资人的电动车业务，通过借鉴产业投资人的运营机制市场化、企业管理精细化、生产制造智能化的先进经验，做强做大现有主业和电动车板块两大生产运营创利实体，实现上市公司跨越式发展。

2022 年 7 月 15 日，星某科技管理人提交重整计划草案，确定了 20 万元以下债权现金兑付、20 万元以上债权以用公积金增发的每股 8 元的股票清偿的偿债方案，星某科技从预重整程序顺利转入重整程序。2022 年 7 月 28 日，星某科技第一次债权人会议高票表决通过了重整计划草案。8 月 3 日，法院裁定批准星某科技重整计划，并终止重整程序。9 月 14 日，星某科技重整计划执行完毕。9 月 16 日，萍乡中院裁定确认星某科技重整计划执行完毕，并终结重整程序。10 月 8 日，两个关联公司重整计划执行完毕。10 月 14 日，萍乡中院分别裁定确认子公司重整计划执行完毕，并终结重整程序。

2021 年以来，星某科技重整一案共产生破产衍生诉讼 27 件，涉案标的近 5000 万元，均由萍乡中院统一归口审理，已审结 25 件，调解撤诉 16 件，调撤率达到 64%，其中买卖合同纠纷 8 件，劳动争议 11 件，案件处理较好地实现了政治效果、法律效果、社会效果的统一，进一步助力了星某科技破产重整一案的顺利推进。

主要法律问题及解决途径

该重整案件债务人星某科技系国有控股上市公司，在审理过程中存在以下重点、难点问题。

（一）预重整程序无法律明确规定

国有控股上市公司重整谈判艰难、程序复杂，需经过预重整事先探路才能保障重整程序顺利推进。但目前预重整暂无法律明确规定，且本案系江西省首例预重整案，在法律适用、文书制作、程序推进等方面无实践经验可供借鉴，在把握预重整程序合法性问题上须大胆尝试，细心研究。

上市公司涉及广大股民的投资利益、证券市场和社会稳定，在未能有效识别其重整可行性的情况下，上市公司进入重整程序的条件较为严苛。最高人民法院发布的《关于审理上市公司破产重整案件工作座谈会纪要》第三部分关于上市公司破产重整的申请中，明确了“申请上市公司破产重整的，除提交《企业破产法》第八条规定的材料外，还应当提交关于上市公司具有重整可行性的报告、上市公司住所地省级人民政府向证券监督管理部门的通报材料以及证券监督管理部门的意见、上市公司住所地人民政府出具的维稳预案等”。而根据《企业破产法》第10条关于受理破产重整申请期限的规定，法院审查破产重整申请的最长期限为37天或者30天。事实上，上市公司在上述审查期限内往往难以满足前述审查材料的提交要求。但将严重资不抵债又具有重整价值的上市公司拒之门外，显然又有悖于市场资源配置规律和《企业破产法》的立法本意。预重整程序的启动有效地衔接了上市公司庭外重组主观能动性与庭内重整的合法性。因此，本案启动预重整程序，给予星某科技一定期限自主完备庭内重整的应有程序，通过预重整程序有效识别债务人重整价值和重整可行性，可提高后续重整工作的效率和效果。

（二）预重整期间对外举债能否认定为共益债务

根据《企业破产法》第42条的规定，人民法院受理破产申请后发生的特定债务，为共益债务，但预重整期间法院尚未作出受理破产重整申请的裁定，在此期间对外产生的债务在时间节点上不符合法律关于共益债务的规定。对于预重整期间的对外举债如何认定以及认定是否需要经由法院裁定，存在两种观点，一种观点认为可由管理人审查并提交债权人会议讨论表决，如出席会议的债权人未提出异议则管理人认定相关债务为共益债务，不需要经法院裁定认定；另一种观点认为共益债务作为破产债权，必须经由法院裁定作出认定。

星某科技一案不仅牵涉上市公司广大股民的权益，更关乎多家子公司、孙公司的命运，预重整期间为维护上市公司继续经营及重整价值，星某科技不得不对外举债，在法院裁定受理破产重整之前的预重整期间内发生的债务能否认定为共益债务对于星某科技能否启动重整甚至能否顺利执行完毕重整计划至关重要，如果此期间的债务不能被认定为共益债务，出于无法收回资金的风险考量，星某科技要获得丰厚资金支持的可能性非常小，但如果星某科技不能获得资金以保持一定程度上的经营运转，将无法顺利进入重整程序，随之而来的系统性金融风险则避无可避。为确保星某科技能够顺利重整，维护债权人合法权利、确保广大股民利益、维护地方金融稳定，经过专班与合议庭多次论证和研判，最终确定由管理人将预重整期间星某科技对外借款本金的人民币 4.12 亿元列为预重整期间借款产生的共益债务写入重整方案中，提交债权人会议讨论表决。为进一步核实预重整期间的共益债务情况，管理人聘请会计师事务所对上述借款进行专项审计并出具《收支审核报告》，确认了星某科技借款事实以及相关资金均用于星某科技 9 家全资子公司日常经营支出。该笔借款最终经债权人会议审议，截至异议期满，无债权人提出异议。

（三）星某科技作为上市公司，其重整还须符合证券交易所的相关规则

星某科技重整案件是江西省首例上市公司重整案件，也是深圳证券交易所系列上市公司自律监管指引发布后全国第一个全程适用新规的重整案件。

在预重整期间，深圳证券交易所公布了《深圳证券交易所上市公司自律监管指引第 14 号——破产重整等事项》，法院在星某科技预重整、重整期间出具法律文书的时间需要配合证券交易所对于上市公司破产重整的规则要求，审慎处理，避免因法律文书公布时间不当导致星某科技股价动荡从而影响股民正常投资。

星某科技系上市公司，任何一个动态均有可能对股价造成一定影响。了解到案件的紧迫性和重要性，萍乡中院敢于担当，服务大局，迅速整合力量，成立了专班：由“一把手”亲自督导；分管领导作为负责人，具体指导；抽调民商、刑事、执行、立案、宣传等部门骨干力量参加，确定了专班成员的职责。建立了专班例会机制、合议庭及时评议机制、分管院领导全程参与讨论机制、设立了预重整专班工作台账，严格执行保密措施。萍乡中院要求专班人员严守审判秘密，严肃保密纪律，严格保密措施。做到内部材料妥善保管，废弃文件集中销毁，文件传输避开外网。积极展开研判，以谦虚务实的作风主动向上级法院和党委政府请示，就共益债务审核问题、中小股民诉讼问题等诸多难点、堵点问题，积极寻求省高院业务指导，在法律适用、文书制作、程序推进等方面均审慎地考虑和周详地安排。

其他审理经验

（一）化解债务的同时还要注重保护股民的投资利益

重整是为了化解债务，保护广大债权人的合法权益，但上市公司重整资源部分源于增发的股票，增发股票用于偿债的行为一定程度上将稀释原股民的投资利益，法院指导管理人在平衡债权人和数万股民投资利益的情况下制订重整方案存在难度。

萍乡中院积极利用府院联动机制，在府院联动机制的作用下，萍乡市委、市政府成立了星某科技清算组、维稳应急处置工作领导小组、银行债务风险化解工作专班及舆情司法重整应对工作领导小组。通过协调信访、公安、网信办等相关力量，切实保障社会稳定，避免了重整过程中发生突发事件或群体性事件。

（二）重整程序中继续维系企业生产经营存在困难

星某科技关联公司有 40 家，近 90%的关联公司出现资金流动性问题，须继续对外融资才能“破茧而出”。而星某科技本身负债累累，又处于预重整阶段，对外融资极其困难。

星某科技部分下属子公司同样出现资金流动性风险，亦处于资不抵债状态，严重影响上市公司星某科技净资产值。预重整期间出现了星某科技“保壳”问题，重整与“保壳”两者并行不悖，且必须齐头并进，任何一方面处理不善都将导致另一方面失去意义。出于保存星某科技上市公司主体资格考虑，星某科技一方面通过融资维系企业生产经营，另一方面通过识别关联子公司的“生存体态”，有针对性地进行一系列“关、停、并、转”的措施，从而剥离星某科技体系内不良资产，重新以轻盈体态完成重整，重回证券市场。为保留核心生产力，星某科技核心子公司萍乡星某触控科技公司与星某精密科技（深圳）有限公司因存在人员、财务混同，公司人格区分成本较高，对两个子公司进行实质合并重整可集中、高效、统一化解债务。星某科技核心子公司某珠公司亦进入重整程序。通过将母公司星某科技的重整资源用于子公司重整的协同重整方式，有效保留星某科技从属性，从而保留核心子公司后续经营价值，为星某科技重整后的整体价值提升保留厚积薄发之力。故此，本案实行了子公司单体重整、子公司实质合并重整、母子公司协同重整的复杂重整模式。

（三）重整程序中维系上市公司主体资格困难

2021 年 8 月 24 日，星某科技被深圳证券交易所下发了退市风险警示，若 2021 年度净资产依然为负值，则将直接退市，重整将失去意义。在预重整程序中确保在 2021 年 12 月 31 日前星某科技净资产由负转正是确保重整成功的首要问题。

子公司实质合并重整+母子公司协同重整的重整模式，一方面通过资源重新配置有效地化解了子公司债务危机，保留上市公司星某科技的核心公司运营价值和重整价值；另一方面协同重整资源，平等地保护了集团全体债权人的清偿利益，降低了司法重整成本。“一揽子”化解集团全部债务风险，打消重整投资人后续经营管理的后顾之忧，有利于后续集团整体健康运营。

双向奔赴式的府院联动机制对上市公司破产重整具有非常重要的意义和作用。通过指定政府成立的清算组为预重整临时管理人，实现了政府与法院的有效协调，获得省级党委政府和市级党委政府高度支持，使上市公司重整中的司法程序与行政程序无缝衔接，为法院有效推进星某科技重整提供了强有力的内在驱动力和外部保障力。

星某科技重整案件为法院审理上市公司破产重整案件提供了一条可复制、可推广的双重协同重整模式。

七、贵州馨某堂生物制药集团股份有限公司破产重整案

企业基本情况

贵州馨某堂生物制药集团股份有限公司（现用名：贵州苗某制药集团股份有限公司，曾用名：贵州苗某生物制药股份有限公司，以下简称馨某堂公司）成立于 2013 年 8 月 5 日，注册地位于贵州省遵义市新蒲经济开发区，法定代表人为刘某（现已变更为宋某），注册资本为 6000 万元人民币（注：已足额投资），经营范围如下：硬胶囊剂、颗粒剂、片剂、糖浆剂、橡胶膏剂、

口服液剂、合剂、软膏剂、搽剂、酒剂、外用药生产销售；医用口罩、医用防化服、医疗护目镜、医用消毒液（消毒水）生产销售；进出口贸易业务。

馨某堂公司于2015年获得贵州省民品企业认定，于2016年被遵义市人民政府确定为重点培育打造龙头企业及10亿级企业之一。馨某堂公司因建设黔北地道中药材暨红豆杉产业化开发建设项目等原因资金链断裂陷入经营困境，于2018年2月将位于道真县重庆工业园区的“黔北地道中药材暨红豆杉产业化开发建设项目”资产全部转让给了道真县兴园投资经营有限公司。馨某堂公司为保住6个国家药品生产批文，经遵义市新蒲新区立项、贵州省药品监督管理局批准，将租赁厂房改造成药品生产线，于2019年3月18日将注册地迁到遵义市新蒲经济开发区。馨某堂公司在申请重整前，有涉诉案件，已进入执行程序且已终本的案件有3件，执行标的总金额为20 408 910元。

二、案件审理情况

（一）案件审理经过

2021年1月18日，馨某堂公司股东会决议对公司进行破产重整，于2021年1月28日向遵义市中级人民法院递交破产重整申请书。经审查，馨某堂公司为积极自救，已于2020年10月1日与投资人签订了《破产重整投资（框架）协议书》。为降低重整成本，提高重整成功率，识别重整价值及可行性，遵义市中级人民法院于2021年2月23日作出（2021）黔03破申4号民事决定书，决定对馨某堂公司启动预重整，并指定预重整临时管理人为贵州子某律师事务所。预重整期间，临时管理人在遵义市中级人民法院的指导和监督下，梳理馨某堂公司的债权债务情况，拟定《预破产重整计划（草案）》，为推进馨某堂公司顺利重整，临时管理人召开了两次预重整会议，组织债权人、职工代表、拟重整投资人、馨某堂公司就《预破产重整计划（草案）》进行表决，该草案最终获得分组表决通过。

因馨某堂公司已具有重整基础，遵义市中级人民法院于2021年4月30日作出（2021）黔03破申4号裁定书，裁定受理馨某堂公司的重整申请，同日作出（2021）黔03破1号决定书指定管理人并发布债权申报公告。重整期间，管理人委托审计机构对馨某堂公司截至2021年4月30日的资产负债状况及自2013年9月1日起至2021年4月30日止的财务收支情况进行了清查审计，并对馨某堂公司债权初步进行审查。

馨某堂公司第一次债权人会议于2021年6月25日如期召开，全体有表决权的债权人对《破产重整计划（草案）》进行了表决并通过。遵义市中级人民法院于2021年9月29日作出（2021）黔03破1号之一裁定书批准馨某堂公司重整计划，终止重整程序，馨某堂公司正在顺利执行重整计划中。

（二）债权分类

在第一次债权人会议召开前，管理人在遵义市中级人民法院的指导下履职清理审查馨某堂公司债权债务，管理人在对债权人申报情况、馨某堂公司的债权登记情况、审计机构的审计情况等依法审查后编制了债权表并对职工债权进行了登记。根据审查，馨某堂债权人的债权分为普通债权和职工债权。

（三）表决经过

1. 普通债权人组表决情况

第一次债权人会议按期在遵义市中级人民法院主持下召开，因全体申报债权人均对馨某堂公司享有的是普通破产债权，故对《破产重整计划（草案）》进行表决时仅有普通破产债权组。根据现场统计，享有表决权的债权人为8人，同意《破产重整计划（草案）》的债权人为7人，所代表债权占该组债权总额的2/3以上。虽然根据现场统计的表决结果《破产重整计划（草案）》顺利通过，但为推进馨某堂公司重整计划顺利实施，遵义市中级人民法院指导管理人与表示不同意的具有表决权的债权人进行了多次沟通，后再次征询了其对《破产重整计划（草案）》的意见，该债权人最终明确表示同意《破产重整计划（草案）》。

2. 职工债权组表决情况

《破产重整计划（草案）》中对职工债权的数额及清偿问题与《预破产重整计划（草案）》一致，且第一次债权人会议前馨某堂公司职工债权组7人均表示同意《破产重整计划（草案）》。

3. 出资人表决情况

债务人的出资人与馨某堂公司之间达成了《破产重整投资（框架）协议书》，但出资人在第一次债权人会议召开前提出因市场等因素在《破产重整投资（框架）协议书》的基础上减少专项用于清偿债务的投资款。为顺利推进债权人企业的重整程序，更好执行重整计划，实现重整目的，遵义市中级人民法院指导管理人与出资人在第一次债权人会议后进行座谈，最终出资人表示仍然按照《破产重整投资（框架）协议书》的约定向馨某堂公司投资。

（四）债权清偿方案

1. 职工债权

根据审计及公司自行登记的情况，确定馨某堂公司所欠职工工资金额为1 112 652 元，在人民法院批准重整计划之日起 1 年内分次全额清偿完毕。

2. 普通债权

普通债权本金按比例清偿，3 年内清偿完毕，利息不再清偿：第一年清偿普通债权的 20%；第二年清偿普通债权的 30%；第三年清偿普通债权的 50%。对未确认的债权，或已提起异议的债权，待生效法律文书确认后，按普通债权清偿方案参与分配。因馨某堂公司尚有一部分或有资产等待处理结果，若该或有资产的预估价值能够得以实现，普通债权人的清偿比例将被提升。

（五）投资人的引进

1. 投资人的确定

为提高馨某堂公司重整成功的概率，遵义市中级人民法院指导管理人通过扩大范围考察、与债权人座谈等方式探寻、引进其他有实力的投资人。后因有表决权的全体债权人均同意通过《破产重整计划（草案）》，且投资人愿意按照《破产重整投资（框架）协议书》向债务人投资以执行《破产重整计划（草案）》，最终投资人未进行变化。

2. 重整投资的主要内容与框架方案

《破产重整投资（框架）协议书》明确：投资人提供不少于 3800 万元资金支持馨某堂公司通过重整程序清理债务和在重整期间、重整程序终止后继续生产经营。拟提供的资金用途如下：1000 万元清偿馨某堂公司债务、2000 万元用于改造建设生产线、800 万元用于生产经营资金。如《破产重整计划（草案）》表决通过后，法院裁定执行，投资人将分三期及时投入重整投资款 1000 万元，用于清偿馨某堂公司债务。第一期：人民法院裁定批准《破产重整计划（草案）》后 10 日内支付 500 万元用于清偿债务；第二期：人民法院裁定批准《破产重整计划（草案）》后 60 日内支付 300 万元用于偿还债务；第三期：人民法院裁定批准《破产重整计划（草案）》后 1 年内支付 200 万元用于偿还债务。支付 2800 万元用于改造、建设药品生产线和用于生产经营，根据重整进度陆续支付给馨某堂公司。

3. 偿债资金来源

馨某堂公司的投资人让渡拥有的 80%公司股权（股份），获取重整投资人 1000 万元重整投资资金；将馨某堂公司的国有资产（100 亩土地使用权）处置变现后获得的税后资金用于偿债。

（六）经营方案

《破产重整计划（草案）》明确，重整计划执行期限为该草案通过或经人民法院裁定批准之日起 3 年内，投资人对馨某堂公司《破产重整计划（草案）》实施后的生产经营进行规划，以期实现资金、资产、劳动力、技术、管理等要素的重新配置。第一，馨某堂公司重整后开展经营需要大量技术人才及普通员工，馨某堂公司新厂全部投产后可增加 500 个就业岗位，解决大量社会人员的就业问题；第二，馨某堂公司药品生产线全部投入生产后，每年销售额在 4.5 亿元左右，每年可为国家增加税收 4000 万元左右；第三，馨某堂公司药品生产线全部投入生产后，每年耗用各种中药材 1000 吨以上，可带动 2000 户农民种植中药材，保住脱贫成果，为乡村振兴作出贡献；第四，馨某堂重整成功可盘活存量资产（含专利技术等）和不良资产共计 2 亿元左右；第五，可解决馨某堂公司造成的社会不稳定影响。

（七）衍生诉讼

1. 普通破产债权确认之诉两宗

债权人企业进入破产程序后，部分债权人因不服管理人对自己或他人债权审核结果，提起了普通债权确认之诉。最终由遵义市中级人民法院对争议债权进行核查后作出判决予以确定，判决经送达生效后由管理人作出债权确认书送达债权人。

2. 撤销行政行为及行政复议之诉一宗

为实现馨某堂公司的或有资产价值，管理人作为诉讼代表人提起撤销行政行为及行政复议之诉。该案目前经两审终审后确认地方政府自然资源局作出无偿收回国有建设用地使用权决定书的行政行为违法。

主要法律问题及解决途径

（一）“预重整”的程序正当性问题

预重整在我国尚未形成法定的、系统统一的司法制度，仅活跃于地方司法实践中，其在司法程序中的作用地位以及价值等尚未明朗化。

（二）“预重整”与“重整制度”的衔接问题

考虑到“预重整”的程序正当性在我国企业破产法律法规及相关司法解释中尚属空白，馨某堂公司的“预重整”阶段的债权债务清理与其自行清算无异，因“预重整”在临时管理人的选择、债权债务清理的标准等问题上均无法律法规适用，且临时管理人或辅助清算人往往基于馨某堂公司的授权，开展对债务人债权、债务情况的梳理和掌握的工作，均是有局限的，并且，临时管理人的职权范围不能依据《企业破产法》中破产管理人的职权范围进行确定，管理与重整工作往往存在掣肘，无法系统完备。若自行清算的结果无法达到重整申请受理的条件，则馨某堂公司的经营困境或将无法通过重整程序纾解，一些有重整价值的企业可能会错过最佳的重整时机。

其他审理经验

（一）可以适当通过推动预重整程序正当化，提高重整效率

为降低重整成本，特别是提高重整成功率，一些企业在进入重整程序之前，会有目的地委托具有破产管理人资质的律所或会计师事务所，以企业名义自发对其债权债务进行清理并与债权人自行协商沟通，以实现自救。这种自救方式，在对可行性进行评估后，可以进入预重整程序，为重整程序的顺利推进做好准备工作，提高重整效率。

（二）预重整程序启动的前提与目标应与重整程序一致

无论是公司本身还是债权人，只要认为公司有重整的可能且决定进行重整解困，那么就可以申请预重整。预重整程序与重整程序之间的衔接，应当处理的是程序上的衔接而不包括实体问题的衔接。预重整要达成的目标不是

顺利进入重整程序，而是要与重整程序目标一致，最终实现企业重整计划执行成功。

（三）在预重整阶段对公司的各项指标进行评价

预重整程序要达成的效果应当是已经对债务企业的重整可能性进行了充分论证，已经提出对已知债权人的债权清偿计划并达成了预重整计划草案，这要求管理人在预重整阶段就要考察并了解公司的运营情况，对债务人财产进行管理并进行债权申报与审核，重整程序才可以预重整程序的成果为基础，对预重整阶段形成的重整计划草案进一步修改完善，在确认债务人有重整可能的基础上解决预重整程序中未尽事宜并通过司法程序对公司重整完成程序上的确认，可以实现最小限度地影响公司正常经营并最大限度地实现公司偿债能力的提升。

（四）选择好投资人是推进破产重整的关键

本案中，投资人贵州天某堂生物医药控股集团股份有限公司是一家以辣椒精深加工及辣椒医药产业化为主营业务的高新技术企业，主要从事辣椒医药中间体（原料药）、一类新药辣椒碱注射液的研究和开发，目前已投入研发资金 6000 多万元。公司注册资本为 5000 万元（已实缴），主要出资人重庆千某投资有限公司（注册资本 1 亿元）持有 80.60%的股权，另一出资人为西部医药行业的资深自然人，持有 19.40%的股权，其在医药行业有较丰富的人脉资源和经营管理经验。债务人进入预重整程序，债务人和预重整管理人通过微信朋友圈等方式发布、传播债务人预重整信息后，重整投资人主动与债务人进行对接，在预重整管理人的指导下达成了重整合作协议。这为推进破产重整奠定了坚实的基础。

案件办理效果

（一）化解债务危机

重整投资人根据重整计划要求，向馨某堂公司投入了一部分资金用于清偿重整前拖欠的员工工资，职工债权清偿率预计将达到 100%；另一部分资金已用于洁净厂房装修、机器设备购置、污水处理站等药品生产的配套设施建设；还有一部分资金用于馨某堂公司药品生产批文再注册问题。

（二）优化社会资源配置

借助于破产重整程序，依附于馨某堂公司主体上的特许经营资质（6个国药准字药品批准文号）、专利技术及商标价值等优势资源得以保留，盘活约2亿元的存量资产和不良资产，避免了社会资源的巨大浪费，优化配置资源，实现了企业的持续经营。

（三）恢复生产创造价值

馨某堂公司安置重整前的员工2人，并新招员工56人，与所有员工均重新签订劳动合同。现公司正逐步恢复生产，中药饮片已取得《药品生产许可证》并已投产；片剂、胶囊剂、颗粒剂、口服液剂、糖浆剂等药品制剂生产线已建设完毕，正在进行设备运行调试和人员培训。

（四）平衡债权人、债务人及投资人利益

法院经过多次磋商协调，充分了解债权人、投资人的顾虑和意见，尊重重整利害关系人的想法，最终实现债权人、投资人全票通过重整计划草案，较好平衡了各方利益，债权人的债权得以保障，各利益相关方均能从企业再生中获益。因馨某堂公司在进入破产重整程序时的账面资产能用于清偿债务的少之又少，其偿债能力非常低且已达到资不抵债、无产可破的情形，如果无法依靠重整程序引入恰当的投资人以盘活公司的存量资产，将非常不利于债权人的权利保障，且不利于营商环境的稳定发展。

《企业破产法》“第八章 重整”立法意图为鼓励具有经营条件且有偿债可能的市场主体进行重整，但因重整程序的进入“门槛”在实践中比较高且没有比较统一的、可行的考量标准，重整成本与效率也就无法具体得到保障，有的企业在陷入经营困境后直接选择了破产清算而非重整程序盘活。馨某堂公司预重整程序与重整程序顺利衔接与快速推进，是人民法院注重营造良好营商环境方面的实践，通过预重整程序的开展为重整程序的快速、有效实现夯实基础。馨某堂公司若能重整成功，依附于公司主体上的特许经营资质（6个国药准字药品批准文号）、专利技术及商标价值等优势资源将得以保留，持续经营后，可极大发挥前述资质优势，创造更大的社会财富，同时偿还债务可避免激化社会矛盾。重整成功后的馨某堂公司将涅槃重生，为遵义本地的经济社会发展作出更大贡献。

（五）催生贵州省典型案例，具有示范意义

2021 年 10 月 22 日，贵州省高级人民法院在其官微发布 2021 年度“优化营商环境破产审判十大典型案例”，其中第 2 个即“贵州馨某堂生物制药集团股份有限公司破产重整案”，系遵义市中级人民法院审理的唯一入选案例。贵州省政协调研组一行 21 名政协委员，在省政协社法委主任带队及贵州省高级人民法院的陪同下，视察调研重整后的贵州省馨某堂公司；省政协社法委副主任对本次省政协调研活动进行了点评，表扬了遵义市中级人民法院在很短的时间内将“颗粒无收”、清算率为零的破产企业从“死亡边缘”挽救了回来。

八、安某科技破产重整案

——衔接庭外重组与庭内重整，降低制度性成本

企业基本情况

四川安某科技股份有限公司（以下简称安某科技）是一家以工业自动化、油气服务及智慧产业为主营业务的上市企业，曾经占有超过 50%的国内油井自动化装置市场份额，自主研发并生产了第 1 代国产的 RTU（远程监测终端）产品，从此打破了国外的技术垄断。

受宏观经济形势、公司经营策略等内外部因素影响，安某科技开始出现流动性资金短缺、业绩下降等问题。因违反上市公司监管规则，2021 年 4 月，安某科技股票交易被下达“其他风险警示”。2022 年 3 月 31 日，安某科技总负债超过 20 亿元，总资产评估价值仅 6.81 亿元。2022 年 4 月，安某科技被深圳证券交易所下达“退市风险警示”。

案件审理情况

2021 年 5 月 31 日，沧州华某运通电子设备有限公司向四川省宜宾市中级人民法院（以下简称宜宾中院）申请对安某科技进行破产重整。

在根据上市公司重整受理程序要求，层报中国证监会和最高人民法院审

查期间，2021 年 8 月 5 日，宜宾中院根据安某科技的申请，同意安某科技与主要债权人自主协商，进行庭外重组。在重组期间，主要债权人与债务人共同推荐临时管理人。

2021 年 8 月 9 日，临时管理人发布债权申报公告，截至 2022 年 10 月 24 日即重整受理日，临时管理人一直在做债权申报和审查工作，共接收到有财产担保债权申报 250 464 927. 28 元，职工债权申报 14 738 186. 17 元，税款债权申报 2 242 645. 20 元，普通债权申报 1 315 258 553. 47 元。

2021 年 9 月 27 日，临时管理人启动投资人公开招募工作。2021 年 10 月 18 日，经过公开招募及遴选程序，由宜宾市叙州区创某产业投资有限公司（以下简称创某产投）、深圳市高某投资集团有限公司（以下简称高某投资）与中国银某资产管理有限责任公司（以下简称银某资管）组成的联合体被选中为安某科技庭外重组投资人。

2022 年 5 月 30 日，银某资管确认退出安某科技重整投资人联合体；2022 年 5 月 31 日，创某产投、高某投资分别与安某科技以及临时管理人签订了《预重整投资协议》，其中创某产投投资金额为 3. 83 亿元，高某投资投资金额为 1. 73 亿元；同时创某产投、高某投资同意附条件豁免对安某科技的债权合计 4. 76 亿元。

2022 年 6 月 8 日，临时管理人制作了《重整预案》，《重整预案》包含了债权清偿方案和经营方案。债权清偿方案如下：普通债权、税收债权全额一次性现金清偿；有财产担保债权在担保财产评估范围内全额现金清偿；普通债权 50 万元以下的为现金清偿，50 万元以上的为现金清偿+延期清偿+以股抵债。临时管理人与安某科技制订的经营方案如下：聚焦并深耕工业自动化与油气服务两大主业，一方面，公司将有效配置资源，聚焦具备良好营利能力和市场前景的业务，通过整合优质资源、拓展市场渠道、加强运营管控、重构研发体系、优化用人机制等方式，提升公司的核心竞争力；另一方面，公司也将利用好自身的资源、地理位置等优势，抢抓国家级长宁页岩气示范区开发建设契机，发挥技术优势，在油气污染物治理、页岩气专采设备维护、重大技术攻关等方面与地方和页岩气公司开展深度合作，并积极拓展地质自然灾害监测预警、城市燃气安全监测系统等业务，抓住实现安某科技新发展的重要机遇。

临时管理人将《重整预案》发给普通债权组与有财产担保债权组进行书

面表决。截至 2022 年 7 月 10 日表决期满，参与表决的有财产担保组债权人 4 家均表决同意，占该组享有表决权债权金额的 87.8%；参与表决的普通债权人为 351 人，表决同意人数占出席人数 99.15%，占该组享有表决权债权总额的 91.48%。根据《重整预案》对表决机制的设定，在清偿方案不变或更优的情况下，庭外重组期间相关债权人对《重整预案》的表决同意将自动转化为对《重整计划草案》的同意，在庭内重整中不再重复表决。

2022 年 7 月 8 日，出资人组会议对《重整预案之出资人权益调整方案》进行表决，以 98.75%的比例通过重整预案之出资人权益调整方案。2022 年 11 月 1 日，经创某产投、高某投资确认，同意将四川纾某基金纳入投资人联合体共同参与安某科技重整投资；同日，四川纾某基金与管理人、安某科技签署《重整投资协议》，投资金额为 1.81 亿元。在获得中国证监会、最高人民法院批准同意后，2022 年 10 月 24 日，宜宾中院裁定受理安某科技重整案，并经审查指定临时管理人为重整管理人。

基于债权申报与审查工作在庭外重组期间已基本完成，本案确定 24 天的债权申报期，在债权申报期内共有 11 家债权人申报债权，申报金额为 503.8 万元：税收债权为 224.26 万元，普通债权为 279.53 万元。

2022 年 11 月 17 日，宜宾中院组织召开安某科技第一次债权人会议，因税收债权全额清偿，未参与表决。最终，有财产担保债权组 100%表决通过，普通债权组 382 人，表决同意重整计划草案的 377 人，占出席会议的该组债权人 98.69%，占该组债权总额的 92.75%。2022 年 11 月 18 日，安某科技召开出资人组会议，同意重整计划草案的占出席会议所有股东所持股份的 99.88%。

宜宾中院于 2022 年 11 月 18 日裁定批准安某科技重整计划并终止重整程序。2022 年 12 月 21 日，宜宾中院裁定确认重整计划执行完毕，终结重整程序。本案未发生衍生诉讼。

主要法律问题及解决途径

安某科技在庭外重组期间，已基本完成债权申报和审查工作，招募了投资人，签订了投资协议，制订了重整预案，启动了债权人与出资人的表决工作，重整工作基本完成。在保障程序正义的情况下，如何运用好庭外重组的成果，降低制度性成本，提高破产制度效率，是本案遇到的主要问题。基于庭外重组与庭内重整的同质性和转换性，本案对协商谈判成果与债权申报成果的衔接问题进行了两点探索。

（一）关于协商谈判工作成果的衔接问题

庭外重组阶段协商谈判的结果延伸到庭内重整阶段，既能实现庭外重组各方当事人的合理预期；又可避免权益不受重整计划影响的债权人或庭外重组谈判中已就相关方案表决的债权人再次参加债权人会议，无谓地耗费时间和金钱，增加债权人的重整成本。《全国法院民商事审判工作会议纪要》确定了庭外重组协议在庭内重整程序中的延伸效力。但协商谈判的结果关系债权人的实体权利，对债权人尤为重要，本案考虑的问题是如何用公正的程序保障债权人作出的决策是谨慎的。为此，管理人在重整预案中、第一次债权人会议召开前15日公布的重整计划草案中、第一次债权人会议上均将协商谈判结果效力的延伸明确告知、反复提示债权人，保障信息充分披露，以严谨的程序形式，保障实体的公正。

（二）关于债权申报的衔接问题

能否缩短法定债权申报期，最初在本案审理中也有犹豫。但法定最低债权申报期限规定的目的是保障利益相关方的程序参与权利。若庭外重组阶段已给予债权人充足的债权申报期，即已保障了债权人的程序参与权，在庭内重整阶段可合理确定债权申报期限。本案庭外重组时间较长，在庭外重组期间，债权申报率已超过99%，债权申报和审查工作在庭外重组阶段已基本完成，若墨守法定最短债权申报期，其实是让重整时间被无谓拉长。最终本案将债权申报期缩短为24日。但本案审理中法官也注意到，有的债权人不认可庭外重组程序的效力且有冗长的债权申报内部审批程序，法院缩短了债权申报期后，此类债权人可能无法及时申报债权，故本案对无法及时申报债权的债权人预留了充足的偿债资源，以维护债权人的权益。

其他审理经验

（一）保市场主体主营业务

本案重整计划同等重视经营方案与清偿方案，将宜宾的本土特点与安某科技的自身优势相结合，围绕如何发展壮大安某科技主营业务这一重点，制订了详细务实的经营方案，让市场主体不仅能正常生存，而且能够发展壮大。目前安某科技已“摘星摘帽”，生产经营正有序恢复。

（二）庭外重整助力上市公司重整层报工作

本案审理中发现了监管机构关注的问题与重整程序要解决的问题具有高度的一致性，为了保证层报工作的顺利，法院引导各方将监管部门提出的问题作为重点，在庭外重组程序中重视、回应并解决。本案在庭外重组阶段启动投资人招募工作并签订投资协议，顺利解决了监管部门要求的公司有充足资本公积金的问题；在庭外重组阶段启动全面表决程序，增强证监会的决策信心。

第二章　债权审查认定和清偿方案设计问题

一、中某信科技有限公司重整案

——运用重整维护民营企业营运价值，保护重整投资人合法权益

廊坊市中级人民法院（以下简称廊坊中院）坚持以习近平新时代中国特色社会主义思想为指导，践行党的二十大和中央经济会议精神，围绕党的二十大报告所强调的“优化民营企业发展环境，依法保护民营企业产权和企业家权益，促进民营经济发展壮大”，把保护民营企业发展作为职责使命，精准把握法律界限，精细满足企业需求，成功运用重整程序审结了中某信科技有限公司（以下简称中某信）破产案件。廊坊中院精确延伸法律帮扶，帮助中某信重整投资人引进首批获得中国证监会直投试点资格的中某证券股份有限公司旗下金某投资基金公司（制造公司转型升级新材料基金公司），引导重整投资人提前缴纳重整投资款 7.26 亿元，并向债权人提前清偿。中某信重整的成功，是人民法院探索帮助化解民营企业现代化进程中所遇风险的成功经验，是人民法院适应新时代服务民企、主动服务大局的生动实践，凸显了新发展阶段人民法院的能动履职，为构建市场化、法治化的营商环境作出了积极贡献。

企业基本情况

高性能碳纤维被誉为 21 世纪新材料之王，具有重量轻、强度高、韧度强的特点，除可用于导弹、航空航天、高端设备制造等军事用途外，在清洁能

源汽车、风电、光伏、氢能储运装备、高端体育休闲等领域的应用也不断拓展。高性能碳纤维政治敏感、技术密集、资金密集、人才密集。国外长期对我国进行产品和技术严格封锁。我国若干产品高度依赖碳纤维。党和国家领导人高度重视发展我国碳纤维事业，并作出多次批示。

中某信成立于2011年7月，是河北省廊坊市重点引进的生产碳纤维的高科技民营企业。中某信通过自主研发掌握了高性能碳纤维制造的核心技术，拥有完全自主知识产权，技术水平位居中国前列，形成碳纤维专利技术50余项，其中25项获得授权，发明专利11件、实用新型专利14件。中某信曾取得高新技术企业认定，获得质量体系认证和CNAS国家实验室认可，取得省级产业技术研究院、省级工程技术中心等研发平台认证等荣誉。中某信在国内最早稳定量产T700S级、T800S级、T1000G级和M/MJ等高性能碳纤维产品，良品率超过90%，产品基本覆盖国外高性能碳纤维产品系列，经多家权威机构评价，碳纤维及其复合材料主要性能指标达到国外同类产品水平，其中T700G-12K/24K、T800S-24K、T1000G-12K产品填补了国内空白。

因中某信的控股股东康某投资集团有限公司（以下简称康某集团）违规提供担保，加之中某信本身治理结构混乱，公司内控制度形同虚设，导致中某信现金流枯竭，不仅无法承担巨额债务，甚至无法开展正常生产经营，陷入严重财务危机，公司全面停工停产。

2020年6月，廊坊中院受理中某信重整申请。受理时中某信负债205亿元，资产评估价值为9.99亿元，资产负债率达2052%；生产线因长时间停工停产，设备稳定性差；生产所需主要原料采购手续缺失，恢复生产存在障碍；欠付职工社保、医保、工资等3000多万元。廊坊中院受理重整申请后，抽调精干力量投入办案，确立了保存技术骨干、筹措启动资金、修缮机器设备、逐步恢复生产、引资扩大产能“五步法”重整思路，并以资产估值13.2亿元成功引进新的投资人。重整后的新主体长某（廊坊）科技有限公司（以下简称长某科技）产销两旺，转危为安。

案件审理情况

2020年6月19日，廊坊中院受理中某信重整申请。2020年7月29日，廊坊中院指定北京大某律师事务所、河北若某律师事务所联合担任中某信管理人。

为保证重整成功，避免中某信破产清算，廊坊中院监督督促管理人做好债权申报和审查、融资租赁等案涉财产调查和资产评估、筹措共益债、继续营业复工投产、低效资产处置、投资人招募、起草重整计划等各项重整工作。

2020年9月28日，廊坊中院召开第一次债权人会议，指定国家开发银行担任债权人会议主席。管理人就执行职务工作情况、财产状况调查情况、债权申报和审查情况等进行汇报。2020年12月15日，经管理人申请，廊坊中院裁定延期提交重整计划草案。2021年3月8日和3月19日，管理人以书面形式召开中某信债权人会议，依法对债权表进行核查。

管理人本着审慎的原则招募重整投资人，经多轮多次竞争性谈判，管理人确定由北京蓝某盛源资本管理有限公司和思某材料（廊坊）有限公司搭建投资联合体共同参与中某信重整，努力恢复中某信营利能力。2021年5月17日，管理人与各表决组协商，优化、细化重整计划，确保债权清偿更公平、资产处置合理、经营计划可执行。

（一）债权分类情况

中某信重整中，共有221个债权人向管理人申报债权，申报债权总额为210亿元。管理人经严格审查，最后认定债权金额合计92.45亿元，其中享有抵押权的担保债权为6149.37万元；建设工程价款优先债权为8174.99万元，涉及4个债权人；税款债权为1312.99万元。普通债权为904 712.83万元，涉及197个债权人。国某发展基金①有限公司（以下简称国某基金）申报的4.81亿元债权暂缓认定。

根据《企业破产法》相关规定和债权审查确定情况，中某信重整设有财产担保债权组、职工债权组、税款债权组、普通债权组四组。

1. 有财产担保债权组

有财产担保债权为14 324.36万元，涉及5家债权人，包括1个对中某信土地使用权享有抵押权的担保债权人，债权金额为6149.37万元，4个建设工程价款优先受偿权债权人，债权金额为8174.99万元。

---

① 该基金是国家发改委、财政部、人民银行、银监会会签国家开发银行、中国农业发展银行、邮储银行根据2015年国务院专题会议精神设立的国家专项建设基金，是贯彻党中央、国务院稳增长和调结构的重要金融工具，是国家特殊时期的专项投资，具有较强的政策性与特殊性。

2. 职工债权组

中某信有职工800余人，欠付600多名职工社保、医保、工资等，总计3000多万元，部分工人长时间未发工资，基本生活难以保障。法院受理重整前，债务人原高管与部分员工突击完成285份劳动仲裁协议。如果履行这些仲裁协议，将对其他员工不公平，造成适用法律不一致的情形。管理人接管后，经调查发现原人力资源部员工已经离职，人力资源相关重要资料缺失，中某信已经不能准确提供每个职工的信息。廊坊中院指导管理人访谈部分员工、高管，协调劳动仲裁委、人社局、医保局、住房公积金中心等部门，尽可能帮助管理人了解职工情况。经管理人认真核查，认定该285份仲裁调解书在程序和实体上均违法不应执行，并发挥多元化纠纷调解机制，最终确认中某信职工债权总额为4194.78万元，包括拖欠的541名员工工资2527.83万元，应向479名职工支付的经济补偿金1306.01万元，欠缴的社保284.72万元（属社保债权）等。

3. 税款债权组

1个税款债权为1312.99万元。

4. 普通债权组

已确认普通债权为904 712.83万元，涉及197个债权人。另外暂缓确认普通债权合计488 897.78万元，涉及7个债权人。

（二）债权调整与受偿方案

1. 有财产担保债权

对中某信土地使用权享有抵押权的有财产担保债权为6149.37万元，在担保财产评估价值范围内全额受偿，清偿方式为分三年延期清偿（2021年为第1年）；补偿利率按法院批准重整计划前最近一期全国银行间同业拆借中心公布的五年期贷款市场报价利率（LPR）加点方式确定固定利率，执行利率为5.635%。

建设工程价款优先受偿权为8174.99万元，共涉及4个债权人，在对应的建设工程评估价值范围内全额受偿，不能全额受偿的部分，以及后顺位的建设工程价款优先债权转为普通债权。因延期清偿受到损失的，支付相应补偿。

2. 职工债权

职工债权不作调整，一次性现金清偿。

3. 税款债权

税款债权 1312.99 万元不作调整，一次性现金全额清偿。

4. 普通债权

中某信在原模拟清算条件下普通债权清偿率最高为 2.38%，综合考虑清算时不可预测因素，实际清算率已接近于零。重整中普通债权人清偿方案如下：所有普通债权以债权人为单位，每个债权人 30 万元以下（含 30 万元）的部分，法院批准重整计划后 6 个月内现金清偿。全体普通债权人剩余普通债权金额为 1 393 610 万元，按照 10%重整清偿率计算可受偿额。普通债权金额在 2 亿元以上（含 2 亿元）的普通债权人可选择“全部以股抵债”“20%现金+80%以股抵债”“全部现金受偿”中的一种清偿方式。暂缓确认的债权按照同类债权足额预留偿债资金，待其债权确认后，按照同类债权进行清偿；债权未能获得确认的，自未能获得确认之日起，预留资金向普通债权人补充清偿。对未申报但可能受法律保护的债权按照同类债权足额预留偿债资金，待其申报并确认后，按照同类债权进行清偿；未申报或虽补充申报但未确认的，对应预留的偿债资金向普通债权人补充清偿。

（三）出资人权益调整方案

中某信主体保留，未来持有新中某信 0.01%的股权（10 万股股权），中某信作为新中某信股东只有参加新中某信股东会的权利，并没有表决权。对于未纳入重整投资范围的部分应收账款、预付款和其他应收款，以及清收、追偿回款和重整期间收益，仍由中某信持有。在未全额清偿普通债权之前不得向中某信的股东分红。如中某信转让其所持有的新中某信股权所得，将优先按照本重整计划向未获全额清偿的普通债权人按比例补充分配。

（四）投资人引进情况

重整工作中最重要但也最艰难的就是招募重整投资人。中某信重整期间最初有 20 多名意向投资人报名，但面对生产设备权属纠纷和复工复产不确定因素都望而却步，不愿意承担投资风险。廊坊中院在市委、市政府坚定支持和省高院指导下，成立工作专班，召集府院联席专门会议，专项讨论中某信重整投资人权益保护问题，寻找排除重整投资障碍的路径。相对重整投资联合体内部之间因利益分配产生的矛盾，因为遇到房地产宏观调控和新冠肺炎疫情反复等原因出现的投资款暂时逾期现象，以及面对原来主动退出参选看到中某信有重整成功希望又通过各种渠道向政府、法院和管理人施加压力的部分投资人，廊坊中院按照省法院“积极支持、有效监督”的工作指示，站在招商引资服务大局的高度和角度，注意保护重整投资人的合法权益，精准把握法律边界，精细了解投资人需求，精确延伸法律服务内容，最大限度地发挥司法能动作用，主管副院长亲自赴京与中某证券股份有限公司旗下著名的金某投资基金公司座谈，帮助金某投资基金公司树立信心，一天办完所有投资决策手续，提前缴纳全部重整投资款7.26亿元，圆满完成引进重整投资人工作。

1. 督促管理人持续履行监督职责

根据重整计划，长某科技生产经营权、内部管理权被移交给投资方，并由管理人代持投资人未履行到位部分股权，根据投资人投资到位进度，逐步平移资产，释放股权，既方便投资人持股运营，又保护债权人整体权益安全。

2. 督促投资人强化契约精神

法院持续与投资人保持密切沟通，引导其按照重整计划按期兑付投资款，并履行好安全生产、缴纳税费、保护环境等市场主体义务。在投资人逾期后，主动与廊坊高新区管委会赴京，与中某证券股份有限公司所属金某投资基金公司对接，以司法重整形式“招商引资”，帮助投资人融得重整投资款项。

3. 保障长某科技健康成长

以送法进企业、走访调研等多种形式，多次深入长某科技厂区，提供法律援助，帮助解决困难。目前，长某科技近400名职工复岗复工，实现T700高性能碳纤维稳定量产，月产值达2700万元，产销利润达700万元，月稳定纳税约50万元，开创了省内破产企业稳定营利并纳税的先河。此外，还成功研产T1000高性能碳纤维，投资人信心倍增，计划再投资50亿元扩建三条新的生产线，实现碳纤维行业“王者”归来。

（五）经营方案

中某信重整中及重整后的经营方案，直接关系偿债资金来源是否稳定可靠，关系能否吸引重整投资人，关系重整是否真正获得成功。破产重整有两种管理模式：一种是债务人自行管理财产和营业事务，管理人监督的模式；另一种是管理人全面管理债务人财产和营业事务的模式。具体采用哪种经营管理模式，与管理人的履职能力和债务人具体情况有关。中某信重整采取的是管理人全面管理模式。廊坊中院指导管理人成立复工复产指挥部，解决债务人派系分立、组织涣散、管理混乱的局面，筹措到共益债后，又未雨绸缪：首先，批准管理人从国外定制特种锅炉，确保复工复产动力来源；其次，帮助中某信获得危化许可和解决电力、天然气等问题；最后，支持管理人针对关键科研技术带头人和技术骨干，采用特殊薪酬待遇挽留特殊人才，实现了重整期间恢复生产经营的目标。

中某信的优势在于其特有的专有技术和专业人才、设备的不可复制性。中某信在起草重整计划中的经营方案时，坚持“技术领先、市场导向”的发展理念，将现有生产线定位于“高性能小丝束”试验线，加快建设二期、三期四条生产线以替代现有生产线，既扩大产能，又同时化解与某银行北京分行之间因解决现有生产线法律争议可能时间过长而带来的不确定性风险。管理人制订经营方案时，在企业生产在产品规格、产品型号、产品丝束方面，以及生产设备、备品备件的国产替代和生产原料的使用方面，甚至在如何加强科研投入并增强与有关科研院校的合作，将关键设备国产化和如何改进工艺参数方面，都进行了深入、细致研究，将重整成功后的经营方案与重整前企业曾经预留的建设场地、公辅设施、运输通道作了有序衔接。

为了确保贯彻执行重整计划，廊坊中院还创设了重整计划执行期内设置 1 个独立董事席位，由管理人负责提名和变更的制度，以有效监督重整投资人按照重整计划管理资金，避免资金挪用，影响债权人受偿权益。此外，经营方案中还对新公司如何积极稳妥地持续推进用人制度和分配制度改革，加强公司治理和风险控制，优化整合内部组织架构，从销售、采购、生产、物流、财务等各个方面压缩管理层级，推进扁平化管理，降低管理费用，提高管理效率等方面进行引导。

实际执行过程中，廊坊中院督促管理人与重整投资人保持紧密联系，对中某信重整计划实际执行情况进行监督。院长率队赴中某信现场调研，指导管理人加大重整计划执行监督力度，继续提供精准、精细、精确服务，并多方借力形成合力解决遇到的问题。

（六）衍生诉讼情况

中某信重整期间，廊坊中院指导管理人严格依法审查债权，从诉源着手进行治理，避免债权人因对管理人债权审查结果不满意而产生衍生诉讼。对于205份职工债权涉嫌造假事件，法院指导管理人克服工作量大的困难，坚持依法审查，提起205份职工仲裁撤销之诉，最终这部分虚假仲裁的职工与管理人达成调解。对于属于根本商业利益冲突，以及因为决策责任机制不得不进行的诉讼案件，如某银行股份有限公司与中某信与破产有关的诉讼纠纷，某同业竞争者碳纤维科技有限公司提起的破产债权确认纠纷，管理人则依法应对。最终法院认定中某信担保协议无效，中某信仅承担5981万元赔偿责任，性质为普通债权。某碳纤维科技有限公司请求确认对中某信享有39 043万元债权，被驳回全部诉讼请求。对于裁决才能满足各方决策程序，避免履职风险的当事人，管理人与相对方保持沟通协商，为表决重整计划奠定基础。

主要法律问题及解决途径

（一）重整中的债权代位申报

1. 债权代位申报法律依据

我国《民法典》第536条关于债权到期前债权人提前行使代位债权的规定中，专门列举了债权人可以代位向破产管理人申报债权。即在债务人的相对人破产的情况下，如果债务人不及时申报破产债权，影响债权人债权实现的，债权人可以代位向债务人相对人的破产管理人申报破产债权。

中某信重整程序中，国某基金向管理人申报债权。其债权形成过程如下：2015年10月10日，国某基金与中某信控股股东康某集团、康某投资集团上海资产管理有限公司（以下简称康某集团上海资管）签订《国某发展基金投资合同》。国某基金通过康某集团上海资管向中某信提供4.99亿元信贷支持，专项用于中某信年产5100吨高性能碳纤维项目建设。项目建设期届满后，国某基金有权要求康某集团回购股权，并在回购交割日之前及时、足额支付股权回购价款。2019年10月22日，国某基金宣布回购义务提前到期。2020年5月21日，国某基金与中某信补充签订《保证合同》，约定中某信就康某集团于《国某发展基金投资合同》项下应当承担的回购义务以及相应的补偿金、违约金、损害赔偿金和实现债权的费用向国某基金提供担保。2020 年 9 月 18 日，国某基金依据《保证合同》申报债权。管理人经审查，认为该《保证合同》签订于中某信出现破产原因后法院受理重整裁定前 6 个月内，对该笔债权不予确认。管理人向合议庭汇报了国某基金债权情况，合议庭指导管理人前往该公司查阅相关文件、了解债权形成原因后，行使释明权，建议国某基金根据北京市第二中级人民法院（2020）京 02 民初 183 号民事判决书向管理人代位康某集团申报债权，但申报金额应以中某信于《三方借贷协议》项下应付康某集团款项余额为限。

2. 代为申报债权的审查确认

《民法典》第 535 条第 1 款规定，因债务人怠于行使其债权或者与该债权有关的从权利，影响债权人的到期债权实现的，债权人可以向法院请求以自己的名义代位行使债务人对相对人的权利。《民法典》第 536 条规定，债权人的债权到期前，债务人的债权或者与该债权有关的从权利存在诉讼时效期间即将届满或者未及时申报破产债权等情形，影响债权人的债权实现的，债权人可以代位向债务人的相对人请求其向债务人履行、向破产管理人申报或者作出其他必要的行为。这两个条款规定了代位权人有权依据代位权代位申报破产债权。重整工作中既要坚持债权人平等，严格落实同债同权原则，又要考虑到特殊债权的特殊性和形成过程，给予一定保护。合议庭依据《民法典》上述法律依据，建议国某基金直接向中某信代位申报债权，并指导管理人向债权人委员会通报相关情况。管理人经审查、债权人会议经核查，确认国某基金代位申报的债权性质为普通债权。

3. 代位申报债权确认后的表决权问题

债权人代位申报债权确认后，原债权人自身享有的债权额对应的表决权与其代位申报债权额对应享有的表决权是应当区分开，各自分别计算，还是统一合并计算，理论和实践中存在争议。

有观点认为，诉讼案件中，代位债权与债权人不能合并，应当分别统计。在没有明确法律依据的情形下，只给一个表决权可能会侵犯被代位债权人的表决权。也有观点认为，从债权审查的角度，债权人主体最终是一个，其债权额也是一个，因此应当只给一个表决权。

中某信表决重整计划中，法院采纳了第二种观点，给予国某基金在债权人会议中一个表决权，既坚持了同债同权原则，对特殊债权给予一定保护；同时，对其权利设定一定限制。

（二）实际施工人的债权申报问题

在实际施工过程中，承包人将工程违法分包、转包是一个非常普遍的现象。重整程序中，在与债务人签订建设工程施工合同的承包人已经向管理人申报全部建设工程价款债权的情况下，违法分包、转包的实际施工人是否可就其实际享有的对应工程价款请求权申报债权，存在争议。

中某信重整中，中国化学赛某宁波工程有限公司（以下简称赛某公司）是中某信在册股东，也是中某信建设工程价款债权人和普通债权人。中某信因工程项目建设需要，与赛某公司签订了《设计、采购、施工（EPC）总承包合同》，约定双方的权利义务。但赛某公司将主合同约定的施工义务全部转包和违法分包。后赛某公司向中某信申报了全部建设工程价款债权，管理人审核后提请债权人会议核查并经法院确认。因获悉重整计划草案中普通债权组设置有小额债权人，每个普通债权人30万元以下的部分可以获得全额清偿。因此有部分实际施工人就其实际享有的债权向管理人申报债权。管理人将这些补充申报的债权人与赛某公司申报的债权作为同一笔债权登记，给予赛某公司一个表决权，补充申报债权的实际施工人不享有表决权。由赛某公司一次受偿30万元以下部分的小额债权。在实际清偿债权时，管理人在赛某公司总的债权可受偿额范围内，对补充申报的实际施工人，扣除相应管理费用后，确认其债权额，并直接予以清偿。

当承包人转包、违法分包建设工程时，如承包人未申报全部工程价款债权，影响实际施工人债权实现时，实际施工人能否申报债权，实践中存在争议。申报时是以签订合同的承包人名义申报，还是以实际施工人的名义申报，实践中也存在争议。笔者认为实际施工人也可以就其自身实际享有的债权代位申报并有权直接获得清偿。实施施工人代位申报债权时，应当在其债权范围内行使承包人在破产程序中的权利。

（三）重整中的高管薪酬问题

1. 债务人继续营业时高管薪酬绩效工资不属于非正常收入

员工薪酬通常会由岗位工资+津贴+绩效工资+特殊奖励组成。绩效工资为浮动工资，与个人绩效考核结果、公司整体经营业绩等因素挂钩，体现绩效工资的激励功能。实施年薪制的高管薪酬中，薪酬中的固定工资按月发放，绩效工资视年度考核结果年末发放。考核指标多分为经营指标、个性指标和综合指标。不承担经营业务的高层管理人员经营指标考核不占权重，个性指标和综合指标均为定性指标，不量化考核。重整期间继续营业时是否应当发放高管薪酬中的绩效工资，是审理重整案件时经常遇到的难点问题。一种观点认为，《企业破产法》第 36 条及《最高人民法院关于适用〈中华人民共和国企业破产法〉若干问题的规定（二）》第 24 条规定，债务人有《企业破产法》第 2 条第 1 款的情形，债务人的董事、监事和高级管理人员利用职权获取的绩效工资，属于非正常收入。另外一种观点认为，重整程序中，并不必然应当降低高管绩效工资。关键是要审查绩效工资考核标准中主要指标与公司经营业绩是否有关联。如果绩效工资实质为固定工资的构成部分，重整期间继续营业的，就应予继续发放。中某信重整中就遇到同样问题。中某信属于高新技术企业，分为聚合、纺丝、碳化三个工艺流程。每个流程工艺的厂长都是经验非常丰富的行业专家，是中某信技术领先的重要因素，对中某信能否复工复产并延续以往技术领先有较大影响。重整期间，三位专家能够配合管理人工作，执业复工复产指挥部确定的生产计划，按时参加生产调度会议，建言献策，积极检修、维修关键设备，为重整后企业顺利成功复产作出贡献。他们是在法院、管理人、全体职工和债权人监管之下领取的劳动报酬，不属于非正常收入。虽然按照字面理解绩效奖金通常与企业效益和经营状况挂钩。但中某信在其《绩效考核管理办法》中规定，绩效工资发放对象是包括高管在内的全体员工。故不宜将高管的绩效工资认定为利用职权获取的非正当收入。

2. 重整期间的高管薪酬标准并不必然参照企业职工平均工资确定

《企业破产法》第 113 条规定，破产企业的董事、监事和高级管理人员的工资按照破产企业职工的平均工资计算。据此，有观点认为，重整期间高管薪酬应当按照破产企业职工平均工资计算。持相反观点的人认为，该条规定是在破产清算程序中对拖欠职工工资情况的处理原则，重整期间并不适用。虽然有一些法院制定破产案件审理规程时规定破产企业拖欠职工工资期间，高管人员工资应当按照拖欠职工同期的平均工资确定。《最高人民法院关于适用〈中华人民共和国企业破产法〉若干问题的规定（二）》第 24 条也规定，债务人的董事、监事和高级管理人员利用职权在普遍拖欠职工工资的情况下获取的工资性收入属于非正常收入。但是，该条规定适用的前提是债务人普遍拖欠职工工资，高管自己却正常领取高薪。如果债务人没有普遍拖欠职工工资，高管的工资就没有理由参照企业职工平均工资确定。而且，上述规定针对的是破产清算程序中、拖欠职工工资情况下的高管工资清偿顺序和标准的认定。重整不同于破产清算，重整期间企业持续经营，仍然取得收入的，高管正常履职，就应当按劳动合同和薪酬制度发放工资。换言之，重整期间，普通员工正常履行劳动合同、正常领取工资，而高管则按职工平均工资计酬难免导致高管怠于履行职责，会对企业继续经营、对重整工作高效推进造成严重影响。

3. 重整期间高管薪酬不应明显高于本地区上年度职工平均工资 3 倍的观点没有法律依据

很多重整企业高管薪酬标准明显高于本地区上年度职工平均工资 3 倍。有观点认为，破产重整期间高管劳动报酬应与《最高人民法院关于审理企业破产案件若干问题的规定》第 37 条规定的破产企业的法定代表人、财务会计、财产保管人员必须留守的法定义务区分。根据《劳动合同法》第 47 条之规定，涉及解除劳动合同且劳动者离职前 12 个月月平均工资高于用人单位所在直辖市、设区的市人民政府公布的本地区上年度职工月平均工资 3 倍的，向其支付经济补偿的标准按职工月平均工资 3 倍的数额上限支付。如果高管在重整期间仍然正常履职，并不涉及解除劳动合同、支付经济补偿金等问题。因此，重整期间高管薪酬不应明显高于本地区上年度职工平均工资 3 倍的观点没有法律依据。

中某信重整期间，经管理人与高管协调，高管薪酬实际发放工资暂按一定比例下调。实际发放工资与原工资的差额部分，在重整程序结束前，由管理人结合高管对重整工作的参与度、配合度，发挥的作用与贡献等因素确定是否补发及补发数额，向债权人会议报告后执行，较好地解决了重整案件中的高管薪酬问题。

（四）重整中的融资租赁物所有权问题

我国原《合同法》第 242 条规定出租人享有租赁物所有权，承租人破产时租赁物不属于破产财产。《民法典》虽然删除了租赁物不属于破产财产的规定，但并未改变出租人在融资租赁法律关系存续期间对租赁物享有所有权的规定，继续强化了融资租赁交易中出租人所有权的担保功能。《企业破产法》也规定了承租方破产时出租方有权享有取回权。那么，融资租赁出租人到底是享有取回权，还是享有别除权，在破产实践中往往引起争议。

中某信重整中，恒某银行通过开展融资租赁业务向中某信提供了 11 亿余元的贷款，获得中某信核心生产设备的所有权转移登记。中某信贷款逾期后，恒某银行经两审胜诉向人民法院申请强制拍卖生产设备。中某信进入重整程序后，恒某银行一方面向中某信申报担保债权，一方面要求执行法院拍卖核心设备并优先受偿拍卖所得价款。核心生产设备的处理结果，影响着中某信重整结果。潜在投资人中国某化集团资本有限公司就是因为无法完全排除执行拍卖风险而取消参与重整投资。那么恒某银行对中某信 64 套核心设备到底是拥有担保权利，还是拥有物的所有权利？

目前我国有关融资租赁的立法和司法解释中，出租人在融资租赁法律关系存续期间对租赁物享有的仍然是所有权。即出租人的所有权具有担保功能并不意味着出租人的所有权变更为担保物权。

一般来说，融资租赁是出租人支付价款与出卖人签订买卖合同后由出卖人直接将标的物交付承租人，出租人取得租赁物的所有权。因此，出租人是通过履行买卖合同获得租赁物的所有权，之后再将该标的物出租给承租人使用，实质是将租赁物的占有、使用权能让渡给承租人，换取租金收益。但在中某信重整案件中，中某信将已经获得了所有权的核心设备出售给出租人，并履行完所有权转移登记手续，然后再与恒某银行签订融资租赁合同，以盘活资产，获得融资。根据《民法典》第 752 条、第 757 条、第 760 条规定，融资租赁合同无论是何种效力，租赁物的所有权都归属于出租人。但出租人保有租赁物的所有权，在根本意义上是为了担保其租金债权的实现。一旦承租人严重违约，出租人可基于其对租赁物的所有权，取回租赁物，用租赁物的残值折抵承租人应支付的租金。因此，中某信核心设备的所有权对恒某银行来说，旨在担保恒某银行租金债权实现。但《企业破产法》第 76 条又规定了债务人合法占有他人财产，该财产的权利人在重整期间要求取回的，应当符合事先约定的条件。有观点认为，按照这一规定，恒某银行在重整期间行使取回权，应当按照其与中某信事先约定的条件办理。因此，是否允许恒某银行与中某信解除融资租赁合同，中某信管理人享有条件履行权：决定融资租赁协议有效的，可以继续向恒某银行支付租金并占有、使用租赁物；反之则融资租赁协议不再有效，恒某银行向中某信申报债权。

针对中某信重整中遇到的所有权与取回权分歧，以及担保债权与执行拍卖权分歧的问题，廊坊中院指导管理人一方面注意征求并尊重债权人委员会意见，另一方面积极向执行法院申请异议，并与重整投资人多次沟通解释，最终采取了重整投资人与恒某银行参照执行拍卖程序中的评估价格另外签订协议，恒某银行将对核心设备的权益全部转让给重整投资人的方式，妥善化解了融资租赁纠纷给中某信重整带来的风险。

中某信重整中，廊坊中院积极履行司法职能，强化依法审理，提前主动介入，帮助管理人化解进程中遇到的法律难点，是人民法院完整准确全面贯彻新发展理念办理重整案件的成功经验，凸显了新发展阶段人民法院的能动履职。

二、陕西宝某化工集团有限公司破产重整案

企业基本情况

（一）基本情况

陕西宝某化工集团有限公司（以下简称宝某集团）于2009年成立，系宝鸡市某资产经营有限责任公司（以下简称某资公司）100%持股的化工类国有生产型企业，经营范围：氮肥、专用肥制造销售等。

（二）陷入经营困境的原因

2014年，宝某集团开工建设10万吨/年甲醇制芳烃项目，2016年建成投产，后因经营不善于当年停产，2019年被省发改委认定为“僵尸企业”。2021年申请破产，账面负债总额达6.66亿元，实际负债达8.87亿元以上，被12家债权人起诉并申请执行，土地、房产、银行账户被查封或冻结，陷入严重资不抵债的困境，且资产不足以清偿全部债务。

案件审理情况

（一）案件受理

2021年4月15日，宝鸡市中级人民法院（以下简称宝鸡中院）根据申请人三明某阀门科技有限公司申请裁定受理宝某集团破产清算一案，并指定北京康某（西安）律师事务所为管理人。2022年11月21日，宝鸡中院裁定宝某集团进入破产重整程序，并公开发布募集宝某集团重整计划方案和招募重整投资人公告。

（二）债权申报及债权分类

在债权人申报期内，共有安徽某缆业集团有限公司等83个债权人向管理人申报了债权，经依法审查确认合计金额为721 356 685.89元。第一次债权人会议后，又有陕西某无损检测有限公司等8个债权人补充申报了债权，经依法审查确认合计金额为68 994 053.19元。其中：（1）担保债权1个，合计30 496 720.00元；（2）税收债权2个，合计22 478 995.96元；（3）社保债权2个，合计30 924 730.00元；（4）职工债权737个，合计49 771 460.14元；（5）普通债权42个，合计656 678 832.98元。

宝鸡中院分别于2023年1月6日、2023年5月29日作出（2021）陕03破5号之二裁定书、（2021）陕03破5号之四裁定书，对上述无异议债权进行了确认。

（三）重整投资人的引进及债权清偿方案

1. 重整投资人的引进

2022年10月18日，管理人在全国企业破产重整案件信息网、环球时报上公开发布《招募意向投资人公告》《募集重整计划草案公告》，面向全社会公开招募投资人和募集重整计划草案。在期限届满前，共有两家意向投资人报名，管理人召开意向重整投资人对接会，并要求两家企业缴纳保证金，后仅有一家意向方按约缴纳保证金。管理人与投资人签订《尽职调查保密协议》和《重整投资框架协议》，配合投资人进行尽职调查，投资人在职调查的基础上提交了重整方案。

2. 清偿方案

重整投资人按照资产评估价值支付 293 083 117. 39 元对价作为偿债资金，根据投资人偿债计划所拟定的偿债方式，依次按照有财产担保（优先）债权、破产费用和共益债务、职工债权、税款债权、社保债权、普通债权的顺序分步清偿。

（四）表决情况

2023 年 4 月 18 日，宝鸡中院主持召开宝某集团破产案第二次债权人会议，对《重整方案》进行分组表决，依法设立了五个表决组，分别为普通债权组、有财产担保债权组、职工债权组、税款债权组和出资人组。最终各债权组均表决通过了《重整方案》。

（五）经营方案

为有效利用宝某集团基础设施，发挥区位资源优势，充分实现宝某集团现有资源的有效整合，拟从以下几个方面积极推进重整后的生产经营工作：积极开拓市场、开展危化品贸易；提升现有甲醛、甲缩醛及糠酸产业；推进 10 万吨高性能电解铜箔项目落地实施。

主要法律问题及解决途径

（一）法律的理解与适用问题

在法律理解和适用方面审慎、严谨，尤其在《企业破产法》规定不明确或者出现破产法与其他行政法规、地方性政策规定发生冲突时，敢于依照破产法立法宗旨和原则，适用破产法原理解决法律问题。

处理情况：在审核职工债权时，社保机构主张按照陕西省劳动厅陕劳发〔1999〕6 号《陕西省城镇企业职工基本养老保险若干问题处理意见》（以下简称《处理意见》）第 5 条“参加养老保险的企业破产、解散或终止的，按照《中华人民共和国企业破产法》规定的费用清理程序，清缴欠缴的基本养老保险费，并以破产、解散或终止时企业离退休人员上年度月平均基本养老金总额为缴费基数，一次性向当地社会保险经办机构缴清十年的费用”之规定，要求计提十年养老保险费用总计近 7. 68 亿元，而宝某集团全部破产财产价值仅为2.93亿元，仅此一项都无法实现。接到申报后，宝鸡中院对此高度重视，与宝鸡市养老保险经办处多次沟通，了解该《处理意见》出台的背景和目的，对该规定内容进行了反复论证，认为1999年该文件出台时，《劳动合同法》尚未颁布实施，而该《处理意见》依据的上位法《劳动法》并未规定企业破产须一次性计提十年养老保险费，显然该《处理意见》属于在按《企业破产法（试行）》（已废止）处理国有企业破产案件时适用的陕西省地方部门性规定或者是为解决社会养老保险资金短缺问题而作出的，在当时对处理国有企业破产，保障国有企业职工利益发挥了一定的作用。但随着2006年8月《企业破产法》的颁布以及《劳动合同法》的颁布实施，对企业职工权益保护和职工债权、社保债权的认定都作了明确的规定，该《处理意见》显然与这两部法律中关于职工债权和社保债权的规定存在冲突。宝鸡中院及时启动府院联动机制和宝某集团破产案件项目推进协调机制，召开专门会议对此问题进行研讨，最终结合《立法法》第93条第6款“没有法律、行政法规、地方性法规的依据，地方政府规章不得设定减损公民、法人和其他组织权利或者增加其义务的规范”的规定，认定该十年养老保险费计提的规定与现行《企业破产法》和《劳动合同法》的规定存在冲突，按照法律位阶高低、大小的基本原理，特别法优先于普通法，低阶位法服从于高阶位法，认为在企业（主要是国有企业）破产中不应该继续适用该《处理意见》。据此，管理人向债权人宝鸡市养老保险经办处明确告知养老保险经办处所依据的《处置意见》作为低位阶地方性文件，不得给相对人创设义务；同时向养老保险经办处告知：《企业破产法》中规定破产债权是在破产受理时已经发生的确定债权，对于尚未发生的未来可能产生的债权不在破产债权范围内，作为破产企业，为平衡所有债权人的利益以及出于对债务人清偿能力的考虑，计提未来十年的养老保险费用显然不符合《企业破产法》的规定，也与破产企业财产现状不符，如果坚持按这样的规定办理，依法破产就无法推进，更何况这样的规定确实有悖于《企业破产法》的立法精神。宝鸡市养老保险经办处对管理人的意见高度重视，专门向陕西省人力资源和社会保障厅以及相关养老、医保等具体职能部门请示；但省人社厅及相关职能部门经过认真研究后回复：该《处理意见》仍属于有效文件，在上级行政机关并未明确通知废止的情况下，下级部门只能严格遵照执行，不能放弃该项债权申报。但宝鸡中院、管理人严格按《企业破产法》有关规定，对养老保险经办处申报的计提十年养老保险费767 903 489.81元不予确认，并由管理人向其发出正式《债权初审意见函》。养老保险经办处接到不予确认该项债权的初审函后，并没有提出异议；在其后召开的第二次债权人会议上，管理人将该项债权表提交债权人核查，养老保险经办处在第二次债权人对此会议审核后既未提出异议，也没有提起诉讼，可以认为对管理人该项债权处理结果的认可。由此，宝鸡中院严格按《企业破产法》规定，支持管理人作出的对计提十年养老保险申请不予认定的判定，并依法对最终无异议债权表进行司法确认，在法律框架内维护了债务人的合法权益，为宝鸡市深化国有企业改制和国有企业破产案件处理树立典型示范效应。

（二）债权人权益保护的问题

管理人针对陕西某公司申报建设工程优先权所依据的仲裁裁决依法提起了撤销仲裁裁决诉讼，而该案尚未审结，此项优先权的成立与否存在较大的不确定性。

处理情况：为了保障陕西某公司的表决权，同时又不影响破产重整案件的进展，最终经管理人申请，宝鸡中院赋予陕西某公司临时表决权，最大限度地保障了陕西某公司债权人的各项权利。

其他审理经验

一是倡议、协调建立了“宝某集团破产案件重大事项推进协调工作机制”，推进协调工作机制由宝鸡市国资委牵头，由市某资公司、债权人会议主席、宝某集团党委班子和管理人共同组成。该机制的建立是破产案件审理中的重要创新和尝试，是府院联动机制的成功践行，在解决宝某集团破案案件重大疑难问题、化解破产企业矛盾方面发挥了极为重要的作用，真正实现了高频深度互动、协调运转顺畅、各方共同推进的良好工作局面，为案件的顺利推进奠定了坚实基础。

二是利用先进“云科技”技术手段介入破产案件审理程序，注重“数字时代”背景下提升破产案件审理的便捷和高效。在审理本案中，引入破产案件处理的专业网络平台“破易云”协助参与案件处理，通过“破易云”平台网页端及小程序发布债权申报公告和相关文件通知，告知债权人通过“破易云”平台网页端及小程序申报债权、提出债权异议，利用“破易云”平台网页端及小程序参加第一次、第二次债权人会议，对涉及债权人权益的事项要求管理人及时以 EMS 邮寄或者通过“破易云”平台网页端及小程序通知债权人，方便债权人了解案件事实和进展情况，并且利用该平台在召开债权人会议时快速统计出参会人数和表决通过率，极大地提高了工作效率和工作质量。

三、扬州大某造船有限公司破产重整案

企业基本情况

2003 年，成立于中华人民共和国成立初期的扬州市重点骨干企业国有江某船厂因资金链断裂，陷入困境，被迫停产。民营企业家梁某雷旗下春某集团出资收购原江某船厂资产，组建扬州大某造船有限公司（以下简称大某造船）。大某造船成立后，凭借先进的管理理念和高效产能，入选工信部首批造船白名单企业，并取得了一系列的成绩，曾成功建造交付了中国第一艘获得 EEDI 证书的船舶、中国第一艘符合 PSPC 要求的船舶、中国第一艘安装了压载水装置的船舶。早在 2010 年，大某造船产值已超百亿元，造船完工量、承接新船量、手持订单量三大指标曾位居全国前列。同时大某造船自主开发的“皇冠”系列自有船型在行业内热销，并已实现船舶建造的数字化，技术和产品在国际市场上具有较强的竞争力。

2014 年以来，大某造船出现内忧外患的局面。一是受国际航运的影响，船舶建造市场持续低迷，普遍出现接单难的情形，自 2016 年开始，大某船厂未能接到新的订单；二是由于原材料等成本上涨及船舶价格低迷，导致公司利润大幅下跌；三是母公司春某集团战略投资失败，无法归还抽调的大某造船的巨额资金，并使用大某造船担保融资导致大某造船资金链断裂；四是国家对船舶、钢铁等八大行业去产能，船舶企业在限贷范围内，导致企业的银行授信急剧萎缩，加快了企业资金链断裂。

2015 年下半年，大某造船已面临经营发展停滞以及工人工资无法及时发放的局面，出现交船难和船东弃船情形。上述情形破坏了公司现金流及利润产生的源头，致使银行贷款利息无法按期偿还，影响银行信贷，形成恶性循环，同时公司缺乏其他融资能力，直至公司资金链断裂。截至 2017 年 7 月 24

日，大某造船破产清算条件下资产评估值约为18.86亿元，负债约为45.37亿元，已严重资不抵债。

案件审理情况

2017年7月24日，债权人南京盛某船务有限公司第二分公司向扬州市广陵区人民法院（以下简称广陵法院）申请大某造船破产清算，广陵法院审查后裁定受理，并指定由扬州广陵区政府组成的清算组担任管理人。大某造船进入破产程序后，广陵法院会同当地政府识别破产原因，判断重整价值，一致认为大某造船本身硬件较为优越，拥有完整的生产技术和场所设施，原有的管理团队和核心技术人员也未流失，具备重整的条件和可行性。针对大某造船的现状，从以下三方面开展破产重整工作。

（一）化解群体矛盾，维护社会稳定

大某造船是船舶制造的民营企业，产值高、体量大、用工多，从2015年年底开始，全厂近万名职工陆续停工，存在巨大的社会稳定隐患。广陵法院在受理破产申请前延伸司法职能，主动服务，配合政府做好法律宣传工作，疏导工人通过法律途径维权，开辟绿色通道，优先立案，注重调解，钝化劳资矛盾。在受理破产后，履行破产法院监督职能，指导管理人妥善分流职工，协助管理人对部分信访职工做好法律释明工作，取得了职工的理解支持，破产重整期间未发生一例上访事件，有力保障了社会稳定。

（二）稳住资产和人才，维护企业重整价值

进入破产后，法院和管理人意识到资产贬值和人才流失将会导致大某造船失去重整价值，所以在第一次债权人会议上通过了包含租赁经营在内的《资产管理和变价方案》，为大某造船的重生创造了诸多契机。首先，通过租赁经营，恢复了部分生产，留住了技术骨干，稳定了生产队伍；其次，通过租赁经营，盘活了资产，降低了维护成本，实现了资产的保值增值；最后，通过第三方参与租赁经营，以实例增强债权人和潜在投资人对重整的信心，为高票通过重整计划草案打下了坚实的基础。

（三）府院联动，促成重整

进入重整程序后，广陵法院会同当地政府认真研究，把握重整方向，以

延续船舶制造业为目的，指导管理人多措并举推进重整工作：一方面，政府大力支持，出台配套合作政策，运用政府平台公司配资参与重整，树立投资人信心；另一方面，积极拜访国内造船业的行业精英，寻求重整机会。在招募到央企某集团旗下的美某资产和苏美某船舶公司作为主投资人进行重整后，管理人会同投资人进行多轮谈判，最终，投资人创新以“股+债”的方式提供22.86亿元资金（其中18.86亿元为投资款、4亿元为借款）重整大某造船。在重整计划草案出台后，法院和管理人利用一切可用资源，通过电话联系、上门拜访等方式，如实告知债权人工作进展及计划，做好问题沟通协调，努力让债权人理性对待大某造船重整的价值，营造重整氛围。在第二次债权人会议上，所有债权组对大某造船重整计划都高票通过，其中普通债权组在清偿率仅5%的情况下，投票通过率达93.21%，代表债权金额占比达79.7%，出资人组全票通过重整计划草案，创造了低清偿率通过重整计划的良好案例，为地方政府纾困驰援困境企业提供了有益探索。

主要法律问题及解决途径

（一）清算转重整程序

大某造船采用的是“先清算、再重整”的破产模式。《企业破产法》第70条第2款规定，债权人申请对债务人进行破产清算的，在人民法院受理破产申请后、宣告债务人破产前，债务人或者出资额占债务人注册资本1/10以上的出资人，可以向人民法院申请重整。虽然管理人以大某造船名义向法院提出了重整申请，但扬州大某造船作为债务人在法院受理破产清算申请后已被管理人接管，也无法召开董事会决定转为重整，仅仅是管理人以债务人名义向法院提出的重整，是否属于债务人真正的意志？广陵法院考虑到，债权人扬州市长某建设有限公司同时也向法院提出了对扬州大某造船进行重整的申请，参照其他法院先行的案例，广陵法院接受的是债权人扬州市长某建设有限公司提出大某造船重整的申请。因此，在债务人已破产并被管理人接管的情况下，债务人未启动“清算转重整”程序究竟是由管理人决定，还是由债务人原决策机构决定存在一定的法律空白。

（二）确保司法中立裁判的前提下，在个案中充分发挥府院联动机制作用

大某造船在破产前的困境时期，广陵区政府已成立了由区长担任组长、10 多个政府部门负责人组成的清算组，在法院受理大某造船破产申请后，清算组担任了破产管理人，履行《企业破产法》赋予的管理人职责。政府在维护社会稳定、职工安置分流、职工债权保障等方面给予了积极的支持和引导，在个案中充分发挥府院联动机制作用，确保大某造船破产程序稳步推进。

（三）充分发挥职工代表大会、工会作用，妥善安置分流 6300 多名职工

大某造船破产之前约有职工 6310 人，其中厂内职工为 3110 人，51 家劳务队的外包工约为 3200 人。在破产之前的几个月内，债务人已解除了 1785 名厂内职工的劳动合同，破产时仍有 1325 名职工和 51 家劳务队的部分外包工在岗，人民法院受理破产申请并现场向企业经营管理层宣读法律文书后，大某造船立即召开了职工代表大会和工会，向职工代表大会和工会书面传达了相关信息和职责要求，统一了宣讲口径，积极引导正面宣传，并通过职工代表大会和工会、劳务外包队传达给厂内班组，做好职工的思想和维稳工作，确定解除职工劳动合同办理手续的流程，组织相关部门自 2017 年 8 月 1 日起分期分批通知职工办理解除劳动合同手续，平稳、高效地分流了全厂职工和 51 家劳务外包队职工，未引发任何社会矛盾，并节约了职工债权成本。

（四）对 51 家劳务队外包工债权的性质认定

大某造船有 51 家劳务队组织的 3200 多名职工在厂区内提供劳务服务，该 51 家劳务队申报并经管理人审核认定了合计 118 958 529. 91 元债权，同时 51 家劳务队要求按职工债权处理。管理人根据 51 家劳务队进场的工具费、税费、管理费以及外包工报酬构成，并参照其他类似企业的做法，最终以申报债权的 83. 67%确定其清偿比例，并将其中的 94 372 882. 27 元转为职工债权。因此，船舶企业破产涉及的大量外包工债权性质认定系审理难点之一，必须结合事实情况以维护外包工生存权为前提客观测算确定。

（五）重整阶段在债务人自身无法经营的情况下，通过租赁经营保证重整价值

大某造船破产时已没有任何流动资金，且缺乏融资的能力，同时29艘在建船舶已被船东全部弃船，订单已无力、无法执行，而大某造船拥有技术、熟练的技术工人、完整的生产线，具备重整的条件，但重整需要一定的时间，若大某造船长时间不能恢复经营，则已解除劳动关系的技术工人会流失、造船资产价值会降低、造船技术更新会落后。有鉴于此，为能够成功重整，大某造船进入重整阶段后，在债务人自身无法经营的情况下，广陵法院同意管理人通过租赁经营恢复生产，保障了债务人重整价值并降低了资产维护保养成本。但破产程序中继续经营与现行法律精神不尽相符，广陵法院从维护债权人利益的角度考虑，同意租赁经营，但要求承租人必须在缴纳保证金的前提下，保证消耗品的总量不变，即以新材料替代旧材料，确保破产财产不减少。因此，在宣告破产前，如何既确保破产财产保值增值，又不违背法律规定，是企业重整中的难点，需要法律规定的进一步细化。

（六）意向重整投资人参与租赁经营，提前熟悉债务人生产情况，提高重整效率

鉴于意向重整投资人愿意参与租赁经营，并拟通过提前熟悉债务人生产情况提高重整效率的情况，管理人确定了租赁经营退出机制，且在不影响全体债权人利益的情况下有条件地同意意向重整投资人参与租赁经营管理，在近3个月的租赁经营中，意向重整投资人全面了解了大某造船的情况、缩短了尽职调查的时间，积极推进重整投资谈判进程，并能够更为精确地帮助管理人制订重整计划草案中的经营方案。

（七）对海关关税债权的处理

船舶企业破产涉及的海关关税系特别债权，根据相关法律规定，在相对应的在建船舶出口后，对应税款债权则无须缴纳，而破产重整时该部分在建船舶能否成功出口尚处于待定的状态，同时破产重整的进程又必须推进，在破产重整程序中事先缴纳关税也缺乏法律依据。故，对海关关税的处理属于特别事项，最终管理人研究形成了全额预留海关关税债权清偿资金的方案，即重整计划通过后海关债权对应的清偿资金全额留存在大某造船管理人账户

予以监管，根据今后相对应的在建船舶出口情况再行按实清偿或销账。因此，船舶企业破产涉及的关税处理系审理难点之一，只能依法预留清偿资金并在条件成就时按实处理。

（八）重整计划涉及的出资人权益调整

如重整计划通过，大某造船需要将全部股权在扬州市工商行政管理局变更给重整投资人。虽然大某造船因严重资不抵债而破产，其股东的权益也将在重整计划草案中被调整为零，但股东持有的大某造船部股权已被质押和被省内外多家法院查封保全，且股东香港某科技有限公司持有的股权系涉外股权，在没有保全查封债权人配合解封、解押的情况下，扬州市工商行政管理局能否办理该股权变更以及将涉外股权强行变更给重整投资人，需要市工商局明确的支持和法律依据，以便将来重整计划的顺利执行。最终，广陵法院依法出具协助执行通知书，通过扬州市府院联动会议强制变更了股权。因此，在破产企业股权被质押、被查封的情况下，如何实现将股权调整变更给重整投资人系审理难点之一。

（九）重整后大某造船执行信息屏蔽

大某造船破产之前存在50余条失信记录，严重影响企业的银行授信和融资能力，制约重整企业的进一步发展。经统计，大某造船破产重整前后有50多条失信记录，涉及18家法院，分布于江苏、上海、浙江、山东、四川、湖北六省（市）。对此，广陵法院逐一联系相关法院，多次发出书面函件协商解决新大某公司失信记录问题，并组织专人赴宁波、上海等地5家法院当面进行沟通协调，在克服案件跨度时间较长、涉案法院人员调动频繁、各家法院对法律相关规定的理解不一致等困难后，最终全部消除失信记录，彻底扫清企业的发展障碍。因此，重整企业后执行信息屏蔽是恢复企业信用的重要措施，但由于破产、执行系统的区分和地域法院理念差异，也无相应法律依据，因此一直是重整案件后续事宜办理的难点。

（十）船舶留置权与破产取回权矛盾的处理

在建船舶是大某造船的重要财产，造船材料（如钢板）部分或全部由定作方提供，在建船舶尚未成形。在大某造船进入重整程序后，船舶建造的定作方要求行使取回权，取回在建船舶，船企在定作方未支付建造费用的情形下要求行使船舶留置权，留置建造船舶。两项权利均有法律依据，如何进行处理，是大某造船破产重整案面临的重要问题之一。广陵法院根据造船材料的来源及用量指导管理人判断船舶的权利主体，通过谈判、诉讼等方式保留了大部分的在建船舶，为重整成功提供重要基础。因此，船舶留置权和破产取回权发生矛盾时如何处理没有清晰法律规定，是法律规定的空白之处，需要统一标准。

四、陕西煤某数码测绘（集团）股份有限公司破产重整案

企业基本情况

（一）基本情况

陕西煤某数码测绘（集团）股份有限公司（以下简称煤某数码公司）系经陕西省经济体制改革委员会〔1992〕44 号文批准成立的国有企业，由陕西省某文化用品公司发起设立，于 1992 年 7 月 22 日在陕西省工商行政管理局登记注册，工商登记的注册资本为 290 898 048 元。

煤某数码公司股票于 1996 年 4 月 30 日在上海证券交易所挂牌交易，股票代码为 60××00。2005 年 9 月 14 日，上海证券交易所以煤某数码公司 2002～2004 年连续三年亏损为由，决定煤某数码公司于 2005 年 5 月 16 日起暂停上市，并于 2005 年 9 月 20 日起终止上市。

2021 年 9 月 3 日，北京证券交易所成立后，煤某数码公司股票转由北京证券交易所负责管理。

（二）陷入经营困境的原因

煤某数码公司由于经营不善，连续三年亏损，导致股票被强制退市。且因对外负债数额巨大（多为借款或为他人借款提供担保），还款期限均已届满，债权人纷纷向法院申请了强制执行，陕西省高级人民法院、西安市中级人民法院（以下简称西安中院）、西安市新城区人民法院等对煤某数码公司的房屋及土地使用权等资产进行了查封、冻结。煤某数码公司严重资不抵债，

且现有资产因司法保全措施而无法盘活。后其债权人西安友某开米物业发展有限公司向西安中院申请对煤某数码公司进行破产重整。

案件审理情况

（一）案件受理

2016 年 8 月 1 日，西安中院作出（2016）陕 01 民破 18-01 号民事裁定书，裁定受理申请人西安友某开米物业发展有限公司提出的对被申请人陕西煤某数码公司重整的申请。

（二）债权申报及债权分类

在债权人申报期内，共有西安怡某医药连锁有限责任公司（以下简称怡某公司）等 16 个债权人向管理人申报了债权，经依法审查确认合计金额为 1 296 425 373.17 元。其中：(1) 担保债权 1 个，合计 152 713 527.33 元；(2) 税收债权 1 个，合计 6 916 877.44 元；(3) 普通债权 14 个，合计 1 136 794 968.4 元。

西安中院于 2021 年 6 月 30 日作出（2016）陕 01 民破 18-30 号裁定书，对上述无异议债权进行了确认。其中，怡某公司系该公司唯一的担保债权人及最大的普通债权人。

（三）重整投资人的引进及债权清偿方案

1. 重整投资人的引进

在煤某数码公司重整案审查时，当事人就披露了西安金某企业管理有限公司、辽宁新某金控科技集团有限公司、上海瑞某投资管理有限公司作为联合投资主体签订了《联合投资协议》，但案件受理后，由于种种原因，前述投资人实际并未参与煤某数码公司的重整。由于受新冠肺炎疫情影响及资本市场对煤某数码公司重整价值认可度较低等原因，管理人于 2019 年 8 月 9 日、2020 年 5 月 1 日两次发布了招募投资人公告。经管理人与意向投资人多次对重整方案中涉及的经营方案、债权清偿方案、职工安置方案等内容进行反复磋商，最终煤某数码公司唯一的担保债权人，同时也是最大的普通债权人怡某公司作为投资人与管理人签订了《投资意向协议》，管理人在此基础上，结合重整投资人的投资经营方案制订了《重整计划（草案）》。

2. 清偿方案

（1）重整投资人怡某公司放弃有财产抵押担保债权和普通债权受偿金额 387 409 133. 56 元。

（2）公司第一大股东无偿让渡其全部持有的非流通股股票 71 150 508 股，其余非流通股和流通股股东需让渡持有的 50%股票给重整投资人怡某公司，怡某公司预计持股比例为 62. 23%，合计股票 181 024 274 股，成为公司第一大股东。重整投资人怡某公司支付现金 68 576 712. 56 元作为受让条件，由管理人依照重整计划和《企业破产法》的有关规定用于支付除债权人怡某公司相关费用之外的破产费用、共益债务、税收债权和普通债权等费用。

（3）按照本重整计划未获清偿的债权部分，根据《企业破产法》第 94 条的规定，煤某数码公司不再承担清偿责任。在重整期间未依法申报的债权，依照《企业破产法》第 92 条的规定，在重整计划执行期间不得行使权利。在重整计划执行完毕后，可以按照重整计划约定的同类债权的清偿条件行使权利。

（四）表决情况

2021 年 8 月 6 日，法院主持召开了第二次债权人会议，会议分组表决了重整计划草案。表决结果如下：（1）有财产担保债权组 100%表决通过重整计划草案；（2）税收债权组表决通过重整计划草案；（3）普通债权组因同意的人数未超过半数，该组表决未通过重整计划草案；（4）出资人组因同意的股份数额未达到 2/3 以上，该组表决未通过重整计划草案。

根据《企业破产法》第 84 条第 2 款、第 86 条第 1 款之规定，由于普通债权组和出资人组表决未通过重整计划草案，因此，第二次债权人会议表决未通过重整计划草案。为实现企业重生，实现债务人、出资人及债权人等各方利害关系人的利益最大化，管理人与未通过重整计划草案的普通债权组、出资人组协商再次表决。再次协商表决的结果如下：出资人组再次协商表决未通过，普通债权组再次协商表决通过。

后管理人认为，重整计划草案经担保债权组、税款债权组、普通债权组表决均已通过，虽未经出资人组表决通过，但是重整计划草案对出资人权益的调整公平、公正，故符合法院裁定批准的条件，向西安中院提请裁定批准该重整计划草案。西安中院于 2022 年 4 月 8 日作出（2016）陕 01 民破 18-34

号民事裁定书，裁定批准了《陕西煤某数码测绘（集团）股份有限公司重整计划（草案）》。

（五）经营方案

未来煤某数码公司将在新兴信息服务业、大健康产业取得战略转型，打造空间技术开发及新兴信息服务产值亿级支柱产业，助力经济发展，通过清理不良资产，优化企业资产结构，提高经营水平，剥离不良资产。主要措施如下：优化资产结构，剥离低效资产；加大经营投入，升级经营能力；积极产业转型，进入新兴行业；等等。

（六）衍生诉讼

1. 租赁合同纠纷

西安光某医院有限责任公司（以下简称光某医院）拖欠煤某数码公司租金拒不支付且拒不搬离租赁场地引起的租赁合同纠纷一案，管理人向西安中院提起诉讼，2020 年 10 月 9 日西安中院作出（2020）陕 01 民初第 415 号民事判决书，判决光某医院支付欠付租金并搬离租赁场地。后光某医院提起上诉，2021 年 4 月 30 日，陕西省高级人民法院作出（2021）陕民终 171 号民事裁定书，准许上诉人光某医院撤回上诉，一审判决发生效力。

2. 劳动争议纠纷案件三起

煤某数码公司原职工张某培、田某潮、张某，向西安市新城区人民法院提起劳动争议纠纷案件，要求确认其与煤某数码公司的劳动关系并补缴社保等。2022 年 4 月 22 日，西安市新城区人民法院驳回三原告的诉讼请求。后三原告上诉至西安中院，西安中院判决确认了张某培自 1980 年 4 月至 2001 年 7 月与煤某数码公司存在劳动关系；张某自 1986 年 9 月 12 日至 1999 年 12 月与煤某数码公司存在劳动关系；田某潮自 1986 年 11 月至 1996 年 12 月与煤某数码公司存在劳动关系。

主要法律问题及解决途径

（一）重整投资人的确定问题

本案审查受理时，当事人提供的资料显示煤某数码公司的投资人为西安金某企业管理有限公司、辽宁新某金控科技集团有限公司、上海瑞某投资管理有限公司。但在案件受理后，前述企业均未实际参与重整投资。管理人两次发布招募公告，均未招募到有诚意的投资人。在此情况下，担保债权人，同时也是最大的普通债权人怡某公司表达了投资意愿，并向管理人支付保证金2000万元。但煤某数码公司始终不愿将怡某公司作为战略投资人，对债权人能否作为投资人参与重整，表达了法律上的不解和情绪上的不满。

处理情况：针对此问题，西安中院与煤某数码公司多次沟通，详细解释破产重整与破产清算的区别，重整投资人的选定标准，以及重整失败的法律后果，最大限度取得煤某数码公司出资人的支持。针对管理人在收取怡某公司缴纳的保证金后，迟迟不愿推动重整进程的情况，法院依职权督促其依法履职。在重整计划草案表决后，管理人犹豫不决，向法院汇报表决结果时态度模棱两可，导致案件进展受阻时，法院建议原管理人辞职，在更换新管理人后，依法推进案件进程。

（二）民营企业兼并国营企业过程中的职工权益保护问题

煤某数码公司是具有一定光荣历史的国有企业，也是陕西省最早上市的国有企业之一，虽然多年经营不善，职工仅维持最基本的工资标准，但企业职工的国企情结较重，对于民营企业兼并国有企业在情绪上一时无法接受，对民营企业是否会善待国企职工存在疑虑，加之职工传言在煤某数码公司与光某医院租赁纠纷中，怡某公司与光某医院存在特殊关系，导致职工对怡某公司极不信任，多次到法院信访。

处理情况：针对此问题，西安中院多次接待职工代表，了解职工的诉求，详细解释重整的思路，解释企业未来发展方向，同时详细释明法律规定。还多次约谈怡某公司，询问其与光某医院的关系，详细转达职工的诉求，并依法、全面地向煤某数码公司职工披露真实情况。通过承办法官一次次的接访、一次次的法律释明，煤某数码公司职工、怡某公司均实现了互相理解。在西安中院要求下，重整计划草案中明确载明怡某公司在重整成功后，必须以同岗位、不低于重整前的工资标准安置接收煤某数码公司职工。

（三）未申报债权的权益保护

依据《企业破产法》第94条的规定，重整计划执行完毕，未得到清偿的债权不再清偿。但是煤某数码公司破产重整受新冠肺炎疫情影响较大，考虑到新冠肺炎疫情对债权人了解破产信息的不利影响，本案管理人采取了在重整计划草案中预留未申报债权人名额的权益保护路径，即在重整计划执行完毕后，未申报债权人可以按照重整计划规定的同类债权清偿条件得到清偿。该规定征得重整投资人同意，明确写入重整计划草案。这是西安中院在特殊时期，针对破产企业债权人合法权益保护的有益尝试。

其他审理经验

本案重整期间，西安中院依法履职，以重整成功作为裁判的价值追求，严格依法监督管理人履职，在重整计划部分表决组未能通过之时，依法强裁通过；在职工与投资人之间产生矛盾之时，承办法官有效应对，全面听取不同意见，有针对性地释明法律规定，帮助各方取得理解；在重整计划执行中，人民法院排除困难协助管理人完成股权过户，所展现出的担当精神，得到当事人的肯定。怡某公司作为陕西省乃至西部地区医药行业的头部企业，通过重整接管煤某数码公司后，帮助煤某数码公司盘活资源，实现新生，对于拯救国有企业，合理配置市场经营资源，具有良好借鉴意义。同时也充分体现人民法院办理破产重整案件的核心价值追求。

五、新疆动某源生物科技有限公司破产重整案

企业基本情况

因未能清偿到期债务，根据五家渠市鑫某达小额贷款有限公司（以下简称鑫某达公司）的申请，新疆生产建设兵团五家渠垦区人民法院于 2017 年 7 月 3 日裁定受理新疆动某源生物科技有限公司（以下简称动某源公司）重整一案，并于同日指定新疆崇某律师事务所作为动某源公司的管理人。

动某源公司成立于 2009 年 11 月 27 日，为有限责任公司（自然人独资），注册资金 1.5 亿元。主要经营范围如下：粮食收购及销售（仅限分支机构经营）；食用酒精生产；粮油生物科技研究与开发；物流咨询服务；货运代理；销售棉花、棉短绒、皮棉、农畜产品、饲料、酒精、化肥（依法须经批准的

项目，经相关部门批准后方可开展经营活动)。

管理人在清产核资时发现，动某源公司2016年年初因经营不善停产，无法恢复生产经营，失去偿债能力。因背负高额借款本金及利息，资产均已抵押他人，进入破产程序时已无实物资产。

2017年10月12日，动某源公司第一次债权人会议成功召开，会议通报了企业情况、管理人工作进展、破产债权申报及审查情况，并通过债权人会议核查债权。其中经管理人审核并经法院裁定确认的无异议债权为12笔，债权金额为243 115 478.22元，其中税收债权为1笔，金额为163 152.13元；普通债权为11笔，金额为242 952 326.09元。

因动某源公司90%的资产是抵押资产，剩余资产不足200万元，若是重整失败最终破产清算，清偿率可能为零。动某源公司唯一具有的重整价值是拥有酒精生产资质，意向重整投资人新疆博某能源有限公司（以下简称博某能源）愿意出500万元重整投资款也是为了利用该资质发展新能源产业。通过500万元重整资金，税收债权将获得全额清偿，普通债权组清偿率将提升至1.65%。通过比较重整和清算状态下债权的清偿率，同时出于对企业无形资产的价值发挥，经过法院、管理人与债权人、出资人多次沟通协调，最终债权人、出资人对动某源公司重整必要性有了进一步的认识，形成重整计划草案。

2018年11月9日，税收债权组、普通债权组通过《新疆动某源生物科技有限公司重整计划草案》表决，但是出资人组未获通过，经过多次沟通，出资人组仍未通过。经管理人申请，法院经审查，在动某源公司无实物资产的情况下，该重整计划草案是目前能够增加清偿率的唯一有效方式，故法院裁定批准通过了重整计划草案。

在重整计划的执行过程中，因受到新冠肺炎疫情影响及国家政策对动某源公司资质审批的时效影响，2020年3月28日，重整投资人向管理人出具了《重整计划延期执行的请示》，管理人对相关情况分析后立即向人民法院提交《关于申请延长重整计划执行期限及监督期限的报告》，2020年3月31日，经审查，法院裁定延长重整计划执行期限及监督期限至2020年6月10日。2020年6月8日，管理人向重整投资人出具收款账户函请求其依约支付除100万元重整保证金外的400万元重整投资款，重整投资款到达管理人账户后，2020年9月7日，管理人向重整投资人交接动某源公司印章、证照、财务及业务档案等资料。

2020 年 9 月 28 日，管理人向法院提交《关于申请终结动某源公司重整程序的报告》，经审查，法院于 2020 年 9 月 14 日裁定确认动某源公司重整计划草案执行完毕，终结破产程序。

主要法律问题及解决途径

（一）职工债权方面

职工王某武主张：2017 年 2 月，高某然称因工作需要，将法人转让由王某武担任，工资参照监事工资标准发放（7000.00 元/月），截至 2017 年 7 月 15 日，每月欠发王某武工资 2000.00 元，总计 9428.58 元，其中 2 月计 6 天为 428.58 元，3~6 月为 8000.00 元，7 月为 1000.00 元。经核查，2017 年 3 月 20 日，动某力源公司的法定代表人由高某然变更为王某武，且管理人在接管的资料中并未查证到任何关于王某武担任法定代表人后，调整工资标准的相应资料。《企业破产法》第 36 条规定："债务人的董事、监事和高级管理人员利用职权从企业获取的非正常收入和侵占的企业财产，管理人应当追回。"第 113 条第 3 款规定："破产企业的董事、监事和高级管理人员的工资按照该企业职工的平均工资计算。"2017 年动某源公司已经存在严重的资不抵债情形，在该情形下，作为法定代表人的高管人员若以超出其他职工平均工资的标准领取工资，已违反上述法律之规定。管理人由此作出对王某武申报的超过原工资标准的职工债权不予认可的审查意见。

（二）税收债权方面

五家渠地方税务局在申报债权时未向管理人提交任何证据材料，管理人经过对动某源公司与新疆生产建设兵团第六师国土资源局签订的《国有建设用地使用权出让合同》及动某源公司财务账户中缴纳土地出让金的情况进行查证后，根据《印花税暂行条例》（已废止）等相关规定，五家渠地方税务局申报的契税与印花税金额并未超过法律规定，且在诉讼时效期间内，故管理人对五家渠地方税务局申报的税收债权予以认可。

（三）出资人权益调整方面

根据动某源公司的资产负债以及实际情况，动某源公司根本无可供变现的资产，无法清偿所负债务，更无财产向出资人分配，出资人的权益为零。因此必须对出资人的股权进行调整。据此管理人根据《企业破产法》第 85 条规定作出调整方案：在重整计划执行期间内，出资人需将所持有的股权全部无偿转让给重整投资人，重整投资人投入的资金作为出资增加动某源公司的注册资本。

（四）大债权人让渡权益方面

为配合本次重整并尽可能照顾中小债权人的利益，中国信某资产管理股份有限公司新疆维吾尔自治区分公司（以下简称信某公司）愿意将其在本案受偿的款项（其受偿金额应为 3 009 392. 88 元）中的 2 380 000. 00 元无偿用于对本案其他 10 家普通债权人的清偿。信某公司无偿让渡的 2 380 000. 00 元款项将按人数平均的方式支付给同意本重整计划草案的普通债权人，不同意本重整计划草案的债权人，视为自动放弃权利。按此方法，债权人 100%清偿后的多出部分及债权人自动放弃权利的部分仍归属于信某公司。

（五）重整计划清偿方面

博某能源作为重整投资人，在出资不超过 500 万元的范围内参与动某源公司的重整，将重整投资人投入资金作为偿债资金。动某源公司不存在欠付职工债权的情形，若职工对清理结果提出异议并经管理人复核确认的，则全额清偿；163 152. 13 元税收债权全额清偿；普通债权以重整投资人出资 500 万元为限，在清偿完破产费用、案件受理费、管理人报酬以及清偿完税收债权 163 152. 13 元后的可供分配财产为 4 000 000. 00 元，普通债权为 242 952 326. 09 元，债权清偿金额共计 4 008 713. 40 元，清偿率为 1. 65%。目前已全部执行完毕。

其他审理经验

动某源公司的重整成功离不开人民法院对动某源公司重整一案的高度重视和多方协调，也离不开管理人尽忠职守，忠实履行职务。法院依法履行监督职责，引导管理人通过精确计算，列出事项清单，制订工作计划表，对可能遇到的风险预先判断，对难点问题多次组织研讨；指导管理人做好审计、评估、债权审核、投资人招募等工作，管理人积极推进案件进展，保质保量地做好破产重整程序中每一个节点的工作，在每一个程序的衔接阶段，管理人尽职向人民法院提交书面报告，在汇报工作的同时及时请示案件中重大、关键问题，推动重整的各项程序依法依规进行。

为保证破产债权人的权益，实现资产价值最大化，管理人收到重整投资意向函后，积极与投资人接洽，向债权人解释重整投资方案，分析重整与清算偿债方案的利弊以及按照市场角度评估判断动某源公司酒精生产资质的价值。动某源公司重整计划的圆满执行完毕，不仅是管理人法律专业能力的体现，与管理人团队出色的沟通、斡旋能力也是密不可分的。

按照重整计划草案，税收债权将得到全额受偿，普通债权所获得的清偿比例，将由破产清算条件下的 0 提升至 1.65%。虽然出资人组未表决通过重整计划草案，但是重整计划草案对出资人权益的调整未造成其利益的减少，公平、公正。重整计划草案公平对待同一表决组的成员不违反《企业破产法》第 113 条规定的清偿顺序，据此法院裁定批准动某源公司重整计划草案，充分展现了人民法院承办破产案件的专业素养与责任担当。

六、四川省某产业集团有限责任公司、四川川煤华某能源股份有限公司非实质关联合并重整案

企业基本情况

某集团系列公司（以下简称某集团）原是四川省国资委下属的大型煤炭产业集团，是四川省国有重要骨干能源企业，四川川煤某能源股份有限公司（以下简称华某公司）是某集团核心经营实体。自 2005 年组建以来，某集团下属煤矿累计生产原煤总量超过 1.8 亿吨，年产量占四川省原煤产量 30%以上。同时，某集团拥有西南地区最大的电煤供应基地，自组建以来贡献电煤约 1.1 亿吨，承担了枯水期、节假日四川省电煤 80%的供应任务。

但受外部宏观经济变化、煤炭行业去产能以及内部历史包袱过重、债务负担沉重、债务结构不合理等多重不利因素综合影响，某集团自 2016 年起出现流动性风险，面临多起诉讼仲裁案件，银行账户、生产设施设备等经营资产纷纷被查封冻结，生产经营全面告急。截至 2020 年 3 月 31 日，某集团账面资产总额约为 194.70 亿元，账面负债总额约为 162.87 亿元。除账面负债外，

因对下属子公司债务提供担保而形成担保债务共计 86.4 亿元，华某公司账面资产总额合计 65.71 亿元，账面负债总额约为 55.79 亿元，另因对外担保形成的债务为 0.96 亿元。整体上，某集团利润与经营成本（尤其是借款利息）之间存在巨大缺口，且长期持续“流血”，债务危机一触即发。若无法及时化解债务和经营危机，将面临停产停业和严峻的破产清算风险。

而根据《某集团审计报告》，以重整受理日为基准日，某集团合并口径经审计的账面资产总额约为 286 亿元，账面负债总额约为 384 亿元。其中：某公司账面资产总额为 123.49 亿元，评估总值为 49.40 亿元，负债总额为 282.05 亿元，剔除关联方负债 74.99 亿元后负债总额为 207.06 亿元，在模拟破产清算状态下普通债权所能获得的清偿率为 16.64%；华某公司账面资产总额为 47.88 亿元，评估总值为 23.91 亿元，负债总额为 53.56 亿元，剔除关联方负债 16.14 亿元后负债总额为 37.42 亿元，在模拟破产清算状态下普通债权所能获得的清偿率为零。

案件审理情况

（一）案件审理基本情况

2020 年 6 月 11 日，成都市中级人民法院（以下简称成都中院）根据债权人申请正式裁定某集团、华某公司重整。经公开遴选，某集团与华某公司破产管理人由成都中院指定的北京市金某律师事务所和信某中和会计师事务所（特殊普通合伙）成都分所共同担任。

审理中，仅用时两个月，破产管理人便完成两个公司下属 168 家关联公司的审计、评估工作。2020 年 12 月 4 日，管理人向成都中院和债权人提交了两公司重整计划草案。2020 年 12 月 21 日，成都中院分别组织召开某集团与华某公司第二次债权人会议，会上各债权人组、出资人组高票表决通过某集团重整计划与华某公司重整计划。2020 年 12 月 23 日，成都中院依法裁定批准某集团重整计划与华某公司重整计划，并终止重整程序，标志着某集团与华某公司重整案正式进入重整计划执行阶段。

（二）重整计划的核心要点

1. 出资人权益调整方案

某集团出资人四川省国资委无偿让渡占某集团总股本 66.33%的股权，按重整计划的规定进行分配。其中：56.70%的股权分配给某集团与华某公司的债权人用于清偿债务；1.67%的股权用于对某集团下属关联公司欠付的银行贷款利息实施以股抵债及保障实施某集团重整计划项下以股抵债股权的优先退出计划；7.96%的股权由战略投资者有条件受让，并向某集团注入不少于20亿元的资产（其中现金不少于10亿元）。

华某公司出资人攀某花煤业（集团）有限责任公司、攀某花攀煤电冶有限公司以及四川鼎某建设（集团）有限公司分别将其持有的华某公司26.15%、23.43%、2.00%股权无偿让渡于某集团。出资人权益调整方案实施后，华某公司将由某集团100%持股并变更为有限责任公司。

2. 债权清偿方案

（1）有财产担保债权。有财产担保债权在担保财产的评估价值范围内优先受偿，优先受偿部分由某集团、华某公司在10年内以现金方式分七期清偿完毕，并就未偿还债权部分向债权人按季支付利息，年利率按照同期LPR（五年期）的70%计算。超出担保财产评估价值范围的债权列入普通债权组，按照普通债权的受偿方案获得清偿。

（2）普通债权。普通债权以债权人为单位，每家债权人30万元以下（含本数）的债权部分，由某集团、华某公司在重整计划获得法院裁定批准之日起6个月内以现金方式一次性清偿完毕。超过30万元的部分：方案一：金融类普通债权按照一定比例由某集团、华某公司在10年内以现金方式分七期清偿完毕，具体留债安排与有财产担保债权留债安排相同。剩余金融类普通债权按照每8.38元债权对应1元某集团注册资本的比例实施以股抵债。方案二：非金融类普通债权除可选择按照上述金融类普通债权受偿方案获得清偿外，亦可选择如下受偿方案（二者只能择一）：由某集团、华某公司按35%的清偿率在重整计划获得法院裁定批准之日起12个月内以现金方式清偿完毕，剩余未获清偿的部分予以豁免，某集团、华某公司不再承担清偿责任；就该现金清偿部分，在重整计划执行期间不再计利息。

3. 经营方案

（1）深化内部改革。某集团将以重整为契机实施全面的深化改革，聚焦主责主业，实施资产业务重组，推进股权多元化，加快完善现代公司制度和市场化运行机制，优化公司管控体系，压缩管理层级，切实增强公司内生动力，打造激励到位、治理完善、运营专业、管理高效的新集团。华某公司将整合成为现代能源板块专业化公司，预期在2021年实现盈利，并力争在2027年12月31日前通过IPO或重组方式完成证券化。某集团将在重整计划执行期限内通过多种方式支持债权人所持有的某集团股权有序退出。

（2）涉及去产能金融类债务的清偿安排。某集团涉及去产能金融类债务本金为35.69亿元，利息为4.33亿元，同时依照每家债权人去产能金融类债务本金同比例对应的8.95元债权，共计48.97亿元的普通债权可在如下两种方案中选择一种获得清偿：方案一：按照20.045%的比例由某集团用战略投资者投入的资金以现金方式一次性清偿完毕，剩余未获清偿的部分予以豁免。方案二：按照普通债权中金融类普通债权的受偿方案进行清偿。另外，如去产能金融类债务中最终选择一次性现金打折清偿方式的债权人债权总额未达到48.97亿元的，则剩余部分额度可由其他金融类普通债权人选择参与受偿，并以作出选择的普通债权总金额为基数，按照作出选择的每家金融类普通债权人的债权金额占比由管理人分配确定每家金融类普通债权人可参与一次性现金打折清偿的债权金额。

（3）某集团与下属关联公司之间部分存在担保关系的金融类债权留债清偿方案。某集团与下属关联公司之间存在担保关系的24.36亿元金融类债权在11家下属关联公司留债，按照与某集团有财产担保债权及普通债权相同的留债清偿安排由11家下属关联公司予以清偿。

（4）引入战略投资者。战略投资者的引入对某集团与华某公司重整至关重要，一方面，某集团急需战略投资者注入增量资产，充实某集团资本，增强未来持续发展能力；另一方面，债权银行高度关注某集团未来战略投资者的引入以及注入增量资产情况，均表示在重整计划中明确战略投资者是向总行报批和总行审批同意重整计划的先决条件。法院多次与四川省国资委、潜在战略投资者通过现场会议、书面报告以及电话沟通等形式开展协调引入战略投资者工作，最终确定引入能某集团作为某集团重整的战略投资者，并向某集团注入不少于20亿元的资产（其中现金不少于10亿元）。2020年12月8日，管理人与能某集团签订投资框架协议，对能某集团按照重整计划向某集团注入资产的事宜予以明确。目前，能某集团已按照投资框架协议和重整计划向某集团注入10亿元现金资产，剩余不少于10亿元非货币资产将根据能某集团实际情况注入，以为某集团提供偿债资金并持续支持某集团未来发展、优化资产负债结构。

(5) 以股抵债的退出保障机制。一是重整计划获得批准生效后3年内，通过剥离非主业资产所得收益、引进第二轮战略投资者等方式实现以股抵债金额不超过15亿元的抵债某集团股权的优先退出。二是华某公司或其他业务板块于2027年12月31日前通过IPO或资产重组实现上市，以股抵债债权人在二级市场有序退出。如未能在7年内实现上市，则自2028年起某集团以清偿当期留债额度后部分结余净现金流对债权人持有股权进行回购，或由四川省国资委协调战略投资者购买债权人持有的股权。

自成都中院裁定批准重整计划至今，通过“司法重整+深化内部改革”，某集团、华某公司已完成了近98%的执行工作。通过司法重整及内部改革，某集团形成了“省国资委实际控制，省属企业、金融机构共同持股”的新格局，23家二级公司重组为5个专业公司，完成6万余名退休人员社会化管理工作，步入了健康可持续的发展轨道。2022年，某集团累计生产原混煤1156.7万吨，同比增加17.3%；全年实现营业收入166.2亿元，完成预算目标的117%；实现营利11.3亿元，完成预算目标的121.5%。企业生产经营势头持续向好，营利能力持续增强。

主要法律问题及解决途径

(一) 论证去产能金融类债务打折政策的合法性

根据《国务院关于煤炭行业化解过剩产能实现脱困发展的意见》等相关规定，某集团共计13个矿井关闭退出，1个矿井生产能力核减。经评估机构实施资产评估及财务顾问对现金流进行测算，涉及去产能关闭退出的矿井资产几乎已无价值，涉及去产能关闭退出的矿井实际已无偿债能力。

参照国家发展和改革委员会等11部委于2018年作出的《关于进一步做好“僵尸企业”及去产能企业债务处置工作的通知》规定，以重整受理日为基准日，审计机构对某集团涉及去产能金融类债务进行了全面清查并形成了《去产能债务审计清查说明》。考虑到涉及去产能关闭退出矿井已无偿债能力的实际情况，参考过往重整案例，为充分保障债权人的权益，某集团重整计划确定了通过引入战略投资人提供资金对涉及去产能金融类债务采取一次性现金打折清偿的安排。

（二）下属子公司作为主债务人的金融类债权的利息清偿安排

按照法律规定，基于担保关系被纳入重整程序的金融类债权即某集团、华某公司为保证人，下属子公司为主债务人的金融类债权仍可向未被纳入重整程序的下属子公司追偿某集团、华某公司重整申请受理日之后产生的利息，仍然有“一揽子”解决的必要性。经过沟通协商，为充分化解该部分债务并实现公平清偿债权，实现“一揽子”化解某集团债务危机的目标，重整计划确定由省国资委额外让渡股权用以对该部分债务实施以股抵债，不占用省国资委原本需要让渡给债权人的股权资源。

（三）论证非涉及去产能金融类债权人暂停向有关主债务人、担保人行使追索权的合法性

除针对去产能金融类债务采用一次性的现金打折方式清偿外，根据某集团重整计划，剩余部分的债务将实现100%的全覆盖清偿，包括对30万元以下债权部分的现金清偿，30万元以上债权部分的“留债分期清偿+以股抵债”安排。一方面，债权人接受30万元的现金清偿及接受用于以股抵债的股权之后，相应债权已通过现金或者以股抵债的方式得到全额清偿，根据相关规定，债权获得全额清偿后已经消灭，债权人不得向主债务人或担保人追偿。另一方面，重整计划项下的现金留债分期清偿安排，实际为债权人与债务人就债权偿还的期限、利率等重新达成的合意。重整计划针对留债部分追加“一揽子”的增信担保安排，明确某集团及下属关联公司留债部分所对应的原担保条件保持不变，同时某集团及华某公司在重整计划执行期内为对方留债部分以及下属关联公司留债部分追加提供连带责任保证，同时在未出现新的违约情形时，债权人就留债部分应暂停向主债务人及相关保证人行使追索权；同时，为保障重整计划的执行及保护债权人利益，重整计划亦明确：如某集团、华某公司或11家下属关联公司未按照本重整计划中的留债清偿安排按期还款，则债权人仍可以就未获偿部分向某集团、华某公司及下属关联公司进行追索。

其他审理经验

（一）由核心控制企业某集团住所地法院集中管辖，提高了重整效率

《全国法院破产审判工作会议纪要》第38条规定：“关联企业破产案件的

协调审理与管辖原则。多个关联企业成员均存在破产原因但不符合实质合并条件的，人民法院可根据相关主体的申请对多个破产程序进行协调审理，并可根据程序协调的需要，综合考虑破产案件审理的效率、破产申请的先后顺序、成员负债规模大小、核心控制企业住所地等因素，由共同的上级法院确定一家法院集中管辖。"

某住所地位于成都市，华某公司住所地位于攀枝花市，由成都中院对两家企业重整案进行集中管辖一是符合最高人民法院关于关联企业非实质合并破产案件管辖的精神；二是某集团与华某公司的主要决策事项均需在成都市实施，由成都中院审理更利于债务人履行相应职责，同时，金融债权人委员会主要成员单位均位于成都市，由成都中院审理更便于与债权人进行沟通协调。综上，集中管辖最大限度提高了重整工作效率。

（二）按照模拟实质合并的原则和方法，以最小“创口”实现债务风险化解效益最大化

某集团及合并报表范围 168 家下属关联公司分布在四川省内成都市、攀枝花市、宜宾市、达州市等各地及贵州、云南等省外地区，涉及 3.56 万名在岗职工、近 20 万职工家属以及 1 万多名经营性债权人。司法重整充分考虑某集团的资产负债情况，按照模拟实质合并重整的处置原则和方法，将某集团 168 家下属关联公司全部纳入债务重组与资产重组的范围，并依托于某集团与华某公司 2 家公司的重整程序，形成“一揽子”的债务重组安排，统筹全部资源向债权人清偿债务，整体化解债务风险的同时，最大限度降低了对某集团生产经营的影响以及对各下属关联公司所在区域社会稳定的影响。按照模拟实质合并的原则和方法，实现以最小“创口”实现债务风险化解效益最大化。

第三章　破产财产的归集和处置

一、海南华某石油基地有限公司重整案
——实质合并破产清算框架下挽救具有经营价值的关联企业

企业基本情况

上海市第三中级人民法院（以下简称上海三中院）于2019年11月15日裁定受理上海华某国际集团有限公司（以下简称华某集团）破产清算后，因华某集团及其全资子公司海南华某国际控股有限公司（以下简称海南华某）等关联企业之间存在法人人格高度混同、区分各关联企业成员财产成本过高、严重损害债权人公平清偿利益的情况，先后将华某集团、海南华某等70家关联企业纳入实质合并破产清算程序。

海南华某石油基地有限公司（以下简称某基地）系海南华某的全资子公司，注册资本为15亿元（实缴7.2亿元）。公司拥有港口经营许可证、危险化学品经营许可证等稀缺经营资质，主营原油仓储服务，是海南洋浦开发区港口的最大油库，也是华某集团的核心资产。截至2020年3月31日，该公司账面资产为22亿元，账面负债为15亿元，另有对A银行无争议担保债务11.29亿元（以下简称“一押”）和有争议担保债务超百亿元（以下简称“二押”），还有数亿元隐性民间借贷保证债务。

因受华某集团破产清算拖累，某基地近百名员工人心浮动，安全生产责任和压力持续加大，经营前景面临巨大的不确定性。债权人向上海三中院申

请对某基地进行重整。

案件审理情况

在某基地重整程序正式启动前，为保障其安全生产不受母公司海南华某实质合并破产清算的影响，上海三中院指定华某集团关联企业实质合并破产案的联合管理人临时托管某基地。经审查发现，某基地与海南华某等华某集团关联企业存在严重的财产混同，并受华某集团过度支配与控制，上海三中院于 2020 年 9 月 1 日裁定受理某基地重整。民事裁定书中载明本案“并非通常情况下单个企业的破产重整程序，需在华某集团关联企业实质合并破产清算程序的框架下协调推进”。裁定受理重整后，上海三中院允许某基地自行管理财产和营业事务，并要求管理人派员常驻厂区监督安全生产。因某基地隶属危化品行业，员工持证上岗，为稳定重整期间的员工队伍，上海三中院还批准在重整期间向一线员工按月发放安全补贴和年终绩效考核奖励。

某基地资产负债情况如下：资产端根据审计机构出具的《审计报告》，以重整受理日即 2020 年 9 月 1 日为审计基准日，某基地总资产账面价值为 2 225 950 099.66 元，其中货币资金为 112 602 865.98 元，固定资产为 1 894 998 005.42 元，无形资产为 117 772 122.29 元，土地使用权及其地上建筑物均已设置抵押，其他资产主要是账面列示的应收账款、其他应收款。根据评估机构出具的《资产评估报告》，以重整受理日即 2020 年 9 月 1 日为评估基准日，评估值为 225 114.26 万元。负债端共计确认 5 笔债权总金额为 1 135 181 569.33 元，其中有财产担保债权 1 个，确认金额为 1 129 168 545.00 元，普通债权 4 个，确认金额共计 6 013 024.33 元，另外，管理人对 A 银行申报的“二押”担保债权不予确认，A 银行提起债权确认诉讼，涉及债权金额共计 2 513 509 989.19 元。

本案以邀请竞争方式指定上海市汇某律师事务所担任某基地管理人。管理人按照法院要求推进实质合并下的重整，同时参考“假马竞标”（stalking horse bidder）① 招募投资人。先后有 12 家意向投资人参与招募，经过公开遴

① 假马竞标是破产债务人为获得更高的出价而采取的一种复杂的拍卖机制，债务人会选定一名与之有特定关联的竞标者首先出价，并通过该竞标者（假马竞标者）的出价提高后续出价的基准，提供特定的竞价保护。参见何欢、韩长印译：《美国破产法协会美国破产重整制度改革调研报告》，中国政法大学出版社 2016 年版，第 161~162 页。

选、签订托底协议、网络拍卖三个阶段，最终某交通控股有限公司以15.6亿元的最高价格成为某基地持股100%的重整投资人。按照偿债方案，重整投资款全额清偿某基地破产费用、共益债务、“一押”担保债权及某基地自身生产经营性债权，剩余资金予以提存，留待争议“二押”担保债权诉讼解决后，视情况分配A银行或归入实质合并程序作为华某集团破产财产分配。

本案重整计划草案设置担保债权人组、普通债权人组、出资人组分组表决。担保债权人组、普通债权人组经一次表决100%通过重整计划草案，但出资人组即代表母公司海南华某行使股东权利的实质合并破产清算案债权人会议未通过重整计划草案。合议庭召集出资人组召开网络视频会议，对本案实质合并破产清算程序下的重整模式进行释法析理，管理人对重整价值、可预见收益作全面披露和分析，最终出资人组二次表决通过重整计划草案。

上海三中院于2021年4月26日裁定批准重整计划。重整计划执行期间，管理人监督各方完成了重整资金支付与债务清偿、减资及股权转让变更登记，并提存剩余资金3.9亿元。合议庭赴现场检查、验收重整计划执行情况后，于2021年6月23日裁定确认重整计划执行完毕。至此，某基地彻底摆脱破产困境，步入经营正轨，77名员工全部留用。

主要法律问题及解决途径

某基地与华某集团关联企业存在过度支配与控制、财产严重混同的情形，但如果纳入实质合并清算，经营主体不复存在，优质资质丧失，安全生产无从保障，需要探索一条兼顾安全生产与各方利益的处置新路径，令企业主体存续，将经营资质、核心资产等干净的“壳资源”和资产、业务打包，以市场化、法治化方式招募投资人，转让所得除清偿某基地债权人外，剩余资金归入华某集团实质合并程序。在审理思路方面，既要确保某基地安全生产、实现处置价值最大化，同时又要做好与华某集团关联企业实质合并程序的衔接，兼顾全体债权人、员工及其他利益相关方的权益。

（一）实质合并“嵌套”重整程序

所谓“嵌套”指的是，本案在华某集团关联企业实质合并清算“大程序”下，启动对某基地的重整“小程序”。重整程序虽有独立性，但须在实质合并程序下协同①审理。

1. 重整程序

某基地重整程序在裁定受理、投资人招募、重整计划的制订、表决与执行等方面，均按照《企业破产法》规定的重整程序规则进行。具体而言，以某基地自身资产、负债和经营情况作为判断重整条件及引入投资人的依据；某基地6个债权人根据债权性质，分为担保债权人组和普通债权人组表决。另外，重整程序按照《企业破产法》第73条规定，适用管理人监督下的债务人自行管理。

2. 协同审理

某基地重整程序在华某集团关联企业实质合并框架下进行，并非单个的重整程序，重整程序与实质合并程序两者协同进行：(1) 就程序操作而言，因海南华某已被纳入华某集团关联企业实质合并程序，其作为出资人对某基地重整计划的表决，由实质合并案件债权人会议行使。(2) 就实体处理而言，华某集团关联企业与某基地互负债务归于消灭；海南华某对某基地的股权实质归零，股权质押相应涤除；重整资金对某基地债权人清偿完毕后，剩余部分归入华某集团关联企业实质合并程序。

该重整模式与单独重整程序相比较，显著区别在于：在实质合并框架下，某基地与母公司等企业集团关联企业之间互负债务归于消灭；因母公司股权及股权质押基于实质合并框架而"涤除"，重整投资款偿债后的剩余净值不再作为股权质押权益，而是归入实质合并程序；如有未申报的隐性债务，同样基于实质合并大前提放入实质合并清算程序，不再由重整后的某基地清偿。

（二）"假马竞标"引入重整投资人

考虑到某基地所处行业特点，其主营业务与当时高涨的某仓储市场需求高度契合，且属地海南贸易自由港建设的政策红利持续释放，为某基地的处置创造了有利条件。在某基地重整投资人的招募过程中，合议庭注重发挥市场对重整企业价值的发现功能，指导管理人参考"假马竞标"模式，设计了"遴选+托底报价+公开拍卖"的三轮投资人招募模式。具体操作流程如下：

① 鉴于《全国法院破产审判工作会议纪要》规定非实质合并下各单个破产程序的协调审理不消灭关联企业成员之间的债权债务关系，与本案实质合并框架下的法律后果不同，故本文以"协同"称之。

第一步，发布招募公告，公开招募意向投资人，此轮共招募到 12 名意向投资人。第二步，意向投资人托底报价，确定“假马”。管理人制定《重整投资人选定规则》，确定意向投资人需以超过 15 亿元报价进入下一步遴选。托底报价后，管理人与托底意向投资人签订《托底投资协议》，确定托底投资人在同等条件下的优先购买权，托底投资人同意管理人以投资人资格为拍卖标的再进行一次网络公开拍卖。第三步，投资人资格网络公开拍卖，托底投资人与其他意向竞买人进行网络拍卖公开竞价，当拍卖出价未超过托底投资人报价时，托底投资人优先成为重整投资人；当拍卖出价高于托底投资人报价时，出价最高者取代托底投资人成为重整投资人。最终托底投资人出价最高，以 15.6 亿元价格成为重整投资人。

（三）债务人自行管理，实行关键岗位职工挽留激励

某基地主营原油仓储，属一级危源企业，安全生产责任重大。本案采取以下措施确保企业持续营运及安全生产：（1）临时托管。在某基地程序正式启动前，鉴于某基地属于海南华某的股权资产，合议庭指定海南华某等华某集团关联企业实质合并破产案的联合管理人代行股东权利，临时托管某基地，监督保障安全生产。（2）债务人自行管理。某基地是华某集团的优质资产，拥有健全的安全生产标准化管理体系，专业性非常强，继续经营依靠团队自身的专业性。因此，本案重整程序采用管理人监督下的债务人自行管理（Detor-in-possession）模式。通过邀请竞争产生某基地正式管理人后，合议庭要求管理人派员常驻厂区监督安全生产，债务人自行管理财产和营业事务。（3）实行员工挽留激励。重整成功以债务人营业保护为前提，而营业保护需要以招聘或挽留关键职工的方式保障人力资源的供给。美国破产法上自行管理的债务人在实践中逐渐发展出“关键职工挽留计划”（key employee retention plan）以克服企业申请重整后人才的流失。① 本案同样面临这一情况。某基地隶属危化品行业，多为特种工种，员工持证上岗。因受华某集团危机影响，10 余名员工离职，直接影响安全生产。管理人调研行业及周边企业薪酬水平后，申请重整期间按月发放安全补贴和年终绩效考核奖励，并向一线关键岗位倾斜，获法院复函批准，有力稳定了员工队伍。某基地保持正常运行，

① 金春、冷帅达：《破产重整视角下关键职工挽留计划的制度建构》，载《东方论坛（青岛大学学报）》2021 年第 6 期。

营业收入稳步增加。

其他审理经验

对外长期股权投资是破产企业常见的一种投资形式，特别是在企业集团破产案件中，股权投资多，出资金额高，股权是破产财产重要的组成部分。《全国法院破产审判工作会议纪要》规定，法院审理企业破产案件，对关联企业成员以适用单个破产程序为原则，当关联企业成员之间存在法人人格高度混同等情形时，可例外适用实质合并破产方式进行审理。近年来，各地法院在审理企业集团破产案件时，对法人人格混同的关联企业，较多采用整体实质合并清算或实质合并重整，鲜有在实质合并程序之外再另行启动其他处置程序的司法实践。需要根据股权结构、出资金额、营业及行业前景等因素甄别优质股权资产，并综合分析各种处置路径，寻找最佳处置方式。

（一）股权的可转让性与破产处置的关系

《公司法》第 4 条第 2 款规定："公司股东依法享有资产收益、参与重大决策和选择管理者等权利。"《公司法》第 84 条及第 157 条分别对有限责任公司股权转让和股份有限公司股份转让作了规定。股权基于股东出资产生，其收益具有明显的财产属性，同时又是股东权利的集合，股权的可转让性为破产财产处置提供了一项选择。当股东进入破产程序，依法调查并处置其所持股权是管理人的法定职责。① 作为财产与公司控制权的凝结，股权在破产程序中的处置价格不仅取决于资产、负债、经营情况及未来前景等因素构成的股权自身价值，同时也取决于是否采用合适的处置模式。

（二）优质股权资产不同处置路径分析——以本案为例

某基地是华某集团 100%优质股权资产，海南华某在被纳入实质合并程序后，面临股权转让、资产处置、单独重整及实质合并四种选择：（1）股权转让。优点在于可维持某基地继续营业，并节省交易税费，但因该公司存在隐性巨额民间借贷债务及有争议担保债务，影响股权购买意愿进而影响交易价格，存在较大风险。（2）资产处置。优点在于竞买人可购得厂房、土地及设

① 南京市中级人民法院课题组：《破产企业对外长期股权投资处置类型化研究》，载《人民司法》2020 年第 34 期。

备等干净资产，但港口经营许可证、危化品经营许可证等稀缺“壳资源”无法保留，营业价值消失殆尽。（3）单独重整。优点在于维持某基地“壳资源”和继续营业；缺点一是未申报债权在重整计划执行完毕后可依同类债权清偿，意向投资人存在竞价顾虑；二是华某集团与某基地互负债务据实结算，不符合某基地与华某集团财产混同的客观实际。（4）实质合并。优点在于消除关联企业之间复杂的债权债务关系，有利于提高处置效率，但经营主体不复存在，无形资产价值归零，安全生产无从谈起。

本案从实际情况出发，采取了实质合并清算程序下嵌套重整程序的处置路径。一方面，基于重整程序，某基地营业继续，员工妥善安置，营业得以保护和延续。另一方面，基于实质合并破产清算的大前提，未申报隐性债务被放入实质合并清算程序，打消投资人顾虑，提高竞买价格的同时有利于实质合并清算程序全体债权人公平清偿。

此外，本案参照资产出售“假马竞标”的方式公开招募重整投资人，尽量降低信息不对称对交易价格的影响，使重整投资价格经受公开市场的检验，有力消除了利益相关方对投资价格的疑虑。重整方案不仅获得某基地全体债权人通过，同时也获得代表出资人组表决的华某集团关联企业破产案债权人会议通过。

推荐理由

大型企业集团破产案件集聚了数量庞大而繁杂的对外投资股权资产需要处置，不仅关系破产审理效率与成本，更关系破产财产价值最大化和债权人等利益相关方的保护。本案实质合并下的重整模式为企业集团破产处置优质股权资产提供了一种可供参考的路径。

二、江苏利某不锈钢有限公司破产重整案

企业基本情况

该案例获评 2021 年江苏省法院破产典型案例。江苏利某不锈钢有限公司（以下简称利某公司）是一家以经营不锈钢制品为主营业务的企业，因盲目扩张、举借高利贷，致资金链断裂，陷入困境，于 2014 年停产。2021 年 11 月

30 日，江苏省东台市人民法院（以下简称东台法院）根据债权人申请裁定受理利某公司破产清算案。

案件审理情况

第一次债权人会议后，考虑到利某公司存在重整价值，东台法院多次与溱东镇政府、管理人沟通协调，成功招募到重整投资人东台市联某金属新材料科技有限公司（以下简称联某公司），并指导管理人及时签订《重整投资人战略意向投资协议》，由投资人承诺以保底资金 3988 万元参与本次重整以及重整后重点技术升级。东台法院裁定自 2022 年 8 月 1 日起对利某公司进行重整，随即组织管理人启动“假马竞标”操作模式将利某公司重整投资人资格公开竞拍，同时根据《战略意向投资协议》赋予联某公司优先购买权。2022 年 9 月 8 日，在东台法院监督下，历经多轮磋商，管理人与联某公司正式签订《破产重整协议书》，并迅速组织第二次债权人会议分组表决通过了《重整计划草案》。2022 年 11 月 1 日，东台法院裁定批准利某公司重整计划。根据该重整计划，重整投资人联某公司除投入 4888 万元投资款外，还将额外出资对利某公司现有生产线进行升级改造，带动产品升级换代，提升重整企业的整体竞争实力，有效促进该镇区钢产品的良性竞争。本案妥善化解债务合计 2.65 亿元，普通债权清偿率相对于破产清算程序显著提升，取得了良好的社会效果。

主要法律问题及解决途径

（一）果断高效推进各项程序

一是在清算过程中，根据利某公司实际，选定最契合利某公司现状的破产重整程序。最终成功招募到重整意向投资人，并签订保底投资金额 4888 万元的意向投资协议。二是管理人于第一次资产拍卖流拍后引入“假马竞标”制度，即由联某公司作为兜底投资人，在阿里拍卖破产强清资产处置平台上公开竞拍重整投资人资格，同时赋予联某公司在同等条件下的优先购买权，最大限度保障全体破产参与人的合法权益。三是最大限度实现债权清偿。有财产担保的债权人、税收债权、职工债权获得全额清偿，普通债权保底清偿率提升了3.82个百分点。

（二）有效服务大局保障民生

利某公司停产前，员工多时曾达100余人，考虑到利某公司生死存亡关系当地百余人的就业问题，关系民生和社会稳定，东台法院带领管理人综合研判，决定以无形资产为核心，以地理优势为助推，由管理人制订有保底清偿率的重整计划草案并组织签订、表决和实施，有效解决了溱东镇部分闲置劳动力的就业问题，同时最大限度地保障了全体债权人的合法权益，增加当地政府的财政收入。

（三）"鲶鱼效应"促进良性竞争

管理人和意向重整投资人在接触过程中了解到联某公司投资后所要生产的不锈钢制品主要系军供产品。军供产品的要求比一般产品高，如不锈钢制品的硬度、韧性、抗腐蚀性远高于一般不锈钢制品。重整投资人也表示接手后将对生产线进行大规模改造以适应军供产品不锈钢要求。溱东镇不锈钢企业众多，但大部分均为小型企业，产品附加值低。利某公司重整成功并完成生产线改造，不但能提高自身企业的产品竞争力，同时充分发挥"鲶鱼效应"，带动周边企业淘汰落后产能，共同提高竞争力，对提高溱东地区不锈钢产业的整体升级换代具有重要意义。

三、中某建设开发总公司预重整转重整案

企业基本情况

中某建设开发总公司（以下简称中某建设）系某高校行政管理局下属企业，主营业务为工程施工。中某建设作为集团控股母公司，下辖分公司39家、子公司逾400家，分布在全国26个省份，形成体量庞大的企业集团。中某建设作为中某建设企业集团最上层的控股公司，承担了集团绝大部分的债务和担保责任，而核心资产则主要沉淀在旗下各个重点子公司。审计报告和债权审核结果反映，中某建设资产总额约133亿元，负债逾800亿元，涉及债权人逾3000个，全国各地涉诉、涉执行案件达460余件。

中某建设自2018年起逐步陷入经营困境并发生债务危机，主要原因如下：（1）外部融资规模大、成本高。中某建设融资金额是其注册资本的上百倍，大量外部融资给债务人带来了高额融资成本。（2）中某建设进行了大量对外投资，但产生的直接投资收益十分有限，亏损严重。（3）中某建设为下属子公司及其他关联公司提供了高额担保，由于部分对外担保的主债务人无法偿付到期债务，引发连锁反应导致中某建设债务问题进一步恶化。

案件审理情况

中某建设曾自行重组，但自救未果濒临倒闭，急需通过司法程序进行挽救。鉴于中某建设资产负债规模庞大、企业层级多且关联关系复杂，重整价值及重整可行性有待进一步明确，同时也为了消除企业对直接进入重整程序而承担失败后不可逆清算风险后果的顾虑，上海市第三中级人民法院（以下简称上海三中院）依申请受理了中某建设预重整申请，并根据金融机构债权人委员会等债权人、债务人上级主管部门联合推荐，确认预重整期间临时管理人。预重整期间，在法院指导下，临时管理人协同债务人开展各项工作，包括审核超八成的债权、完成审计评估工作、与债权人及意向投资人反复沟通磋商，以及重整草案的拟定等。

在预重整对中某建设重整价值、重整可行性充分评估和提高的基础上，上海三中院依申请裁定中某建设转入重整程序，并指定临时管理人为重整期间管理人。本案预重整期间工作成果在重整期间得到充分利用，预重整中完成的债权审核确认、审计评估等重要工作成果均在重整程序中得到沿用，极大提高了重整效率。重整期间，因受新冠肺炎疫情影响，依照《最高人民法院关于依法妥善审理涉新冠疫情民事案件若干问题的指导意见（二）》第20条第1款意见，上海三中院同意受新冠肺炎疫情影响期间不计入《企业破产法》第79条规定的期限。

本案依法审慎把握适用实质合并破产的认定标准，兼顾节约程序成本，尝试“单体联动式”重整模式，即以母公司单体重整为支点，联动重点子公司单体破产程序协同推进，进而带动整个集团债务处置和资产盘活，实现以最小程序成本达到债权债务全面清理效果的最大化。同时，针对公司资产负债规模庞大，无外部战略投资人注入投资的情况，在合议庭指导下，管理人遵循市场化、法治化原则，以纯市场化方式引入信托计划受托人，将中某建设全部资产纳入信托计划，避免了资产过快变现、变现时机不适当而引发企业资产价值断崖式下跌的风险，从而实现债权人利益最大化。此外，重整计划草案还确定了重整后中某建设的经营方案，包括重整后中某建设经营管理原则、治理结构、资金回收及统筹使用初步方案、重点子公司及重点项目经营管理方案等。中某建设重整计划草案获得各表决组一次表决通过。

2021 年 12 月 1 日，上海三中院依据《企业破产法》第 86 条规定，裁定批准中某建设重整计划并终止重整程序。2022 年 12 月 8 日，上海三中院经审查管理人提交的《重整计划执行监督工作报告》，裁定确认中某建设重整计划执行完毕。至此，中某建设重整案全部终结。

中某建设通过重整程序成功化解了逾 800 亿元债务，最大限度保障了债权人平等受偿利益，也维护了经营管理层及集团秩序的基本稳定，优化改善了公司治理结构，企业获得重生。

主要法律问题及解决途径

中某建设资产负债牵涉面广、金额巨大，其中还涉及约 470 亿元金融机构债权以及相关金融产品的群体性个人投资者，关联企业间债权债务关系复杂，其重整工作不仅关系企业本身的纾困解难，还关系防范化解金融风险、维护社会稳定，以及某高校如何更好地聚焦服务国家科技战略大局。

本案审理过程中遇到了诸多疑难问题：（1）基于中某建设的客观情况，若运用传统自下而上逐层清算或实质合并模式，会产生程序成本极高及法律效果、社会效果不佳的问题；（2）尽管开展了大量重整投资人招募、洽谈等工作，但由于中某建设债务规模大、对投资人要求高，仍存在难有战略投资人全盘投资的问题；（3）创新的预重整与正式重整程序如何实现无缝衔接的问题。在处理上述疑难法律问题的过程中，法院始终坚持市场化、法治化原则，在法律的框架下探索了以下做法，最终达成了各方共赢，化解了社会矛盾，实现了良好的审理效果。

（一）尝试“单体联动式”重整模式，探索大型企业集团低成本重整路径

中某建设作为集团的控股母公司，拥有几百家分公司、子公司。实践中

对此类大型企业集团，一般采用自下而上逐层清算或实质合并模式。但中某建设有其特殊性，整个集团呈伞状结构，母公司与子公司为集团整体运营和资产负债承担各自功能。若采用一般模式对集团进行整体性清理，程序成本极高。

同时，遵循《公司法》法人人格独立基本原理，以及按照《全国法院破产审判工作会议纪要》第32条审慎适用关联企业实质合并的指导意见，本案依法审慎把握法人人格混同证明标准和证据规则，运用高度盖然性证明标准，并综合考量关联企业债权人合法利益，实质合并破产可能影响企业集团内部稳定性、上下游产业链和社会稳定等因素，不轻易否认关联公司法人人格。故而本案需要探索符合案件客观情况的大型企业集团重整新路径。

针对债务人的实际情况，本案尝试采用“单体联动式”重整模式，即母公司中某建设率先单体重整，同时以此全面厘清整个企业集团内资产负债情况，并联动重点子公司单个破产程序协同推进。待母公司等核心企业债务危机化解、恢复治理能力后，自主盘活资产或清理其他子公司资产，从而解决整个集团债务。相较于关联公司大范围实质合并重整模式，“单体联动式”重整模式主要具有以下特点。

1. 维系企业集团经营秩序稳定

“单体联动式”重整模式能够减少对企业集团内部经营秩序影响，降低关联企业合并进入破产程序对整个集团造成的震荡及商誉影响，从而维护企业集团整体运营价值。在企业集团运营价值得到维护的基础上，中某建设作为承担集团大部分负债的母公司重整成功，一方面促进了企业集团内各子公司生产经营活动的恢复与稳定；另一方面也为企业集团资产整体盘活奠定基础，有利于各子公司因企施策，采取继续运营、重组盘活、短期或远期处置剥离等定制化措施，进行精准灵活处置。力求在节约司法和社会资源前提下，实现债权人利益最大化。同时，该模式有利于维护企业集团成员之间既有的经营秩序，可大幅度降低实质合并破产程序可能带来的集团成员之间法律、财务、人事、经营等关系的重塑成本。

2. 节约司法资源和程序成本

大型企业集团“单体联动式”重整模式，通过在庞大的企业集团中筛选识别单体重整“支点”，从而带动整个集团的资产盘活和内部债务化解。该模式无须司法程序对集团进行高成本的整体性处置，仅需对“支点”企业进行单体重整，恢复改善“支点”企业治理能力，也能在有限的重整期间内，有效节约司法资源和程序成本。

（二）市场化引入信托计划，破解巨额债务清偿难题

1. 招募全盘战略投资人受阻，短期内实现债务清偿遭遇巨大挑战

整个预重整与重整期间，管理人在法院指导下开展了重整投资人招募、洽谈等大量工作，先后与31家意向投资人签署了保密协议。由于中某建设债务规模大、对投资人要求高，尽管其资产具有回收变现潜力，但难有战略投资人全盘投资，短时间内获得足够资金清偿债务困难重重。而债务人应收账款、对外股权投资等现有资产，实现变现价值最大化也需要较长时间，若快速变现可能导致资产价值断崖式下跌，价格严重背离价值，不利于最大化保护和实现债权人合法权益。

2. 市场化招募遴选信托计划受托人，提高信托计划认可度

为破解巨额债务清偿难题，经研究论证，本案重整方案确定引入信托计划，以实现债务人企业在债权人管理控制下恢复经营。为提升信托计划受托人招募遴选的透明度，提高债权人对信托计划的认可度，本案通过市场招募方式遴选信托计划受托人。管理人在法院指导下开展了2轮遴选招募和大量商业磋商工作，先后进行了50余场沟通洽谈，由债权人代表、行业专家等组成的遴选委员会最终确定了信托计划受托人。市场化的公开招募、充分竞争，一方面可以遴选出更契合案件情况、更具备专业能力的专业机构担任信托受托人，另一方面提升了案件办理的透明度，更大限度获得广大债权人对信托计划的认可度，彰显程序公开公平原则。

3. 重整方案引入信托计划，赋予债权人更多债权受偿自主选择权

中某建设旗下资产类型繁多，资产盘活和处置需要合适时机才能实现资产价值最大化。重整企业资产全部被纳入信托计划，以信托受益权份额清偿债务。一方面，基于信托财产独立性原则，中某建设的应收账款等资产纳入信托计划后，能够充分发挥信托财产隔离功能，有利于中某建设“轻装上阵”，利用保留的一级建筑资质，尽快恢复正常生产经营活动；另一方面，由

于中某建设待处置资产规模大且具有多样性，若短期内资产仓促变现，市场受新冠肺炎疫情影响，价值必然贬损，需要合适的处理时机，以实现资产价值最大化，最大限度维护债权人的受偿利益。重整方案还通过强化和细化信托受益人大会及其常务委员会职权，确保全部资产偿债目标得以实现。为最大限度保障债权人利益，重整方案赋予债权人多种选择权：

（1）可选择的信托受益权份额保管方案。因中某建设关联企业众多，互相交叉担保，故同一笔债权中，除中某建设外，还可能存在其他主债务人或担保人等偿债责任人。该笔债权一旦在信托计划中获得处置，则债权人在向其他偿债责任人主张权利时，可能会遇到其他偿债责任人提出的债权已经重整程序获得处置并消灭的抗辩。为切实保障债权人依法对其他偿债责任人享有的权利不受影响，本案为债权人提供了信托受益权份额分配保管方案供选择，即经债权人申请，可以由信托公司保管其信托受益权份额。保管期间，债权人不仅仍有权基于该信托受益权份额行使参加信托受益人大会、投票表决等权利，而且有权以其全部的债权金额要求其他主债务人或担保人等偿债责任人承担相应清偿责任。该可选择方案，保障了债权人自主选择权及其对其他主债务人或担保人依法享有的权利，得到债权人的认可。

（2）可选择的信托受益权兑换方案。为充分发挥信托受益权流通性强、便于交易的特点，基于中小额债权人实际需要，本案以“同质同价”“完全自愿”为原则，创新引入信托受益权兑换平台，为债权人实现债权提供商品、权益兑换选择，从而债权人可以更多元灵活地处置权益，极大提高了中小债权人对于重整计划的接受度，有效促成了重整计划的表决通过。

（三）预重整衔接重整程序，提高重整可行性，有效降低重整程序成本

积极探索体现预重整作为衔接庭外重组与庭内重整桥梁的作用，无缝衔接中某建设预重整与重整程序，有效地节约了程序成本和司法资源，提高了重整效率。

1. 探索确立市场主导与司法指引相结合的预重整理念

在《企业破产法》未就预重整进行明确规定的情况下，法院积极贯彻营商环境建设国家战略，按照最高人民法院有关预重整指导意见探索预重整机

制，结合理论研究并借鉴已有实践，定位预重整的基本理念为当事人自行协商，法院充分遵循当事人意思自治，适度介入，发挥司法指引和监督作用，指导债务人及临时管理人开展工作。在中某建设预重整阶段，法院适度参与，给予相应指导、监督和必要司法协调，并充分尊重市场在预重整中的主导地位，确认经部分债权人及债务人上级主管部门一致推荐的中介机构担任预重整期间管理人，发挥了相关各方协商谈判的积极性，达到了充分评估企业重整价值和可行性、提高重整可能性的目的。

2. 有序衔接预重整与重整程序

预重整期间，临时管理人梳理、审核了债务人总负债中约81%的债权申报；协调审计、评估机构开展工作，摸排了债务人集团内逾400家子公司，以确定重点资产范围，为确定“单体联动式”重整模式打下基础；引导市场主体各方自主协商，切实提高了重整可行性。

进入重整程序后，法院指定临时管理人为重整期间管理人，对预重整期间的阶段性工作成果成功进行了充分利用：(1) 为尽可能降低债权人参与本案司法程序的成本，将预重整期间已申报的债权，视为在重整程序中已申报，管理人根据《企业破产法》第46条第2款的规定对利息进行相应调整；(2) 本案沿用了预重整期间的审计评估机构，相关中介机构在预重整期间已进行大量工作的基础上继续开展工作，有效节约了程序成本；(3) 预重整期间确定的重点资产范围基本沿用至重整程序，并成为债权人会议认可重整方案及中某建设重整前景的重要基础之一；(4) 预重整期间形成的重整方案及重整基本思路成了重整计划草案制订的重要基础。

预重整期间各项工作成果的充分利用，充分发挥和体现了预重整的程序价值，大幅度节约了重整程序成本，为重整计划草案表决通过奠定了坚实基础。

其他审理经验

(一) 充分运用信息化手段保障债权人各项程序权利，公开透明推进审理程序

本案债权人人数超过3000个、遍布全国各地，且债权人中既有内资和外资金融机构、大型国有及民营企业，也有私募基金、中小额个人债权

人等，不同的债权人在核心诉求、决策机制、沟通风格等方面截然不同。此外，自2019年年底预重整程序启动后不久，波及全球的新冠肺炎疫情便出现了，对人员流动的便利性产生了显著影响，对现场工作的开展造成了较大限制。

为应对债权人数量众多及新冠肺炎疫情的挑战，本案优化工作方式，在法院督导下，管理人充分依托网络信息技术，利用线上债权人会议、线上投票表决系统、视频会议、电子邮件、微信群组、管理人公众号等多种信息化手段，以远程在线开展工作为主、落实防疫措施前提下的现场工作为辅，进行了270余次信息披露和沟通，保障了程序推进的质量和效率。管理人通过公众号发布各项通知公告，并通过设置自动回复功能，方便债权人查询债权申报、联系人变更等事项的操作，并提供相关模板供债权人进行参考。此外，根据法院要求，管理人还专设两部热线电话，累计接受债权人电话咨询沟通上万次。本案通过充分运用信息化手段，实现了与债权人间的有效沟通，充分听取了债权人意见，确保债权人诉求能得到及时回应，充分保障了债权人的程序参与权与知情权，消除了债权人顾虑，较大限度取得债权人理解，为表决通过奠定了扎实基础。

（二）采取管理人履职例会及例报措施，充分发挥法院的监督指导职能

为及时对案件办理情况进行监督指导，法院建立了与管理人间的例会及例报机制。法院指导管理人每周就案件的主要工作进展进行汇报，包括债务人印章证照及银行账户的交接情况、债权的申报及审核情况、审计评估工作情况、债务人自行管理财产和营业事务的监督情况、资产负债调查梳理情况、债权人的沟通对接情况等。此外，根据案件办理的需要，管理人还特别就重点事项及时向法院提交专项报告，包括信托公司招募及评选工作、潜在重整投资人对接及方案拟定工作等。本案办理过程中，管理人共向法院主动报告114次，提交履职书面报告50余万字，帮助法院及时了解案件具体进展，切实有效履行监督和指导职能。

四、株洲华某房地产开发有限公司等13家关联公司实质合并重整案

企业基本情况

株洲华某房地产开发有限责任公司（以下简称华某公司）成立于1995年，注册资本为1亿元，有关联企业12家，员工500余人，已在株洲、长沙等地建成30余个地产项目，累计开发面积近1000万平方米，住户逾6万名，系株洲地区房地产“龙头”企业，市场形象与口碑俱佳，年纳税额位列株洲民营企业第一。现有在建项目为14个，含住房109栋，商业19栋；总建筑面积为407.38万平方米，涉及业主16 000余户；另有宁乡、长沙的土地储备项目。因其扩展过快、经营管理不善，在经济下行和新冠肺炎疫情持续影响下，最终资金链断裂，爆发企业集团的系统性债务危机。

华某公司等13家关联公司实质合并破产重整案，涉及资产189亿余元、债权179亿余元，影响长沙、株洲两地购房业主16 000余户，债权人1200余名。案涉民事、商事、刑事、行政等诸多法律关系，各方利益矛盾极为突出，是湖南省迄今为止最为复杂、涉及面最广、资产体量最大的民营地产集团型破产重整案件。如不能妥善解决，因此产生的系统性金融风险难以预测，且将波及长沙、株洲两地营商环境和民生保障。

案件审理情况

（一）审理经过

2021年4月20日，株洲市中级人民法院（以下简称株洲中院）根据债权人申请，裁定华某公司重整，并于4月23日依法指定湖南瀛某律师事务所、株洲惟某企业破产清算事务有限公司担任华某公司管理人。

2021年4月27日，株洲中院裁定华某公司等13家公司实质合并重整。

2021年7月23日，本案召开第一次债权人会议，高效完成了本案的资债框定阶段性工作。

2022 年 1 月 19 日，本案召开了第二次债权人会议，审议和表决《重整计划（草案）》，重整计划表决期限内，管理人与投资人、债权人积极磋商谈判并达成一致。

2022 年 8 月 10 日，重整计划获得各表决组高票通过。

2022 年 8 月 19 日，株洲中院作出（2021）湘 02 破 2 号之七民事裁定书，裁定批准重整计划，并终止本案重整程序。

（二）债权分类和表决情况

依据《企业破产法》第 82 条之规定，本案债权分为有财产担保债权（具体包含拆迁安置补偿类债权、交付了全部或大部分购房款的消费性购买商品房类债权、建设工程价款类债权、担保物权）、职工债权、税款债权、普通债权。除职工债权因不作调整，且在 12 个月内以现金方式全额清偿，不参与表决外，其余三类债权按照上述债权类别设置表决组参与《重整计划（草案）》的表决。具体表决情况如下：

担保债权组共 199 名债权人，债权总额为 8 014 486 140. 35 元。172 名债权人出席会议，172 名债权人投票表决。其中表决同意的有 166 名，占出席会议的该组债权人人数的 96. 51%；表决同意的债权人所代表的债权额为 7 447 229 751. 96 元，占该组债权总额的 92. 92%。

税款债权组共 4 名债权人，债权总额为 111 434 636. 32 元。4 名债权人均出席会议并投票表决同意，占该组债权人人数的 100%；表决同意的债权人所代表的债权额为 111 434 636. 32 元，占该组债权总额的 100%。

普通债权组共 765 名债权人，该组债权总额为 1 904 018 386. 43 元。670 名债权人出席会议，580 名债权人投票表决。其中表决同意的债权人有 570 名，占出席会议的该组债权人人数的 85. 07%；表决同意的债权人所代表的债权额为 1 678 209 139. 17 元，占该组债权总额的 88. 14%。

（三）债权清偿方案

本案各项债权，根据相关法律、司法解释的规定，按照下列顺序清偿：（1）破产费用与共益债务；（2）拆迁安置补偿类债权；（3）交付了全部或大部分购房款的消费性购买商品房类债权；（4）建设工程价款类债权；（5）担保物权（抵押权、质押权、留置权等）；（6）职工债权；（7）税收债权；（8）普通债权；（9）劣后债权。

偿债方式包括实物清偿、现金清偿、经营收益清偿或信托计划等。具体而言，破产费用、共益债务、职工债权、税款债权、小额债权采用现金方式清偿；拆迁安置补偿类债权、对债务人的特定财产享有担保权的债权、普通债权根据重整后续复工及销售情况主要采用“现金+实物”的方式进行清偿。财产难以变价、实物清偿成本过高的，以相关财产的经营收益清偿或以相关财产设立信托计划作为补充方式清偿。

（四）投资人引进情况

1. 客观测算数据，助推资源匹配

管理人与债务人在资债框定的基础上，结合市场情况进行投入产出测算并予以公布，为投资者提供了初步参考依据。基于投资人的投资意向、资金实力等因素，管理人提出“投资人市场”理念，邀请所有意向投资人面对面交流，撮合投资人之间自由组合、合作投资。“投资人市场”理念的提出与实施，吸引了包括债权人在内的众多意向投资人关注，为后续成功引入共益债融资奠定了基础。

2. 关注内生需求，构建自救路径

《全国法院破产审判工作会议纪要》关于“不断加大破产重整案件的信息公开力度，吸引潜在投资者，维护债权人知情权与参与权”的精神，成为解决融资难题的重要抓手。如能创新某种机制，将债权人吸引为投资人，激发债权人投资自救需求，对于重整成功具有不可估量的意义。

在株洲市政府与株洲中院提出的“优先以现金方式清偿去激励债权人平等参与”等原则指导下，管理人设计了“参与投资的债权人按投资金额等比优先以现金方式清偿存量债权”的激励方案。即债权人的投资为共益债投资，在不突破法定清偿顺位的前提下，债权人的存量债权获得与共益债投资额按一定比例优先以现金方式受偿的权利。

3. 扫清投资障碍，提供保障服务

为确保投资人的投资落地与投资安全，株洲中院与管理人从投资的动机、收益、保障、后续管理以及退出机制等角度考量，充分保障投资安全与权益，为投资人提供了数据可信、方案可行、风险可控的全流程配套服务和协助，逐项扫除投资人的投资障碍，满足各项投资条件。

通过激励方案与投资保障等工作的有效衔接，成功激发了债权人自救投资的内生需求，为债权人构建了自救路径，有效化解了债权人对现金偿债资源争夺产生的冲突。最终成功吸引华融某德资产管理有限公司与某矿二十三冶集团公司分别投入 11 亿元与 1 亿元的共益债投资。

（五）经营方案

为巩固和提高债务人的持续经营能力和营利能力，实现债务人财产价值最大化，最大限度地保护购房业主、债权人的合法权益，本案结合债务人面临的流动性障碍，围绕生产经营自救、引进共益债资金制订了如下经营方案：

项目开发方面，区分待交付和待开发项目，短期经营着眼于“保交付”，长期经营依靠存量项目持续开发。资金方面，偿债依靠资产处置，先易后难有序推进；开发建设借助共益债资金支持，加快复工启动和存量开发。项目建设和销售方面，引入代建方具体负责开发建设管理，通过代建方的品牌加持，升级品牌影响力和美誉度，同时，优化营销体系，缩短去化周期，提振消费信心。公司治理和监管方面，通过建立信息披露机制，设立经营决策委员会，引入共益债投资人并限制股东权利；现金共益债投资人有权聘请财务监管机构及其他第三方机构负责审核债务人的所有财务支出和资金监管工作。

（六）衍生诉讼处理情况

为统筹处理施工方因华某公司被诉造成的复工障碍，受案法院通过请示、协调和研判，决定由株洲中院和天元区法院集中受理华某公司关联案件，并由人民法院主持采取“债务加入”的方式，通过三方协议明确偿债安排，对于施工方欠付材料供应商或分包人的货款，由管理人在施工方享有的建设工程价款优先受偿权范围内，确认材料供应商或分包单位货款的债权优先性并直接代付，以间接实现材料商或分包人的债务优先得到清偿，对后续材料供应则以“现款现货”方式处理。

经有效沟通和谈判，处置方式取得华某公司主要施工单位及材料供应商高度认同，并签订三方协议，为启动复工复建扫除障碍。同时，依据《最高人民法院关于在执行工作中进一步强化善意文明执行理念的意见》，协调各执行法院解除对施工方基本账户冻结，助力复工复建工作。

主要法律问题及解决途径

华某公司是一人公司，公司与股东陈某义人格高度混同，而陈某义所持上市公司股票，在华某公司被裁定重整时市值约为20亿元，对于华某公司偿债能力的提高具有重要作用，且社会公众与广大债权人对此关注度极高，部分债权人选择性起诉担保人，对陈某义的个人财产采取司法措施，导致华某公司偿债能力被实质削弱，且投资人提出股票增信作为投资先决条件。

正是基于陈某义所持股票对重整的重要意义，管理人审慎研判、勇于创新，及时报请株洲中院，株洲中院根据管理人的申请与陈某义的承诺，依法裁定将陈某义所持股票纳入债务人财产，为重整融资与债务清偿提供了强有力的保障。

其他审理经验

根据案件特点，株洲中院与管理人共同研究工作思路与方法，并征求学界权威专家意见与建议，确立以“解决资金流动性”为工作主线，以“重整引资、复工续建”为工作重点，以“债权审核与确认、资产核查与处置、资金归集与管控、洽商投资与招募、诉仲研判与应对、财务审计与评估、舆情防控与化解、信用修复与复建”为工作板块，形成“一主线、两重点、八板块”的市场化、法治化、规范化工作思路。

（一）创新市场化融资机制，激励债权人自救投资

本案受理时，正值房地产行业调控政策收紧和风险不断累加的低迷期，且国内诸多知名房地产企业陆续“爆雷”，市场信心受挫，融资难度较大。

为解决“融资难、融资贵”的工作难题，创造“投资人市场”的概念，管理人将所有报名投资人集合在一个会议中，使各方的诉求相互匹配，撮合投资人组成联合体投资。为有效吸引投资人，经认真测算，管理人鼓励债权人自救，创造性地拟定“参与投资的债权人按投资金额等比以现金方式清偿存量债权”的激励方案，供全部债权人选择。在条件平等、公开招募，且不损害其他债权人权益的前提下，成功招募到合格的投资方。

（二）恪守法治化破产理念，多元协调府院新联动

株洲中院始终坚持“法治是最好的营商环境”理念，下沉一线驻点办公，指导督促管理人高效办理日常以及专项事务。同时，以“华某公司问题处置工作小组”为平台，围绕案件需求探索、实践形成了长效联动与应急协调的多元化府院联动机制。

1. 驻点办案，高效协同

株洲中院在全省率先推出现场驻点办案方式，开创性设置了工作晨会、专题会、舆情定期通报、工作简报等制度；在全面履行监督与指导职责的前提下，强化与管理人团队的衔接配合，保持同频同向，并就专项事务联席讨论，取得了突出成效。例如，在施工单位因关联诉讼导致账户被冻结而无法支持复工复建时，法院根据管理人的建议，采用“债务加入”的方式，在施工单位享有优先受偿权范围内确认材料供应商或分包单位货款的优先性并予以代付，在遵循法治化原则的前提下，有效化解矛盾并切实解决复工障碍。

2. 长效联动，凝聚合力

为更好凝聚各部门合力，高效、有序推进重整各项工作，株洲中院和管理人依托市委、市政府，与各部门形成长效联动机制。例如，联动住建部门解控释放预售监管资金、项目资本金等 1 亿余元支持复工续建；联动教育部门解决未交房业主子女入学问题；联动产权登记部门解决业主办证问题等，保障基本民生需求。

3. 换挡提速，灵活应急

在突发风险化解、投资放款落实等关键节点，株洲中院与管理人直接报请主管领导灵活高效地解决具体问题。例如，在长沙宁乡储备土地被认定为闲置土地面临收回风险时，法院通过应急协调通道跨域与宁乡市政府联动促成原土地置换协议继续履行，开辟周日“绿色通道”将本需 1 个月完成的五项手续，以“零空窗期”办理，首开“五个事项，一日办理”之先河；又如，在落实共益债资金投放条件时，根据工作需要创造性地开拓了“省市互动”“跨域协调”等方式，就“圣某生物”股票解冻、分押等事项，实现北京、长沙、深圳、上海四地的跨域协调，为共益债的顺利引进与投放扫清障碍。

（三）依托规范化统筹工作，破局提质开创新局面

面对纷繁复杂的破产事务工作，破产审判必须贯彻新发展理念，不断“破局”创新工作举措，以规范立标准，以效率促效果。

1. 多措并举，统筹兼顾

债务人资产、债务清理需要财务审计、资产评估和造价鉴定等社会中介机构参与，但因其专业不同，存在事项沟通难、进度协调难、协作统筹难等问题，如采用常规方式，根本无法在法定期限内完成。

为此，管理人创设以评估机构、造价机构牵头负责的“一主二辅”组团工作法，实行中介服务机构联团作战，与此同时，管理人与中介服务机构联动工作，创设“三同频”“三同步”工作法，即债权申报、债权审核、债权确认工作的相关信息与债务人、财务审计机构数据信息“同频”，工作步骤、审核标准、审核进度“同步”。

经科学统筹与精心安排，工作质效明显提升，相关机构仅用60日即完成资产评估与造价鉴定的初审工作；仅用90日即完成债务人的资债框定工作，核查资产12 000余项、审核债权1300余笔、核减债权30余亿元。顺利推进重整程序，有效避免了社会以及各利益相关方对重整能否顺利推进的质疑。

2. 充分公开，持续信披

为充分保障债权人的知情权，便于债权人行使监督权，高效推进重整进度以及重整计划的执行，在重整期间，管理人创设了“债权人委员会秘书处”制度，通过秘书处的设立，加强了债权人与债务人、管理人的工作衔接，使债权人全程及时知悉破产重整各项工作的进展。在重整计划执行期间，管理人创设“持续信息披露”制度。重整计划执行期间，债务人应向债权人、管理人、人民法院、投资人报告债务清偿情况。通过信息公开方面的制度建设，为债权人的知情权和监督权的行使畅通了新渠道，为债权人、债务人、管理人、投资人等各方的沟通和协调开辟了新窗口，为债务人的企业形象和商誉恢复打开新局面。

3. 充分履职，持续协助

华某公司重整涉及债权人众多、法律关系复杂、财产体量巨大，执行事务专业性强、程序烦琐，为提高重整计划执行的效率、质量和程序等方面的

规范性，管理人创设“持续协助执行”制度。即债务人在重整计划执行期间涉及的程序性事项及需要管理人提供专项协助的事项，经债务人、债权人、共益债投资人等利害关系人申请，管理人在重整计划执行期间可持续提供协助。管理人创设“持续协助执行”制度，既是基于本案法律专业事务的繁杂的具体需求，也是管理人职权在必要情况下延伸和持续的创新实践。

4. 充分保障，持续督导

本案重整计划批准后，重整程序虽已终止，但基于本案重整计划执行周期长，执行事务难度大、牵涉面广，社会关注度高等实际情况，重整计划执行的各项事务仍需人民法院指导、监督。为确保重整计划的有效执行，本案在株洲中院的支持下，创设“法院持续督导”制度，为本案重整提供全程司法保障。

该项制度进一步加强了重整计划的透明度和公信力，在提高重整计划的执行效率和质量的同时，为重整计划执行过程中法院持续指导、监督作出创造性的路径探索。

随着供给侧结构性改革的不断深化，完善企业市场化救治和退出机制，积极推进破产审判工作，成为优化法治营商环境、推动经济高质量发展的重要突破口。面对新形势、新任务，法院在提升破产案件办理水平的同时，还须积极推动完善“府院联动”等各项工作机制，实现破产审判理念、体系、机制、方式上的优化升级，有效、稳妥地解决企业破产处置中的问题与困难，关注和解决民生问题，助推市场资源再造，为营商环境优化提供优质的司法服务和保障。

五、株洲光某重型机械制造有限公司等四公司实质合并破产重整案

企业基本情况

株洲光某重型机械制造有限公司（以下简称光某重机）作为具有33年发展沉淀的重型装备制造企业，以盾构机盾体、盾构机刀盘等大型基建设备产品为核心，形成特有的重型装备制造体系，成为高铁、地铁、高速公路隧道

等工程施工难以替代的配套生产商，行业优势突出，年纳税额 1000 万元左右，可解决数百名人员就业问题，对区域经济发展与稳定影响重大。经多年发展，有株洲县光某重型机器制造有限公司、株洲兴某重工智能装备有限公司、株洲众某重型装备科技开发有限公司等关联公司。

光某重机由于流动资金短缺及大量短期借款投入基础建设，致使长期投入与短期产出不成正比，又因经济整体下行、融资渠道不畅、民间借贷利息畸高、管理不善等诸多因素，最终陷入经营困境与债务危机。

光某重机进入破产程序时，涉及资产 1.9 亿余元，负债 4.6 亿余元，资债结构严重失衡；债权人 280 余个，债权类型多样且权益冲突激烈，大量应收账款难以收回，且连续亏损多年，生产经营难以为继。虽新设关联公司接受订单维持经营，但仍面临破产清算、停产停业的严峻形势。

为支持企业重整，审理法院主动联动人民政府，在重整期间多次召开府院协调会议，多次牵头对接意向投资人，并在重整计划草案的拟定、保障企业正常生产经营等具体工作中给予多方面的指导与支持，重整计划得以高票通过。

案件审理情况

（一）审理经过

株洲市渌口区人民法院于 2018 年 10 月 30 日分别作出（2018）湘 0221 破申 1 号民事裁定书、（2018）湘 0221 破申 2 号民事裁定书，裁定受理光某重机等关联公司破产清算申请。管理人于 2020 年 7 月 10 日组织召开了第一次债权人会议，指定了债权人会议主席。会议选举了债权人委员会成员、指定债权人会议主席、管理人作了工作报告，并组织债权人核查了债权表（252 笔），审议了财产管理方案。于 2020 年 11 月 20 日就破产清算转破产重整的问题召集光某重机等公司的出资人、公司法定代表人、股东、债权人委员会成员、审计机构、资产评估机构代表以及主要的债权人举行了听证会。该院于 2021 年 3 月 15 日作出（2018）湘 0221 破 1、2 号之一民事裁定书，裁定自 2021 年 3 月 15 日起对光某重机、株洲县株洲光某重型机器制造有限公司进行重整。株洲市渌口区人民法院于 2021 年 9 月 22 日作出（2018）湘 0221 破 1 号、（2018）湘 0221 破 2 号之三民事裁定书，裁定对光某重机、株洲县光某重型机器制造有限公司、株洲兴某重工智能装备有限公司、株洲众某重型装备科技开发有限公司进行实质合并破产重整。株洲市渌口区人民法院于2023年5月25日作出（2018）湘0221破1号、（2018）湘0221破2号之六民事裁定书，裁定批准株洲光某重机、株洲县光某重型机器制造有限公司、株洲兴某重工智能装备有限公司、株洲众某重型装备科技开发有限公司重整计划，并终止株洲光某重机、株洲县光某重型机器制造有限公司、株洲兴某重工智能装备有限公司、株洲众某重型装备科技开发有限公司重整程序。

（二）债权分类情况

根据《企业破产法》第109条规定，对特定财产享有担保权的权利人，对该特定财产享有优先受偿的权利。经管理人审核确认并提交人民法院裁定确认：债务人所负担保债权为8笔，已确认担保债权总额为167 445 242.52元。截至本重整计划提交之日，债务人尚欠职工的工资和医疗、伤残补助、抚恤费用、应当划入职工个人账户的基本养老保险和医疗保险费用，以及法律、行政法规规定应当支付给职工的补偿金等职工债权总额为人民币2 592 000元。社保债权未清缴前，社保债权欠费仍在累计变动。根据重整期间社保部门核发的缴费通知单，债务人尚欠社保债权23 294 742元。税款债权金额为2 478 024.8元。经管理人核查确认并报人民法院裁定确认，债务人所负普通债权总额为250 598 789.26元。

（三）表决情况

2023年4月21日，株洲光某重机等四家关联公司实质合并破产重整案第三次债权人会议通过阿里拍卖破产管理智能办公平台以网络投票的方式召开，对重整计划草案进行审议和表决。该次债权人会议设有担保债权组、税收债权组和普通债权组。普通债权组表决情况如下：出席会议的普通债权人共计178人，普通债权组总金额为250 598 789.26元；经表决，同意重整计划草案的普通债权人为173人，占出席会议的该组债权人的97.19%；同意重整计划草案的普通债权人代表的债权金额为218 209 654.83元，占该组债权总金额的85.04%。有财产担保债权组表决情况如下：出席本次会议的有财产担保债权人为8人，债权总额为167 445 242.52元；经表决，同意重整计划草案的担保债权人为6人，占出席会议的该组债权人的75%；同意重整计划草案的担保债权人代表的债权金额为143 256 289.38元，占该组债权总金额的

85.55%。税款债权组表决情况如下：出席会议的税款债权人为1人，债权金额为2 478 024.80元；经表决，同意重整计划草案的税款债权人为1人，占出席会议的该组债权人的100%；同意重整计划草案的税款债权人代表的债权总金额为2 478 024.80元，占该组债权总额的100%。

（四）重整计划偿债方案

基于光某重机目前的债权结构，为解决债权人对债务人的信任问题，对拟留债债权人提供增信保障，并为后续投资的引进有效隔离风险，结合管理人与主要债权人沟通情况，本重整计划将设立“信托计划”经营偿债，保障债权人的合法权益。信托偿债计划方案如下：普通债权组10万元以下债权部分以现金形式全额清偿。破产费用、共益债务、职工债权、社保债权、税收债权在信托计划成立前，以债务人现金财产为限，按破产费用、共益债务、职工债权、社保债权、税收债权的顺序以现金清偿。未获清偿部分，通过信托计划受偿。其他债权人以信托受益权实现清偿，具体如下：A类信托受益权：破产费用、共益债务、职工债权、社保债权、税收债权、担保债权等优先债权，以及留债债权的本金与留债收益。B类信托受益权：有担保债权超出A类受益权部分（优先债权转普通债权部分），以及普通债权（10万元以上）可按比例清偿部分。C类信托受益权：特定受益权，即中国华某资产管理股份有限公司湖南省分公司，以及湖南株洲珠江某商业银行股份有限公司债权。D类信托受益权：原光某重机出资股东。

就全部担保债权作如下偿债安排：

1. 债务人非重整必要的老厂区土地、厂房资产对应的担保债权，该笔债权优先金额为21 731 964.2元，以资产变价所得全额清偿。

鉴于债务人坐落于石峰区的老厂区土地、厂房为用于企业生产，系债务人重整非必要资产，该资产评估变价估值为24 398 161.15元，对应的担保债权如下：中国华某资产管理股份有限公司湖南省分公司债权为11 736 964.2元，湖南株洲珠江某商业银行股份有限公司债权为9 995 000元，合计21 731 964.2元。

如上述财产可按评估值变现，则将产生2 666 196.95元盈余，该部分资金列入债务人财产清偿普通债权；如抵押财产变现后，所得资金不足以清偿对应担保债权的，未能优先受偿的部分则将转入普通债权，按普通债权组的调整及受偿方案获得清偿。

2. 株洲渌口经济开发区某发展集团有限公司（以下简称某集团）担保债权的优先金额为 95 648 869. 27 元。

（1）5 年内分批按递延比例清偿2000 万元，即按第一年 10%、第二年 15%、第三年 20%、第四年 25%、第五年 30%的比例清偿；剩余 75 648 869. 27 元留债，留债期限为 5 年，留债期内不清偿留债本金。5 年内按 5%/年标准收取留债收益，每年一付。第六年起逐年清偿留债本金，留债本金按未偿债金额的 20%逐年按比例清偿；并继续清偿未清偿的本金部分留债收益。

（2）留债期间，债务人纳税金额须保证不低于重整方案通过年度的纳税金额。如重整计划执行期内纳税金额未达到该标准，次年也未能够补齐的，则不再留债。某集团有权要求其一次性清偿所有剩余债权和当期留债收益。

（3）如在重整计划执行期需处分担保债权人有优先受偿权的特定财产，须经担保债权人同意，处分收益优先偿还担保债权本金及留债收益。

（4）债务人以出租场地的租金收入作为偿还某集团债务的固定偿债来源，如有不足予以补齐。如债务人挪用租金收入导致未能按计划偿债，视为债务人违约，某集团有权要求处置抵押物，且不再留债。

（5）重整期间债务人承诺将采用包括但不限于继续招募、引入投资方、循环贷、提前清偿等方式，维护债权人利益。留债期内，债务人对外融资应经某集团同意，融资款应考虑部分偿还某集团债权。

（6）重整计划执行期间和留债期内，任一期债务清偿逾期，某集团可申请人民法院处置抵押物（或光某重机自行处置），或向人民法院申请本案转入破产清算程序，处置款优先偿还某集团剩余全部债务。

（7）五年留债期满后，某集团有权要求将留债未获清偿的债权部分以债转股方式清偿。

3. 其他担保债权：除上述两项担保债权外，其他担保债权中优先部分金额合计为 30 400 156 元，有财产担保债权所对应的特定财产评估价值合计 9 890 156 元。其中，株洲友某建筑工程有限责任公司为工程款债权；湖南财某小额贷款有限公司、湖南兆某融资担保有限公司、株洲丰某融资担保有限责任公司、株洲弘某投资有限公司担保债权对应的担保财产均为机械设备，均为债务人重整所必需的财产。担保债权人为支持债务人重整，在重整期间暂停行权，基于权利衡平的要求与“同等权利同等保护原则”的考量，按“特定财产评估价值”与“特定财产评估价格与担保债权差额”分段清偿。

株洲友某建筑工程有限责任公司：债权金额为400 156元，重整计划批准后12个月内一次性清偿。

湖南财某小额贷款有限公司：根据评估机构评估结论，有财产担保债权所对应的特定财产评估价值为5 710 000元，担保债权的差额为9 290 000元。对上述5 710 000元债权，五年内分批递延清偿，即按第一年10%、第二年15%、第三年20%、第四年25%、第五年30%的比例清偿；对上述担保债权的差额，与某集团同等条件留债。

湖南兆某融资担保有限公司：根据评估机构评估结论，有财产担保债权所对应的特定财产评估价值为1 550 000元，担保债权的差额为6 450 000元。对上述1 550 000元债权，五年内分批递延清偿，即按第一年10%、第二年15%、第三年20%、第四年25%、第五年30%的比例清偿；对上述担保债权的差额，与某集团同等条件留债。

株洲丰某融资担保有限责任公司：根据评估机构评估结论，有财产担保债权所对应的特定财产评估价值为900 000元，担保债权的差额为4 100 000元。对上述900 000元债权，五年内分批递延清偿，即按第一年10%、第二年15%、第三年20%、第四年25%、第五年30%的比例清偿；对上述担保债权的差额，与某集团同等条件留债。

株洲弘某投资有限公司：根据评估机构评估结论，有财产担保债权所对应的特定财产评估价值为1 330 000元，担保债权的差额为670 000元。对上述1 330 000元债权，五年内分批递延清偿，即按第一年10%、第二年15%、第三年20%、第四年25%、第五年30%的比例清偿；对上述担保债权的差额，与某集团同等条件留债。

4. 职工债权：2 592 000元在本重整计划裁定批准后12个月内清偿。

5. 社保债权：23 294 742元在本重整计划裁定批准后36个月内清偿。

6. 税款债权：2 478 024. 8元在本重整计划裁定批准后24个月内清偿。

7. 普通债权：在上述偿债方案下，如普通债权不留债，则普通债权清偿率约为36. 65%。根据债务人的债权结构与运营能力，拟定普通债权组清偿方案如下：每一普通债权10万元以内的部分一年内全额清偿；债权总额800万元以上的债权人在68. 32%的额度范围内，在上述额度范围内留债70%清偿，与某集团同等条件留债；未留债的部分，按照普通债权组同一清偿比例五年内受偿。普通债权10万元以上部分，在五年内按照普通债权可清偿的比例，逐年等比例受偿。在上述情形下，原清偿率 36.65%可提升至 44.12%左右。

8. 衍生诉讼情况：2022 年 9 月 15 日，株洲市中级人民法院就光某重机与株洲市渌口区某集团债权确认纠纷一案作出终审判决，判决维持一审判决，驳回上诉，即确认某集团的罚息 1043 万余元为优先债权。

其他审理经验

本案系区域民营大型重型装备制造企业的破产重整案件，其涉及债权人众多且多数债权人年事已高缺乏其他生活来源，债权清偿的诉求较其他案件更为强烈与迫切，矛盾激烈；同时，债务人企业多年沉淀，如破产清算，除影响重器制造产业发展，更直接波及区域稳定。从优化本区营商环境、保护税源企业、维护区域社会稳定的角度考量，案件审判须兼顾法律效果与社会效果。

（一）保障企业正常经营，破产重整促进新生

光某重机于 2018 年 5 月 12 日进入破产程序以来，管理人在人民法院指导下，从产业布局、公司运营、社会稳定等多方因素考量，一直将“保生产、保增长、保稳定”视为己任，破产不停产，其主要经营指标较同期均有大幅增长，且生产经营情况明显好转。重整期间，人民法院多次协调管理人、债务人、债权人，指导管理人审慎核查生产经营合同、严格资金使用审批程序，为债务人的正常生产经营提供了支持。

截至第三次债权人会议表决重整计划草案时，管理人已留存 2700 万元现金用于首期债务清偿，增强了债权人支持重整的信心。

（二）资债权益巧作衡平，重整计划高票通过

光某重机等四家关联公司实质合并破产重整案涉及资产 1.9 亿余元，负债 4.6 亿余元，资债结构严重失衡；光某重机债权人有 280 余个，债权类型多样且权益冲突激烈，如按常规模式作偿债安排，重整计划将难以通过，而一旦光某重机破产清算，普通债权清偿率仅为 5%左右。

为衡平各方权益，有效提高债权清偿率，人民法院与管理人多次沟通测算，结合光某重机资债现状设计了多元偿债模式，对普通债权 10 万元以内部分予以 100%现金清偿；对担保权人债权作留债安排并计取适当收益，通过留

债清偿的方式为企业再生置换空间；对大额普通债权限定留债范围作留债安排，同时计取适当收益，在置换企业偿债空间的同时，再次提高普通债权的清偿率。管理人通过综合运用留债清偿、分段比例清偿、小额债权部分全额清偿等方式，整体衡平了各方权益，普通债权清偿率从5%左右提高至44%左右。

光某重机重整计划草案经各债权组债权人表决，担保债权组同意重整计划草案的人数占有表决权债权人人数的75%，同意票数所代表的债权金额占该组债权金额的85.55%；税款债权组同意重整计划草案的人数占有表决权债权人人数的100%，同意票数所代表的债权金额占该组债权金额的100%；普通债权组同意重整计划草案的人数占有表决权债权人人数的97.19%，同意票数所代表的债权金额占该组债权金额的85.04%；各表决组均高票通过。

（三）创新引入信托计划，府院联动优化营商

光某重机重整期间，为有效解决债权人对债务人的信任危机，为留债债权人提供增信保障，并有效地为后续投资引进隔离风险，人民法院与管理人在充分听取各方意见、全面分析可行性的前提下，创新性地引入信托计划，为重整计划的执行设立保障，本案也是湖南省内首例引进“信托计划”作为偿债方式的破产重整案件。

为支持企业重整，人民法院主动寻求政府支持，与人民政府长效联动，重整期间多次召开府院协调会议，多次牵头对接意向投资人，并在重整计划拟定、保障企业正常生产经营等具体工作上给予指导与支持。渌口区人民政府作为担保债权组拥有“一票否决权”债权人的主管单位，敢于担当，决策在重整中以留债方式支持企业重整，为重整计划的通过创造了可能。

光某重机重整计划的通过与案件顺利审结，是府院联动机制效能发挥、各方支持所取得的共赢成果，对区域营商环境的优化、保护税源企业、维护区域社会稳定均有积极的现实意义，彰显了破产案件审判的社会效果与法律效果，也是今后破产审判服务民营经济的有益实践与重要借鉴。

六、江阴澄某实业集团有限公司石化板块合并重整案

企业基本情况

江阴澄某实业集团有限公司（以下简称澄某集团）是江阴千亿级大型企业集团，实际控制磷化工板块、石化板块和房地产板块。其中石化板块由汉某（江阴）石化有限公司（以下简称汉某公司）、江阴某高包装材料有限公司（以下简称某高公司）、江阴石庄某电有限公司（以下简称某电公司）、江阴某利散装化工有限公司（以下简称某利公司）四家公司组成，上述四家公司经过20年左右的发展，成为我国化工行业具有较大影响的企业之一。四家公司均位于江阴市璜土镇，汉某公司与某高公司系由澄某集团实际控股的石油化工板块的核心资产，汉某公司主要从事化工产品（限精对苯二甲酸PTA）的生产与销售，目前国内排名第八，某高公司主要生产销售新型工程塑料（瓶级聚酯切片PET），为汉某公司的下游公司，某电公司与某利公司为石化板块的配套企业，主要提供供电、存储等配套服务。因国际原油价格暴跌，企业产品价格随之大跌，以及澄某集团财务状况恶化、关联企业之间互相担保等原因，澄某集团石化板块企业陷入债务危机，负债总额高达300余亿元，生产经营难以持续。自2021年2月起，江阴市人民法院陆续受理澄某集团系石化板块四家公司的重整申请。

案件审理情况

四家公司的债权分为职工债权、税收债权、有财产担保债权、普通债权和劣后债权五类。

澄某系石化板块配套一体，关联程度高，潜在投资人亦有意向一并投资四家公司。最终，在联合公告、公开招募、公正评审的基础上，华某资产管理有限公司（以下简称华某资产）被确定为石化板块四家公司的重整投资人。

2022年1月28日和1月29日，四家公司分别通过网络平台召开第二次债权人会议对重整计划进行表决。鉴于四家公司的职工债权权益及税收类债权权益未受到调整，均为全额受偿，故表决不设职工债权组、税收债权组，

仅设有财产担保债权人组、普通债权人组以及出资人组。最终，四家公司的重整计划草案全部通过。2022 年 1 月 29 日，江阴市人民法院分别裁定批准汉某公司、某高公司、某电公司、某利公司的重整计划并终止重整程序。本次重整成功化解破产债权 310 亿元，其中金融债权 200 亿元，盘活土地、房产 120 余万平方米，妥善安置职工 870 余人。

四家公司的清偿方案如下：债权金额 40 万元及以下的部分全额现金清偿。超过 40 万元的部分，汉某公司提供两种清偿方案供选择：（1）按照 5%清偿率的“全现金”方案清偿；（2）按照“现金+债转股”方案清偿。某高公司提供两种清偿方案供选择：（1）按照 8%清偿率的“全现金”方案清偿；（2）按照“现金+债转股”方案清偿。某电公司的清偿方案为按照 23%的比例现金清偿。某利公司的清偿方案为按照 6%的比例现金清偿。截至 2023 年 4 月初，四家公司的重整投入资金已大部或全部到位，其中某电公司和某利公司的投入资金已全部到位且重整计划已基本执行完毕，股东已变更为重整投资人，目前运转正常。汉某公司和某高公司的投入资金已支付 90%，剩余 10%待两家公司涉及的证照问题解决后安排支付，现汉某公司正在全面梳理 EHS 风险并落实 EHS 整改，计划于 2023 年第四季度先行复产 220 万吨装置，某高公司正在全面落实合规运营取证及推进装置检修技改工作，2022 年 9 月，第一套 60 万吨装置先行复产，运行稳定，质量和消耗指标均达到国内前列水平。

华某资产及其所属华某集团旗下的多家子公司，具有与汉某公司、某高公司、某电公司、某利公司所属行业相关的经营、投资、合作经验，经营方案主要包括如下几方面：（1）在偿债资金外另向四家公司各投放约 2 亿元，用于四家公司的设备检修、技术改造、合规制度完善、支付职工工资等过渡时期各方面的维持与改善；（2）及时安排专业技术人员对四家公司的生产设备进行检修、消除环保与安全隐患、增加技改资金投入，全面推动现有产能满负荷运行；（3）全面引进自身相关产业的管理模式及生产经营方式，派驻具有丰富经验的经营管理团队，完善四家公司各项管理制度，增强核心竞争力；（4）以四家公司现有资产与投资人的相关产业紧密合作，实现产业链优势互补，共同开拓下游市场，提高产品质量及行业知名度，实现资产效益最大化。

四家公司企业资产以及债权债务情况复杂，在案件办理过程中涉及大量衍生诉讼，数量多达上百件，主要包括破产债权确认纠纷、破产撤销权纠纷、取回权纠纷、请求确认债务人行为无效纠纷等类型。

主要法律问题及解决途径

（一）通过程序性合并重整，化解整体债务危机，提高重整效率，实现关联企业重整价值最大化

2018 年 3 月，最高人民法院发布了《全国法院破产审判工作会议纪要》，第 38 条及第 39 条对程序合并破产进行了原则性的规定。程序合并，包括将不同法院管辖的多个破产案件的程序集中合并至一个法院进行审理，也包括对于均存在破产原因但不符合实质合并条件的关联企业的破产案件通过统一的破产程序由同一受理法院进行统一审理。程序合并主要运用于重整程序中，也即对关联企业的破产案件进行并案审理，通过对多个破产案件实施统一的审理，统一招募重整投资人，并根据各关联企业的不同情况制订相互衔接的重整计划或者整体合一的重整计划，从而实现对关联企业的整体挽救目的，实现企业的运营价值及重整价值的最大化。

澄某集团石化板块四家关联公司之间具有强大的产业协同性，包括上下游产品的生产与供应、生产供电保障以及专业仓储保障等，但因各关联企业之间不存在资产与财务的混同情形，故最终通过程序合并重整方式实现了四家关联企业的重整挽救。管理人最先通过预招募方式与潜在投资人进行预先沟通，了解市场需求以及对于关联企业进行有效梳理，最终通过联合招募方式向全社会进行重整投资人公开招募，以四家公司的资产评估价值为保留价格进行报价评分，并以重整投资人报价按照四家公司重整资产的评估价值在各公司间公平分配重整资源。此后，四家公司管理人与经遴选确认的重整投资人签订同一投资协议，以保障重整程序的统一推进，并约定各家公司重整计划的批准生效需以四家公司重整计划均获得通过为前提。最终，管理人根据四家公司的不同情况及投资人投资文件、投资协议分别拟定统一格式的重整计划草案，分别提交四家公司债权人会议审议并获得通过，促进四家公司重整程序的有效协同推进。通过程序性合并重整，有效引入投资人对企业资产进行整体承接，通过市场化手段实现了关联企业重整价值的最大化保留，通过“一揽子”承接四家公司员工保障了四家公司在重整成功后仍能有效进

行统一的运营及管理，同时也维护了企业职工稳定。

（二）提供灵活多样的可选择偿债方案，满足不同债权人债权清偿的需求

为兼顾各债权人的合法权益，管理人在会前与有财产担保债权人、普通债权人、出资人等进行了充分的沟通、解释和说明，反复商讨方案架构、主要条款及操作细节，悉心听取各债权人的诉请，为制作重整计划草案把好最后一道关卡。鉴于汉某公司、某高公司的债权人类别特别复杂且结构分散，不同债权人对清偿方式的诉求也不一、多元，在制订重整计划草案的过程中，管理人协同投资人大量走访债权人尤其是金融机构债权人，结合普通债权的不同特点制订两种清偿方案供选择，也即债权人可以在“全现金”“现金+以股抵债”两种方案中任选一种获得清偿，有利于满足债权人各自需要。

（三）引入信托计划对待处置资产权益进行处置，归属债权人进行补充分配，提高重整效率

对于非重整资产范围内的待处置资产，重整投资人、管理人协助四家公司委托专门信托公司设立他益权财产信托，在信托计划项下实现四家公司待处置资产的清理、确权和处置等工作，处置所得收益在优先支付相关待处置费用后，向未获全额受偿的普通债权人进行追加分配，提升债权受偿比例，通过剥离低效资产有效提高重整效率。

第四章　市场化的企业拯救方案

一、大连某海洋工程有限公司破产重整案

企业基本情况

大连某海洋工程有限公司（以下简称大某海工）于 2006 年由大连某重工集团有限公司（以下简称大某集团）与茂某投资合资成立，主营海洋工程建造，注册资本为 9500 万美元，公司成立适逢“十一五”期间国家大力发展海洋工程产业，打造环渤海船舶海洋工程基地。它是国内建造历史最悠久、经验最丰富、完工产品最多的海洋工程建造公司之一。

2014 年原油价格大幅下跌，导致全球海工装备市场整体低迷，产生系统性风险。境外船东纷纷破产重整，大某海工作为专业的海洋工程建造企业，无法独善其身。2016 年 10 月，大某海工被国资委列入特困企业，尝试通过市场化债转股等多种手段解决债务危机，但由于种种原因无法实施。受公司债务危机的影响，在售平台占用大量的银行资信额度，自 2018 年大某海工已丧失银行贷款能力，无法正常开展经营承接工作，大某海工由于不能清偿到期债务，并且资产不足以清偿全部债务，2019 年 1 月 23 日，经债权人申请，大连市中级人民法院（以下简称大连中院）依法裁定大某海工进入破产重整程序。

案件审理情况

2019 年 1 月 23 日，大连中院裁定受理大连市升某船舶工程有限公司申请

大某海工重整一案，并于2019年2月19日指定上海市方某律师事务所和天某国际会计师事务所（特殊普通合伙）担任管理人，开展重整工作。

2019年4月16日，大连中院召开大某海工第一次债权人会议。会议上，管理人作了重整期间阶段性工作报告及财产状态调查报告，并对债权申报及核查情况作了说明。债权人对债权表进行核查，并表决通过了《财产管理及处置方案》《关于成立债权人委员会相关事项的议案》《书面核查补充债权表的议案》。

2019年4月30日，管理人通过“全国企业破产重整案件信息网”、“中国破产法论坛”微信公众号、“阿里拍卖”网站公开发布了《重整投资人招募公告》，启动重整投资人招募程序，报名截止日期为2019年5月15日。截至2019年5月15日，管理人收到包括大某集团在内的共计三家公司报名参与重整投资。但由于种种原因，截至2019年7月8日，三家投资人均退出大某海工重整，投资人招募未果。

2019年7月16日，由于重整投资人招募未果，破产清算将导致公司资产价值极大贬损，对债权人利益造成严重打击，管理人向大连中院提交《关于延期提交重整计划草案的申请》，大连中院裁定重整计划草案提交期限延长至2019年10月23日。10月23日，管理人向大连中院提交重整计划草案。11月1日，大连市政府组织召开大某海工主要债权人协调会，各方达成共识，努力推动大某集团回归重整，同意延期召开第二次债权人会议。

2020年年初，全国新冠肺炎疫情出现，公司重整亦受到影响，一度处于延期复工的状态，加上国际油价暴跌，重整进程进一步受阻。2020年上半年，虽经各方努力协调但重整投资人仍然无法到位，公司多次面临资金枯竭、停产停工的境地，大某海工重整案一度走入绝境。为避免大某海工破产清算、债权人蒙受巨大损失，同时为挽救优质企业，管理人在征询各方的意见后开始积极探索自救式重整的道路。

2020年10月，管理人启动重新制订《重整计划（草案）》的相关工作。2020年11月23日，大连市政府组织召开大某海工重整协调会，大连市副市长及政府副秘书长、市工信局、金融局、银保监局、大连中院、银行业协会领导及银行债权人代表、管理人代表出席了会议。会议上管理人介绍了重整计划草案的主要内容，并听取各方意见，努力完善方案，最终于2020年12月21日向大连中院及债权人委员会提交最终版的《重整计划（草案）》。

2020 年 12 月 23 日，大连中院召开第二次债权人会议，债权人对重整计划（草案）进行表决。由于有财产担保债权组、普通债权组和出资人组表决通过人数均未达到法定通过比例。根据《企业破产法》第 84 条、第 85 条、第 86 条之规定，《重整计划（草案）》第一次表决未通过。

2020 年 12 月 30 日，公司经营管理团队、管理人历时一年多的持续磋商和艰苦谈判，最终与中国某保险公司（以下简称中国某保）签署保险理赔备忘录，通过“一揽子”赔付方案在可预期的时间内快速实现赔付。中国某保的赔付资金将作为公司重整资金，用于清偿债务和公司重整后的生产经营。

管理人聘请中国某天然气集团有限公司专家等行业专家，对大某海工重整计划经营方案可行性及可持续性进行了分析论证，最终得出了肯定的结论，并于 2021 年 5 月在专家意见的基础上出具了经营方案可行性分析报告，提交给主要债权人作为表决参考。

根据《企业破产法》第 87 条第 1 款规定，部分表决组未通过重整计划草案的，管理人可以同未通过重整计划草案的表决组协商，该表决组可以在协商后再表决一次。在大连市政府的大力支持和大连中院的指导下，管理人与未通过《重整计划（草案）》的表决组协商，对《重整计划（草案）》作了修订，并于 2021 年 5 月 27 日启动对《重整计划（草案）》的第二次表决。

经过两轮表决及公开计票，最终表决结果显示，出资人组因原股东权益全部清零而未通过表决，有财产担保债权组高票通过，职工债权组以 100%的支持率通过表决，普通债权组同意的债权人人数占普通债权组总人数的 95. 60%，但同意的债权金额占普通债权组总金额的 52. 73%，最终导致普通债权组未通过表决。

管理人认为，重整计划符合绝大多数债权人的利益，且在公平公正的基础上最大限度地维护了各方权益，经营方案经过充分论证具备可行性。2021 年 6 月 24 日，根据《企业破产法》第 87 条之规定，管理人提请大连中院裁定批准《重整计划（草案）》。

2021 年 6 月 30 日，大连中院经审慎研判，依法裁定批准大某海工重整计划。

2021 年 11 月 18 日，中国某保与大某海工赔付仪式在大连市政府、银保监局、金融发展局、商务局、大连中院、管理人、银行债权人代表的共同见证下顺利举行。

2021年11月19日，中国某保共计向大某海工赔付17.8亿元，重整资金最终落实，重整计划具备执行条件，本案重整取得成功。

主要法律问题及解决途径

（一）如何在无投资人的情况下自主寻求资金，最大限度维护债权人权益

大某海工所处的行业具有极高的专业性和特殊性，2014年原油价格大幅下挫，导致全球海工装备市场整体低迷，产生系统性风险。同行业的参与者均在此系统性风险中受到重创，境外船东纷纷破产重整，大某海工作为专业的海洋工程建造企业，也无法独善其身。本案重整资金需求量大，且需要极其专业的运营能力和产业实力，在国际石油市场整体大环境较差的情况下，潜在投资人稀缺，由于种种原因最终未公开招募到投资人，重整工作一度陷入绝境。

大某海工此前就其建造的十座在建海洋钻井平台，投保了中国某保的买方违约险，在船东弃船且十座平台陆续出险后，眼见重整程序陷入僵局，中国某保为支持重点出口企业、帮助大某海工重整，提出“一揽子”赔付方案。管理人及大某海工管理团队为保留企业重整价值及持续经营能力，争取重整资金，与中国某保展开艰苦卓绝但极为有效的谈判，最终与中国某保签订总赔付额高达17亿元人民币的保险理赔备忘录（最终实际理赔金额高达17.8亿元人民币），为重整争取到了主要的资金来源。尽管没有合适的投资人，在法院指导和政府的支持下，管理人创新性地提出利用政策性保险公司赔款帮助企业恢复流动性的方案，并说服大部分债权人进行自救，同时挽留管理团队维持好企业生产经营，为后续重整工作奠定了坚实的基础。

本案在全国率先以债权人自救方式，通过政策性保险公司赔付，创造性地实现了非上市公司的自救式重整，也是率先通过实现出口信用保险保单项下权利，顺利帮助企业度过危机的案例，充分体现了国家政策性保险公司在支持和挽救重点出口企业中所能够发挥的积极作用，为从国家层面帮扶救助重点出口企业的政策导向作出了表率。

企业虽未引入战略投资人，但经营管理团队完整且专业，若只因无投资人而走入清算，那么破产财产根本无法盘活，债权人遭受的损失是无法估量

的。因此，本案成功体现了各方主体在企业破产程序中积极作为的精神，法院和政府以及监管机构充分支持创新，管理人勇于突破传统思路，债权人、债务人积极自救，中国某保勇于担当，各方齐心协力才使破产财产得以盘活，极大提高了普通债权人的债权清偿率，也最大限度维护了全体债权人的权益，维护地方金融、民生环境健康稳定。

（二）如何充分保障债权人权益，实现重整程序正义与实质正义、经济效果与社会效果高度统一

重整案件由于涉及主体众多、牵连关系广泛，应当特别注意程序正义与实质正义、经济效果与社会效果的统一。本案重整方案充分保证和平衡了各方的合法权益和程序权利，主要体现在两个方面：

第一，大某海工欠付38家外协单位6000余名农民工的6.2亿元工人劳务费，考虑到船舶行业特殊的用工模式，并参考同类案件的处理方式，管理人向大连中院请示参照职工债权顺位清偿外协单位债权，通过分期清偿的方式获得全额清偿。此外，由于重整耗时较长，受新冠肺炎疫情影响，农民工生活本就十分困难，公司通过共益债权融资借款的方式由大某集团对农民工的工资进行了部分代偿，且大某集团自愿接受对由代偿形成的职工债权延期清偿的安排，最终有效维护了农民工权益及社会稳定。

第二，普通债权采取现金加债转股的方式进行清偿，清偿率由清算状态下的不足2.8%（实际可能为零）上升到了重整情况下的24%，且大部分普通债权人获得了全额现金清偿。有效避免了众多外协企业和中小供应商发生连锁破产效应的风险，维护了地方营商环境稳定健康。

在重整计划表决中，虽然普通债权组表决金额略有差额未通过表决，但同意人数超过该组总人数的95.6%；虽然少数金融债权人由于债权金额巨大未表决同意方案，但倘若失去当前机会，普通债权将遭受清零式损失，170余亿元的不良贷款无法得到妥善解决将会对大连市金融生态、营商环境造成巨大打击。此外，大某海工破产不仅仅影响金融机构，还涉及成百上千家海洋行业配套的供应商，一旦破产清算，也将会对大连地区的船舶配套企业产生连坐效应，近400家供应商债权人极有可能将同样面临关门破产的局面，最终对大连地区船舶行业实体经济造成不可估计的负面影响。

本案的僵局和矛盾是由于大额银行债权人与央企之间无法达成一致所导

致的，其根本矛盾在于央企的发展定位规划难以随意调整以及金融机构决策逻辑的困境冲突。各方更囿于大机构漫长、复杂的审批程序和过于严格的风险控制系统以及责任管理制度，最终导致金融机构难以作出有效决策。但从投票结果可以看出，外协劳务债权组100%通过，担保债权组以96.61%的金额表决比例通过，普通债权组超95%的债权人数表决通过，债权金额也达到了50%以上。本案除金融机构外，几乎全部债权人都支持《重整计划（草案）》通过。

重整程序的核心思想就是要为利害关系人创造比企业停业或清算情况下更高的价值，因此虽然偏重保护社会利益的倾向意味着要对个别债权人利益进行一定的限制和削弱，但从长远来看，对重整各方当事人来说，适时发挥《企业破产法》第87条的作用符合他们的根本利益，不仅合理而且有效。

大某海工重整计划遵从法律规定且符合绝大多数债权人的利益，能够有效挽救真正具有发展价值的优秀企业。大某海工重整案保障了广大中小债权人及农民工的根本利益，维护了社会稳定，并对地区民生、金融、营商等多方面的健康发展发挥了积极作用，使重整程序正义与实质正义、经济效果与社会效果达到高度统一。

二、实某集团重整案

企业基本情况

实某集团前身为福建实某电脑集团股份有限公司，成立于1988年，1996年成为在A股上市的全国首家IT企业，家用电脑销量曾在全国排名第二。但从2018年开始，由于自身经营不善和内外部环境压力等因素的影响，实某集团及其下属核心子公司均陷入严重的债务危机，公司股票于2020年6月被实施退市风险警示，若2021年12月31日前无法重整成功，实某集团将被强行退市。

2021年3月，经债权人申请，福州市中级人民法院（以下简称福州中院）同意实某集团启动预重整工作。2021年11月26日，经最高人民法院批准，福州中院裁定受理实某集团重整案。2021年12月27日，福州中院裁定批准重整计划并终止重整程序。2021 年 12 月 31 日，福州中院裁定确认实某集团重整计划执行完毕。该案从受理重整申请到裁定批准重整计划仅用时 31 日，自批准重整计划到重整计划执行完毕用时仅 5 日，案件重整用时短、效率高、效果好，为上市公司市场化、法治化重整提供了可复制的范例。

案件审理情况

实某集团系 A 股主板上市公司，重整工作关系着社会稳定、金融环境、中小投资者保护等众多因素。福州中院积极作为，在收到该案债权人重整申请后，第一时间组成合议庭，院领导亲自挂帅，协调启动府院联动机制。市政府大力支持，牵头金融局、证监局、马尾区政府等召开府院联动协调会十余次，共同推进解决证券监管、金融支持、职工安置、社会维稳、税收优惠等难点问题。省法院精心指导，在案件办理、层报最高人民法院审批、协调省级行政机关等方面给予了大力支持和指导。省法院、市政府的关心重视、大力支持，府院联动机制的高效启动、运转顺畅为案件的顺利推进奠定了坚实基础。

案件审理中，福州中院恪守司法原则，充分尊重当事人意思自治，保障当事人合法权益。由债权人、债务人、意向投资人共同商讨临时管理人人选，最终确认由债权人、债务人、意向投资人共同推荐的律师事务所担任管理人。重整过程中，根据管理人汇报事项的情况，第一时间召开协调会，邀请债权人、债务人、意向投资人共同研讨关键事务，确保整个重整程序公开、公平、公正推进。针对金融债权人内部审批流程繁杂、用时长的问题，指导管理人提前将重整计划草案提供给各债权人履行内部审批程序，避免债权人由于时间仓促无法完成决策的难题，有效保障了债权人参与表决的权利。经过充分磋商，综合各方利益诉求量身定制出利益平衡、各方认可、切实可行的重整方案。重整计划草案经债权人会议一次性表决通过，有财产担保债权组通过率高达 100%，普通债权组通过率高达 92.41%。取得债权人、债务人、投资人、中小股东等“多方共赢”的理想效果。

实某集团面临退市风险，必须在进入重整后短时间内通过重整程序实现净资产转正，才能维持重整价值。福州中院严格把控重整程序中的各个关键节点，要求管理人提前制订每周的工作计划表，及时给予管理人必要的指导，对管理人的履职工作进行实时把关和监督。加强机制创新，适用预重整程序，在本案正式重整程序启动前，即开展了债权申报审查、资产调查、对接意向重整投资人、与债权人沟通、重整受理报批等工作，为正式重整工作奠定了良好基础。依托福州地区破产审判辅助系统，实现主体之间即时、全面的互动交流，债权申报、债权人会议、重整进度查询等事项均可在线完成，极大节省了重整时间。实某集团在重整受理后第 31 天即成功高票通过重整计划，第 35 天即顺利执行完毕重整计划。

实某集团重整期间严格按照新《证券法》中以不停牌为原则的立法精神，切实保护中小投资者利益，在重整期间不停牌持续交易。根据上市公司重整分阶段信息披露的要求，福州中院在每个关键节点督促债务人和管理人充分、准确、及时做好信息披露工作，加强风险提示，帮助出资人和中小投资者作出理性决策，保障债权人充分了解重整事项，更好维护自身合法权益。重整期间共发布各类公告 86 份，风险提示 19 次。同时，高度重视保密要求，要求案件所有参与方在接触上市公司信息前均签署保密协议、确保各方在受保密义务约束的前提下开展工作。严格禁止内幕交易，院领导多次召开会议强调办案人员严禁参与投资实某集团股票，确保重整全过程风清气正。

其他审理经验

实某集团高效重整的经验做法可具体总结为“依托一项机制、协调两项程序、坚持三项重整原则、守住一条底线”。

（一）依托一项机制：高频深度互动的府院联动机制

实某集团系 A 股主板上市公司，重整工作与社会稳定、金融环境、中小投资者保护等众多因素密切关联。福州中院依托府院联动机制，牵头福州市金融局、证监局、马尾区政府等召开府院联动协调会十余次，共同推进解决证券监管、金融支持、职工安置、社会维稳、税收优惠等难点问题。府院联动机制的高效启动、顺畅运转为案件的顺利推进奠定了坚实基础。

（二）协调两项程序：司法程序与行政程序的紧密衔接

实某集团面临退市风险，只有限定期限内通过重整程序实现净资产转正，才能保有重整价值。福州中院严格把控重整程序中的各个关键节点，要求管理人提前制订每周的工作计划表，及时对管理人履职工作给予必要指导、把关和监督。省高院在收到实某集团破产重整案请示材料后，迅速呈报最高人民法院审批，同时商请省政府协调证券监管部门加快审查和报批流程，实时跟进案件办理进展情况，在收到最高人民法院同意受理实某集团破产重整案的复函后立即批转福州中院，为实某集团重整争取到宝贵时间。实某集团在重整受理后第 31 日即成功高票通过重整计划，第 35 日重整计划即顺利执行完毕。

（三）坚持三项重整原则：市场化、法治化、信息化的原则

（1）坚持市场化重整原则，寻求最优重整方案。实某集团严格按照市场化原则开展重整，打破以往上市公司重整由政府部门成立清算组先行清算路径依赖，充分发挥市场对重整资源的价值发现功能。注重把握重整实质，结合实某集团自身优势从根本上恢复持续经营和创造盈利能力。经过多轮商业谈判，引入福建省大数据公司作为产业投资人，与实某集团原有业务形成优势互补，打造大数据领域的优质上市平台。（2）坚持法治化重整原则，保障重整各方意思自治。在合法合规、严格监督的基础上充分尊重当事人意思自治，保障当事人合法权益。适用“预重整”程序，将庭外重组与庭内重整相结合，前置部分重整程序，程序效力延伸至重整阶段，为正式重整打下良好基础。在管理人选任方面，由债权人、债务人、意向投资人共同推荐并最终确认管理人，最大限度减少管理人的工作阻力。引导通过商业谈判，充分磋商，综合各方利益诉求制订利益平衡、各方认可、切实可行的重整计划草案。（3）坚持信息化重整原则，实现重整便捷高效。实某集团债权人分散在全国各地，公司资产及分支机构分布于境内境外，股东人数众多，重整期间存在沟通难、开会难、投票难的问题。案件办理依托福州地区破产审判辅助系统，实现各方主体之间即时、全面的互动交流；债权申报、债权人会议、重整进度查询等事项均可在线完成，极大节省了重整时间，有效提升重整效率，节约重整成本。

（四）守住一条底线：信息披露与廉政风险防范底线

实某集团在重整期间切实保护中小投资者权益，在重整期间不停牌持续交易。福州中院在每个关键节点督促债务人和管理人充分、准确、及时做好信息披露工作，加强风险提示，保障债权人充分了解重整事项，更好维护自

身合法权益。重整期间共发布各类公告86份，风险提示19次。高度重视保密纪律，要求案件所有参与方在接触上市公司信息前均签署保密协议，确保各方在受保密义务约束的前提下开展工作；多次召开会议强调办案人员严禁参与投资实某集团股票，严格禁止内幕交易，确保重整过程风清气正。

三、华某科技有限公司重整案

企业基本情况

（一）公司简介

华某科技有限公司（以下简称华某科技）成立于2000年，注册资本为人民币11 138万元，主要业务为地下智慧管网研发、生产、销售及自有物业租赁等，在深圳有南山、坪山两个产业基地，建筑面积达21万余平方米，鼎盛时期员工总数约为1000人，年销售收入近人民币20亿元。

华某科技成立之初，便以高科技作为企业安身立命之根本，大力发展管道技术，是全国管网行业领头的高科技型创新企业。华某科技拥有数百项发明、实用新型、著作权等各类知识产权，主编、参编国家三部管道行业标准，在市政管材领域“华某”牌Dn3600mm创造了迄今为止的亚洲纪录，拥有中国环境标志产品认证证书（认证产品为给水用管材、排水用管材）、商务部商务信用评级、深圳市高新技术企业证书，并荣获2017年中国质量检验协会授予的“全国管材管件行业质量领先品牌”。华某科技曾经是2008年北京首都国际机场扩建工程独家管材供应商，是近两年深圳茅洲河水环境治理工程的管材主力供应商，是国家住建部给排水标准专家委员会成员单位（深圳仅有华某科技和深圳市水某集团两家）。

（二）破产原因及企业困境

近年来，受自身过度扩张等因素的影响，华某科技债务融资大幅增加、财务成本激增。同时，管道行业前期投资大、资金回收期限长，导致华某科技资金链逐渐趋紧。随着银行贷款和大量民间借贷资金的陆续到期，华某科技的财务状况进一步恶化，加之债权人对华某科技资产不断采取各种保全措施和执行程序，导致华某科技生产经营无法正常开展，最终资金链完全断裂，陷入债务危机和经营困境。华某科技在陷入困境伊始便积极寻觅重组方并筹划债务重组，但受制于庭外重组的局限性而未能成功脱困。至2018年被申请破产时，华某科技濒临全面崩溃。

1. 管道生产业务全面停滞

华某科技全盛时期在坪山区华某科技工业园曾拥有10条各类型管道生产线，公司产能充足，产品质量过硬，获得业界及客户的高度评价。华某科技出现经营困难后，迫于巨大的资金压力出售、抵押了部分生产线，报废、卸装了产能落后的生产线，在坪山区华某科技工业园厂房内遍地是报废、卸装的生产线零件，且均被贴上各地法院的查封条，华某科技管道生产业务全面停滞。

2. 众多租户欠租

华某科技拥有20余万平方米厂房及办公场地，在自用富余的同时向外出租物业，房产租金收入是华某科技的重要收入之一。在陷入经营困境后，大量员工离职，对园区的管理、催收租金力度下降，部分租户出现了拖欠租金的情况。同时，华某科技因资金周转不灵欠缴税款而导致华某科技发票开具系统受限，因华某科技无法提供发票，众多租户拒绝缴纳租金，华某科技又因收不到租金无法缴清欠税，形成了恶性循环。

3. 资金链断裂产生大量纠纷

破产申请受理前，华某科技的财务状况已十分恶劣，债权人纷纷采取法律途径主张权利，华某科技已无足够人手处理众多诉讼纠纷，因华某科技缺席部分诉讼案件开庭，公司即将面临巨大损失。

4. 大量资产被设置担保、采取保全措施

由于华某科技不能偿还到期债务，华某科技被迫抵押了名下的所有不动产、管道生产线，质押了股权、应收款、知识产权等资产，同时，债权人还申请人民法院对华某科技名下的大量资产采取了保全措施，仅华某科技不动产就被采取了262项保全措施。

5. 知识产权欠缴费用面临除权

华某科技作为国内管道行业的佼佼者，十分注重专业研发投入及技术储备，拥有数百项发明、实用新型、著作权等各类知识产权，是名副其实的高科技企业。知识产权需要专业人员的维护及缴纳高额的费用，在华某科技出现资金危机后，财务状况收紧，无暇缴纳知识产权费用，而长期欠缴费用将导致权利的完全丧失，对华某科技这种高科技企业是不可挽回的重大损失。

综上而言，华某科技庞大的债务规模与繁杂的纠纷已然超过其能够承受的最大限度，经营、生产难以为继。但与此同时，企业仍具备优质技术与可快速回收的资金，可能仍具有一定的挽救价值，如不尽快采取相应措施，随着损失的进一步扩大，或将错失最佳的挽救时机。

案件审理情况

（一）受理破产清算

2018 年 1 月，债权人深圳市硕某贸易有限公司（以下简称硕某公司）以华某科技不能清偿到期债务，并且明显缺乏清偿能力为由向法院申请破产清算。法案审查后认为，硕某公司对华某科技的债权已由生效法律文书确认，经执行程序未能得到清偿，华某科技为有限责任公司，已经不能清偿到期债务且明显缺乏清偿能力，具备破产原因。

2018 年 8 月 27 日，深圳市中级人民法院（以下简称深圳中院）作出（2018）粤 03 破申 25 号民事裁定，受理申请人硕某公司对被申请人华某科技提出的破产清算申请，并指定深圳市卓某清算事务有限公司为管理人依法开展接管、资产调查、债权审查、召开债权人会议、破产转重整论证等工作。

（二）裁定进行重整

2019 年 3 月 29 日，债务人依据《企业破产法》第 72 条规定，以其尚具有挽救希望和重整价值等为由向法院申请进行重整。根据《企业破产法》及深圳中院《审理企业重整案件的工作指引（试行）》相关规定，对于债务人提出的清算转重整申请，法院组织相关主体进行听证调查并对债务人是否具有重整原因、重整价值、重整可行性等逐一进行评议。经审查，华某科技作为管道行业的领军企业，虽陷入经营困境，仍保留了较为稳定和完整的研发团队以及良好的研发生产条件，保持着管道行业内领先的综合科研优势。同时，华某科技产品具有极强的竞争优势和较好的市场声誉，并获得客户、业内企业以及政府等多方的认可，具有良好的市场前景。在华某科技向法院提交了重整申请后，为维护债权人及各方主体利益，法院组织听证会向本案债权人等各方确认是否同意华某科技由破产清算转入破产重整程序。除普通债权组一组债权人外其他债权人（含担保债权、税款债权）均同意华某科技进行重整，这些债权人的确认债权仅占普通债权组已确认债权总额的 1.086%。深圳中院审查认为，破产重整程序是通过司法程序拯救危困企业，从而最大限度地维护社会公共利益的制度设计，在重整程序中，职工和国家税收将依法获得全面、有效的保障，广大债权人的清偿比例也可获得进一步提升。各方主体的合法权益都将获得更为充分、有效的保护，有利于社会的和谐稳定，实现经济和社会方面的双重效果。华某科技仍具有挽救价值和挽救希望，符合重整条件，遂于 2019 年 5 月 7 日作出（2018）粤 03 破 175 号之二民事裁定，裁定自 2019 年 5 月 7 日起对华某科技进行重整。

（三）选定重整投资人

基于华某科技较大的行业优势、雄厚的科研实力，结合国家政策导向，法院指导管理人通过重整程序引入了具有综合实力的重组方。重组方泽某实业（深圳）有限公司（以下简称泽某公司）是一家具有国资背景的、以管道行业为主营业务的公司，是各方为参与华某科技重整而专项设立的重组平台公司，并由国资股东实际经营管理和运营。重组方将在提供偿债资金、提升债权清偿率的基础上，依托股东的综合实力，在公司治理、产业融合、品牌效应、上下游供应链等各方面给予华某科技支持，充分发挥华某科技核心生产力和技术研发优势，全力恢复生产经营，并进一步实现主营业务优化升级，积极提升华某科技品牌价值。引进具有国资背景的、实力雄厚的重组方参与重整，对于保护债权人的清偿权益和促进华某科技的经营发展，都具有重要的意义，体现了在破产审判中充分调动社会资源参与重整、助力危困企业重生的重要性。

（四）批准华某科技自行管理财产和营业事务

2019 年 5 月 16 日，债务人依据《企业破产法》第 73 条规定，以其具备自行管理财产和营业事务的基础性条件为由，请求法院批准其在重整期间在管理人监督下自行管理财产和营业事务。法院审查认为，华某科技治理结构相对完善，人员较为齐备；且尚未发现华某科技存在破产欺诈及其他损害全体债权人利益的行为或深圳中院发布的《审理企业重整案件的工作指引（试行）》第56条规定的不予批准的情形。华某科技充分了解公司资产、负债及营业事务等基本情况，在法院批准对华某科技进行重整后，公司已做好自行管理财产及营业事务的相关准备工作。重整期间由华某科技自行管理财产和营业事务也有利于提高重整的效率、节约成本，保障债权人的利益，更有利于发挥市场化重整的经济效益和社会效益，遂于2019年6月19日作出（2018）粤03破175号之一决定书，批准华某科技在管理人的监督下自行管理财产和营业事务。

（五）确定资产负债规模

根据重整期间评估机构出具的评估报告，在基准日2019年4月30日，华某科技资产的清算价值合计为2 215 812 527.88元；考虑到华某科技重整系以公司运营正常存续等持续经营状态为基础，市场状态下华某科技资产评估价值为2 590 966 424.77元。前述评估范围包括华某科技账面记载的货币资金、对外债权、存货、长期股权投资、固定资产、无形资产等。

截至批准重整计划之日，本案共有44家债权人申报债权，申报债权总额为5 255 712 916.99元。深圳中院审查确认的债权总额为3 745 485 124.46元，其中有财产担保债权金额为1 353 514 323.33元、税款债权金额为25 080 934.39元、普通债权金额为2 366 889 866.74元。因涉诉、涉刑等原因暂缓确认的债权金额为749 215 755.34元，其中有财产担保债权为129 746 773.11元，普通债权为619 468 982.23元。债权类型主要为民间借贷、金融借款、保证担保等。

（六）批准重整计划

根据偿债能力分析报告，华某科技如破产清算，假定其财产均能按照清算状态下的评估价值获得处置变现，普通债权清偿率约为31.92%。考虑资产实际变现对价可能大幅降低，大部分应收账款实际可回收性较低，普通债权清偿率可能进一步降低。重组方提供重整专项偿债资金用于清偿债权，根据重整计划草案的债权调整方案，普通债权清偿率提升至64%。最终，重整计划草案于2019年12月25日经华某科技第二次债权人会议和出资人会议高票表决通过。2019年12月27日，深圳中院作出（2018）粤03破77号之五民事裁定，批准华某科技重整计划，终止华某科技重整程序。

（七）执行完毕重整计划

本案重整计划的执行期限为 12 个月，根据重整计划执行完毕的标准，各类债权已经按照债权调整和清偿方案相关规定获得清偿、提存或预留，已经法院裁定确认的债权人未领受的分配额已经按照重整计划的规定予以提存。2020 年 7 月 13 日，原出资人协助重整投资方办理了股权过户变更登记。2020 年 7 月 20 日，重整资金 29.8 亿元全部到位。2020 年 11 月 5 日，深圳中院作出（2018）粤 03 破 77 号之六民事裁定，重整计划执行完毕，深圳中院裁定终结重整程序。

主要法律问题及解决途径

纵观整个案件，自华某科技被受理破产清算到进行重整，再到重整计划获批，人民法院通过司法重整程序，在投资人积极参与、债权人主动行权、债务人积极配合、管理人尽责履职的基础上，仅用时一年零四个月，便完成了 50 多亿元债务的化解、20 多亿元资产的盘活、高新技术企业的重生等重大事项，并且保障了重整计划在一年内顺利执行完毕，债务人企业也恢复了经营生产。而本案重整成功的背后，是坚持践行市场化重整、立足优化营商环境、发挥央企带头作用、紧密衔接庭外重组、多元化助力民营困境重生等众多举措的综合支撑，而前述举措即本案最大的特色与亮点。

（一）践行市场化破产重整，实现市场价值和社会效益相统一

党的十八届五中全会以来，中央强调开展供给侧结构性改革，要求更加注重运用市场机制、经济手段、法治办法化解产能过剩，完善企业退出机制，并强调司法部门要依法为实施市场化破产程序创造条件。党的十九大和中央经济工作会议进一步要求优化存量资源配置，支持传统产业优化升级，扩大优质增量供给，促进中国产业迈向全球价值链中高端。企业破产是解决企业、产业深层次矛盾，优化资源配置，提升企业、产业质效的重要法治途径。

深圳中院高度重视破产的市场化、法治化，切实将破产审判置于服务经济新常态和供给侧结构性改革大局中来谋划和开展。破产重整制度可以帮助困境企业再生，实现企业维持、员工就业、税源保障、社会维稳等社会效益，其具备的社会价值已不言而喻。然而，我国作为社会主义市场经济主体，竞

争是市场经济的基本特征，也是最有效率的资源配置方式，优胜劣汰的市场机制决定了对困境企业的重整亦应遵循市场化的原则，否则，重整中的债务人企业将难以吸引战略投资，也难以独立经营并恢复营利，不符合市场规律，最终难以重整成功。因此，本案遵循市场化原则，以债务人的再生能力和市场价值为出发点推动重整，充分发挥各市场主体的能动性，最终实现债务人恢复营利能力和市场主体地位、普通债权清偿率提升一倍以上的重整成功结果。

1. 华某科技存在再生能力和市场价值是市场化重整的前提条件

本案在审查受理破产清算申请阶段已着眼于债务人企业的再生能力和市场价值。根据债权人的申请，法院最初受理破产清算申请，但根据审查阶段对债务人企业的调查了解，华某科技作为处于行业领军地位的高科技企业，仍保留优质的技术资产与核心团队，具备重生的可能性；且在本案前华某科技已进行了庭外重组的尝试与谈判，有初步意向合作方，具备一定的市场价值。故若本案将来转入重整，具备市场化重整的基础和前提条件，重整的目标不仅是提高债权人的清偿率，而且是使华某科技得以重生，重新焕发其市场价值。《全国法院破产审判工作会议纪要》指出，破产重整的对象应当是具有挽救价值和可能的困境企业。时任最高人民法院民事审判第二庭庭长的贺小荣强调，人民法院应当贯彻对具有重整价值的企业尽力拯救的原则。换言之，对于无价值的“僵尸企业”应当通过破产清算，果断实现市场出清，而对于具有重整价值的企业应当尽量挽救以保护各方利益。一般而言，重整企业的识别须遵循市场判断，以市场需求为导向的原则，充分考虑产业方向和企业的品牌价值，综合权衡企业的现有资源，以“内涵”加“特征”的方式对重整价值和可行性予以界定。对于有重整价值债务人的积极挽救体现了重整作为困境企业“治病救人”的一种机制，在这种机制中，人民法院将成为生病企业的“医院”，从企业的实际出发找准病因、辨证施治，尽全力医治好生病企业的病，让其真正能够重返市场经济的舞台。

本案第一次债权人会议表决通过了华某科技继续经营的议案，为其市场化重整保留了火种、孕育了良好的土壤环境。在受理华某科技破产一案后，法院一直高度重视华某科技的重整可能性，在指导管理人履行调查、接管等各项职责时着眼于企业本身的可再生价值。2018 年 11 月 7 日，华某科技提交了《华某科技有限公司关于破产期间继续经营的申请》，提出华某科技保留了稳定的核心职工队伍，具备继续营业的条件，继续营业也有助于维系公司资产运营价值，有助于资产的保值、增值，有助于维护债权人利益、职工利益、社会稳定和企业整体价值。2018 年 11 月 8 日，主办法官召集管理人、华某科技工作人员，亲赴华某科技现场主持接管工作，并进行现场查看和调查工作。根据现场查看及管理人汇报的情况，法院审查认为，华某科技继续经营除具备上述意义外，更有利于进一步寻求重整机会。华某科技的市场地位、技术优势、客户资源等都将可能成为其进入重整程序并取得重整成功的关键优势，保留、维持甚至扩大这些优势是华某科技转入重整的必要条件，是重整审判整体思路的重点，故经管理人申请，法院同意将《华某科技有限公司关于破产期间继续经营的申请》作为议案提交第一次债权人会议表决。2020 年 11 月 29 日，华某科技第一次债权人会议表决通过《关于华某科技有限公司继续经营的议案》。

2. 充分发挥各市场主体的能动性是市场化重整的重要体现

在重整过程中，法院充分征求各方利益主体意见，及时转换程序，保护各方当事人的合法权益。2019 年 3 月 29 日，华某科技以其尚具有挽救希望和重整价值等为由向法院申请进行重整，法院依法组织相关主体进行听证调查并对债务人是否具有重整原因、重整价值、重整可行性等逐一进行了评议。深圳中院审查认为，破产重整程序是通过司法程序拯救危困企业，从而最大限度地维护社会公共利益的制度设计，在重整程序中，职工和国家税收将依法获得全面、有效的保障，广大债权人的清偿比例也可获得进一步提升。而且，在大多数同意债务人由破产清算程序转入重整程序的情形下，允许债务人及时转入重整程序，充分保障了债权人、债务人的意思自治。

在重整过程中，法院批准华某科技自行管理财产和营业事务，允许管理人和债务人分工协作。在重整期间，债务人申请自行管理财产和营业事务。经审查，法院认为债务人具备在重整程序中自行管理财产和营业事务的能力和条件，同时不存在深圳中院发布的《审理企业重整案件的工作指引（试行）》规定的不适合自行管理的情形。2019 年 6 月 19 日，法院决定批准华某科技在管理人的监督下自行管理财产和营业事务，并要求债务人和管理人在重整程序中各司其职、各尽其责、互相配合。允许管理人和债务人按照分工方案灵活分工管理，充分发挥管理人和债务人各自的优势，极大地提高了本案的办案质量。

3. 华某科技恢复盈利能力和市场主体地位是重整成功的重要标准

重整成功的标准，不仅包括重整计划执行完毕的程序化标准，还应当包含债务人企业恢复盈利能力并成为真正的市场主体的实体标准。只有具备市场价值的破产重整才能真正成功。政府追求社会价值，债权人追求债权清偿，但企业存续和债权获偿都不足以代表重整成功，企业只有恢复了盈利能力才能继续经营，恢复市场主体地位，投资人才有继续运营和投资的理由，才算是真正的重整成功。重整的价值不仅在于社会效益的实现，更加体现在经济效益的实现。

（二）发挥破产法治效能，实现企业运营价值和营商环境优化相统一

华某科技重整是适用破产重整制度维持企业的继续经营价值、实现企业重生的典型案例。优化营商环境是全面深化改革的重要抓手之一，推动破产重整制度的适用，为优化营商环境提供司法保障，也更好地发挥破产法治在营商环境建设中的积极作用。

1. 维持企业继续经营价值，实现企业重整再生

继续经营价值起源于美国 19 世纪末期衡平接管制度下的洲际铁路公司重整案件，当时的破产从业者已经注意到企业的资产以整体的形式继续经营的价值要远高于企业资产清算出售的价值。继续经营价值不仅体现为企业所拥有的资产以有机整体的方式协调运营，更体现为以人际关系为核心搭建的企业内在机理。这些价值无法在清算中变现，却能在继续经营中被市场所承认。

本案中华某科技成立于 2000 年 11 月，是第二届“高交会”签约的重点项目，华某科技拥有各类专利 186 个、软件著作权 80 个，主编、参编国家行业标准三部。在市政管材领域，“华某”牌 Dn3600mm 创造了迄今为止的亚洲纪录。因为在国内管网行业的技术领先地位，华某科技至今是国家住建部给排水标准专家委员会成员单位（深圳仅有华某科技和深圳市水某集团两家），“华某”牌市政管材是深圳市工务署多年来的入库管道品牌（市工务署目前的入库品牌共有四个），也是深圳市水务工程建设的入库管材品牌。

华某科技拥有的前述优质资产作为一个整体的运营价值有目共睹，若资产被清算出售，那么债务人长期以来形成的产品优势、技术优势、科研优势和市场优势等多重优势也将荡然无存。经评估，华某科技资产清算状态下的普通清偿率仅为 32%。过低的清偿率不仅可能引发社会不稳定，也更容易激

化社会矛盾。

为保护华某科技的继续经营价值，除了利用破产制度的保护机制所具有的止息、停止支付功能以防止债务规模不断扩大之外，还要充分利用重整制度的优势保留华某科技继续经营的地位，采取相关措施保障职工工资及时发放并相对完整地保留运营及研发团队，以维持华某科技继续经营之必需。经各方努力，通过重整，本案普通债权的清偿率达到64%。清偿率的巨大提升体现了市场对于债务人整体价值的认可，其继续经营价值在重整制度中有了极大的提升。有关维持债务人在重整期间的持续经营及确保资产营运价值不减损的举措包括但不限于：

（1）管理华某科技出租物业，维持华某科技商誉。华某科技主要资产为3宗土地的建设用地使用权及在该3宗土地上已建成的共8栋建筑物，建筑面积共计213 305.10平方米，大部分物业已对外出租，涉及租赁合同120余份，其中多家租户为政府机关单位及国有企业，情况较为复杂。对于进入重整程序的债务人财产管理，既要做到安全，亦要实现其营运价值的最大化，故本案中维持华某科技物业原有的租赁关系可以实现重整期间的收益，减轻解约负担，且维护了其他经济体的正常经营秩序。根据《企业破产法》第25条规定，管理人履行接管、调查债务人的财产等职责。结合本案实际，法院指导管理人采取间接接管方式，协同华某科技以公司名义继续运营管理，协调物业抵押权人同意继续出租。同时法院依据《企业破产法》第73条的规定同意债务人自行管理营业事务，最大限度控制了华某科技破产重整对其持续经营带来的不良影响，避免了大量租户解约而导致华某科技失去重整期间收入来源、大量员工失业、酿成诸多纠纷等问题。同时，为保护债务人财产安全，由管理人定期检查监督，及时排除安全隐患，并购买相关财产保险，防止房产价值贬损。确保华某科技重整期间经营不中断、营运价值不减损，对于华某科技最终重整成功提供了重要保障。

（2）保障华某科技职工权益，保留完整的运营及研发团队。根据《企业破产法》第48条的规定，债务人所欠职工的工资和医疗、伤残补助、抚恤费用，所欠的应当划入职工个人账户的基本养老保险、基本医疗保险费用，以及法律、行政法规规定应当支付给职工的补偿金，不必申报，由管理人调查后列出清单并予以公示。职工对清单记载有异议的，可以要求管理人更正；管理人不予更正的，职工可以向人民法院提起诉讼。根据华某科技破产受理日账面记载情况，职工债权金额为 18 062 397.78 元。在调查过程中，华某科技实际控制人出具《关于华某科技职工债权的承诺函》，承诺自 2018 年 8 月 27 日华某科技破产案受理前至破产程序终结，华某科技全部员工工资，均由其筹措、按期足额发放，不提出债权申报。此承诺函的出具，既避免华某科技在破产程序中员工的流失、保留了较为稳定和完整的运营和研发团队，又避免了因拖欠员工工资致使社会不稳定因素的产生，亦使职工对华某科技重整产生较强的信心、理解和支持，保证华某科技重整程序的有效推进。

(3) 管理华某科技生产设备、无形资产。华某科技作为生产制造研发型企业，生产设备及专利等无形资产是其持续经营的重要资产和必要条件之一。本案中管理人通过实地走访勘查、结合账面记载及合同资料对生产线、生产设备作了全面调查，在明晰权属的前提下，对继续经营所需的生产线、生产设备予以保留。华某科技在解决管道生产线权属纠纷并自行管理后，很快与采购商新签署了上千万元的管道销售合同，逐步恢复了管道产品的生产经营。大量的无形资产，从持续经营所必需及效益优先的角度出发，根据华某科技的申请，经管理人审查及法院同意后，大量无形资产得到续费保留。

在重整制度的引导与支持下，借助《企业破产法》规定的停止计息、禁止个别清偿、出资人权益调整等一系列强有力的机制保障，华某科技成功维持了生产经营并免于因分散式出售而造成的资源浪费。

2. 优化企业资源配置，助力企业重整成功

重整程序中投资人的引入是重要的资源配置手段。借助重整投资人注入的新鲜血液，企业得以最终稳步进入恢复再生阶段。投资人的引入不仅意味着获得新的资金和资源，还意味着引入新的经营管理理念。重组方系一家具有央企背景的，以管道行业生产、开发、销售及咨询为主营业务的有限公司。重组方集团具有雄厚的综合实力，尤其是在资金实力、产业协同、公司治理经验、品牌优势、上下游客户及供应链资源等方面具有明显协同优势，为全面改善重整后华某科技经营提供丰富的支持，促进华某科技主营业务的发展和技术优势的强化。华某科技将借此获得长远的发展前景，进而实现资源与公司治理方面的取长补短、互通有无、相互促进、共同发展。如通过充分发挥华某科技在管道行业的领先优势和主导地位，充分盘活、利用和释放现有资产价值，与重组方集团内的燃气、水泥、电力板块产生多板块业务协同效应。

华某科技发挥自身业务优势，全力恢复生产经营，全面优化升级主营业务。华某科技重整成功后，借助重组方在公司治理、产业融合、资产整合等方面的强大支持，充分发挥自身核心生产力和技术研发优势，全力恢复生产经营，进一步实现主营业务优化升级。一是恢复塑钢缠绕管的生产。结合我国管道产业相关政策及未来市场需求，华某科技将依托其自身技术优势及成熟的客户资源体系，逐步恢复塑钢缠绕管的生产业务，实现企业扭亏为盈。二是加强技术研发的投入。华某科技将大力加强技术研发方面的资金投入，积极响应我国“供给侧结构性改革”及“一带一路”倡议，有针对性地研发未来管道行业的高端产品与技术，拓展华某科技未来新的盈利点。与高等院校及专业机构合作创建“管道产业链技术研究院”，创建华某“管道产业工程中心”，培育管道产业重点实验室，以研推产。三是人才立企。华某科技将秉承“人才立企”的方针，在后续的经营中，加大底层人才吸引力度，为后续业务开发储备人才，提升公司未来竞争力。

2023 年春节之后，在新型冠状病毒感染的不利影响之下，华某科技的订单数量仍出现明显回升，主营业务有序转型升级，研发团队逐步增加。华某科技现已承接数个大型项目，涉及金额超过 3000 万元。未来，华某科技计划用三年时间达到年销售收入 20 亿元以上，超过历史最好业绩，成为国内领军的城市地下管网及地下空间智慧化系列产品和服务的综合提供商。

3. 优化营商环境，提升破产案件回收率

在世界银行营商环境评估指标体系中，“办理破产”是一级评估指标，“回收率”是“办理破产”项下的二级评估指标，占据 50%的得分权重。“回收率”的高低取决于破产程序的时间、成本、资产零散出售还是存续经营、债权回收率等因素，其中债务人能否继续经营是重要的影响因素。根据世界银行营商环境评估 2020 年报告，我国营商环境世界综合排名第 31 位，但“办理破产”指标却排在第 51 位，远落后于综合排名。“办理破产”指标中“回收率”的得分仅为 36. 9 分，连续十二年没有明显提升，是表现最好国家（日本）的 1/3。为了改善前述情况，2019 年 10 月 22 日，国务院发布《优化营商环境条例》，强调以市场化、法治化、国际化为原则持续优化营商环境。2019 年最高人民法院向全国人大提交的工作报告中提出，要加大产权司法保护力度，依法平等保护各类市场主体合法权益，努力营造稳定、公平透明、可预期的法治化营商环境。2020 年 9 月 18 日，最高人民法院、国家发展改革委对《关于完善企业破产配套制度保障管理人依法履职进一步优化营商环境的意见（征求意见稿）》公开征求意见，以期营造稳定、公平、透明和可预期的营商环境，推动进一步完善优化营商环境相关法律法规。

债务人继续存续经营、减少破产程序成本、减少程序花费的时间等都能提升回收率。本案通过重整程序依法处理债权 50 余亿元，使价值超过 20 亿元的华某科技这一市场主体得以继续经营，有效地提升了深圳地区的营商环境，实现多方共赢；通过提高破产程序效率、缩短办案周期、严格把控费用支出等方式大大降低了破产程序成本。根据 2020 年报告，我国破产程序平均成本占债务人企业不动产价值的 22%，而本案破产程序成本仅为不动产价值的 3.49%；本案从破产清算受理到裁定重整仅历时 8 个月，再到重整计划草案经债权人会议表决通过用时不足 8 个月，随后，重整计划亦在 1 年内顺利执行完毕，办案时间的大大压缩使债务人企业的财产消耗相应减少，债权人可受偿财产增多，回收率也显著提升。此外，重整成功后的华某科技，根据市场行情，在管理人监督下，对非核心资产依法通过公开拍卖、变卖等方式进行处置，所得变价款项用于支付重整费用、共益债务，执行受偿方案或补充公司经营资金，在保留核心资产、不影响持续经营的前提下，利用多元化财产处置方式进一步实现财产的价值最大化，提升回收率。

我国营商环境的国际认可度正在快速提升，这对于深化改革开放和完善市场经济有着积极的作用。本案重整实践取得了良好的效果，在政府和法院的大力支持下，困境民营企业通过破产重整而获得新生，在新的投资人的管理和投入下持续稳定经营，并使债权人利益得到最大限度的保护。营商环境的提升，更有利于提升投资人的投资信心，形成良性循环。

重整制度所提供的保护价值已经成为世界上成熟经济体的共同认识。通过重整程序为债务人提供相对安全、稳定、缓和的司法保护区以及为债权人提供公平、公开、透明的权益维护平台，债务人的债务危机得以有效解决，债务人所在地区的营商环境得以改善。如果具有重整价值却不幸陷入困境的优质企业均能够有效利用重整程序继续经营并最终实现重生，则我国在世界银行营商环境测评中的“办理破产”回收率指标排名将大幅提升，我国总体的营商环境将得以整体提高。

4. 发挥府院联动优势，保障重整程序的高效平稳

破产法治的有效实施离不开行政机关的有效协助。当前，政府与人民法

院的联动协调已成为破产审判实践必不可缺的要素以及共识。一方面，最高人民法院于2018年3月发布《全国法院破产审判工作会议纪要》，要求进一步完善破产重整企业识别、政府与法院协调、案件信息沟通、合法有序的利益衡平四项破产审判工作机制；人民法院要与政府建立沟通协调机制，帮助管理人或债务人解决重整计划草案制订中的困难与问题。另一方面，我国多地已建立“府院联动”机制。从该机制的作用和应用领域来看，“府院联动”机制实质上是为了解决司法程序单独处置破产事务能力不足的问题而建立的一种“行政司法协调机制”。该机制引入行政机关来协调处置破产事务，充分发挥行政机关在部门协调、产业政策、项目对接及引进战略投资者等方面的优势。经过实践证明，政府各职能部门和人民法院建立有效的联动机制，并逐渐从“一事一议”机制向常态化工作机制转变，明显提高了破产审判工作的质量及效率。本案华某科技的重整成功也有赖于工商、社保、税务、不动产登记中心、国有资产办公室等多部门的积极协调与支持，如税务机关突破性地在税款未清缴的情况下开放了华某科技开具发票的权限，使华某科技租金回笼逐渐正常；市场监督管理局在重整计划执行阶段应申请协助解除了破产警示信息，为华某科技股权的过户及正常经营排除了干扰因素。前述府院联动举措一方面大大提升了破产程序效率，为债权人、债务人利益最大化提供保障，另一方面也保护华某科技平稳度过了艰难时期，自本案审查受理至重整成功未发生任何不稳定事件。

（三）引入央企战略领投，实现国家战略落地和企业转型升级相统一

1. 积极落实国家战略，大力支持民营经济

2020年伊始，突如其来的新冠肺炎疫情冲击我国经济，造成影响。中央高瞻远瞩、高屋建瓴，2020年9月27日，国务院国有企业改革领导小组第四次会议及全国国有企业改革三年行动动员部署电视电话会议召开，会议要求国企民企要相互配合，推进兼并重组和战略性组合。国有企业要对民营企业健康发展发挥带动作用和重要影响力。根据不同行业集中度要求，推动形成比较好的市场结构。避免企业之间的无序竞争，适度提升产业竞争度，提升企业的竞争力、创新力、控制力、影响力、抗风险能力。2020年10月12日，国务院新闻办公室举办新闻发布会，国有资产监督管理委员会相关领导在回答媒体提问时表示，支持国有企业和民营企业兼并重组。

民营企业是稳企业、保就业的重中之重，且民营企业已经成为我国促进自主创新和产学研协同创新，推动产业振兴和经济发展的重要力量，中央高度重视并支持民营企业发展壮大。华某科技被裁定进入重整程序后，作为改革开放的经济特区、新时代下的先行示范区下的深圳中院，积极发挥法院的特殊作用，指导管理人引入了具备国资背景的重组方泽某公司。泽某公司是一家以管道生产、开发、销售及咨询为主营业务的有限责任公司，系为参与实施华某科技重整专项设立的重组平台公司。本案实际领投方为华某集团，其致力于维护国家稳定繁荣，着力化解企业经营危机，妥善处置金融债务风险，有效盘活存量低效资产，支持推动区域发展建设，携手伙伴共建良好金融生态。华某集团具备多年积累的资产管理经验以及丰富的不良资产重组、整合经验，熟悉企业重整流程，对破产重整项目价值有成熟认知，能够形成自身独立判断，具备投资人应有的风险识别和承担能力。此外，华某集团的业务生态也能够与华某科技的主营业务协同发挥作用，进一步优化资源配置，促进华某科技产业优化升级。华某科技重整充分体现了国企民企相互配合，达成战略性组合，共同推进华某科技破产重整，从而促进民营企业再生，提升民营企业生产力。

2. 积极拓展融资渠道，引入合作投资人

华某集团在确定参与华某科技重整程序后，积极组织华某科技与债权人进行了大量的沟通、协商工作，了解各债权人的诉求和债权清偿率的心理预期，研判重组方案达成一致的可行性；向华某科技强调全面规范经营管理、恢复和发展主营业务的必要性，督促债务人全面配合重整各项工作，统一各方对于华某科技重整重生的一致意见，逐一排除重整程序推进的现实阻力。

综合考虑了华某科技的债务体量及资金成本后，华某集团决定通过融资的方式来扩大资金需要。国有企业融资方式多种多样，不仅可以依靠内部资金积累进行融资，还可以通过银行贷款、股票筹资、债权融资、租赁融资、互联网金融平台等多种方式。本案中，华某集团先后接触过包括信托、保险机构、银行、AMC 等在内的多家潜在投资者，依托于华某集团良好的信誉保障，在了解华某科技资产情况及经营情况后，最终择优选择了合作投资人大某信托有限责任公司（以下简称大某信托公司）。华某集团本次融资采取股权质押+不动产抵押等方式进行。2020 年 7 月 13 日，华某科技股东变更为重组方泽某公司，2020 年 7 月 14 日，泽某公司将其持有的华某科技 100%股权质押给大某信托公司。办理完毕华某科技、泽某公司股权质押后，大某信托公司将重整资金支付给泽某公司，2020 年 7 月 20 日，泽某公司将华某科技重整资金 29.8 亿元支付至管理人账户。

在企业流动资产不足的情况下，融资可以增加企业现金流，以保障企业的正常生产需求，对企业的经营和战略发展起到重要作用。对于本案来讲，华某科技债务规模巨大，华某科技在制订重整计划草案时，在论证企业资产价值及未来重整效果、与债权人分享未来重整收益的基础上，提出将有财产担保债权按照抵押物的市场价值清偿，普通债权清偿率达到 64%，提高一倍，此情况导致重组方需要提供的现金流激增，重组方引入合作投资人既减少了资金负担，保障了债权人的利益，又未影响企业正常经营，投资人在投资过程中，也实现了其自身利益最大化。

3. 带领民营企业健康发展，实现经营和社会双重价值

作为多元化发展集团，华某集团致力于实现公司资源合理化配置和发挥不同业务之间的战略协同功能。华某集团本次参与华某科技的重整，一方面，基于集团战略层面考虑，通过充分发挥华某科技在管道行业的领先优势和主导地位，充分盘活、利用和释放现有资产价值，与华某集团内的华某燃气、华某水泥、华某电力产生多板块业务协同效应。此外，为响应政策号召，华某集团还积极参与粤港澳大湾区的各项城市运营、河道改造工程等建设，与华某科技的主营产品协同效应明显。另一方面，通过本次重整，全面发挥重组方及国资股东产业协同、资源整合等金融资本能力，有效化解金融风险，挽救困境企业，维护地方市场秩序和社会稳定，最终实现经济和社会双重价值。

华某集团通过司法重整方式向华某科技注入重整资金，不仅能够让华某科技焕发高新技术企业新的生机，盘活现有价值资产，重组方从而通过利润分红或转让股权得到可观的投资收益；同时对维护社会稳定、保障民营企业创业创新具有积极的现实意义。最终实现了各方重整利益诉求的合理平衡。同时，在充分依托管道研发制造领域长期沉淀的市场影响力及丰富的上下游客户资源的基础上，华某集团将在重整程序中结合市场需求及后续战略发展的需要，有计划地引入战略投资者，为公司的后续发展提供营运资金，并与华某科技开展长期产业对接与合作，对公司业务和资产进行调整和优化，使公司逐步恢复持续经营能力和盈利能力，充分发挥了国有企业对民营企业的

带动作用和重要影响力。

（四）庭内庭外程序有效衔接，实现阳光公平和效率优化相统一

最高人民法院于2018年《全国法院破产审判工作会议纪要》以及2019年《全国法院民商事审判工作会议纪要》中提出要探索、完善庭外重组与庭内重整的衔接机制，降低制度性成本，提高破产制度效率。国家发展改革委、最高人民法院等十三部委于2019年6月22日印发的《加快完善市场主体退出制度改革方案》中提出“研究建立预重整制度，实现庭外重组制度、预重整制度与破产重整制度的有效衔接，强化庭外重组的公信力和约束力，明确预重整的法律地位和制度内容”。对于上述规定指明的改革方向，包括深圳中院在内的各地各级法院已经开始各类有益的探索。

庭外重组与破产重整各有利弊。庭外重组的优点在于高度的缔约自由、较低的重组成本以及程序的保密性可以避免给企业形象及价值带来消极影响，然而其保密性又恰恰导致了债权人公平受偿的价值目标可能难以实现，程序可能因信息不对称被个别主体操控，甚至影响重组的成功；破产重整的优点主要在于程序的公开公正和司法保障，但其弊端在于程序的复杂性所引发的耗时长、费用高等。因此，如何有效衔接庭外重组与破产重整，发挥各自程序优势，是本案实践探索的重要方向。作为一种市场经验，庭外重组最为明显的优点就是在没有明确的时间与程序的规制下，各方按照市场因素，以自身的利益为出发点进行谈判。基于华某科技资产、负债的独特性，重整所需的投资金额巨大，且真正实现市场化重整难度极高，如能在前期进行充分的融资准备，进行继续经营价值的全面研判，则将有利于提高案件审理质效。完全依赖在程序内完成前述工作难度大且耗时久。如果在商业谈判上达成的各方共识能够被带入重整程序，并体现为重整计划草案，则重整程序的效率将大为提高。即使磋商失败，债务人没有破产清算的时间压力，仍有机会再次招募投资人，从而提高企业复生希望。

本案即在“以当事人合意推动重整程序”的逻辑指导之下所作的有益探索。本案在开始之前，华某科技已积极寻觅重组方并筹划债务重组，重整方与华某科技实控人多次沟通交流，参观华某科技园区及生产线，了解华某科技的产业优势和经营现状，综合研判了华某科技的重整价值。经过多轮协商谈判以及前期的准备工作，各方达成了初步合作意向。华某科技转入重整程

序后，法庭内对庭外重组工作成果的充分吸收与承接降低了重整的成本，提高了重整成功率，成为了促进本案快速有效推进的关键。本案在实践方面的有益探索为我国法庭内外债务重组衔接以及预重整制度的构建提供了富有启发性的参考借鉴。

（五）高科技企业去冗存精，实现资产价值和后续发展空间提升相统一

1. 高科技给重整带来更多资源重新整合的空间

华某科技作为中国管道行业领头的高科技企业，仍具备领先的技术优势、强大的科技创新能力，其主营业务也拥有良好的市场前景，这都给予了其充分的资源整合空间。华某科技通过重整程序，去冗存精、删繁就简，仅保留核心的技术、人员与资产，在重组方的带领下轻装上阵，重新出发。

就技术优势而言，华某科技拥有管道工程专业承包三级资质、饮用水卫生安全产品卫生许可、特种设备制造资质等多项资质与许可。其产品主要为塑钢缠绕管与 PE 管材，塑钢缠绕管产品和技术获得多项高科技产品、自主创新认证以及科技进步奖，各系列排水管符合国家绿色环保及建设工程施工要求，是中国工程建设重点推广产品。

就科技创新能力而言，华某科技拥有独特的产业方向，人才的流失将对企业的再生能力造成极大的影响，对此，在重整中债务人和重组方妥善对员工进行安置，保留了核心人才，保障了技术创新的能力。

就行业前景而言，从资源配置来看，我国水资源匮乏的现状决定着管道行业的长期需求。深圳市投入 1000 亿元治水，仅 2019 年就计划投入 400 多亿元。这些治水项目中，管材占约 30%份额。同时，国家已正式发布粤港澳大湾区发展规划纲要，大湾区基础设施的投资建设也将大幅增加市政新型管材的需求量。从政策导向来看，我国超大规模的城市化进程刚刚起步不久，也将成为管道行业的一大推动力来源。中国城镇化发展战略的目标是 30 年内把城镇居民的比例提高到 70%，这意味着将总共新增 3. 13 亿城镇居民，因此城镇建设与城市人口增加将带动排水、给水、燃气、排污管道的需求增加。从行业整合期的影响来看，我国管道行业整体的产业规模不大，企业数量众多但具备规模的企业少，加之国家相关方面的法律法规尚不完备，目前正处于行业整合期，有利于企业的生产技艺调整、内部挖潜与外部整合。

2. 重视技术资产价值，实现技术资产价值最大化

知识产权是高科技企业最具有价值的技术资产，是决定一个高科技企业在激烈的行业竞争中能否立足并发展壮大的重要资源。管理人接管华某科技数百项知识产权后，对其进行分类、甄别，剔除过期、失效的知识产权，对于临近缴费期限或者是已过期未缴费但未过保护期的知识产权及时续费或申请恢复权利，经报告深圳中院同意后，高效完成了26个专利、22项商标、16个域名的续费及恢复权利，维护华某科技管道技术的价值，保障华某科技在管道行业的核心竞争力。

（六）包容创业失败，实现保市场主体与保企业家精神相统一

党的十九大报告中指出，要激发和保护企业家精神，鼓励更多社会主体投身创新创业。建设知识型、技能型、创新型劳动者大军，弘扬劳模精神和工匠精神，营造劳动光荣的社会风尚和精益求精的敬业风气。当前，创新创业已经成为驱动我国发展的重大战略。创新创业离不开企业家，没有企业家精神的创新创业也不会是高质量的创新创业。然而，在创新与创业过程中必然出现失误、错误和失败。为了落实创新驱动发展国家战略，需要鼓励创新，宽容失败，需要具体的保护、兜底政策，即在创新和创业的过程中需要引入容错机制。容错就是给予改革者、创新者鼓励和保障，或是政策补偿，或是有一个兜底的保障，从而让其敢于改革和创新。

企业家是市场经济的发动机，最大限度释放企业家活力是增强经济内生动力的重要一环。当前我国公司普遍以个人财产担保企业债务，大量的企业家背负企业连带清偿责任，由此衍生的偿债问题日趋严重。而破产重整使得陷入危机中的困境企业被赋予重新整顿的机会，为濒临破产企业打开了一条自救之路，使其避免被清算而真正意义上“消亡”，从而也给企业家减轻了偿债压力，获得浴火重生的机会。在此大环境下，《深圳经济特区个人破产条例》也应运而生，让创业失败者有机会甩掉债务包袱，重整旗鼓。这对整个社会而言，不仅能最大限度解除创业者的后顾之忧，激发市场主体的创业热情，而且能建立社会信用体系。为企业家创业、创新与发展提供制度支撑和风险控制，达到焕发市场经济竞争活力的目的。虽然适用主体迥异，但是重整程序与个人破产制度所蕴含的“拯救”价值内核却高度一致。可以说重整程序与个人破产制度一并构建了提振民营经济发展、保护企业家权益的有效

司法途径。

对于企业家而言，重整程序不仅保留了企业家长期付出的努力、心血，还减轻了其为企业承担的债务担保责任。华某科技的创办人兼实际控制人曾担任深圳市第五届政协委员、湖南省第十二届人大代表等重要职务，现为深圳市专家人才联合会常务副会长、国家住建部城市给排水标准委员会专家委员。从2000年创立华某科技开始，其一直在华某科技的一线工作，全面了解和掌握公司的生产经营活动，对公司每一次的市场规划和战略布局都有自己独到的认识和理解，不仅收获了很多成功的经验，也汲取了大量的失败教训。在华某科技重整成功后，其继续以副董事长及总经理的身份投入经营活动，对企业走向良性发展有重大帮助。

以华某科技为代表的企业重整促进社会营造企业家积极工作的氛围。为了落实创新驱动发展国家战略，需要大批优秀的企业家，优秀的企业家需要良好的成长土壤。重整容错机制能够为企业家减压减负，为其成长提供了有限的试错机会，扩展了其生存空间，营造了良好的生存环境，从制度上保障了企业家的成长。

（七）创新解决复杂法律问题，实现权益保障与冲突风险化解相统一

华某科技因大规模扩张、资金链断裂陷入严重债务危机，产生了大量借贷类债务，且相当部分债务呈现单笔金额高、时间跨度长、收付款情况复杂、相关主体矛盾尖锐、财产担保存在瑕疵等特征，债务所涉诉讼也不乏历经二审、再审程序。因此，如何利用破产程序制度高效并有效地化解各方矛盾成为本案的一大难点。

1. 保障债务人提起诉讼的权利，同时控制诉讼风险，避免风险转嫁全体债权人

一是华某科技提起破产债权确认诉讼。华某科技在核查《华某科技债权表》期间，对债权人钟某某等三人合计超过5亿元的债权提出异议，主张该三人虚构债权，因债务人未提供充分证据证明其异议内容且该三家债权已经生效法律文书确认，管理人复核未支持债务人的异议。债务人于2019年4月向管理人提交起诉材料，拟根据《企业破产法》第58条的规定向法院提起对钟某某等三人的破产债权确认诉讼。经管理人研究汇报，法院审查认为，债务人提起破产债权确认诉讼是《企业破产法》赋予其的正当权利，然而本案

中债务人提起破产债权确认诉讼反映的是债务人实际控制人的意愿，法律虽允许债务人起诉，但并不意味着起诉产生的风险应当由破产企业承担，进而实际由全体债权人承担。该三家债权确认金额高达5亿余元，案件败诉对于全体债权人的清偿利益将产生重大影响，因此，应制订可行的诉讼方案，保证破产债权确认纠纷的败诉风险不会转嫁给全体债权人。后经管理人协调，债务人实际控制人自愿明确其在该案中的诉讼地位及权责，确认其对涉案事实的陈述真实，并对案件败诉结果自行负责且自行承担律师费、诉讼费等相关费用。

二是华某科技申请再审。华某科技对已经过法院两审判决的债权人郑某某近9000万元的债权仍有异议，其实际控制人于2019年5月先后向管理人提交《关于郑某某民间借贷案有关情况的报告》《关于郑某某民间借贷案有关情况的第二次报告》，申请以华某科技名义就郑某某与华某科技等民间借贷纠纷一案向法院申请再审，主要理由为法院对华某科技还款的事实认定有误。根据《最高人民法院关于适用〈中华人民共和国企业破产法〉若干问题的规定（三）》第7条、《深圳市中级人民法院破产案件债权审核认定指引》第34条的规定，已经生效法律文书确定的债权，管理人应当予以确认。华某科技的再审申请需由管理人代表诉讼，且必然直接影响相应债权人权益，败诉风险也会转嫁给全体债权人，其应当提供能够证明生效法律文书确认错误的证据。但在破产程序中判断华某科技（实为其实际控制人意志）所提出的证据及理由的充分性上存在一定困难，而管理人也不应机械地否决债务人申请再审的权利，为平衡保护债权人、债务人利益，在华某科技实际控制人提供一定证据的基础上，经与其进一步沟通，由其自愿明确其在该案中的诉讼地位及权责，确认其对涉案事实的陈述真实，并承诺对案件败诉结果自行负责且自行承担诉讼费等相关费用。

《企业破产法》赋予债务人提起破产债权确认诉讼及管理人代表债务人参与诉讼的权利，但进入破产程序后，债务人的败诉风险实际会转嫁给全体债权人，对于债务人提起诉讼的诉讼风险控制，体现了在破产审判中应时刻秉承公平保护债权人、债务人合法权益的原则和精神以及积极引导相关当事人通过法定程序维护自身权益的理念。

2. 破产债权审查与刑事程序相结合，依法保护全体债权人权益

债务人对钟某某等的债权提起破产债权确认诉讼，法院依法审查后发现，

由于该债权涉及诈骗等刑事犯罪行为，深圳市公安局南山分局已于2019年6月对前述债权人及相关人员进行立案侦查。2019年8月8日，深圳市公安局公众微信号发布通告称“钟某某为深圳市美某投资控股有限公司实际控制人，其以公司名义对外实施高利放贷行为，并有预谋、有针对性地对借款人实施‘套路贷’等一系列违法犯罪活动”。法院认为由于存有违法犯罪的嫌疑，故该案不属于经济纠纷案件而应移送公安部门。据此，法院依法裁定驳回华某科技的起诉。对于涉及刑事案件的债权，在华某科技重整计划中也作为预计债权，依照其对应清偿方案可获受偿金额进行预留提存。

破产程序中的债权核查程序有利于发挥债务人与债权人的主观能动性对关切自身利益至深的债权进行核查。而债务人、债权人对破产管理人审核记载的债权有异议的，可以向法院提起债权确认之讼，由法院以实体判决的形式审查确认有争议的债权。法院在审理债权确认之诉过程中发现涉及违法犯罪的，超出民事诉讼的审理范畴的，则可以通过移送公安机关的方式，使债权人与债务人的合法权益得到最大限度上的保护。

3. 结合案件实际情况采用创新性思维解决应收账款质押范围的确认难题

根据相关规定，对破产人的特定财产享有担保权的权利人，对该特定财产享有优先受偿的权利。本案中存在两家大额债权人对华某科技享有应收账款质权，其中一家为本案金额最大担保债权人。根据质押登记，质押的应收账款金额高达3亿元。由于两家质押权人的质押财产范围存在重叠、发生时间较为久远且质押权人未采取特定化措施，而应收账款质押的特点在于其金额会伴随华某科技的日常经营活动而不断增减变化，这些因素对应收账款质押金额的确定带来较大难度。经反复论证，管理人将质押的应收账款金额分为“破产受理日前已清偿的”和“截至破产受理日尚未清偿的”两部分。对于“破产受理日前已清偿的”部分，因无法区分，随清偿而消灭；而截至华某科技破产受理日仍未清偿的部分应当仍属于质押财产范围，质押权人对于这一特定的应收账款享有优先受偿权，应采取特定化方式予以区分。按照上述认定方式，两家质押权人的质押应收账款金额仅为100多万元和300多万元，与约2亿元的登记质押金额相差巨大，也远低于债权人的预期。为获得债权人的理解与支持，在法院支持下，经管理人与两家债权人充分沟通、解释，两家债权人均认可了管理人的认定方案。

本案在法律框架内创造性地灵活审查认定质押财产范围，加之与债权人的有效沟通，在缩减优先债权规模的同时获取了大额债权人对重整程序的支持。

推荐理由

人民法院在民营企业经营发展出现破产危机时，通过司法重整方式，积极引入资金纾困，促成高科技企业获得新生，并全面恢复生产经营，不仅保障了职工就业、国家税收，提高了对债权人的清偿比例，更增强了企业的核心竞争力，实现了债权人、债务人及其他利益主体的多方共赢。华某科技的重整成功具有多项重大意义：

本案是央企战略领投并引入联合投资人，帮助高科技民营企业重整再生的成功实践。央企的加入，不仅使民营企业获得以解燃眉之急的偿债资金和经营资金，同时更收获了在公司治理、产业融合、品牌效应、上下游供应链等方面的经验和大力支持，民营企业主营业务得以有序转型升级。

本案是探索市场化重整、法庭内外债务重组衔接制度构建的参考借鉴。本案进入司法重整程序前，华某科技曾积极寻觅重组方并筹划债务重组，各方达成了初步合作意向。重整程序对于庭外重组工作的成果进行了充分吸收与承接，大大降低了重整成本，提高了重整效率，是一次庭内外程序衔接的成功实践。

本案是激发市场主体活力、保障企业家创业创新的典型案例。华某科技的股权虽然根据重整计划已转让至重组方名下，但创办人兼实际控制人郑某仍担任公司副董事长兼总经理，负责公司业务的实际运营，企业家轻装上阵，将重整旗鼓，继续在市场中开拓创新，为经济发展作出新的贡献。

本案是充分发挥司法审判主观能动性、平衡各方利益诉求的成功典范。华某科技债权类型繁多、结构复杂。华某科技清算状态下的普通债权清偿率仅不足32%，且其中还包含估值6.9亿元的应收账款，时间久远难以追回，必然导致清偿率进一步下降，引发债权人一方的不稳定，激化社会矛盾。对于前述困难，法院充分发挥司法重整服务经济发展大局的主观能动性，积极组织华某科技与重组方、债权人进行了大量的沟通、协商工作。向债权人释明重整的必要性及破产清算的不利后果，帮助债权人识别合理诉求界限；向债务人强调全面规范经营管理、恢复和发展主营业务的必要性，督促债务人全面配合重整各项工作；与重组方论证企业资产价值及未来重整效果，坚定重组方投资意向并争取重组方分享未来重整收益，统一各方对于华某科技重整重生的一致意见，逐一排除重整程序推进的现实阻力，最终实现了各方重整利益诉求的合理平衡。最终，财产担保债权、税款债权获100%清偿，普通债权清偿率达64%，提高一倍以上。

通过此次重整程序，成功避免高科技民营企业进入破产清算的结局，获得了国资背景重组方的巨额资金等多方面的支持。而作为行业领军企业的华某科技，其经历磨难后终于涅槃重生，必将给行业及市场带来新的活力，提供更多的就业与商业合作机会。

四、海南中某特玻材料有限公司破产重整案

企业基本情况

海南中某特玻材料有限公司（以下简称海南中某特玻）是一家成立于2008年12月26日的国有控股企业，注册登记机关为海南省工商行政管理局，注册资本193 220.75万元，公司现有职工394人，公司年产值3.6亿元，业务范围为特种玻璃研发、生产及销售。股权结构如下：中国通某飞机有限公司股比47.23%［股东构成情况：中国航某工业集团有限公司股比70%（该公司由国务院持股100%）、广东粤某投资控股有限公司股比14%（广东省政府对该公司持股100%）、广东恒某投资控股有限公司股比10%（由广东省国资委履行出资人职责）、珠海格某航空投资有限公司股比6%（该公司为民营企业）］、海南南某发展股份有限公司股比27.44%［更名前为中航三某股份有限公司，上市公司。股东构成情况：海南省发某控股有限公司股比27.12%（该公司由海南省政府100%持股）、中国贵州航某有限公司股比13.42%（该公司由中国通某飞机有限公司100%持股）；中国通某飞机有限公司持股1%、深圳贵某实业有限公司股比1.4%（该公司由中国贵州航某工业有限公司持股75%。中国通某飞机有限公司100%持股中国贵州航某工业有限公司）］、海南新某洋实业有限公司股比13%（该公司为民营企业）、韩某元股比12.33%。

近年来，海南中某特玻因经营策略失误，引进的生产线技术落后被淘汰，

产品销路不畅，导致资金链断裂，融资渠道被阻断，未履行到期债务而多次被起诉或仲裁。其名下多个银行账户、土地、厂房及其生产线、设备等均因涉诉案件或执行案件已被人民法院多轮查封、冻结。同时，由于海南中某特玻虽然亏损但仍在持续经营，欠付各供货商及运输商等因生产经营而产生的流动债务持续增加。2020 年 8 月 28 日，海南中某特玻以债务人身份向澄迈县法院递交了破产重整申请。为此，海南中某特玻陷入困境，先是苏州同某丰化工有限公司等原料供应厂家出现停供原材料，正常的生产经营受到严重影响。紧接着公司账户被供应商广西武某方位贸易有限公司提起诉讼财产保全被冻结，冻结金额 158 万元，后续员工工资发放以及纳税无法正常进行。

案件审理情况

（一）审理经过、债权分类与分组表决情况

2020 年 12 月 17 日，中航通某飞机有限责任公司（以下简称通飞公司）以海南中某特玻不能清偿到期债务、资产不足以清偿全部债务、明显丧失清偿能力、具有重整价值且进入破产重整是国资委“处僵治困”具体工作要求为由向海南省第一中级人民法院申请对海南中某特玻进行重整。海南省第一中级人民法院经审查后认为，海南中某特玻自 2012 年以来的审计报告均显示该公司净利润均为负数，现金流量表及资产负债表则体现了该公司财务费用过高、折旧费用过高、固定资产占比高。现金债务约达 20 亿元，还负有尚未确认的经营性债务，2018 年至 2020 年期间基本依靠股东借款和代偿得以维持经营。虽然根据澄迈县法院执行过程中委托评估的结果，海南中某特玻主要资产价值 2 395 472 043 元，根据双方当事人的举证，尚无法证明海南中某特玻资不抵债。但是，面对巨额债务，海南中某特玻的资金流严重不足，且账面价值主要为不动产和生产设备，变现困难，导致大部分债务均无法清偿，其中部分债务经人民法院强制执行后，仍无法清偿债务。据此，可以认定被申请人海南中某特玻不能清偿到期债务，并明显缺乏清偿能力，具备破产原因。同时，鉴于海南中某特玻作为海南省内唯一一家玻璃生产的高新技术企业，有自己的研发团队和多项国家专利，先后拥有海南省企业科技中心、海南省特种玻璃工程研究中心、海南省特种玻璃重点实验室等技术平台，2015 年 10 月获得科技部批准建设“特种玻璃国家重点实验室”，承担国家省部科

研项目 10 余项，申报国家专利 50 项（授权 45 项，其中发明专利 12 项，实用新型专利 33 项），参与制定国家标准 3 个。海南中某特玻拥有的多项浮法玻璃制造工艺技术及生产设备尚处于国内领先水平，边际利润和经营性现金净流量为正。且其重整事项也已取得了属地企业主管部门、行业主管部门及全体职工代表的支持。故裁定受理通飞公司对海南中某特玻提出的重整申请，并指定海南中某特玻住所地人民法院澄迈县法院审理该案。

澄迈县法院受理后，根据海南中某特玻债权人的具体情况，共分三个组别，担保债权组、小额债权组和普通债权组，分组对《重整计划（草案）》进行审议表决。担保债权组：由 3 家债权构成，合计担保债权金额为 945 860 257. 68 元。小额债权组：单个债权人的债权金额总和小于 150 万元。符合条件的小额债权人共 9 家，合计债权金额 3 388 233. 25 元。普通债权组：符合条件的普通债权人共 8 家，合计债权金额为 1 528 433 909. 46 元。债权人会议依照债权分类按担保债权人组、小额债权人组和普通债权人组对管理人提交的《重整计划草案》进行了分组审议表决。因涉及出资人权益调整事项，依法设立了出资人组，对重整计划草案涉及的出资人权益调整事项进行表决。各表决组表决结果如下：（1）担保债权人组：债权人 3 人，合计债权金额 945 860 257. 68 元，全部表决同意。（2）小额债权组：债权人 9 人，合计债权金额 3 388 233. 25 元，全部表决同意。（3）普通债权组：债权人 8 人，合计债权金额 1 528 433 909. 46 元。其中表决同意 7 人，占该组债权人的 87. 5%；所代表的债权金额 1 182 833 909. 46 元，占该组债权总额的 77. 39%。各债权人组均表决通过了《重整计划草案》。（4）出资人组：出资人 4 人。其中表决同意 2 人，占出资比例 74. 67%，出资人组表决通过了《重整计划草案》。基此，澄迈县法院裁定通过了《重整计划草案》。

（二）投资人引进情况及清偿方案、经营方案

第一，在投资人引进方面，澄迈县法院指定管理人后，管理人根据海南中某特玻生产经营的特点并报经人民法院许可后，决定海南中某特玻在重整期间继续营业。管理人分别通过“全国企业破产重整信息网”和“中某特玻重整管理人”的微信公众号以及企业等多个渠道，发布了重整投资人的招募公告。报名期间，先后有 9 家意向投资人报名参与重整，其中 5 家投资人向管理人递交了重整投资方案。经管理人、主要债权人、企业经营班子和职工

代表、县人民政府、老城开发区管委会公开评议，广泛征求意见，最终确定信某集团（玻璃）有限公司（简称信某集团）为海南中某特玻重整的投资人。随后管理人与信某集团进行磋商，签订了《重整投资框架合同》。根据《重整投资框架协议》，信某集团提供12亿元人民币给管理人用于清偿全部的债务和支付重整费用，并开具12亿元的不可撤销、见索即付的银行保函作为履约保证。在此基础上，管理人制订了《重整计划（草案）》。

第二，在清偿方案方面，根据《重整投资框架合同》，信某集团承诺出资12亿元人民币用于清偿海南中某特玻的全部债务。12亿元人民币分三期支付：(1) 在重整计划获得债权人会议通过和澄迈县法院批准后的5个工作日内，信某集团支付70%的款项即8.4亿元人民币；(2) 在海南中某特玻100%股权过户至信某名下后，5个工作日内再支付20%的款项即2.4亿元人民币；(3) 管理人与信某集团完成企业交割后支付余下10%的款项即1.2亿元人民币。信某集团支付的12亿元款项交由管理人按照法院批准的《重整计划（草案）》的规定，专款用于清偿海南中某特玻所欠债务及本次重整费用，不得挪作他用。

在《重整计划（草案）》债权人审议通过、法院裁定批准后，信某集团的12亿元资金到位，且管理人制订偿债资金分配表并报经澄迈法院批准支付后，在5个工作日内一次性支付给各担保债权人。担保权人在收到全部款项后5个工作日内配合管理人办理抵（质）押物的解押手续。普通债权均以现金方式清偿，在《重整计划（草案）》裁定通过且管理人在收到法院同意支付的批准文件后，5个工作日内一次性支付给各债权人。小额债权组的受偿比例为确认债权金额的60%。未申报的小额债权，其受偿资金由管理人按同等比例提存。已申报暂未确认的债权（包含尚在诉讼、仲裁或需要提起诉讼确认的申报债权），待确认后，按照本重整计划规定的普通债权的清偿比例和条件受偿。未申报的债权在本重整计划执行期间内，不得行使权力；在重整计划执行完毕后，债权人可以按照本重整计划规定的同类债权的清偿比例和条件主张权利。劣后债权3 017 377.74元劣后于普通债权受偿，在普通债权不能全额清偿的情况下，不予清偿。

第三，在经营方案方面，信某集团入主海南中某特玻后，将保留1、2号生产线，一条线600T/D生产建材玻璃，更新改造一条600T/D线生产汽车用玻璃原片；新增投资年产300万片汽车玻璃深加工项目；设立汽车玻璃事业部；视当地市场与政策情况探讨设立集团供应链业务；3、4号线则根据当地政府的意见，或置换迁出省外或复产。

（三）衍生诉讼情况

本案未引发破产衍生诉讼。管理人代表该公司参加了一件相邻污染侵害纠纷的诉讼，该案已审结，结案方式为按撤诉处理。

主要法律问题及解决途径

（一）管辖权问题

《最高人民法院关于审理企业破产案件若干问题的规定》第 2 条、海南省高级人民法院《企业破产案件程序指引》“破产案件管辖的一般规定”之“级别管辖”规定，中级人民法院一般管辖地区、地级市（含本级）以上的工商行政管理机关核准登记的破产企业的破产案件。海南省行政机构改革后，全省企业登记机关均为海南省市场监督管理局，海南中某特玻 2019 年更换新的营业执照后其注册登记机关即变更为海南省市场监督管理局，其破产重整案应由海南省第一中级人民法院受理还是其住所地澄迈县法院受理？

本案系由海南省第一中级人民法院受理海南中某特玻的破产重整后，指定由公司住所地人民法院澄迈县法院进行审理。

（二）海南中某特玻是否符合破产重整受理条件

在海南中某特玻向澄迈县人民法院提交的《海南中某特玻负债材料》及《海南中某特玻资产材料》中，《海南中某特玻负债材料》显示海南中某特玻资产价值 151 880. 69 万元，对外负债 227 135. 82 万元。但根据海南省一中院委托海南正某房地产资产评估测绘有限公司对海南中某特玻固定资产进行评估并出具的《致估价委托人函》，海南中某特玻仅土地及机器设备评估价为 23 954. 720 43 万元，还不包括流动资产 11 604. 6 万元、无形资产 2259 万元、对外投资股权 3000 万元以及 50 项专利等等。《企业破产案件程序指引》“破产申请的受理”第 3 条第 2 款规定“债务人的资产负债表或审计报告、资产评估报告等显示其全部资产不足以偿付全部负债的，可以认定债务人资产不足以清偿全部债务，但有相反证据足以证明债务人资产能够偿付全部负债的除外”。海南中某特玻是否符合申请破产重整的条件？

本案合议庭经审查后认为，应当从资金流、债务结构、账面价值、变现程度、还债情况、亏损情况等方面对债务人是否符合明显缺乏清偿能力进行综合审查，不应局限于资产报告、审计报告；并从职工态度、党委政府的态度、市场前景等角度进行多方位的分析、论证，参照海南省高级人民法院的司法性文件及其他省市的破产管理规定，从“合目的性”“合规则性”“合理性”出发，综合考量认定海南中某特玻是否具备破产重整价值。

（三）海南中某特玻申请破产重整审批问题

海南中某特玻是一家国有控股企业，从股东构成来看，不仅有国务院持股的中央企业，也有省级政府持股的地方国企（海南省政府和广东省政府）。根据《最高人民法院关于审理企业破产案件若干问题的规定》第 5 条规定“国有企业向人民法院申请破产时，应当提交其上级主管部门同意其破产的文件”、海南省高级人民法院《企业破产案件程序指引》“申请破产应当提交的材料”规定，“（3）股东会董事会、主管部门或投资人同意破产的文件”，海南中某特玻在法院多次要求补充材料的情况下仅提交了其上级企业中国航某工业集团有限公司的批复，并非主管部门即国资部门的批复，且未提交地方国资主管部门的批复意见。对于“上级主管部门同意其破产的文件”应如何把握？

本案为债权人申请债务人破产重组，不适用《最高人民法院关于审理企业破产案件若干问题的规定》第 5 条。并且，海南中某特玻也提交了股东会董事会、主管部门或投资人同意破产的文件。2020 年 11 月 25 日，国务院国有资产管理委员会对中国航某工业集团有限公司资本管理部作出《关于反馈中国航某工业集团有限公司“处僵治困”专项核查意见的函》，该函指出海南中某特玻 2020 年最终确定破产重整治理方式，但未进入实质程序。要求加大对海南中某特玻等 3 户子企业“处僵治困”工作指导和推动力度。2020 年 12 月 18 日，海南老城经济开发区管理委员会作为海南中某特玻的属地主管单位，成立海南中某特玻“处僵治困”协调工作组，成员包括开发区管委会、澄迈县工信局、通飞公司、海南中某特玻的工作人员。2020 年 12 月 25 日，海南省工业和信息化厅作为特种玻璃的行业主管部门，向海南中某特玻发出《关于支持海南中某特玻材料有限公司破产重整的函》，表示支持海南中某特玻进行破产重整。2020 年 9 月 28 日，工会组织职工代表开会，全体工人一致表示同意海南中某特玻进入破产重整程序。根据以上相关利害关系人、行业主管部门出具的资料，该案合议庭最后认定受理海南中某特玻的破产重整具有法律依据，符合本案实际情况。

（四）海南中某特玻破产重整可行性方案审核问题

海南省高级人民法院《企业破产案件程序指引》“申请破产应当提交的材料”规定，“（7）债务人申请重整的，应提交债务人具有重整价值证据材料、重整可行性分析报告”，以及《最高人民法院关于审理企业破产案件若干问题的规定》第 14 条规定，破产重整的对象应当是具有挽救价值和可能的企业。法院应重点审查债务人的资产、技术工艺、生产销售、行业前景等。海南中某特玻虽然提交了《破产重整可行性分析报告》，但是可操作性非常有限，债权人无一认可。比如：第一，海南中某特玻在向法院提交的《海南中某特玻亏损原因分析》中指出，其引进生产前均被市场淘汰：引进的 CVD 镀膜技术被市场快速淘汰。二线 TCO 镀膜被多晶硅技术取代，三线 LOE-E 镀膜技术基本被离线镀膜技术取代，四线的航空玻璃技术也不符合要求，无法发挥经济效能。但是在可行性报告中却提出要增加二线生产、利用三线和四线设立新的公司，前后矛盾。第二，海南中某特玻目前仅有一条生产线在生产，但由于海南本省市场太小，其每年生产出的玻璃产品已经过剩，向省外出售又因为运费等原因增加了产品成本，导致产品没有竞争力。而其提交的可行性报告提出重整举措之一却是再增加一条生产线生产，二条生产线同时生产势必导致过剩的产品进一步增加，从而使得企业财务状况继续恶化，勿言重整。第三，可行性报告仅仅重视剥离债务、终止投资关联的合同，甩掉历史包袱，对具体的举措没有提起，可行性不强。承办法官对于企业管理知识匮乏，在审查破产案件时对破产重整方案是否可行应如何操作？

破产案件承办法官应当对申请破产重整的债务人提交的重整可行性报告进行审查，但仅限于形式审查，即可行性报告是否包含了必要的内容，比如重整前后的产品、工艺、市场前景等情况的对照比较，但对于重整企业如何通过商业手段解决产品、工艺、市场销售等方面存在已久的问题，即工艺引进、市场开拓等，法院不应也没有能力进行实质判断。

本案招募到的投资人信某集团是全球最大的浮法玻璃制造商，占全球市场份额超过 10%，是中国最大 Low-E 节能玻璃生产商之一，占全球市场份额约 26%，在国内有 10 个现代化大型生产基地，拥有 1.4 万名员工，销售网遍布全球。

信某集团在经营方案中表示，入主海南中某特玻后保留 1、2 号生产线，但是一条用于生产建材玻璃，一条用于生产汽车玻璃，并在澄迈设立汽车玻璃事业部，新增汽车玻璃深加工项目。3、4号生产线视情况迁出省外或复产。该案合议庭认为投资人公司和海南中某特玻属于同一行业企业，且投资人公司是该行业的龙头公司，其提出的对生产线的改造计划和新增生产项目符合投资人公司原有的制造业务范围，也能够节省成本。且其拥有庞大的制造销售全球网络，制造产品无须担心销售问题，该重整计划还能为当地新增就业岗位，具有很强的可行性。

推荐理由

海南省第一中级人民法院仅用14天便完成受理程序，澄迈县法院仅仅用5个月重整成功，妥善化解了20.61亿元的债务，使287名员工就业得到保障，企业主体及生产资质运营价值得以存续，促进企业转型升级，最大限度实现了债权人及投资人的利益平衡和共赢，取得了良好的政治效果、法律效果、社会效果。

五、巴州东某集团有限公司、巴州东某工贸有限公司破产重整案

——“府院管”联动施策、为高质量发展营造良好法治环境巴州破产法庭助力民营企业解困重生

企业基本情况

1. 被申请人巴州东某集团有限公司（以下简称东某集团公司）系2012年7月17日注册成立的有限责任公司（自然人投资或控股），登记机关为巴音郭楞蒙古自治州轮台县市场监督管理局，注册资本为1亿元人民币，法定代表人为张某学，经营范围为批发：易燃液体、腐蚀品；脱硫剂、钻井液用助剂、采油助剂、油田地面化学助剂（专项除外）生产、销售；油田化学技术服务、咨询；变压器、成套高低压控制柜、箱式变电柜、农用地膜的生产、销售。根据东某集团公司提供的审计报告，截至2017年12月31日，该公司

资产总计2 980 717 825.44元，负债总额1 878 763 970.65元。本案东某集团公司债务规模超过15亿元，涉及债权人共计83家。

2. 被申请人巴州东某工贸有限公司（以下简称东某工贸公司）系2016年1月7日注册成立的有限责任公司（其他有限责任公司），登记机关为轮台县市场监督管理局，注册资本为11 764.706万元人民币，法定代表人为张某学。经营范围为批发：腐蚀品第1、2项、易燃液体第1、2、3项（成品油除外）、压缩气体及液化气体第1项、易燃固体第1项、自燃和遇湿易燃物品第1项；甲醇生产）；脱硫剂、钻井液用助剂、采油助剂、油田地面化学助剂（专项除外）生产、销售；油田化学技术服务、咨询；变压器、成套高低压控制柜、箱式变电柜生产、销售。根据东某工贸公司提供的审计报告，截至2017年12月31日，该公司资产总计834 148 132.24元，负债总额为399 203 258.73元。

东某集团公司系位于巴州轮台县的重点石油和煤化工大型实体生产企业，主营30万吨/年煤制甲醇项目；东某工贸公司经营范围涵盖天然气化工、煤化工、煤炭资源等板块，其主营18万吨天然气制甲醇和120万吨煤矿项目属自治区重点化工产业项目。东某集团公司与东某工贸公司曾是南疆地区最大的甲醇生产基地，改写了新疆南部无甲醇生产企业的历史。但由于盲目扩张，急于建设关联企业，投资过大，加之产品市场价格走低，导致资金链断裂，陷入财务危机并严重资不抵债，与其关联企业先后陷入破产。

案件审理情况

2019年7月18日，债权人齐某山以东某集团公司严重亏损，不能清偿到期债务为由向巴州中院申请进行破产重整。经巴州中院审查案件事实后，于2019年8月1日作出（2019）新28破申4号民事裁定书，裁定受理债权人齐某山对东某集团公司的重整申请。2019年7月8日，申请人刘某以东某工贸公司严重亏损，不能清偿到期债务为由，向巴州中院申请破产重整。巴州中院审查案件事实后，于2019年8月24日作出（2019）新28破申5号民事裁定书，裁定受理申请人刘某对东某工贸公司的重整申请。

（一）认真研判资债状况，确定重整必要性和可行性

法院指导管理人详尽调查后发现东某集团公司和东某工贸公司具有完备的生产工艺、严格审批的相关资质、过硬的产品质量和畅通的销售网络等多

年积淀下来的有形以及无形资产，使其具有挽救价值。审时度势综合分析认为，若东某集团公司进入破产清算程序，其经营主体资格消灭，债务人所持有的原生产许可、产能指标等相关资质证件也将被注销，30万吨煤制甲醇产能指标的评估价值也基于东某集团公司注销清算而从资产评估价值中减去，另预付账款、其他应收账款因年限较长、多为个人账务往来，收回的可能性较小。即使其剩余资产按100%的比例进行变现，职工债权尚不足以全部清偿，普通债权的清偿率仍为零。同时，东某工贸公司重整面临着危化品生产许可证很快到期的严峻形势，在续证之前公司必须连续开机不停产并提交生产报告，一旦错过续证有效期，将丧失危化品生产资格。在充分尊重市场判断的基础上，合议庭认识到复兴契机对一个深陷困境企业的重要意义，要尽快恢复企业的正常生产经营，从而迅速形成审理思路。

（二）高度重视“府院管联动”，凝聚多方合力，积极推动案件重整进程

在本案审理过程中开启了以府院联动联席会议交办任务，成员单位限时配合，政府主动帮助法院处理化解疑难问题以优化营商环境的企业破产工作新常态。法院派员带领县政府、工业园区相关部门和管理人取道济源煤业、福建一带深入考察报名参与重整的投资人；在州、县两级政府的强力支持下，法院排除各种阻力和压力，支持管理人大胆开展工作，与金融机构反复沟通博弈，为企业赢得了生存资金；县领导一周一趟深入企业，稳定职工情绪，帮助企业化解困难。在投资人招募方面，巴州中院大力支持管理人工作组先后接洽多方意向投资人，并远赴河南、福建等地考察对比，经两次公开发布招募公告、多轮遴选及反复磋商，福州辰某伟创贸易有限公司、福建优某投资有限公司两家企业作为联合体最终以最高报价、最优方案中选东某集团公司重整投资人。

（三）审时度势，提出力保“破产不停产”的企业救赎战略

根据东某集团公司、东某工贸公司的申请，准许东某关联公司在管理人的监督下自行管理财产和营业事务。避免重整期间产生新的债务，维持机械设备的正常运转，保持企业的经营价值。

（四）创新思路在法治框架内采取债务人引进投资人和管理人招募投资人两条腿走路

召开债权人委员会会议，本着尊重债权人会议意思自治，公开、透明、

公正及债权人利益最大化的原则，听取各方代表意见，从重整投资金额、付款期限以及后续企业经营管理等多方面综合考虑选取最优重整计划草案提交债权人会议表决。

（五）重整计划草案的提交及批准

2020 年 11 月 8 日，东某工贸公司债权人会议表决重整计划，以职工债权组 100%、税款债权组 100%、出资人组 100%、普通债权组 93.08%的表决通过率，高比率表决同意通过东某工贸公司向合议庭提交的《东某工贸公司债务人重整计划草案》，并于 2020 年 11 月 18 日进入重整计划执行期。2021 年 5 月 21 日东某集团公司召开了第三次债权人会议。经表决，职工债权组、出资人组通过了重整计划草案，普通债权组、税款债权组未通过重整计划草案。管理人在调整了税款债权相关数据后于 2021 年 6 月 15 日向东某集团公司有表决权的普通债权人、税款债权人邮寄调整后的重整计划草案及表决票等资料进行二次表决，通过统计表决结果，税款债权组已通过重整计划草案，普通债权组仍未通过此次表决。在综合考量重整计划草案的分配方案及经营方案是否完备、是否具有可行性后，巴州中院认为管理人编制的重整计划草案内容完备、程序合法，经营方案具备可行性，对待同一表决组成员、债权调整及受偿方案最大限度维护债权人利益且重整计划草案对出资人组权益调整公平、公正、合理。在保障优先债权的同时，亦能大大提高普通债权的清偿率，该重整计划草案符合《企业破产法》第 87 条的规定，依法应予以批准。2021 年 9 月 10 日，巴州中院依法裁定批准了东某集团公司重整计划并终止重整程序。2021 年 9 月 16 日，在州、县两级领导的共同见证下，东某集团公司举行了重整交接仪式，管理人将债务人资质证照、印章等文件材料与重整投资人代表顺利交接。目前，东某集团公司已进入重整计划执行和监督期，巴州中院将继续监督指导管理人根据重整计划清偿方案继续开展后续工作。

主要法律问题及解决途径

（一）破产企业是否具有核心竞争力，债务人是否具有重整拯救价值

分析和处理情况：重整方的选定是困扰重整计划草案制作者的重大问题之一。破产重整程序启动后，往往需要通过股权让渡等方式引进重整方，以

提高债权清偿率，完成资本重组，实现企业的持续经营和发展。不同的重整方所作的重整预案在清偿率、清偿期限等方面也往往不同，选择重整方将直接影响重整计划草案的主要内容，影响债权人的切身利益。考虑到破产重整本身是各方利害关系人之间的利益协调，交由债权人选择重整方可充分体现债权人对自身权利的处置，客观上也有利于提高重整计划草案的通过率。在管理人和债务人分别制作重整计划草案的情况下，法院将重整方的选择问题交由债权人委员会和债权人会议表决，这种决定方式最为符合破产重整的立法本意和价值取向，既保障了选定重整方时进行市场化竞争的公开和公平，又最大限度地提高了破产审判的效率，有效维护了各方利益主体的合法权益。巴州中院审理东某集团公司和东某工贸公司两个破产案件时，从破产企业的现实状况出发，自受理重整申请、批准重整计划到促成重整计划执行的阶段性成功，始终坚持市场化、法治化、专业化导向，辨证施治，通过充分发挥破产重整制度对民营企业的及时保护、能动保护、实质保护作用，营造良好法治环境，筑巢引凤，助力民营企业重新焕发勃勃生机。

东某集团公司及关联公司破产重整案是巴州近年来最大的民营企业破产重整案件，该案中的30万吨煤制甲醇项目、9万吨天然气制甲醇项目作为曾经的新疆重点石油石化产业项目，尽快盘活其现有资产，促成其早日复工投产，对于推动轮台乃至巴州经济社会发展、提升就业吸纳能力具有重要的现实意义。在企业生死存亡之际，巴州州委、州政府、巴州中院以供给侧结构性改革为指引，作出了走司法重整之路的重大决策。

（二）如何选择能助力企业“活得久”“活得好”，避免重整成功后再次濒临破产的具有成长性的战略投资人

东某工贸公司重整案是巴州中院办理的首例以债务人通过重整方式重获新生的标志性项目，东某集团公司重整案是继东某工贸公司重整案后又一次成功实践。尤其盘活后的东某工贸公司和东某集团公司将形成完整有力的产业链，不仅可以降低企业成本，还可拓展附加值，增强产业协同性、凝聚力，提升企业抗风险能力，打造更具影响力的地方产业集群，提升产业的吸引力、话语权。使刚刚获得重生的企业立得住、扎得深、站得稳。石油石化产业作为巴州的支柱产业，是巴州落实总目标、推进经济高质量发展的重要载体和抓手。面对各方的殷殷期待，让这一系列重大石油工业项目重整行装再出发，

交出让党和人民满意的答卷。

其他审理经验

本案是人民法院提升效率、强化服务、发挥司法拯救作用助力产业优化升级的典型案例。东某工贸公司、东某集团公司重整案件顺利审结保住并新增了近百个就业岗位，获7亿元重整资金注入，为巴州保留了一家石化及煤化工重点企业。案件一改过去大型企业重整只关注债务重组，简单清壳的审理模式，将后续经营整合到重整计划中，获得了债权人和股东的双重认可，为下一步再建型重整的全面铺开探索了一条可行之路。

1. 坚持公开公正公平原则，采取法治化、市场化的遴选重整投资人程序。东某集团公司、东某工贸公司重整案创新投资人确定方式，维护市场有序竞争。为确保既选好投资人又避免牵入不必要的利益纠葛，法院坚持要求管理人以市场自由竞争模式，将重整方的遴选交由债权人和公司在市场博弈中确定；引导潜在重整投资人以经济实力发言，按市场规则办事，由债务会成员会议表决选定更有利于保护债权人利益的重整方案上会表决，由此确定正式重整计划。整个遴选程序坚持债权人意思自治原则，坚持公开、公正、公平的市场化原则。终获7亿元重整资金注入，且重整计划以高比例获通过。为在破产重整程序中公开遴选重整方提供具有借鉴价值的典范。

2. 东某工贸公司重整将后续经营整合到重整计划中，以18万吨天然气制甲醇和120万吨煤矿项目为依托，投资人参与东某工贸公司破产重整的偿债资金以7亿元为限，对应持有东某工贸公司100%的股权和债务人资产评估报告中除货币资金、存货以外的全部资产外。另在债务人煤矿板块项目总投资计划额度为100 000万元，天然气制甲醇项目总投入5000万元。实现在建煤矿达产，18万吨气制甲醇装置复产。预计重整后如煤矿项目和气制甲醇项目投产，将创造就业岗位800~1000个，带动运输业、服务业等相关产业的发展，充足当地下游化工企业、电力企业的原燃料供应，在煤矿项目投产后第一年可实现税收收入1.5亿元，达产后税收收入还会有较大幅度增加。

3. 以关联企业的成功重整激活全产业链。含120万吨煤矿项目的东某工贸公司重整成功后，东某集团公司以煤炭为原料的30万吨煤制甲醇项目也相继取得成功，优质的重整投资人，以实力带动其控股子公司参与，避免东某集团公司转入破产清算程序，由全某达控股公司参与重整，先保住东某集团公司企业经营主体资格、行业资质及行政特许产能指标，再谋核心资产接盘事宜。希望“引一企、活全局”，触发“鲶鱼效应”，激活整个产业链。一个完整有力的产业链，不仅可以降低企业成本，还可拓展附加值，增强产业协同性、凝聚力，提升企业抗风险能力，才能打造更具影响力的产业集群，提升产业的吸引力、话语权。使刚刚获得重生的企业立得住、扎得深、站得稳。

对于深陷泥淖的“僵尸企业”而言，处置是过程，盘活是目的，推动产业优化升级才是最终方向。如何处置僵而不死的“僵尸企业”，腾出稀缺资源，促进要素流动，巴州中院正在积极探索，系列重大石化及煤化工项目重整行装再出发，将再次成为巴州推进经济高质量发展的重要载体和抓手，为助力巴州经济发展提供了生机与活力。

六、中某科股份有限公司破产重整案

企业基本情况

中某科股份有限公司（以下简称中某科）前身为上海飞某股份有限公司（以下简称飞某股份），成立于1987年，并于1990年在上海证券交易所上市，是中华人民共和国最早的上市公司之一。2014年，中某消技术有限公司与飞某股份成功实现战略重组。2018年，公司更名为中某科股份有限公司。发展至今，中某科已有员工11 000余名，旗下汇聚多家境内外知名的系统集成企业、安保运营企业及安保智能产品制造企业。2017年起，因受融资政策不断缩紧、融资成本过高、证券虚假陈述责任纠纷大量发生、部分对外投资短期无法形成现金流及收益造成“短贷长投”等多方面因素影响，造成中某科债务风险快速蔓延、经营状况明显恶化，无法清偿到期债务且明显缺乏清偿能力。2022年5月6日，因2021年度中某科期末净资产为负值，触发《上海证券交易所股票上市规则》第9.3.2条第1款第2项规定的风险警示情形，上海证券交易所对中某科股票实施退市风险警示（＊ST）。

案件审理情况

2022 年 6 月 30 日，深圳畇某私募证券投资基金管理有限公司向武汉中院提出对中某科进行预重整的申请。2022 年 7 月 1 日，武汉中院出具（2022）鄂 01 破申 27 号《决定书》，决定启动中某科预重整程序，并于同日指定中某科清算组担任临时管理人。

根据评估结果显示，中某科全部资产清算评估总值为 120 707.38 万元，负债率高达 157.89%。2022 年 9 月 1 日，通过公开招募程序，确定了武汉融某实业投资有限公司、国某资产管理股份有限公司、湖北创某芯智慧软件开发合伙企业（有限合伙）以及深圳市招商平某资产管理有限责任公司作为联合体成为中某科重整投资人。

2022 年 9 月 23 日，中某科召开预重整债权人会议对《预重整方案》进行表决，截至表决期限截止日，《预重整方案》获得预重整债权人会议表决通过。

2022 年 11 月 4 日，武汉中院作出（2022）鄂 01 破申 27 号民事裁定书，裁定受理中某科破产重整，并于同日指定中某科清算组担任管理人。

2022 年 12 月 6 日，中某科召开重整债权人会议对《重整计划（草案）》进行表决，重整计划草案获得有财产担保债权组、职工债权组、普通债权组高票表决通过，《出资人权益调整方案》亦经出资人组高比例表决通过。鉴此，武汉中院同日裁定批准《重整计划》并终止中某科重整程序。

2022 年 12 月 23 日，武汉中院作出（2022）鄂 01 破 26 号之二民事裁定书，确认中某科《重整计划》已执行完毕。

推荐理由

本案是武汉破产法庭挂牌成立后审结的首例上市公司破产重整案。案件审理过程中，武汉破产法庭深化府院联动机制，积极争取湖北省、武汉市、武昌区三级政府支持，层报省高院、最高人民法院和证监会提前介入、指导和审批；充分发挥预重整制度功能，指导破产管理人依法合规开展预重整，有效前移、衔接重整程序工作，预重整期间完成了债权审查、财产状况调查、投资人招募、预重整方案制定和表决等工作。在预重整基础上，武汉破产法庭在得到证监会和最高人民法院批准后及时受理该案，最大限度缩短重整程序节点，高效推进重整工作。结合公司小额债权人人数较多的实际情况，采取职工债权全额现金清偿、有财产担保债权在担保财产清算价值内优先清偿、普通债权以“现金清偿+以股抵债”组合清偿的方式，实现债权清偿率100%，维护了广大债权人的利益。法院从受理重整申请到重整计划执行完毕仅用时50天，成功化解上市公司债务38.56亿元，并协助其深层次完善公司治理结构，跑出了挽救上市公司的质量和加速度。

（一）对地方特大型案件、上市公司重整案件的法律实践、营商环境优化具有借鉴意义

2022年9月29日，我国中部地区首个破产法庭——武汉破产法庭正式揭牌。武汉破产法庭成立伊始便迎来中某科重整案这一“大考”。在审理过程中，武汉中院敢为人先，直面挑战，为湖北省内上市公司破产审判工作开拓了道路，为未来全省乃至全国上市公司“预重整+重整案件审理”提供了实践经验。

一方面，中某科前身为“老八股”之一，经过管理层多次变更，又适逢近万起虚假陈述索赔案件集中爆发，审理难度极大。武汉中院深入调研中某科经营模式、分析债务危机成因、反复论证中某科重整可能性，并指导管理人通过资本公积转增股本的模式引入重整投资人，利用现金与股票抵债相结合的清偿方式实现各方利益平衡，促成中某科涅槃重生。重整后的中某科净资产为14亿元，负债率从157.89%下降至15.41%，彻底解决退市风险的同时充分保护了职工、债权人及中小股民等多方权益，避免了重整失败或退市而造成5万余名中小股东权益清零、普通债权人损失扩大、省内证券公司等金融机构损失惨重、区域性金融风险等不利后果。本案对未来省内特大型企业、上市公司债务危机化解、中小投资者权益保护、维持金融秩序稳定均具有借鉴意义。

另一方面，本案也是《上海证券交易所上市公司自律监管指引第13号——破产重整等事项》（以下简称《上交所13号文》）正式发布实施后湖北省内首例上市公司重整案例。伴随着社会各界对破产审判工作尤其是上市公司破产重整案件关注度的提升，《上交所13号文》的出台无疑对破产审判实践提出了更高的要求。为切实做好信息披露工作，在中某科审理过程中，

武汉中院指导管理人严格按照《上交所13号文》的要求开展工作，并保持好与监管部门的沟通和交流，包括但不限于在预重整及重整期间指导债务人做好信息披露及内幕消息防控工作、依法公开招募遴选投资人等。通过充分的信息披露提高了案件审理透明度和公信力，缓和了各方矛盾。

（二）有效识别境内外资产构成的复杂性及特殊性，成功吸引更多潜在投资人参与重整

中某科子公司遍布我国香港、澳门特别行政区及澳大利亚、新西兰、泰国、日本等多个国家和地区，涉及98家子公司，资产构成具备分散性和复杂性。武汉中院指导管理人对中某科境内外资产的真实性、权属、性质和价值等进行认真梳理、甄别和分析，在实现中某科投资价值最大化方面付出了艰苦劳动和不懈努力，大大增强了中某科资产价值对重整投资人的吸引力。

同时，中某科作为国内领先的安保运营全产业链服务商，在国内外已建立起成熟的产业体系及稳定的客户群体，主营业务涉及安防产品生产、安防系统集成和安保运营服务等关键领域，关乎地方安防和民生保障。武汉中院指导管理人积极探索债务人自行管理模式以及相关权责边界，一方面，最大限度调动债务人积极性、发挥债务人对公司经营情况熟悉的优势，降低和减缓预重整和重整程序对债务人营业的冲击；另一方面，有效维系中某科在预重整和重整期间的安防业务，有力维护和保障了人民的生命安全和财产安全，具有重大社会意义。

（三）引导公司和重整投资人在深刻分析中某科危机成因、行业发展趋势、行业最新业态的基础上制定最适合中某科未来发展的经营方案

本案中，在武汉中院监督和指导下，管理人引导公司管理团队梳理和总结债务危机成因，并深入分析公司经营发展过程中存在的问题，以及研判行业发展趋势及最新业态布局，为重整投资人制定中某科重整后的经营发展方案和战略构想提供了坚实的基础。

通过系统性梳理和总结，发现中某科在过去的发展路程中，以规模和速度作为公司衡量标准，一味追求发展的地区化、产业化扩张，而忽视了扩张速度过快给公司带来的综合素质降低、公司核心竞争力被稀释等问题。中某科对此没有建立起成熟的战略管理机构，使得无效低效资产不断累积，不断稀释强势业务的市场竞争力，最终成为压垮公司的最后一根稻草。在梳理、

总结和分析公司历史问题的基础上，武汉中院指导管理人协助公司和重整投资人论证和设计了最适合中某科发展的经营方案和战略布局，包括但不限于优化顶层架构设计和人力资源机制改革、系统性建设财务预警和风险防控机制、树立企业文化、整合资源等。

有赖于对公司经营方案的重视，使得重整投资人进一步坚定了加大对中某科投资的决心，也提振了全体中小股民以及转股债权人对中某科重整之后优势向好发展的信心，体现了人民法院助力实现企业重整价值、司法程序保障企业未来发展的功能和担当。

（四）合理运用预重整制度，实现案件审理的提质增效，为武汉乃至湖北地区上市公司重整案件中预重整的适用树立标杆

本案在初期面临着债权人数量众多、资产遍布境外多国等情况，案情走向的不明朗使得重整工作举步维艰。对于负债累累且面临退市危机的中某科而言，时间就意味着公司的生命。在此危难之际，武汉中院以勇于担当、敢为人先的精神，快速启动预重整程序，指导临时管理人协助公司招募重整投资人、有效识别中某科重整价值和重整可行性、有效前移、衔接重整程序工作，充分发挥了预重整制度功能。

在预重整和重整的高效衔接方面，临时管理人在武汉中院的指导下完成了债权申报与审查、财产状况调查以及投资人招募等相关工作，有效识别了中某科重整价值，大大提高了进入重整程序后的审理效率。同时，在预重整中武汉破产法庭同步提起证监会和最高人民法院双线层报，获得批准后及时受理该案，最大限度缩短重整程序节点，高效推进重整工作。武汉中院从受理重整申请到重整计划执行完毕仅用时 50 天，成功化解上市公司债务约 40 亿元，在疫情反复的不利局面下依然跑出了挽救上市公司的质量和加速度，成功入选湖北高院优化法治化营商环境十大案例。

在区位意义方面，本案对预重整程序的应用可谓开创了武汉破产法庭预重整应用先河，武汉中院破产法庭更是依托本案审理的程序化及实质化实践经验积累，进一步梳理破产重整案件尤其是上市公司重整案件中预重整的应用问题。武汉中院以预重整投资人招募、预重整管理人职责、预重整程序顺序以及时间节点等方面为抓手，初步形成了具有湖北特色的预重整工作机制和府院联动工作模式，对于整个武汉市乃至湖北省的预重整工作以及上市公

司重整都具有宝贵的实践意义。

（五）充分发挥府院联动、法院管理人联动等联动优势，实现案件审理的高效化、风险化解的全面化

国家发展改革委、最高人民法院、工业和信息化部等13部委联合下发的《加快完善市场主体退出制度改革方案》（以下简称《改革方案》）指出："地方各级人民政府应积极支持陷入财务困境、符合破产条件的企业进行重整或破产清算。鼓励地方各级人民政府建立常态化的司法与行政协调机制，依法发挥政府在企业破产程序中的作用。"

案件审理过程中，武汉破产法庭深化府院联动机制，积极争取湖北省、武汉市、武昌区三级政府支持，层报省高院、最高人民法院和证监会提前介入、指导和审批。深入贯彻落实了《改革方案》对于企业破产的要求。中某科被受理重整后，武昌区人民政府成立了司法重整清算组，不仅有利于维护破产企业稳定、增强债权人信心、提振重整投资人决心；更有助于与当地政府及职能部门沟通、协调及决策，推动重整企业纳税、信用修复、工商变更登记等问题的解决。

本案在府院高效联动以及对破产管理人的双重指导和监督下，大大促进了审理进程，全面化解了潜在风险。

（六）利用现代信息化技术，提升破产审判工作能力和质效

由于中某科重整案办理期间，国内新冠肺炎疫情仍时有发生。考虑到本案涉及债权人众多，且分布广泛，防止新冠肺炎疫情传播、保障参会人员身体健康和生命安全的同时节省债权人参与程序的成本与时间事关重大。对此，武汉中院利用现代信息化技术，多措并举，在充分保障债权人知情权、参与权、表决权的基础上，有效避免了疫情传播风险，锤炼了破产审判能力，提升了破产审判质效。

一是采用线上债权申报与审查系统。近万件证券虚假陈述案件所引发的民事赔偿责任在中某科负债总额中占据相当比例。此类案件卷宗材料等数据浩如烟海，通过传统方式整合资源、审查债权将耗费巨大的时间成本，而对于深陷债务危机的中某科来说，短暂的时间背后暗含着可用资产的迅速流失、万名中小股民权益严重受损、3000多户债权人血本无归的重大风险。有鉴于此，武汉中院及管理人及时将相关材料归档、整理，并导入专用信息平台，

确保法院、管理人以及债务人可随时线上查看资料。

二是真正实现无纸化、数字化办公模式。为避免纸质文件传输可能导致的疫情传播风险，同时也为了节约成本、提高债权申报及审查效率，方便归档留痕，本案一方面以网络债权申报和电子邮件申报两种方式取代传统的纸质材料寄送的申报方式，为管理人省去了大量重复烦琐的登记、校对工作，也为武汉中院的监督工作提供了巨大便利；另一方面武汉中院指导管理人采取数字化办公方式，通过建立OA流程高效审批对接机制、电子传输、电子归档等方式，实现硬件、软件与通信网络高效协同，节约了破产案件工作成本、提高了破产审判质效。

三是启用线上债权人会议系统。本案采取网络形式召开预重整及重整债权人会议，预重整债权人会议的参会率达到91.45%，重整债权人会议的也同样实现了疫情形势下极高的参会率，充分保障了债权人知情权、参与权及表决权。在此基础上，中某科预重整以及重整债权人会议均得到高比例表决通过。

七、泸某化（集团）有限责任公司系列破产重整案

企业基本情况

泸某化（集团）有限责任公司（以下简称泸某化集团）系四川省泸州市国资委控股的大型化工集团，其前身是成立于1959年、被称为“中国现代尿素工业摇篮”的四川泸州某化工厂，系中国最早引入西方技术建设的化肥企业。泸某化集团控股天华股份有限公司（以下简称天华公司）、四川天某富邦化工有限责任公司（以下简称富邦公司）等多家核心企业，是深圳证券交易所上市公司泸某化股份有限公司（股票代码为00××12，以下简称泸某化股份或上市公司）的控股股东。宁夏和某化学有限公司（以下简称和某公司）为泸某化股份的全资子公司，也是上市公司资产和负债的主要承载主体。

自2012年以来，由于化肥行业产能严重过剩、外部市场环境急剧恶化、企业自身扩张速度过快且历史包袱沉重，泸某化集团遭遇严重的债务危机和经营危机。截至2017年8月31日，泸某化集团合并报表下资产总额为113.76亿元、负债124.83亿元，泸某化股份自2013年起主营业务连续严重

亏损，其2016年的净利润为亏损6.38亿元，2017年净利润为亏损14.89亿元，已面临暂停上市的风险。

案件审理情况

2017年12月，经债权人申请，四川省泸州市中级人民法院（以下简称泸州中院）依法审查认为，泸某化股份等五家企业不能清偿到期债务，且现有资产不足以清偿全部债务，符合重整受理条件，遂裁定受理泸某化等五家公司的重整，同时，根据《深圳证券交易所股票上市规则（2014年修订）》的相关规定，泸某化股份股票于2018年1月15日开市起停牌。

泸某化系列破产重整案件涉及的五家企业中，泸某化集团、泸某化股份、天华公司、富邦公司的住所地均在泸州市，和某公司的住所地在宁夏银川市，根据《企业破产法》规定，和某公司应由银川市的法院管辖。但由于和某公司作为泸某化股份的全资子公司，是上市公司合并报表范围内资产及负债的主要组成部分，且所涉及的金融债权人与上市公司、泸某化集团等高度重叠，只有同时解决和某公司的债务问题才能整体化解上市公司危机。经审慎论证，泸州中院在征得各方债权人的支持下，果断受理了包含和某公司在内的五家公司破产重整案件。

（一）债权分类表决情况

泸州中院受理破产重整申请后，遵循“程序独立，合并审理；整体重整，分别表决”的原则，依法监督、指导管理人开展各项重整工作。截至裁定受理日，泸某化集团等五家公司的资产评估值总计约75亿元，债务总规模约105亿元，共计830余家债权人依法申报了债权，涉及员工3900余人，涉及上市公司股东74 000余户。

在法院的监督指导下，管理人立足于公司的现有主营业务，坚持“一揽子”整体化解债务危机、有效保障各方债权人权益的原则，统筹制定了泸某化集团等五家公司的重整计划草案，重整计划将债权人分为职工债权组、有财产担保债权组、普通债权组三个表决权组，在第二次债权人大会对重整方案进行表决中，泸某化股份、泸某化集团债权人参会人数、参会同意金额均达到100%的支持比例，开创了我国上市公司破产重整计划支持率的新高，其余三家公司也高比例通过重整计划。

（二）重整计划清偿方案

“一揽子”重整方案的核心要点为以市场化债转股为核心，以留债分期清偿为补充，配套实施全面的企业改革脱困及转型升级方案，实现债权的 100% 全额清偿，从而彻底化解债务风险，并全面恢复企业的持续经营能力及盈利能力。在重整计划中，按照合理的市场溢价对泸某化集团等 5 家公司总额约 75 亿元的债务实施了市场化债转股，并保留了约 25 亿元的债务在未来 8 年至 10 年内分期清偿。

其中职工债权组权益不作调整，在一定期限内以现金方式全额清偿。有财产担保债权组就担保财产享有优先受偿权；普通债权组，债权金额在 10 万元至 15 万元以下的，以现金方式一次性清偿，超过部分，债权人有两种方案可供选择：第一种方案，超过债权部分中一定比例的债权，下浮利率，分期清偿，另外部分债权，以泸某化股票抵偿，该债权清偿率为 100%；第二种方案，高于第一种方案的现金清偿比例，分期偿还，剩余债权依法豁免。

（三）让渡出资人权利，招募投资人

截至各自的重整受理时点，泸某化的五家公司均已不能清偿到期债务，且明显丧失偿债能力，如果最终被动进入破产清算，现有资产在清偿各类债权后已无剩余财产向出资人分配，出资人权益为零。为挽救公司避免其破产清算，出资人和债权人需共同努力，共同分担实现公司重生的成本。因此，泸某化股份、天华公司、富邦公司的重整计划中均对公司的出资人权益进行了调整，其中：泸某化股份实施以资本公积金转增股本，全体股东让渡转增形成的股票，该等股票用于引入重整投资人及作为偿债资源；天华公司全体股东按照一定比例缩股，以使公司股本规模与资产规模相匹配；富邦公司全体股东按照一定比例让渡股权，以招募重整投资人；同时，出于对公司生产经营应负主要责任，上述天华公司、富邦公司的重整计划对大股东规定了更高的缩股或权益让渡比例。通过此种形式，在重整程序中对出资人利益与债权人权益进行平衡、对大股东与中小股东权益进行平衡，推动重整工作的顺利进行。

（四）重整期间持续经营，不减薪、不裁员

在破产重整期间，经泸州中院许可，泸某化五家公司在重整期间均继续营业，并由管理人委托公司原管理层负责营业事务。在重整期间内，公司的

全体员工在劳动合同有效期内继续留用，以保证公司在重整期间的正常生产经营，最大限度地提升了公司的资产价值及运营价值，避免因公司停止生产形成巨额亏损并损害债权人权益。通过对公司生产经营情况进行监督，并充分利用重整程序对债务人财产和运营的保障制度，有效防范和控制了经营风险，维护了公司安全稳定的生产经营秩序，各公司的持续盈利能力得到大幅改善。

其他审理经验

（一）法院发挥重整程序的拯救作用，建立完善的府院联动机制，服务国家供给侧改革政策

在泸某化集团系列破产重整案件中，泸州中院深入挖掘企业重整价值和偿债资源，以市场化方式成功化解了企业危机，积极发挥了司法审判的职能作用。同时，为高效推进泸某化重整，泸州中院积极发挥府院联动机制，在重整中争取市委、市政府的各项政策支持，为困境企业提供全方位的支持。

（二）采取预重整模式，显著提高重整效率

未进入法院受理前，债务人就重整方案的可行性预案先期同各金融债权人积极进行磋商谈判，各方就重整预案达成了高度共识。在重整程序推进的同时，重整方案细节上的谈判亦同步开展，增加了重整成功几率，有效地提高了破产重整案件的审理效率。

（三）对关联企业实施非实质合并集中管辖，统筹推进重整程序

泸州中院在准确把握破产法精神实质的基础上积极作为，首次适用对跨区域关联企业实施非实质合并集中管辖，同时通过指定同一管理人统筹推进五家公司的重整程序，大大提高了重整的成功率和效率，为帮助有价值的危困企业改革脱困提供了可借鉴的范本，凸显了破产审判的制度功能与社会价值。

（四）统筹设计重整方案，为化解复杂的集团公司债务风险作出了有益探索

泸州中院通过深入挖掘企业重整价值和偿债资源，借助对集团体系内各

家公司的“一揽子”整体重整，同步推进大股东、上市公司本部、全资子公司的重整程序，全面彻底地化解了金融风险。债权人通过部分现金清偿、以股抵债及留债分期清偿的综合清偿方式实现了100%的全额清偿，创造了国内困境企业司法重整案例中最高的债权清偿比例，充分保护了债权人权益。

（五）以市场化、法治化为原则，实施全面的“债务重组+资产重组+业务重组”

在实施债转股及“一揽子”债务重组方案的同时，全面坚持以市场化为导向，对影响公司盈利能力的生产要素进行全面整合和重新配置，从优化资本结构、盘活资产价值、提高生产效率、优化管理机制、提升管理效能、强化科技革新、实现转型升级等多方面着手，真正以市场化方式提高了资本配置运营效率。

（六）全力通过信息化、科技化手段，确保案件信息公开、程序透明，债权人参与度高，降低重整成本

除规模较小的泸某化集团重整案债权人会议外，其余公司重整案的债权人会议均通过全国企业破产重整案件信息网债权人会议系统以网络会议方式召开，通过网络投票的方式对重整计划草案进行表决，并同步采取债权人邮寄表决票的表决方式。通过信息化、科技化的手段，将互联网信息技术与案件办理相结合，充分发挥网络会议的高效性、便捷性，确保案件审理公正、案件信息公开、案件程序透明。

八、上海生某实业发展有限公司破产重整案

——《企业破产浦东法规》提名管理人制度与重整保护创新制度的司法实践

企业基本情况

上海生某实业发展有限公司（以下简称生某实业）成立于1999年，系中某建设开发总公司的三级全资子公司，注册资本人民币1亿元，主营业务为

养老护理项目开发与建设，已完成一处养老产业园区前期基础建设，并获得部分行政审批。2018 年前后，生某实业因资金链断裂及高额关联担保而陷入债务危机，目前为停业状态。

案件审理情况

2022 年 2 月 7 日，债权人以生某实业无法清偿到期债务且明显丧失清偿能力，拥有优质资产、具备重整可能为由，向浦东法院申请破产重整。同时，债权人依据《上海市浦东新区完善市场化法治化企业破产制度若干规定》（以下简称《企业破产浦东法规》）第 17 条提名上海市方某律师事务所为本案管理人人选。浦东法院依法审查债权人主体资格、生某实业的资债结构和重整可能性等要素后，于 2022 年 2 月 8 日裁定受理债权人的破产重整申请。案件受理后，浦东法院对被提名的管理人人选的任职条件、任职承诺进行依法审查，并于 2022 年 2 月 17 日指定上海市方某律师事务所担任本案管理人。

经债权申报与核查，本案共裁定确认 19 户债权人享有的债权近 30 亿元，包括职工债权 399 406. 24 元、社保债权 37 459. 38 元、税收债权 461 124. 56 元、普通债权 2 939 568 263. 19 元、劣后债权 46 169 574. 32 元。经审计评估，生某实业名下房产的目前市场价值约 5. 22 亿元、清算价值约 3. 13 亿元，清算状态下普通债权的模拟清偿率约 10. 36%。

本案审理过程中，重整工作受到新冠肺炎疫情影响，浦东法院根据管理人的申请，依照《企业破产法》和《最高人民法院关于依法妥善审理涉新冠肺炎疫情民事案件若干问题的指导意见（二）》的相关规定，批准重整计划草案提交期限延长至 2023 年 5 月 8 日。

通过公开招募，元某康养（上海）企业发展有限公司成为本案重整投资人。经管理人、债权人、投资人多轮磋商，本案的重整计划草案于 2023 年 4 月 20 日拟定完毕并提交债权人会议讨论。

根据重整计划草案，重整投资人或其指定的第三方以于重整计划获得裁定批准后 80 日内支付重整投资资金 4. 23 亿元为条件获得生某实业全部股权从而实际获得生某实业全部现状资产，重整投资资金将用于支付破产费用、清偿破产债权以及生某实业的后续经营使用。具体的债权清偿方案为：职工债权以及社保、税收债权在重整计划草案获批之日起 10 日内全额现金清偿；

普通债权36万元以下部分在重整计划获批之日起10日内全额现金清偿，36万元（不含本数）以上部分在重整计划获批之日且重整投资资金全额支付之日起10日内进行现金清偿，其中36万元（不含本数）至100万元部分按70%的清偿率清偿、100万元（不含本数）至1000万元部分按40%的清偿率清偿、1000万元（不含本数）至5000万元部分按30%的清偿率清偿、5000万元（不含本数）至1亿元部分按25%的清偿率清偿、1亿元（不含本数）至5亿元部分按15%的清偿率清偿、5亿元以上部分按10%的清偿率清偿，且单个债权人的债权清偿金额不超过2亿元；劣后债权不予清偿。

关于生某实业的后续经营，重整投资人拟借助自身在养老护理业务行业的资源优势，积极响应国家应对人口老龄化号召，继续推进养老护理项目建设及投入运营，恢复公司造血能力并实现项目资产增值。具体而言，重整后的生某实业拟与专业养老运营公司、人寿保险公司、国内优秀三甲医院、国际知名研究所等合作，引入专业人员和运营团队，以“保险+医养”的合资合作模式，实践保险产品、康养资产和医养服务有机结合，全方位打造集养老社区、康复医院、护理医院为一体的医养社区，为社会提供高质量医养结合服务，为地方“银发经济”作出贡献。

因重整计划草案涉及出资人权益调整事项，参加讨论重整计划草案的债权人会议中设有职工债权组、社保债权组、税收债权组、普通债权组及出资人组。根据《企业破产法》第82条及《最高人民法院关于适用〈中华人民共和国企业破产法〉若干问题的规定（三）》第11条第2款的规定，社保债权人的权益依法不得减免且不参加表决，职工债权人、税收债权人均因权益未受到影响而不参加表决。最终，重整计划草案经出资人组和普通债权组全票表决通过。

2023年5月30日，浦东法院依据管理人的申请裁定批准生某实业的重整计划并终止生某实业重整程序。重整计划正在执行中。

主要法律问题及解决途径

本案系全国首例有法规支撑以提名方式指定破产管理人并适用重整保护创新制度的典型案件，按照市场化、法治化原则对《企业破产浦东法规》中的创新制度进行了探索实践。

（一）构建管理人提名“二元制”审查模式

《企业破产浦东法规》第 17 条规定债权人或者债务人提出破产申请的，可以向人民法院书面提名一名管理人。该条款创新性地允许破产程序利益相关方发挥能动作用，提名适格的中介机构作为候选人参加企业破产，是破产制度市场化进程在管理人选任中的集中体现。

为正确适用《企业破产浦东法规》，探索提名管理人制度的适用路径，浦东法院多次召开专业法官会议讨论管理人提名规则与审查流程，明确管理人提名方式和提名材料清单，拟定《提名管理人告知书》《提名管理人承诺书》等文本样式，要求被提名人选对其任职资质、履职能力、“利冲”筛查等事项作出承诺。同时，合议庭召集本案申请人、主要债权人就提名管理人事宜进行听证，并就被提名人选的任职条件进行审查。在充分听取各方意见、确认相关各方具有共识的基础上，指定被提名人选担任本案管理人。本案初步构建了提名管理人任职人选书面审与任职条件听证审相结合的“二元制”审查模式，力求实现债权人意思自治和司法适当介入的有机融合，为提名管理人制度的司法实践积累了经验。

（二）积极研究运用重整保护期和已知债权人恶意不申报债权失权制度

《企业破产浦东法规》第 6 条规定，在破产重整程序中，债权人未在人民法院确定的期限内申报债权的，不得在重整计划执行期间及重整保护期内行使权利。重整保护期为重整计划执行完毕后的 1 年期间。破产重整案件的已知债权人收到债权申报书面通知和失权后果告知后，无正当理由未在人民法院确定的期限内申报债权的，视为放弃债权，债务人不再向该债权人承担清偿责任。该条款创设的重整保护期制度为重整企业恢复元气、持续发展提供了喘息时间，已知债权人恶意不申报债权失权制度为重整企业进一步“减负”重生提供了司法保障。

在对《企业破产浦东法规》上述规定积极研讨的基础上，本案中拟定了《债权申报通知和失权结果告知书》，向 20 余户已知债权人一并发送，重点提示逾期申报的后果及重整保护期限，充分揭示怠于行权的法律后果。在行权期届满前，对于尚未申报债权的已知债权人再次进行风险提示，敦促债权人及时行权。同时，合议庭通过规范管理人对已知债权人筛查、通知、送达及登记程序，审慎甄别失权情形，完善失权认定机制，平衡债权人和债务人权益保障。本案中部分行权积极性不佳的债权人，通过管理人多次失权后果提示，在行权期届满前递交了债权申报材料，切实降低了恶意逾期申报对企业重整再生的负面影响，进一步彰显了重整制度对市场主体的保护救治作用。

（三）依法高效推进重整计划草案的分组表决

根据《企业破产法》第 82 条、第 83 条、第 85 条和《最高人民法院关于适用〈中华人民共和国企业破产法〉若干问题的规定（三）》第 11 条的规定，对重整计划草案进行分组表决时，社保债权因不得在重整计划中被减免而不参加表决，涉及出资人权益调整事项的设出资人组进行表决，权益未受调整或影响的债权人或股东不参加表决。

本案重整计划草案中将出资人权益调整为零，并设定了分批阶梯式现金清偿的债权受偿方案，其中职工债权和税收债权均将在重整计划获批后 10 日内得到全额现金清偿。在清算状态下，虽然生某实业名下资产的清算价值亦可全额清偿职工债权和税收债权，但生某实业仅有百余元的现金存款，房产因涉及刑事查封在清算程序中实现快速变价的可能性较低，故各类债权实际受偿时间难以预测。重整计划草案在保障职工和税收债权清偿率不改变的情况下，将受时间确定为计划获批后的 10 日内，涤除了清算状态下的受偿时间的不确定性。鉴于此，管理人认为职工和税收债权人均属于权益未受到调整或影响的债权人，不应参加重整计划的表决，此外社保债权因不得在重整计划中被减免亦不应参加表决，故本案重整计划草案应由普通债权组和出资人组参与表决。浦东法院认为上述分组表决方式符合法律规定，且有利于提高重整计划草案表决效率，对其分组表决方式予以认同。最终，本案的重整计划草案经普通债权组和出资人组全票表决通过。

九、枣庄八一某热电有限公司破产重整案

企业基本情况

枣庄八一某热电有限责任公司（以下简称八一热电）是我国第一座水煤浆热电厂，是传统煤炭清洁高效利用的技术典范。八一热电自 2003 年成立以

来，一直承担着枣庄市高新区、新城区、薛城区部分区域夏冬迎峰期间电力供应和800万平方米供暖保障任务，并承担着周边企业的供热任务。近年来，受市场行情、煤电价格倒挂等因素影响，八一热电陷入债务危机、严重资不抵债，公司资金链出现问题，陷入严重的债务危机，企业生产经营难以为继。

案件审理情况

2022年10月18日，八一热电向枣庄市中级人民法院申请破产重整。在该案审判中，法院采取“提前介入、主导推动”的工作模式，坚持市场化、法治化救治路径，运用留债、转股等多元化债方式，仅用176天就完成了八一热电破产重整，依法平稳化解36亿余元债务危机。2023年6月3日，重整计划成功执行完毕，八一热电在历时7个月的破产重整后涅槃重生。2023年9月份，八一热电实现扭亏为盈。

（一）债权分类及表决情况

根据债权分类及调整情况、出资人权益调整情况，设立有财产担保债权组、职工债权组、税款债权组、普通债权组及出资人组，对重整计划草案进行分组表决。各组表决情况如下：（1）有财产担保债权组。同意人数占该组出席会议人数的63.64%，所代表的债权额占该组总债权的90.22%。（2）职工债权组。同意人数占该组出席会议人数的100%，所代表的债权额占该组总债权的100%。（3）税款债权组。同意人数占该组出席会议人数的100%，所代表的债权额占该组总债权的100%。（4）普通债权组。同意人数占该组出席会议人数的92.51%，所代表的债权额占该组总债权的70.56%。（5）出资人组。同意人数占该组出席会议人数的100%，所代表的出资额占该组出资总额的100%。

（二）清偿方案

（1）有财产担保债权。在优先受偿范围内留债，留债期限：自本重整计划草案获得法院裁定批准次日起12年；留债利率：按2.92%/年确定；计息基数为经法院裁定确认且尚未偿付的优先债权余额；利息起算时点为法院裁定批准重整计划草案的次日。清偿安排：留债期限内前三年不还本只还息；自第四年起分9年正常还本付息，还本比例分别为11%、11%、11%、11%、11%、11%、11%、11%、12%，每年的12月21日为还本日。留债期间每季度末月20日为结息日，次日为付息日。担保措施：留债期间重整主体原有财产担保措施不变。（2）职工债权、税款债权。本重整计划执行期限内以现金方式一次性全额清偿。（3）普通债权。①100万元（含100万元）以下部分现金清偿。每户普通债权人100万元以下（含100万元）的债权部分，在本重整计划执行期限内以现金方式清偿完毕。②超过100万元的债权部分通过现金或股权方式清偿。债权人可以在重整计划草案经法院裁定批准后10日内，选择现金清偿方式或股权清偿方式，具体清偿方式如下：a. 现金清偿。按照20%的比例进行现金清偿，在重整计划执行期限内一次性清偿完毕。剩余未获清偿的部分予以豁免，不再承担清偿责任。b. 股权清偿。按比例合并持有重整后八一热电49%的股权。剩余未获清偿的部分予以豁免，不再承担清偿责任。

（三）投资人引进情况

以协商方式引进枣庄矿某（集团）有限责任公司作为八一热电重整投资人，投入5亿元的资金，依法平稳化解36亿余元债务，维持了企业持续经营，实现了纾难解困和赋能重生的双重效能。（1）重整现实的需要。八一热电作为枣庄市西部区域主力热源和区域内工业供热唯一热源，担负着居民及周边企业输送热源的任务，涉及重大民生问题；八一热电自身规模大、所需偿债金额大；重整后的企业急需发展营运、调配资源、提升价值；需要引进有实力、有担当的重整投资人参与重整。（2）特殊的历史渊源。八一热电的最大债权人、股东之一的枣庄矿某（集团）有限责任公司，作为世界500强山东能某集团权属企业，与八一热电有着极深的历史渊源，充分了解八一热电的现实情况。（3）诚挚的邀请。为确保八一热电重整成功，维护广大债权人的合法权益，实现资源的有效整合，使重整后的企业涅槃重生，管理人及枣庄高新区管委会分别向枣庄矿集团发出邀请函，经过多轮谈判、沟通，最终以协商方式引进枣庄矿集团作为八一热电重整投资人。

（四）经营方案

（1）加强内部控制，完善治理结构。重整计划实施后，八一热电成为国有控股公司，将完善法人治理结构，加强内控制度，整合调整管理资源、市场资源，落实生产管理责任制，保证八一热电持续稳定正常生产，构建可有效防范和化解经营风险、促进公司持续发展的长效机制，提升公司经营管理水平。（2）发挥区域供热优势，充分释放供热能力。下一步将积极与薛城区协调在保证现有供暖面积的基础上，进一步增加供暖面积。济南能某集团有限公司、八一热电、枣庄高新财某投资控股集团有限公司共同出资组建了枣庄晟某热力有限公司，并已建设八一热电至薛某啤酒厂蒸汽管道工程，预计 2023 年上半年将实现供汽；拟建设八一热电至张某工业园蒸汽管道工程，开展集中供热专项业务，最大限度释放供热能力，提高经济效益。预计到 2023 年，供热负荷约达到 200 蒸吨/小时，八一热电可年增收入约 1.8 亿元。（3）树立安全为天，效益优先，全力以赴多上网。全力争取全年优先发电权计划电量，同时积极与山某电力、安某电力等售电公司签订年度长协交易合同，确保全年上网电量保持稳定。积极研究新的电力交易政策，做好售电市场、电力直供市场、省外交易等电力销售工作，确保电力销售利润最大。（4）多措并举增收节支，提升经营管理水平。一是立足企业生产经营实际，全面推进内控体系建设，加大经营分析力度，严格材料费、检修费等各项成本管控，切实降低生产成本。二是紧盯煤炭市场行情，向发改主管部门申请长协煤政策，大幅度降低运营成本、燃煤采购成本。三是积极向政策要效益，盯住省物价局目前按照污泥掺烧每吨 100 元进行补贴增效点不放松，积极发挥二期机组规模优势，巩固保持与现有污水处理厂的合作关系，继续开发山亭、滕州等新的污泥供应厂点。（5）推进铁路专用线建设。为降低运输成本，二期工程配套建设铁路专用线，该项目已取得省发改委核准，开工前要件核准、规划、环保、水保、设计等相关手续基本完成。铁路专用线建成后，按年运煤 90 万吨测算，年可节约运费 3400 万元，同时可不受道路运输和环保影响制约，确保燃料运输安全可靠。（6）加快二期第二台机组的建设，推进企业规模化。积极筹备第二台 35 万千瓦机组立项。该项目作为枣庄市“十四五”规划唯一一台热电机组上报至省政府，现已列入山东省电力发展“十四五”规划。项目建成后，八一热电将实现 70 万千瓦总装机容量，双机组配置，发电、供热安全可靠，建成具有盈利能力和抗风险能力较强的热电联产中型电厂，实现企业长远可持续发展。（7）积极推进中水管网建设，降低用水成本。根据有关用水批复，八一热电第一台 35 万千瓦机组 50%用水为南水北调水，另外 50%用水为城市中水。目前，高新区污水处理厂中水管线已经铺设至大连路大学生创业园附近，正在协调高新区铺设剩余管线至八一热电。按照年中水用量 215 万立方米计算，年可节约用水成本约 400 万元。

（五）衍生诉讼

郝某军诉八一热电职工破产债权确认纠纷，郝某军于 2022 年 11 月 30 日向枣庄中院提起诉讼，经合议庭与管理人向郝某军释法明理，郝某军撤回起诉。

主要法律问题及解决途径

（一）在持续经营条件下，科学采用收益法对八一热电的资产进行评估，更加全面、准确地反映资产价值

八一热电重整案件中，担保债权留债金额较大，使用重置成本法评估资产价值较低，仅能反映八一热电资产的自身价值，不能全面、合理地体现各项资产综合的获利能力及企业的成长性，难以取得留债债权人的支持，也影响重整投资人投入数额的确定，不利于维护全体债权人的合法权益。

企业资产的价值通常不是基于重新购建该资产所花费的成本而是基于市场参与者对未来收益的预期。以收益法进行评估，不仅考虑了企业以会计原则计量的资产，同时也考虑了在资产负债表中无法反映的企业实际拥有或控制的资源，更好地体现企业整体的成长性和盈利能力。八一热电破产重整，是以可持续经营为前提，评估师经过对八一热电财务状况的调查及经营状况分析，结合资产评估对象、评估目的，适用的价值类型，经过充分比较论证，确定采用收益法评估更科学、全面、合理地反映八一热电长期资产的内涵价值，即以 2022 年 10 月 18 日受理破产重整作为评估基准日，在八一热电持续经营的假设前提下，评估后的资产总价值为 301 704. 57 万元。该评估结果获得了包括留债债权人在内的大多数债权人的支持，有效地提高了普通债权人的受偿率，为重整计划草案的顺利通过奠定了坚实基础。

（二）相关联的高额未决诉讼案件能否及时审结，是决定重整能否成功的重要因素

某电力工程公司诉八一热电等建设工程施工合同纠纷一案，枣庄中院于 2022 年 7 月 29 日立案，八一热电 2022 年 10 月 18 日进入重整程序时，该案正在审理之中，案涉标的高达 4 亿余元，既有建设工程优先债权又有普通债权，如不能尽快审理结案，将影响债权分类及确认，进而对重整计划草案的分组表决产生重大不利影响，给重整计划草案的通过、重整投资人的投资决

策带来极大不确定性，最终可能导致八一热电重整失败。

合议庭督促八一热电管理人与债务人加班加点梳理涉案账目，详细核查已付工程款，全面收集证据，查明事实，最终法院判决支持某电力公司 3.98 亿元，为八一热电挽回经济损失 2.78 亿元。

该案的高效审结，为八一热电重整项目债权分类和确认奠定了基础，为重整计划草案分组表决顺利通过扫清了障碍，给重整投资人投资决策提供了重要参考，增强了投资人的投资信心，最终使得八一热电重整计划草案获得高票通过。

其他审理经验

一是审判团队提前介入。为妥善化解八一热电的债务危机，市法院第一时间组成专业审判团队深入企业，查明企业陷入困境的原因，了解、梳理企业经营、资产、债权债务、职工安置、行业前景等情况，征求政府、相关部门及企业债权人的意见，综合研判是否具有重整价值和拯救的可能性，并确定适用破产重整的法律手段进行救治。

二是推动专班合力联动。推动市委、市政府牵头成立由法院、发改、信访、金融局等部门组成的八一热电重整工作专班，下设司法处置、综合保障、信访维稳三个工作组，建立周报告、旬调度、月会商工作机制，促进“府院”在资源整合等方面同向同力、各尽所长，推动破产重整工作高效有序开展。

三是主导推进重整进程。成立由市法院主要负责人任组长的破产审判工作领导小组，公开选任管理人并指导、监督管理人按照企业破产法规定的节点，倒排工期、挂图作战，统筹推进债务化解、防范金融危机、引入战略投资人、重整计划执行等重整工作，实现了在 6 个月的期限内高票通过重整计划草案、终止重整程序的工作目标。督促重整投资人注入 5 亿元资金，推动重整计划提前 15 天执行完毕。

四是创新采用联合管理人模式。在全省率先推行“权利人推荐破产管理人”模式，根据债权人、意向投资人共同推荐，市法院依法指定山东德某律师事务所、山东康某律师事务所联合担任管理人，接受法院和债权人会议监督，采用网络债权申报、审核、网络召开债权人会议等工作机制，有效应对解决重整情势紧迫、利益主体众多、法律关系复杂等问题。

五是依法支持企业自行管理。八一热电破产重整期间恰逢冬季，保供暖、保供电是民生头等大事。市法院以“一刻也不能耽误”的责任感，依法批准企业自行管理，并在疫情防控煤炭运输受阻的情况下，督促债务人从山西紧急调运供热煤，确保800万平方米供暖准时启动。重整期间，共清查未履行完毕合同286份，许可继续履行合同71份，批准新签订合同16份，实现了生产不停、产能不减。

第五章　重整计划的表决、裁定和执行

一、吉林粮某集团进出口有限公司重整案

企业基本情况

（一）基本情况

吉林粮某集团进出口有限公司（以下简称吉粮进出口）成立于1999年4月19日，注册资本为人民币5000万元，住所地为长春市绿园区，经营范围为粮食、油脂、油料、饲料及农副产品的购销、自营吉林省玉米、大米的出口业务、接受委托代理黑龙江、辽宁省和内蒙古自治区玉米和大米的出口业务；境外期货业务。吉粮进出口是吉林省内从事粮食贸易、粮食期货业务的重点企业，是全国仅有的三家具有粮食进出口特许经营权资质的企业之一，也是中国仅有的四家可以从事境外期货套期保值业务的粮油企业之一，曾连续二十年获得国家大米及玉米出口配额，在粮食贸易方面具有其他企业不可替代的资源优势。

（二）陷入困境的原因

吉粮进出口原为吉林粮某集团有限公司（以下简称吉粮集团）全资对外出资企业，受外部经济环境、金融环境变化的影响，吉粮集团及其出资企业陷入经营困境，面临严重的债务危机，吉粮集团及其26家对外出资企业相继进入破产程序。其中，吉粮进出口因不能清偿到期债务且明显缺乏清偿能力，长春市中级人民法院（以下简称长春中院）于2018年7月26日裁定受理吉粮进出口的破产重整申请。

案件审理情况

2018 年 7 月 26 日，长春中院受理吉粮进出口的破产重整申请，并指定吉林省启某破产清算有限公司担任吉粮进出口管理人。根据吉粮进出口的申请，长春中院于 2018 年 8 月 28 日准许吉粮进出口在管理人的监督下自行管理财产和营业事务。2021 年 12 月 17 日，长春中院决定解除吉林省启某破产清算有限公司管理人职务，指定吉林功某律师事务所为吉粮进出口管理人。

（一）债权分类和表决情况

在对重整计划草案分组进行表决过程中，因无担保债权、无职工债权，故债权人会议设税款债权组、普通债权组和出资人组对重整计划草案进行表决。税款债权组和普通债权组均高票表决通过重整计划草案。但因作为出资人组权利人的吉粮集团也进入了破产程序，因此，吉粮集团管理人将是否同意将吉粮集团持有的吉粮进出口的出资人权益调整为零的事项提交其债权人会议进行表决，但未获通过。因此，吉粮进出口出资人组经两次表决未通过重整计划草案，导致吉粮进出口重整陷入僵局，于是债务人向人民法院申请批准重整计划草案。

（二）清偿方案情况

根据吉粮进出口重整计划草案规定，清偿方案主要包括以下内容：（1）吉粮进出口原出资人吉粮集团的出资人权益调减为零，普通债权的 85.24%实施债转股，转为吉粮进出口约 48.51%股权；同时，重整投资人吉林粮某控股集团股份有限公司（以下简称吉粮控股）向吉粮进出口投资人民币 7000 万元取得吉粮进出口约 51.85%股权。（2）吉粮进出口普通债权的 14.76%以吉粮进出口抵债资产受偿，自重整计划草案获得法院批准之日起，抵债资产的全部财产权益归属该部分债权所对应的债权人所有，抵债资产处置变价并扣除相关费用后按债权比例返还债权人，不足清偿部分依法豁免，吉粮进出口不再承担清偿责任。（3）税款债权不作调整，由吉粮进出口重整计划草案获得法院裁定批准之日起 3 个月内以现金方式予以全额清偿。（4）共益债务以法院裁定批准重整计划草案之日的实际数额为准，按照法律规定及合同约定随时清偿。（5）破产费用在重整计划获得法院裁定批准之日起3个月内以现金方式予以全额清偿。

（三）投资人引进情况

吉粮进出口的破产重整工作受到了吉林省委、省政府、吉林省国资委、吉林省高级人民法院及长春中院的高度重视。吉粮进出口重整期间，管理人通过全国企业破产重整案件信息网公开发布战略投资人招募公告。在吉林省国资委的领导下，吉粮集团及管理人赴北京、上海、天津、厦门等地与多家意向重整投资人当面磋商，但最终均未能达成合作。2019年11月18日，吉林省政府召开专题会议，决定“以内部资源整合重整吉粮集团，重整后的吉粮集团保持国有控股地位”。2020年1月16日，省国资委下发《关于明确国有资本运营公司参与吉粮集团重整的意见》《关于明确农投集团参与吉粮集团重整的意见》，明确以吉林省国某资本运营有限责任公司为主，吉林省农某投资集团有限公司参与，共同作为重整投资人。2020年10月27日，吉林省国某资本运营有限责任公司、吉林省农某投资集团有限公司分别指定吉林省亚某国有资本投资有限公司、吉林农某粮食集团有限公司共同出资设立吉粮控股，以吉粮控股作为投资主体，对包括吉粮进出口在内的部分吉粮系破产企业实施重整。

（四）经营方案情况

通过成功实施重整，吉粮进出口招募投资7000余万元、盘活资产13余亿元、安置职工30余名，现公司已迅速恢复生产运营，并通过吉林省发改委向国家发改委申请了2023年的粮食出口配额，为圆满完成国家粮食进出口业务，助力吉林省复工复产，维护吉林省粮油市场稳定和粮食安全提供有力保障。此后，吉粮进出口将继续发挥原有优势，拓展和巩固行业地位，持续申请获得出口配额，出口糙米、杂粮豆种，经营大豆及附属豆种的进口业务，逐步修复与东南亚国家关于杂粮出口贸易业务的客户关系，适时修复与南美国家关于大豆进口贸易业务的客户关系，打通物流通道，做大糙米出口贸易业务。

主要法律问题及解决途径

（一）主要法律问题

根据吉粮进出口重整计划草案的规定，吉粮进出口原出资人吉粮集团的全部出资人权益被调减为零。与其他重整案件不同的是，作为吉粮进出口出资人组权利人的吉粮集团也进入了破产重整程序，因此，吉粮集团已经无法按照原公司治理形成公司意志，取而代之的是吉粮集团的债权人会议。而由于吉粮集团债权人会议构成的成员、性质、身份等因素都极为复杂，其偏向于从自身利益最大化角度出发看待问题，而较难以法律的、理性的角度考虑和决定子公司重整的问题。因此，吉粮集团债权人会议表决未通过将吉粮集团享有的出资人权益调整为零的出资人权益调整方案，吉粮进出口的重整计划草案也因出资人组表决未通过而未能实现表决通过重整计划。于是，债务人依据《企业破产法》第 87 条的规定，申请人民法院批准重整计划草案。

（二）法律分析和处理情况

1. 法律分析

首先，强制批准权体现了破产重整制度对效率的追求。当重整计划草案本身并不违反法律，内容公平、公正，并未侵害相关利害关系人的利益，却未能通过债权人会议时，便会使得案件进入僵局，使得本具有挽救价值的企业随着时间成本的增加成为不再具备重整价值的企业。尽管我国当前司法实践强调人民法院要严格审慎使用强制批准权，但法律从未规定禁止法院使用强制批准权。《企业破产法》第 87 条规定的强制批准权具有其合理性与必要性，公正与效率是司法审判工作的永恒主题，公正是根本要求，而破产审判效率关系债务人财产价值实现的最大化，关系破产程序的成本，影响市场主体适用破产程序的积极性。在符合法定条件下，强行批准重整计划，使得重整程序、债务人迅速摆脱僵局，进入重整执行程序，以确保破产重整程序中公平与效率的兼顾，这是新时代破产审判的应有之义。为此，最高人民法院在 2018 年发布的《全国法院破产审判工作会议纪要》对强制批准权的适用条件进一步作了明确，确立了“最低限度接受原则”“最大利益原则”。

其次，根据吉粮进出口的评估报告显示，吉粮集团对吉粮进出口 100%的投资账面价值为零，且吉粮进出口的资产不足以清偿全部债务，故吉粮进出口重整计划草案中对出资人权益进行调整并无不当。每个民事主体对于其权利的变动，均应享有知情权、抗辩权以及表决权，为此《企业破产法》第 85 条赋予了债务人出资人对于重整计划草案的知情权以及对于重整计划草案涉及自身权益调整时的表决权。但是本案只是形式上对吉粮进出口出资人的权益进行了调整，实质上其权益并未产生任何变化。根据吉粮进出口破产清算模拟清偿分析报告显示清偿率仅为15.42%，出资人将无法分得债务人任何财产。故《全国法院破产审判工作会议纪要》中规定了“最大利益原则”，即“反对者能够获得的清偿利益不低于依照破产清算程序所能获得的利益”，其法理在于重整计划草案中对于反对者利益的调整是对其有利的，或者至少反对者的权益是没有发生任何变化的（不低于破产清算程序所能获得的利益）。

最后，重整程序的本质是在司法程序中，债务人的利害关系人对于债务人利益分配的博弈。其中债权人与债务人企业的出资人之间、不同受偿顺位的债权人之间在重整程序中的博弈，是重整利益分配的重要一环。那么在法院强制批准重整计划草案时，应遵循何种原则对前述利益进行顺序上的清偿，这不仅关乎人民法院强制批准重整计划草案的公平正当性，亦将指引着重整程序中各方当事人的谈判博弈方向。当前，在世界范围内企业重整的文献中，绝对优先原则获得了无懈可击的地位，在我国学界对于以绝对优先原则为模板对《企业破产法》进行修订的呼声也很高。绝对优先原则的含义是，重整计划应当平等对待相同性质的债权人，清偿顺位在先的债权人获得全部清偿之前，顺位在后的债权人不应获得任何清偿；全体债权人获得充分清偿前，出资人不得保有企业的任何利益。该原则看似复杂，其实是法律人认为理所应当的原则，该原则的确立亦是以破产法之外的实体法规范，民法典、公司法等法律为基础。该原则界定了重整企业的价值如何在破产前的债权人和企业出资人之间进行分配，对各方当事人树立了一个最低期望值，以指引在重整计划草案制定时各方利益主体有方向可以遵循，避免陷入无休止的争论中。本案便是以该原则为依据之一，强制批准了已经遵循“公平且衡平”的重整计划草案。

综上，本案中的重整计划草案包括债务重组和营业整合两方面的内容，具备可操作性，其重整目的和作用绝非纯粹地削减债务，而是切实挽救有重整价值的危困企业、保留稀缺的企业资质。在债权组均表决通过重整计划草案的前提下，如果仅因出资人组一己私利的反对，就使得整个重整程序终止，债务人被宣告破产，那么受损失的将是全体债权人和全体职工的利益，甚至社会公共利益也将遭受重大损失。在这种情况下，依法行使强制批准权，不但符合法律的规定，也切实有效地打破了重整僵局，促成了吉粮进出口重整计划成功通过并执行，更是充分体现正确实现重整制度核心价值和制度目标的法治理念及参与本案的办案人员在关键环节中的责任担当。

2. 处理情况

经长春中院调查论证，在相关债权组均已表决通过重整计划草案的情况下，吉粮进出口评估报告显示，吉粮集团对吉粮进出口100%的投资账面价值为零，故重整计划草案将出资人权益调整为零，符合公平、公正原则，满足最大化保护吉粮进出口债权人利益的目标。并且，重整计划草案公平对待同一表决组的成员，债权清偿顺序不违反企业破产法规定。重整计划草案包括债务人经营方案、债权分类方案、债权调整与受偿方案、出资人权益调整方案、重整计划执行期限及重整计划监督期限等实质内容，经营方案具有可行性。据此，长春中院裁定批准了吉粮进出口重整计划草案，吉粮进出口重整计划草案仅用时6个月就顺利执行完毕。

其他审理经验

吉粮进出口的重整工作涉及债权人、债务人、职工、重整投资人等多方主体利益，工作极为复杂，单纯依靠管理人和法院的司法力量，有时是很难顺利推动重整工作开展的。因此，自吉粮进出口进入重整程序后，府院联动机制就在重整期间的各阶段均发挥着至关重要的作用。吉林省国资委、吉林省高级人民法院及长春中院在府院联动工作机制下，各方依法担当，勇于作为，实现了政府、法院、企业及管理人的定期有效沟通，全面协同解决问题的良性互动。府院联动机制在吉粮进出口重整案件的重整投资人招募、职工维稳、债权人谈判、税务筹划、产权变更、信用修复等重整案各项衍生事务中发挥着高效且不可替代的作用。特别是在吉粮进出口重整计划草案裁定批准的关键环节，政府、法院、企业、投资人、管理人等各方多次召开府院联动会议进行专题讨论和研究，大家群策群力、集思广益、共同担当，最终实现了重整计划的强制批准，可以说，府院联动机制在此过程中发挥了举足轻重的作用。吉粮进出口重整案是通过府院联动机制保障破产审判的生动典范，是完善破产司法能力、优化营商环境的必然要求，同时也为吉林省进一步完善府院联动机制奠定了良好条件。

此外，吉粮进出口重整案还是践行智慧破产新模式的成功实践。2022年

5月，在全国范围内，长春市受新冠肺炎疫情的影响较为严重。在全国驰援、全城静默的特殊时期，传来了韩国粮食出口第四次招投标将于2022年5月截止的消息。为了保留吉粮进出口粮食出口配额资质，争取粮食出口投标资格，把握恢复生产经营的契机，吉林省国资委、吉林省高级人民法院、长春中院、管理人、重整投资人、吉粮进出口等各方于第一时间启动了吉粮进出口重整计划草案裁定批准的可行性论证工作。在新冠肺炎疫情防控的特殊时期，长春中院灵活采用线上办公方式，统筹协调各方通过破产案件信息化平台传输文件，并在线上召开各阶段会议，立足高标准营商环境，充分发挥专业审判优势和司法职能作用，始终致力于提供更加优质高效的司法服务和保障，切实实现了疫情之下工作不停摆。经过省、市两级法院高效调查、充分研判，并积极发挥府院联动协调作用，各方争分夺秒、攻坚克难，长春中院于2022年5月12日依法裁定批准了吉粮进出口重整计划草案。疫情之下，政府、法院、管理人、重整投资人等各方以高效、便利、安全的方式成功推动了吉粮进出口重整节点性工作，是特殊历史背景下的灵活工作机制的见证，更是长春中院践行智慧破产新模式的成功案例。这对全省法院深化司法改革、建设现代化法院提供更多可复制可推广的创新经验，打造审判领域改革新引擎具有重要意义。

二、大连汇某铝业有限公司破产重整案

企业基本情况

大连汇某铝业有限公司（以下简称汇某铝业）成立于2009年11月25日，是辽宁唯一一家生产高精铝合金拉伸板的高端制造业企业，生产的产品属国家鼓励类产品，在国际国内市场上有广阔的发展空间。随着轨道交通、汽车轻量化、装备智能化、航空工业、军事工业等高端装备制造业的发展，拉伸板的市场需求量大幅增加，公司产品也随之大幅增长，公司出口份额占据整体业务量的65%以上，与汇某铝业合作的国外客户均为行业龙头企业，如蒂森克虏伯公司、美国大成集团、美国帝国资源、欧洲AMARI公司等，营销网络遍布全球，经营状况一向良好。

汇某铝业作为新加坡及中国香港上市公司麦某斯控股有限公司旗下子公司，为关联公司吉林麦某斯铝业有限公司、吉林麦某斯轻合金有限公司等多家关联方提供抵押及连带责任保证担保，因其关联方到期无法清偿债务致使汇某铝业陷入多起诉讼、执行案件，公司房产、土地、设备、账户等均被查封、冻结，公司陷入经营困难，无法正常运营。企业负债25.2亿元，资产2.1亿元，严重的资不抵债。

案件审理情况

汇某铝业于2018年9月7日向大连中院申请重整，大连中院经过实地走访、分析研判，认为汇某铝业具有挽救价值和重生可能，于2018年9月29日裁定受理重整申请。管理人深入企业，全面展开尽调，深度了解和掌握企业经营现状，考虑汇某铝业管理经营组织架构完整且运行良好，职工自救企业热情高涨，继续经营障碍小等，向大连中院申请汇某铝业继续经营，且交由公司自行管理经营事务。大连中院充分分析和论证管理人申请，以保障债权人利益最大化和破产企业营运价值为原则和初衷，于2018年11月2日裁定许可汇某铝业重整期间继续经营。2019年6月28日，汇某铝业向债权人会议和法院提交了重整计划草案。2019年7月25日，经债权人会议投票表决，该草案未能通过。后法院指导管理人和公司经营管理层认真分析公司所处的行业地位，受理重整以来的经营情况，综合外部经济形势、资产状况、技术工艺、生产销售、行业前景等因素分析，认为债务人仍然具备重整价值以及拯救可能性。经与债权人等各方充分沟通，破产企业有针对性地二次制定了重整计划草案。本次重整计划表决，在普通债权组设小额债权组，小额债权组由债权额在10万元以下（含10万元）的债权人组成。债权人共设有财产担保组、普通债权组、小额债权组三个表决组，另设出资人组，共同参与表决。经表决普通债权组以微弱差距未能达到法定通过额度，重整计划草案未通过。但大连中院充分考虑本案的实际情况、重整草案的实施可能性以及债权人受偿利益平衡等问题，于2020年12月28日裁定批准汇某铝业重整计划，终止重整程序。

（一）重整计划清偿方案

（1）有财产担保债权，以对应的担保财产按《资产评估报告》评估值为标准确定优先清偿范围，担保财产总清算价值 18 223.59 万元，以现金方式受偿。（2）普通债权，每家债权人债权金额 10 万元以下部分（含本数）按照 95%的比例一次性现金清偿。每家债权人金额 10 万元以上的部分，按清偿比例为 0.64%的清偿率一次性现金清偿。（3）追加清偿，鉴于低效资产尚未处置，在最终全部偿债资金清偿完毕重整费用、共益债务、有财产担保债权、职工债权、税收债权、普通债权基础清偿后，如有剩余，则将剩余部分对全体债权人 10 万元以上的部分进行额外的追加清偿。（4）暂未确认债权的处理，对于已依法申报但尚未得到管理人审查确认的债权，根据法院最终裁定确认的债权性质和金额，按照本重整计划规定的同类债权的调整及清偿方案受偿。对于管理人知悉的可能增加的债权参照普通债权部分调整方案依法予以预留。（5）未申报债权的处理，在重整计划草案提交法院和债权人会议表决前未申报债权的债权人，不参与目前基础清偿方案对应的重整偿债资源。（6）清偿时间，每家债权人将根据上述债权调整及清偿方案确定的清偿比例，以现金分一次或多次清偿。有财产担保债权第一次清偿时点为重整投资人买受汇某铝业股权对价首付款支付日后 30 日内；之后在剩余股权转让款每笔支付达到 1000 万元 30 日内，即按有财产担保债权、10 万以下部分普通债权、其余普通债权的顺序清偿，直至重整计划执行完毕。债权尚未获得人民法院裁定确认的普通债权，于其债权获得人民法院裁定确认之日起 30 日内，按照上述清偿进度予以偿付。债权清偿时尚无法确认的债权，按申报金额按照前述清偿比例予以预留提存，最终确定无须清偿或者清偿额小于预留额的，超出部分对债权人进行追加清偿。（7）偿债资金来源。①重整投资人竞买留有对价资产的汇某铝业 100%股权的价款；②低效资产处置所得价款。

（二）重整计划经营方案

（1）规范公司法人治理结构，提高经营管理水平。按照本重整计划草案，公司发生股权变更后，现管理团队将与重整投资人紧密合作，根据公司的基本情况、未来经营方案及公司法的规定，报股东会修改公司章程，建立股东会授权董事会领导下的总经理负责制，建立公司内控机制，设立必要的专门委员会对董事会和股东大会负责，从根本上杜绝侵害股东利益的关联交易和对外担保发生。（2）切实提高公司盈利能力。在持续经营中，公司将建设海外市场的二级分销配送服务体系，在现有产量的基础上把单一的产品利润转化为产品和服务利润，同时获得市场直接反馈来提高客户需求转化为有效订单；少量投资于产能建设增加薄板产品线将使公司折旧摊销大大降低，提高公司盈利能力。（3）持续不断研发投入和进入下游深加工领域。公司将持续保持合理的研发投入，跟踪现有合作项目，继续向本行业高端技术领域延伸及拓展，强化公司在细分市场上的行业地位；在条件成熟时，公司将启动与中航发展的合作项目向下游产业链延伸，进入航空零部件加工领域，利用得到航材认证的本公司产品进行深加工，形成新的利润增长点。

（三）引进投资人情况

重整计划采取“整体股权出售式”重整模式，重整投资人通过拍卖竞买获得留有对价资产的汇某铝业100%股权，给破产企业注入资金和活力，改善经营外部环境，提升企业内部生产动能，甩掉外债包袱，从而让企业获得新生。为寻找最优重整投资人，提高偿债率，大连中院发挥府院联动、院管联动机制作用，积极与市区政府沟通、汇报，向行业巨头推介重整计划；法院与管理人远赴青海等地寻找和实地考察意向投资人，指导管理人通过多种途径发布重整消息，拓宽重整投资渠道。在各方共同努力下，有中某东北轻合金有限责任公司、青海佳某铝业有限公司、上海昂某资产管理有限公司、辽阳钢某股份有限公司等40余家企业或投资人到汇某铝业实地考察，其中16家意向投资人与管理人签订保密协议并对企业做尽职调查。最终，2022年10月19日以2.67亿元被大连德某资产运营管理有限公司竞拍成功。

（四）重整计划执行情况

因受全国新冠肺炎疫情不可控因素影响，重整计划未能完全如期执行完毕，大连中院考虑到继续执行重整计划有利于维护债权人、债务人以及其他利害关系人的合法权益，有利于维护全体职工利益和维护社会稳定，根据管理人的申请，于2022年7月29日裁定准许延长重整计划执行期。2022年10月19日大连德某资产运营管理有限公司以2.67亿元拍得汇某铝业100%股权，成为重整投资人。低效资产于2022年12月21日以31318.08元拍卖。重整费用及有财产担保的债权全部清偿完毕，10万元以下部分普通债权清偿率为95%，10万以上部分普通债权清偿率为2.31%。汇某铝业的股权已完成变更登记。2023年5月15日，大连中院裁定确认重整计划执行完毕。

（五）重整期间以及重整计划执行完毕后的企业经营状况

在重整期间，汇某铝业管理层围绕“开源节流、做精做优”的总体方针，2018 年至 2022 年 10 月期间累计实现销售收入 9.7 亿元，为国家出口创汇 6786 万元，累计纳税总额 1993 万元，客户总量由 2018 年的 197 户增加到 2022 年的近 300 户，新增客户订货占销售总量的 50.3%。截止到 2022 年 10 月末，企业营运资金净额 6170 万元，现金流量大幅度增加，目前企业也实现扭亏为盈。汇某铝业始终以科技创新放在首位，自 2018 年破产重整以来获得专精特新、2025 行动计划产业发展重点领域等各项荣誉 7 项，获得实用新型专利 18 项，各项行业资质认证如期进行复审，被授予国家级高新技术企业、辽宁省专精特新企业称号。

主要法律问题及解决途径

汇某铝业重整案是高度利用市场化、法治化手段助力企业破产重整的典型案例之一。汇某铝业重整案件难点颇多。一是债权债务关系比较复杂，在汇某铝业进入破产重整程序前，主要的关联企业辽源麦某斯铝业、辽源麦某斯轻合金、洛阳麦某斯铝业已先后进入破产重整程序，但是汇某铝业进入重整程序后，各关联公司的破产重整程序未能协调进行，给汇某铝业厘清债权债务关系造成很大难度。二是企业资金链断裂，一度面临生产经营停滞困境。三是重整投资人招募一波三折，陷入困境。本案主要问题分析及处理意见如下。

（一）破产企业重整价值的识别和判断

本案汇某铝业能够起死回生，得益于重整程序的启动。但如何识别和判断破产企业是否具有重整价值至关重要。本案中，第一，汇某铝业具备挽救价值。一是汇某铝业属于高新技术企业，有自己核心技术和专利；二是其所生产的产品属于国家鼓励性产品，并在国内以及国外市场占有一定市场份额，市场口碑良好。第二，汇某铝业具有重生的可能性，从汇某铝业破产原因分析，主要系为关联公司担保所形成的连带债务导致自身经营受阻，企业本身机能运转尚可；汇某铝业管理经营组织架构完整且运行良好，职工自救企业热情高涨，企业内部环境状况良好，具有短时间内恢复生产和销售的可能性。

（二）法院裁定批准重整计划的必要性和合法性审查

人民法院应慎用公权力批准重整计划草案，避免公权力过度干预私权利。本案适用了《企业破产法》第 87 条之规定，在债权人会议未通过重整计划草案而且经修改二次表决仍未通过的情况下，人民法院裁定批准了重整计划，主要从以下几方面进行考量：一是汇某铝业具有重整的价值和可能性；二是汇某铝业的经营方案具有可行性，且在重整期间仍可以继续经营和自行管理经营事务；三是按照重整计划草案，普通债权组所获得的清偿比例，要高于依照破产清算程序所能获得的清偿比例，虽普通债权组因各种原因未能达到通过比例，但重整计划对于普通债权组是有利的。综合考虑以上因素，大连中院顶住压力，肯担当敢作为，果断裁定批准重整计划，最终确实出现了多赢的局面，收效甚好。

（三）因案施策，创新重整模式

汇某铝业采用“整体股权出售式”重整模式，即对含有全部有效资产的100%股权公开拍卖招募重整投资人。鉴于汇某铝业原股东利用关联公司的优势地位，对外担保导致企业债务缠身，而其自身又无法提供资金为企业续航，同时也表示愿意无偿转让全部股权，大连中院指导管理人和公司，采用“既换脑又换血”的重整模式，既保留了企业的延续性，又避免了资产过户的高额成本，保留了企业核心团队、核心技术、核心客户、高新技术企业资质等无形资产的潜在价值，帮助企业甩掉包袱重获新生。经对股权拍卖招募投资人，企业股权发生颠覆性变化，由外资企业转变为国有全资公司，不但解决了外部债务，而且企业运转资金得以保障，业务范围也有所扩大，企业重新焕发生机。

（四）充分利用市场化手段招募投资人

在行业内多次发布招募公告，多方面发掘国企、上市公司、民企等多类型潜在投资人，在充分招募投资人的基础上，又通过公开拍卖方式形成公开公平的竞价态势，保证重整投资人招募的公正性，最终的拍卖价格高出底价约 5000 万元，最大化保证了债权人利益，使企业重获新生。

其他审理经验

（一）府院联动保证企业重整计划落实

在重整计划制定过程中，管理人和企业多次到税务机关咨询，模拟重整计划执行结果，结合企业实际，充分运用税收政策，避免重整计划增加投资人的税收成本。重整期间，根据大连中院与大连市税务局联合发文精神，税务机关对企业重整给予了大力支持，企业享受了政府给予的税收优惠政策，2018 年、2019 年对已缴房产、土地税给予先征后返的优惠政策，享受返税金额 683 万元，2020 年至 2022 年 10 月享受了直接减免房产、土地税 969 万元。政府的大力扶持为艰难时期的企业注入了活力，减轻了重整企业负担。市区两级政府重视支持企业重整，通过招商引资渠道，积极帮助企业寻找意向投资人，给予企业重整政策支持，营造良好的营商环境，筑巢引凤。

（二）法院法治化手段为企业重整保驾护航

在案件审理过程中，大连中院高度重视，多次到现场考察指导，对每个环节均严格监督，在重大事项上给予直接指导，既严格把握法律程序关口，又不失司法的温度，即使在新冠肺炎疫情影响下，也保证了企业的正常运行，实现企业资产保值增值，保证职工情绪稳定，为维护社会稳定作出积极贡献。主要体现在，在企业自行经营期间批准企业向员工借款，保障企业稳步生产，保证社会稳定，以有限的自有资金，最大可能加速营运资金循环，创下了行业史上资金循环的奇迹；全力支持重整投资人招募工作，在多位意向重整投资人报名参与，但因各种原因最终未能达成投资协议，重整陷入僵局的情况下，充分考虑到新冠肺炎疫情影响，企业在 9 个月内完成重整的困难性，协同管理人，深入研究有关法律规定，与债权人努力沟通，得到债权人的谅解和支持，最终审慎决策形成了延期重整决定，为重整计划草案的提出和通过争取了宝贵的时间。

三、奥某德光电股份有限公司及其子公司破产重整案
——准确适用预重整机制 助力上市公司“保壳”重生

奥某德光电股份有限公司（以下简称奥某德股份公司）及其子公司重整案用时32天高效审结，有效帮助两企业纾困解困、重整重生，推动上市公司违规担保、股东违规占用资金、债务危机等问题的逐步解决，为上市公司成功“保壳”起到了积极的促进作用。同时，为哈尔滨市中级人民法院（以下简称哈尔滨中院）乃至全省法院审理破产案件提供了可复制、可推广的经验，实现了破产审判政治效果、法律效果和社会效果的有机统一。

企业基本情况

奥某德股份公司系在哈尔滨市登记成立的上市公司，哈尔滨奥某德光电技术有限公司（以下简称奥某德有限公司）系其全资子公司。2015年，奥某德有限公司借壳西某药业股份有限公司完成上市，后西某药业股份有限公司更名为奥某德股份公司，注册资本1 227 326 240元，经营范围为蓝宝石晶体材料、半导体衬底晶圆、衬底片、光电窗口材料、激光窗口材料及光电功能材料、光电涂层材料的生产、销售等。奥某德股份公司股票系在上海证券交易所上市交易，截至2022年9月30日，该公司总股本为1 227 326 240股，公司期末股东总数为36 517户。2017年以来，受蓝宝石行业整体发展周期波动、宏观经济下行压力增大及国家金融政策的变化，特别是受新冠肺炎疫情影响，奥某德股份公司及其子公司业务发展受阻，先后陷入债务危机，上市公司面临退市风险。2022年9月6日，两公司债权人分别向哈尔滨中院申请对两公司进行重整。

案件审理情况

由于奥某德股份公司系上市公司，该公司破产重整涉及面较广，社会影响较大，为降低重整成本、提高重整成功率、有效识别重整价值及可行性，在黑龙江省高级人民法院指导下，哈尔滨中院决定对奥某德股份公司及奥某

德有限公司预重整，并指定两公司清算组担任临时管理人，指导债务人、临时管理人迅速开展资产负债核查、投资人招募、重整计划草案制定、修改等相关工作。2022 年 10 月 9 日，奥某德股份公司管理人在重整信息网以及上市公司公告发布投资人招募公告。2022 年 11 月中旬，奥某德股份公司及其临时管理人与投资人签订了重整投资协议。2022 年 11 月 29 日，最高人民法院同意受理后，哈尔滨中院于该日分别裁定受理债权人对两公司的重整申请。

2022 年 12 月 30 日，在两公司第一次债权人会议上，奥某德股份公司普通债权组（出资人组先行表决通过）以及奥某德有限公司有财产担保债权组、普通债权组分别表决通过两公司重整计划草案，哈尔滨中院于同日分别裁定批准两公司重整计划草案。

2022 年 12 月 31 日，奥某德股份公司重整计划规定的 18.6 亿余元投资款均给付到位，已达到两公司重整计划规定的执行完毕标准，哈尔滨中院根据管理人申请于该日分别裁定确认两公司重整计划执行完毕，终结两公司破产程序。

（一）《奥某德股份公司重整计划》主要内容

（1）出资人出资权益不作调整。出资人（股东）原出资权益（持有的股份）不作调整，原 1 227 326 240 股继续由公司原股东持有。（2）实施资本公积金转增股本。以公司现有总股本 1 227 326 240 股为基数，按每 10 股转增 15 股的比例实施资本公积金转增股本，共计转增约 1 840 989 360 股股本。转增后，公司总股本将增至约 3 068 315 600 股。（3）转增股本由重整投资人有条件受让。上述 1 840 989 360 股转增股本，由重整投资人有条件受让 15 亿至 1 840 989 360 股（重整投资人未受让的转增股本，将由管理人予以注销）。（4）重整投资人总计投资约 18.33 亿元至 21.06 亿元。重整投资人受让 15 亿至 1 840 989 360 股转增股本，须同时满足以下四个条件：①重整投资人向管理人支付 15 亿至 1 840 989 360 转增股本的现金对价 12 亿元至 1 472 791 488 元（以 0.8 元/每股计算）；②重整投资人代原控股股东等补偿义务人向上市公司履行业绩补偿义务，提供 483 326 468 元资金（按照补偿义务对应的 604 158 086 股股本，以 0.8 元/每股计算）；③重整投资人解决原控股股东对上市公司的资金占用问题，提供不低于 1.3 亿元资金；④重整投资人解决上市公司为原控股股东等违规担保问题，提供不低于 2000 万元资金。如重整计划草案在

2022年12月30日前被裁定批准，则上述款项至迟于2022年12月31日12：00前支付至管理人账户。(5) 以现金方式向债权人清偿。由重整投资人投资以及处置非保留的低效资产所得价款，按照以下方式清偿：普通债权人每家20万元以下（含20万元）的部分，以现金方式全额清偿；超过20万元的部分，按照5%的清偿率以现金方式清偿（奥某德股份公司无职工债权、税款债权和有财产担保债权）。(6) 奥某德股份公司向奥某德有限公司提供资金支持。奥某德股份公司将以债务清偿、资本性投入、提供财务资助等方式，按照奥某德有限公司重整计划草案规定的方式和比例帮助其清偿破产债权。

（二）《奥某德有限公司重整计划》主要内容

(1) 出资人出资权益不作调整。奥某德有限公司的企业法人性质及市场主体资格不变，仍为奥某德股份公司全资子公司。(2) 以现金方式清偿债权。由奥某德股份公司提供资金支持，按照以下方式清偿：①职工债权、税款债权不作调整，以现金方式全额清偿；②有财产担保债权，担保财产评估值范围内的债权部分，以现金方式全额清偿，剩余部分转为普通债权，按照普通债权的清偿方案进行受偿；③普通债权每家债权人20万元以下（含20万元）的部分，以现金方式全额清偿；20万元以上部分，按照15%的清偿率以现金方式清偿。

主要法律问题及解决途径

在审理该案过程中，遇到的主要法律问题是破产重整案件，特别是在涉上市公司破产重整案件中，重整计划将战略投资人支付全部投资款作为重整计划执行完毕的标准，是否具有合法性，当重整计划规定的投资款全部到位后，人民法院能否依据债务人或管理人的申请，裁定确认重整计划执行完毕。

破产重整系债务人、债权人基于意思自治和市场化原则协商解决债务问题的法律机制，而战略投资人的加入以及重整投资的注入，将切实提高债务人清偿能力和经营能力，有效维护债权人受偿利益、提高债权收回比例，对重整计划草案协商通过、重整案件顺利审结具有重要意义。特别是对当前时期涉上市公司重整而言，除常规性的削减债务等目的，其意义更明显地体现在解决违规担保、资金违规占用、连续亏损等涉上市公司监管问题，通过重整程序维持上市公司的主体地位，引入新的投资者和资金，进而为企业发展重生提供更为优越的条件，切实维护中小投资者及广大股民的投资权益，防止出现资本市场和证券市场的局部性波动和特定区域的不稳定因素，系基于政治效果、法律效果和社会效果综合考量而为之。

一方面，基于上市公司监管和财务审计机制的特殊性，要求涉上市公司重整案须在特定时间节点完成重整计划的执行，如此方能达到解决违规问题以及“保壳”之目的。但是，上市公司的债权债务关系较为复杂，债权人数量较多，重整计划涉及的现金清偿、股权变更登记、解除对相关抵押质押财产的保全措施等执行内容，往往耗时较长，如强令重整计划将前述所有内容完成作为重整计划执行完毕的标准，则将难以保证重整计划在特定时间节点执行完毕，涉上市公司重整之目的将难以达成，债务人、债权人以及重整投资人所倚重的上市公司“壳”资源将不复存在，并将极大挫伤各方推动重整的积极性。因此，基于“保壳”艰巨性和时间急迫性，重整计划须设定在特定时期能够完成同时又能确保重整计划顺利推进的执行完毕的标准。另一方面，投资资金是否按时、足额到位，对重整计划能否执行具有关键性作用。重整程序中涉及的两个重要环节在于债务人与债权人协商减债，以及债务人与投资人协商引入战投资金。当重整计划草案经债权人会议表决通过或经人民法院裁定批准，实际上已完成了协商减债的过程，而投资人资金能否到位往往成为决定重整计划能否执行完毕、重整能否成功的关键因素。实践中，未能执行完毕的重整计划，绝大多数是因为投资资金未能按时、足额到位；投资资金到位的重整案件，重整计划基本均可顺利执行。即重整投资到位后，重整计划规定的偿债资金分配、资本公积金转增股本以及投资人受让转增股份等程序性事项可顺利推进，重整计划的执行自此具有极大的确定性。

最重要的是，前述重整计划执行完毕标准的设定，未实质损害重整各方主体的利益。对于投资人而言，其投资目的和价值预期主要基于上市公司的“壳”资源，因此其对该执行完毕标准的设定是充满期待并且强烈要求的，部分投资人甚至甘冒先行支付投资款再行受让股份的商业风险；对于债权人而言，如其表决通过重整计划草案，系其同意将用于偿债的投资款交付至管理人处，再由管理人向其派发，某种程度上可以视为指示交付的一种；对于债务人而言，该方案系其自行提交，且一定程度保留其出资人权益，其对该标准亦是应允和接受的。实践中，如福建实某集团股份有限公司、天马轴某集团股份有限公司等上市公司重整案均设定相同或相似的重整计划执行完毕的标准。因此，前述重整计划执行完毕的标准，具备合法性和可行性，且存在较为广泛的实践基础。

综上，基于涉上市公司重整的特殊性，重整计划将战略投资人支付全部投资款作为重整计划执行完毕的标准，具备必要性、合法性、可行性，且有广泛的实践基础。当重整计划规定的投资款全部到位即前述标准成就后，人民法院可依债务人或管理人申请裁定确认重整计划执行完毕，但应继续指导和监督债务人、管理人推动和完成重整计划规定的其他事项的执行。

其他审理经验

奥某德股份公司及其子公司重整案是近年来哈尔滨中院受理的较为重大、疑难、复杂的上市公司重整案件，是充分运用府院联动机制，有效衔接预重整与重整程序，始终坚持市场化、法治化原则成功审结的典型案例，是黑龙江法院努力服务经济社会发展和优化营商环境的生动司法实践。

（一）推进府院联动机制走深走实

在黑龙江高院指导下，哈尔滨中院紧紧依靠党委领导、政府支持，协调市金融服务局、信访局、证监会地方监管局等相关部门召开府院联动会议，市、区政府牵头成立清算组，共同推进金融支持、证券监管、职工安置、社会维稳等重点难点问题的解决，为重整工作顺利高效开展奠定了良好基础。

（二）预重整程序与重整程序紧密衔接

为降低重整成本、提高重整成功率、有效识别重整价值及可行性，先行对两公司进行预重整，在收到最高人民法院书面答复后，即刻转入重整程序。预重整期间，哈尔滨中院指导管理人阶段性完成债权预申报、预审核、审计评估、战略投资人招募、重整计划草案起草等工作，为案件高效审理争取到宝贵时间。

（三）牢牢坚持市场化、法治化原则

坚持以市场化原则寻求最优重整方案，由市场去审视、衡量重整价值，整合、配置重整资源，最终成功引入联合战略投资人。在符合上市公司监管要求的前提下，采取资本公积金增发股本并向投资人有条件让渡的方式，衡平保护各方主体利益。

（四）将“公正与效率”主题落到实处

该案审理过程中，以 2022 年 12 月 31 日为时间节点，挂图作战、倒排工期，克服了时间紧、任务重等困难，自裁定受理到重整计划执行完毕仅用时 32 日，审理用时短、执行效率高，真正做到了质效并重、效率优先，人民法院报等主流媒体对该案进行了报道。

四、内蒙古康某尔化学工业有限公司破产重整案

企业基本情况

内蒙古康某尔化学工业有限公司（以下简称内蒙古康某尔）系于 2010 年 11 月 12 日经扎鲁特旗市场监督管理局批准设立的有限责任公司，住所地为内蒙古自治区通辽市，法定代表人李某林，注册资本 200 000 万元，股东为富某生命人寿保险股份有限公司、深圳市富某前海基础设施投资控股有限公司、康某尔化学工业股份有限公司、吉林省能某投资集团有限责任公司。

2014 年内蒙古康某尔 30 万吨/年煤制乙二醇项目开工建设，项目总概算 58.8 亿元，内蒙古自治区人民政府为该项目配备 1.8 亿吨煤炭资源，内蒙古康某尔 30 万吨/年煤制乙二醇项目是基于地区煤炭资源优势，推动能源领域合作开发而投产建设，具有低能耗、高环保、污染低、经济效益好等特点，极具发展前景。

2016 年年底，因主要投资方受中国银保监会监管政策影响，明确表示不再继续投资建设，内蒙古康某尔陷入债务危机，资金链断裂导致项目被迫停建。项目前期已完成 46 亿元资金投入，形象进度完成 76%，因工程欠款 10.7 亿元，项目停建后承包商和供应商陆续开始起诉，内蒙古康某尔深陷诉讼、执行风波，企业信用受到影响，无法通过金融机构渠道进行融资。2021 年前后，内蒙古自治区人民政府确定，如内蒙古康某尔 30 万吨/年煤制乙二醇项目无法在 2023 年 12 月 31 日前投产，则收回 1.8 亿吨煤炭资源指标。

案件审理情况

2022 年 10 月 17 日，债权人东某工程科技股份有限公司以内蒙古康某尔

不能清偿到期债务，明显丧失清偿能力为由，向法院申请对内蒙古康某尔实施破产重整。2022 年 10 月 26 日，通辽中院作出（2022）内 05 破申 11 号民事裁定书，裁定受理对内蒙古康某尔的破产重整申请，同日指定内蒙古康某尔清算组担任管理人，以期借助府院“联动优势”提升案件审理效率。

重整期间，考虑到内蒙古康某尔项目已经停工六年之久，为维持企业营运价值，挽救企业经济损失，经通辽中院批准，由管理人负责内蒙古康某尔继续经营事务。在通辽中院的指导下，内蒙古康某尔有序复工。2022 年 12 月 13 日，内蒙古康某尔第一次债权人会议召开，管理人提交《重整计划（草案）》进行表决。债权分组表决中，管理人将债权人分优先权组、税收债权组、200 万元以下中小额普通债权组、其他普通债权组及出资人组共五组进行表决。其中优先权组、税收债权组、中小额普通债权组均表决通过重整计划，其他普通债权组及出资人组因原出资人反对而未能通过。12 月 16 日进行二次表决，上述两组仍未通过。2023 年 3 月 9 日，通辽中院强制批准该《重整计划》。

清偿方案为：（1）优先权组债权人，就享有优先权部分足额清偿；（2）职工债权与税收债权组足额清偿；（3）小额普通债权组即金额 200 万元以下（含本数）的债权，清偿率为 100%；（4）其他普通债权组为金额 200 万元以上的债权，该组债权中 200 万元以下（含本数）部分清偿率为 100%，200 万元以上部分，在不考虑补充追加分配条款情况下清偿率不低于 3.50%；（5）补充追加分配的情形包括：一是管理人将对存放于大连港的苯胺设备进行拍卖，就拍卖所得款项对其他普通债权组按比例予以清偿；二是预留的破产费用、共益债务及未申报、未确认债权预留、提存的分配额，在支付或权利消灭后如有剩余，向其他普通债权组按比例追加分配；三是内蒙古康某尔截至 2022 年 10 月 31 日的期末存量增值税留抵退税 1.71 亿元如能退还或抵扣，其他普通债权组的整体清偿率不低于 11.10%。

管理人在重整期间在全国破产重整信息网公开招募重整投资人，其中东某工程科技股份有限公司与陕某集团榆林化学有限公司作为联合体中标担任投资人，总投资额为 13.9 亿元，获得内蒙古康某尔 100%股权，并承诺于 2023 年 12 月 31 日前将完成内蒙古康某尔 30 万吨/年煤制乙二醇项目续建投产工作。一期项目投产后可带动社会就业约 3000 人，届时即可为地方政府增加年利税约 3 亿元。

同时，为了适应市场变化，同时最大化利用现有资源，在符合现有化工产业发展方向的前提下，结合内蒙古康某尔的资源条件、东北三省一区区域市场特点和国内化工行业竞争态势，内蒙古康某尔将计划对现有乙二醇项目的产品进行调整，新增一些低能耗、环境友好的高附加值精细化工产品，使得内蒙古康某尔获得新材料市场优势地位。

重整计划预计未来同步建设煤化工研究实验基地和研究成果转化基地，以技术创新引领产业发展，构建“技术+产业”一体化发展体系，建成后将把内蒙古康某尔打造成集“化工新材料、新能源、高端装备制造、技术研发”于一体的新型煤化工基地。重整后的内蒙古康某尔既能逐步具备持续盈利能力，在重整计划执行期内，按照“一元一股”重新确定注册资本，为在未来具备条件时内蒙古康某尔适时启动 IPO 计划进行准备。

此外，截至 2023 年 6 月 25 日，内蒙古康某尔共发生衍生诉讼四件，均为债权申报过程中管理人未予确认，但对申报金额进行预留的债权，未发生因衍生诉讼影响《重整计划》执行的情况。

主要法律问题及解决途径

（一）能否强制批准《重整计划（草案）》

内蒙古康某尔原出资人、同时也是最大普通债权人反对《重整计划（草案）》，致使债权人会议表决过程中，在人数已经符合通过条件情况下，持反对意见的债权人的债权金额过大，造成其他大额普通债权组与原出资人组表决未通过，钳制破产重整程序进程。为论证《重整计划（草案）》能否符合《企业破产法》第 87 条第 2 款关于强制批准的条件，通辽中院组织审判业务专家进行专题研讨，审判人员认为符合强制批准条件；在此基础上，又指导管理人聘请全国化工行业专家进行论证，对《重整计划（草案）》涉及的 30 万吨/年煤制乙二醇项目经营可行性进行专题论证，专家一致认为：该项目起点较高，符合国家产业规划，具有可行性；又聘请破产法立法专家进行专场论证，专家一致认为：《重整计划（草案）》符合《企业破产法》第 87 条第 2 款关于强制批准的条件，人民法院有权强制批准该草案。最终，人民法院按照《企业破产法》规定，强制批准内蒙古康某尔《重整计划（草案）》，并终结内蒙古康某尔破产重整程序。

（二）如何短期内完成重整程序

内蒙古康某尔破产重整一案，既要求重整成功，保留企业主体，又要求在短期内完成重整程序，以保障投资人进场，在2023年12月31日前完成续建投产工作，在内蒙古康某尔未经过预重整的情况下，给人民法院预留的办案期限过短，在重整期间完成债权审核确认、清产核资、投资人招募、重整投资协议签署、保证金收取等众多事务难度极大。

通辽中院积极指导并督促管理人工作，在短期内完成财产接管、财务审计与资产评估等工作。指导管理人主动与债权人联系，通知其申报，为缩短时间，采用网络申报方式，与债权人、债务人进行债权初审，提升工作效率。最终，在第一次债权人会议召开前，完成496笔债权审查工作，并对其中有争议的4笔债权采取预留提出分配额方式进行处理，并赋予争议债权人临时表决权，保护其合法权利。

其他审理经验

内蒙古康某尔破产重整案充分发挥府院联动机制优势，将续建投产与债务化解并重，保障了地方经济高质量发展。该案的成功审结为法院系统提升破产审判工作水平、营造法治化营商环境积累了有益经验。主要体现为“三个并重”与“三个首次”。

（一）“三个并重”

一是效率与公正并重。通辽中院在内蒙古康某尔重整案中充分发挥清算组制度优势，坚持政府行政权效率价值与审判权公正价值并重，成立清算组提升破产重整办案效率，提升职工工资核查、资产调查效率，法院公正审理监督行政行为，通过实现司法公正保障各方合法权益。

二是续建投产与债务清理并重。传统意义破产重整仅关注债务清理，而内蒙古康某尔重整案中，还肩负保障项目续建投产的重要责任。通辽中院巧妙利用重整期间持续经营等制度设计，抢抓工期，重整期内做到不停工，为年底续建投产打下坚实基础。

三是案件合规与经营可行并重。通辽中院既关注案件合法合规，及时监督指导，以保障案件经得起历史检验，也关注内蒙古康某尔经营可行性审查，多次对重整投资人进行访谈了解，细化经营方案，最终同意重整投资人的三期 280 亿元投资及解决 8000 人就业的整体方案，真正做到一案事了、功在长期。

（二）三个首次

一是通辽中院为提高办案效率，巧妙利用分配资金预留、临时表决权分配等制度，成功在第一次债权人会议提交《重整计划》，在全国范围内属首次尝试，获得全国审判同行及破产审判专家高度认可。

二是首次执行不能直接转破产重整。按全国破产审判工作惯例，执行不能情况下通常转入破产清算程序，但内蒙古康某尔案件中，通辽中院精准研判案情，直接转入破产重整程序，提升审判效率的同时，又对近 100 件涉及内蒙古康某尔强制执行不能的案件结案处理，取得了良好的社会效果与法律效果。

三是首次适用强制批准权通过《重整计划》。强制批准《重整计划》是《企业破产法》为保护社会公共利益而赋予人民法院的权力，内蒙古康某尔重整中，为保障地方经济高质量发展，准备理解并适用《企业破产法》等法律法规，克服原股东方不当阻碍，全市范围内首次适用强制批准权通过《重整计划》，为通辽市未来利用破产重整制度拯救危困企业积累了有益经验。

第六章　关联企业合并破产

一、方某集团等 5 家公司实质合并重整案

企业基本情况

北大方某集团由北某大学投资创办，成为以方某集团为整体控股平台，以信某集团、北某医疗、资某集团、产某控股为板块控股融资平台的大型企业集团，旗下拥有方某科技集团股份有限公司（60××01. SH）、方某控股有限公司（00×18. HK）、北某医药股份有限公司（00××88. SZ）、方某证券股份有限公司（60××01. SH）、中国高某集团股份有限公司（60××30. SH）6 家公众公司，1 家保险公司北大方某人寿保险有限公司，1 家财务公司北大方某财务有限公司。

方某集团以 IT 产业起步，经过三十余年的发展，逐步形成了 IT、医疗、产业金融、产城融合等业务协同发展的产业格局，整体收入一度突破千亿元，并作为知名校企，连年入选中国企业 500 强。近年来，受历史遗留问题、内部管理缺失、投融资期限错配、行业周期调整等内外部因素影响，方某集团亏损严重，融资成本不断增加。虽在有关单位的支持下积极采取各项措施，但因债务负担沉重，未能实现扭亏脱困。2019 年年底，因流动资金紧张，方某集团陆续出现贷款逾期、债券违约，流动性危机全面爆发，陷入了严重的债务和诉讼风险，亟须实施重整。重整主体基本信息如下。

（一）方某集团

方某集团成立于 1992 年，登记机关为北京市海淀区市场监督管理局（原

北京市工商行政管理局海淀分局)，公司住所地为北京市海淀区成府路 298 号，企业类型为其他有限责任公司，公司法定代表人为生某海，注册资本总额 110 252.86 万元。重整受理日国家企业信用信息公示系统显示，北某资产持有方某集团 70%股权，北京招某投资管理有限公司持有 30%股权。方某集团作为管理平台，负责整体管控下属业务板块各项事务。

（二）信某集团

信某集团成立于 2010 年，登记机关为北京市海淀区市场监督管理局，公司住所地为北京市海淀区成府路 298 号，企业类型为有限责任公司，公司法定代表人为谢某海，注册资本总额 100 000.00 万元。重整受理日国家企业信用信息公示系统显示，方某集团持有信某集团 100%股权。信某集团为 IT 板块控股及融资平台，业务覆盖字库、集成电路（PCB、封装基板、芯片制造）等领域。

（三）北某医疗

北某医疗成立于 2003 年，登记机关为北京市市场监督管理局（原北京市工商行政管理局)，公司住所地为北京市昌平区生命园路 29 号，企业类型为其他有限责任公司，公司法定代表人为肖某国，注册资本总额 250 000.00 万元。重整受理日国家企业信用信息公示系统显示，方某集团持有北某医疗 85.6%股权，北京北某科技园有限公司持有 0.6%股权、北某大学持有 13.8%股权。北某医疗为医疗板块控股及融资平台，业务覆盖医疗服务、医药工业等领域。

（四）资某集团

资某集团成立于 1993 年，登记机关为北京市海淀区市场监督管理局，公司住所地为北京市海淀区成府路 298 号，企业类型为其他有限责任公司，公司法定代表人为韦某民，注册资本总额 20 000 万元。重整受理日国家企业信用信息公示系统显示，北某资产持有资某集团 40%股权、方某集团持有 30%股权、利某科技发展有限公司持有 30%。资某集团为产城融合板块控股及融资平台，业务覆盖房地产开发、物业服务、产业园区等领域。

（五）产某控股

产某控股成立于 2002 年，登记机关为北京市海淀区市场监督管理局，公司住所地为北京市海淀区成府路 298 号，企业类型为其他有限责任公司，公司法定代表人为齐某鑫，注册资本总额 120 000 万元。重整受理日国家企业信用信息公示系统显示，方某集团持有产某控股 94.17%股权，利某科技发展有限公司持有 5.83%股权。产某控股为产业金融板块持股平台，无职工及运营，由方某集团管控，业务覆盖大宗商品等领域。

案件审理情况

2020 年 2 月 19 日，北京市第一中级人民法院（以下简称北京一中院）裁定受理债权人对方某集团的重整申请，并指定方某集团清算组担任管理人。经清产核资，管理人发现方某集团与部分下属企业法人人格高度混同，对方某集团单独实施重整将损害债权人的公平清偿利益。在清产核资基础上，按照保障核心主业重整成功的原则，同时考虑司法重整的法定时限，最终确定了对方某集团“1+4”控股平台申请实质合并重整。2020 年 7 月 31 日，北京一中院裁定方某集团等 5 家公司实质合并重整。

为促进重整成功、实现债权人利益最大化，重整期间，经管理人申请，北京一中院许可重整主体继续营业及管理人引入 22.25 亿元共益债借款，并指导管理人秉持公平、公正原则公开招募重整投资人。管理人综合考虑投资人主体资质、行业区域发展匹配度、相关方案的合理性与可行性等因素，确定珠海华某集团、平某集团与深圳特某集团组成的投资联合体（以下简称珠海平安联合体）作为重整投资人，投资人在法院裁定批准重整计划后将向重整主体提供总额约 537.25~733 亿元的重整投资款。因方某集团资产、业务情况复杂，历史遗留问题较多，数十家不同形式管控的公司或有权益无法界定，短时间难以解决，在现状基础上引入投资者实施重组缺乏可行性，也不利于企业未来经营发展。在此背景下，本案采用“资产出售式”重整的模式，即重整主体的保留资产按照约定的方式置入由投资者珠海投资主体、平某人寿（或其下属全资主体）和债权人持股平台作为股东的新方某集团，以实现方某集团主体业务与历史遗留问题切断，并迅速恢复正常经营；剩余的待处置资产在重整主体内实施分步清理、确权、处置和补充分配，完成处置后对法人主体资格予以注销。在债权清偿方案设计上，为提高债权清偿率、妥善平衡各方权益的要求，本案根据不同债权人的诉求制定了清偿方式多样且清偿率优势明显的清偿方案。本案中，债权人的债权类型包括有财产担保债权、职工债权、税款债权及普通债权。根据重整计划规定，有财产担保债权、职工债权、税款债权及普通债权 100 万元以下的部分均获得全额现金清偿；普通债权 100 万元以上的部分可在“全现金”“现金+以股抵债”“现金+留债”三种清偿方式中任选一种获得清偿，预计清偿率最高可达 61%。对于选择以股抵债的债权人，自法院裁定批准重整计划之日起满 7 年后的第 1 个月当月内，债权人有权向华某集团和平某人寿提交书面的回购通知，要求其向债权人持股平台回购其所持新方某集团对应比例的股权。关于经营方案，新方某集团践行“产学研深度融合”的发展模式以及“服务国家发展战略、促进科技成果转化”的战略理念，以本次重整为契机，充分利用粤港澳大湾区广袤平台及投资者丰富产业布局与资金优势，逐步聚焦核心业务发展，实现业务升级、经营提效和资产增值，快速改善经营业绩，不断提升新方某集团市场竞争力和行业影响力，塑造科研驱动、金融赋能、产业承接的校企改革新标杆。未来新方某集团紧密围绕建设粤港澳大湾区、落实粤澳特别合作区、深圳建设中国特色社会主义先行示范区、国家科技创新等国家级战略，依托粤港澳大湾区政策优势、区位优势，在快速改善经营业绩的同时，将自身发展全面融入粤港澳大湾区建设，推动科技创新，建设国际一流湾区，持续创造社会价值。

2021 年 5 月 28 日，北京一中院通过最高人民法院破产重整案件信息网召开方某集团实质合并重整案第二次债权人会议。会上，管理人继续就执行职务工作情况、债权申报审查情况进行了汇报、说明。会议当场审议表决了《方某集团有限公司等 5 家公司重整计划（草案）》并实现了高票通过：有财产担保债权组同意人数达到 94.44%，代表债权金额 98.59%；普通债权组同意人数达到 94.74%，代表债权金额 84.33%。2021 年 6 月 28 日，北京一中院裁定批准《方某集团有限公司等 5 家公司重整计划》。通过司法重整，成功为方某集团引入 700 多亿元投资，化解 2600 多亿元债务，帮助 400 余家企业持续经营，稳住 3.5 万名职工的工作岗位，最大限度保护各类债权人权益，并使方某集团重获新生。

主要法律问题及解决途径

方某集团作为我国首个进入重整程序的千亿级多元化大型企业集团，业务涵盖医疗、信产、金融等多个板块，资产债务规模巨大，职工人数众多，在进入司法重整前已发生大规模债务违约，资不抵债，容易引发系统性金融风险，国内外高度关注。北京一中院受理方某集团重整案后，按照法治化、市场化、信息化的要求稳妥推进各项重整程序，严格依法审理，加强风险防控，实现政治效果、法律效果和社会效果的统一。

（一）坚持法治化重整原则，依法审慎确定实质合并重整范围

充分考虑到司法重整时限要求及重整效果，坚持围绕核心主业开展重整的原则，本案在坚持法人人格独立的基础上，审慎确定实质合并范围。

在确定相关企业是否纳入合并重整范围时，考虑的一般性标准包括关联企业是否已经符合法人人格高度混同的标准，以致其资产、负债需要过高的费用和大量的时间才能予以区分，或者由于记载资料匮乏等原因，已经在事实上无法区分，单独适用破产程序将严重损害债权人公平清偿利益。同时，方某集团作为大型企业集团，本案判断相关企业是否存在人格混同时，结合企业集团经营特点，重点关注核心企业是否存在对于关联企业过度控制，导致关联企业丧失法人人格独立性等情形。本案中，方某集团过度支配和控制产某控股、北某医疗、信某集团、资某集团等四家公司的财务、经营、人事管理等，导致四家公司欠缺法人的独立意志，主要体现在：四家公司的重大财务管理事项均由方某集团统一审批，重大融资业务及对外担保均由方某集团决策，资金由方某集团统一调配使用，四家公司不能自主决定重大融资业务和资金的具体使用。同时，由于方某集团与四家公司之间大量互相担保、长期无偿使用资金以及混同使用资金，且部分财务记录不完整和资料缺失，导致无法判断 5 家公司内部往来资产负债的准确性；北某医疗、信某集团、资某集团的重大业务调整、重大资产处置、大额工程招投标、项目开发、重大诉讼等经营管理事项均由方某集团决策，产某控股无经营管理层，经营管理事项由方某集团直接决策，四家公司的经营管理均缺乏独立意志；四家公司的人事管理权由方某集团统一行使，高管的任免、考核、定薪、奖金发放、人员调配以及组织架构调整、整体薪酬方案等均由方某集团决定，方某集团与四家公司的管理人员亦存在多人同时交叉任职情形。综合上述情况，北京一中院认为方某集团与四家公司之间存在显著、广泛、持续的法人人格混同，裁定方某集团与四家公司实质合并重整。

产某控股、北某医疗、信某集团、资某集团系方某集团核心主营业务持股平台，将其纳入实质合并重整范围，整体进行资产和业务结构调整，有利于集中优势资源发展优质资产，剥离处置亏损资产，“一揽子”清理债权债务关系，节省区分和清理成本、降低破产费用，提高重整的成功率。在严格审查确定实质合并重整范围的同时，保障方某集团下属400余家关联企业不受重整程序影响，维持下属正常经营，最大程度促进重整成功，同时充分保障关联企业债权人权益。

（二）审慎处理实质合并重整事项，依法保护债权人权益

根据最高人民法院《全国法院破产审判工作会议纪要》之规定，采用实质合并方式审理破产案件的，各关联企业成员之间的债权债务归于消灭，各成员的财产作为合并后统一的破产财产，由各成员的债权人在同一程序中按照法定顺序公平受偿。同时，重整计划草案中应当制定统一的债权分类、债权调整和债权受偿方案。根据上述规定，本案依法处理实质合并重整后的相关事项，实质合并重整主体之间的债权债务归于消灭，重整主体互联互保债务，在债权人重复申报的情况下，认定为同一笔债务。

因重整主体进入重整程序时间存在差异，因此涉及不同重整主体停止计息、撤销权及抵销权等权利行使期间问题。依据《企业破产法》第46条第2款的规定，附利息的债权自破产申请受理时起停止计息。但对于实质合并重整案件中，不同重整主体是否采用同一停止计息时间并无规定，对此实践中亦存在争议。因对关联企业主体进行实质合并破产的前提是各企业存在严重的法人人格混同，无法区分，因此可以将相应关联企业视为同一主体统一处理债权债务关系，据此有观点认为首个企业进入破产程序对于其他法人人格混同关联企业亦应发生效力。如采取这一认定方式，在实质合并破产案件中应当认为某一企业进入破产程序对于其他关联企业溯及产生该时刻破产的法律效果，包括所有破产企业债权停止计息之日均应当为首个企业进入破产程序之日，破产撤销权、抵销权等权利行使亦应当以此时间点计算。但这一理论无法解决尚未进入破产程序的关联企业经营行为效力问题，一般而言，大型企业集团不同企业进入破产程序时间存在先后差别，如本案中方某集团与四家企业进入重整程序时间相差约6个月，在此期间，对于外部债权人而言，四家公司处于正常经营状态，如果认为相应关联企业破产程序应当溯及首家

公司进入破产程序之时，那么其在此后进行的交易行为因为未获得法院、债权人会议的授权或批准应为无效，但事实上，这一阶段相关企业尚未进入破产程序，无法就相应事项提请法院或者债权人会议决议。同时，法人人格独立系公司法规定的一般性原则，在相应主体提出实质合并破产申请、法院裁定受理前，债权人认为相应主体为独立企业法人并与其交易，应当保护该相对人的信赖利益以及交易的稳定性。考虑上述因素，本案分别按照相应重整主体进入重整程序的时间确定停止计息及撤销权、抵销权等各项权利行使的时间，以妥善平衡债权人、债务人各方主体利益。

（三）确定整体挽救原则，采用出售式重整模式，提升重整价值和清偿率

方某集团业务板块多元，各板块的资产价值差异较大，如果对各项实体业务板块进行切割，分板块实施重整，将出现投资者围猎投资优质板块，债权人为在优质板块内获得清偿而博弈等复杂局面。因此，本案采取“整体重整”优先原则，要求投资者整体承接方某集团及其关联企业的资产，“一揽子”化解风险。同时采用“出售式重整”模式，将重整企业的资产分为保留资产和待处置资产。以保留资产出资设立新方某集团和各业务平台公司，承接相应业务和职工就业，并根据普通债权人对清偿方案的选择情况，以其股权抵偿债权。待处置资产设立信托计划，处置所得在优先支付相关费用后对受益人补充分配，实现全部资产都用于清偿债权人。通过“出售式重整”模式实现新老划断，隔离新方某集团未来经营风险，最大程度提高了债权人的清偿率及对债权人的保护。

因本案采取“出售式重整”模式，重整计划执行期间涉及大量资产过户事宜，相关资产过户系重整程序中基于重整计划及重整企业与投资人签订“一揽子”投资协议实施的过户行为，重整主体无法提供行政机关要求的交易过户文件，无法自行办理过户，因此重整主体向北京一中院申请司法强制过户。关于经人民法院裁定批准的重整计划是否具有强制执行效力，《企业破产法》并未作出规定。考察重整计划的性质，因其经过人民法院全面审查并裁定批准后发生法律效力，重整程序中反对者亦受其约束。因此，经过法院裁定批准的重整计划具有法律效力，应当认为其中至少部分事项是具有执行效力的。一般认为，重整计划中债务清偿安排是不可强制执行的，主要是因为当未按重整计划获得清偿的债权人为多数人，债务人又没有足够财产清偿全

部债权人时，如果允许对于个别债权强制执行，可能使其他未受偿债权人因债务人的财产被执行而无法受偿，造成新的清偿不公。① 因此在债务人不执行债务清偿方案时，经利害关系人或管理人申请，人民法院可以裁定终止重整计划的执行。但对于重整计划中关于股权变更、财产处置等重组安排或经营方案，一般认为是能够强制执行的。事实上，实践中，根据行政机关及相关单位的要求，部分事项必须由法院出具协助执行通知书，否则无法完成变更。如本案中涉及的资产过户困难主要因相关部门关于资产过户要求均基于企业正常经营交易行为，如要求提交买卖合同、股东会决议等，未考虑企业破产重整的特殊情况，在司法重整案件中，一般并无买卖合同等交易文件，过户的依据为债权人会议决议、重整计划、投资协议等，无法满足行政机关过户的程序要求。本案中，北京一中院考虑上述情况，出具协助执行通知书协助重整主体办理股权、不动产等资产过户手续，保障重整计划的顺利执行。

其他审理经验

（一）及时通过司法手段保护重整主体核心资产安全，维持方某集团及下属企业的持续经营

根据《企业破产法》相关规定，在第一次债权人会议召开之前，管理人决定继续或者停止债务人的营业或者实施对债权人利益有重大影响的财产处分行为应当经过法院许可。本案中，方某集团在重整受理前已经产生较为严重的债务危机，能否维持集团正常经营对于后续重整工作推进及引入战略投资人至关重要，为了保证方某集团整体经营稳定，最大限度维护债权人与职工的合法权益，北京一中院依法及时批复许可重整主体在重整期间继续营业、许可管理人聘任原经营管理人员负责营业事务、许可重整主体继续履行了 199 份合同、许可管理人为继续营业对外借款约 22.77 亿元、裁定对重整主体的持有 22 亿股股票进行了保护性冻结，有效维持了方某集团及下属企业的营运价值及职工稳定。同时，考虑方某集团作为企业集团的控股平台，允许方某集团将借款用于下属企业，为在破产程序中维持大型企业集团整体运营创造了先例。

① 王欣新：《谈重整计划执行中的协助执行》，载《人民法院报》2016 年 7 月 13 日，第 7 版。

（二）公平保护债权人权益，设置多样化清偿方式，最大限度保障债权人的清偿利益

本案采取方某集团与5家公司实质合并重整的方式进行审理，涉及债权债务结构复杂，债权人类型众多且对清偿方案的诉求存在较大差异。在制定重整计划草案时，一方面应当考虑债权人类型差异导致的清偿多样化需求；另一方面基于实质合并重整的要求，应当制定统一的清偿方案，对于5家企业的债权人公平清偿，同时对同一顺位的债权人同等对待。本案重整计划草案在严格遵守上述统一清偿、债权平等原则的前提下，通过现金、债转股、留债等多种形式，为债权人提供了灵活多样、高比例、全方位保障的清偿方案，对优先债权全额现金清偿，普通债权的债权人可以在“现金+以股抵债”“全现金”“现金+留债”三种方案中任选一种获得清偿，满足了不同债权人的清偿需要，合理确定以股抵债价格，提供了明确的兜底回购退出机制，解决了以往案例中转股债权人难以实现退出等问题。

（三）重视破产审判信息化建设及运用，提升审判效率，降低破产成本

本案创新债权申报方式，通过重整信息网发布债权申报通知，开发、建立网络债权申报系统，节省了债权人债权申报费用，提高了债权申报效率；同时通过网络平台发布重整案件公告，向债权人披露重整进展，并积极主动通过网络平台、电子邮件、移动通信工具等与债权人进行沟通交流，使用网络途径作为主要材料提交和工作交流平台；重整案件债权人会议均通过全国破产重整案件信息网召开，实现全国各地累计几千人次债权人居家参会的效果，大大节约了重整案件办理总成本。

二、青海省投某集团有限公司等17家企业实质合并破产重整案

企业基本情况

青海省投某集团有限公司（以下简称青投集团）是1993年经青海省政府批准设立的国有独资公司，注册资本为63.89亿元。经多年发展，通过不断

调整投资结构和产业布局，初步形成了以“煤——电——铝——铝加工、水电资源开发——铝基合金——铝加工、矿产资源开发及风险勘探产业链”为核心产业体系的生产型集团企业，旗下产业主要分为电解铝、水电、火电、铝加工及其他（主要由矿业、融资贸易等非主业组成）五个板块。近年来，受融资政策不断趋紧、产品市场行情波动、原材料成本过高、生产要素供应不足等多重不利因素影响，青投集团及下属16家子公司（以下简称青投集团等17家企业）债务风险不断累积，生产经营遭受严重冲击，资金链完全断裂，境内外债券及融资借款相继违约，直接危及债权人、职工等各相关方利益，亟须实施全面的破产重整。

案件审理情况

2020年6月15日，青海祥某建设工程有限公司等债权人以青投集团等17家企业不能清偿到期债务，且明显丧失清偿能力或资产不足以清偿到期债务为由，向青海省西宁市中级人民法院（以下简称西宁中院）申请破产重整。根据青投集团相关财务资料，青投集团等17家企业均有明显丧失清偿能力的可能，且各公司普遍涉及大量诉讼案件，涉诉标的巨大，具备重整原因，符合破产案件的受理条件。西宁中院于2020年6月19日依法分别裁定受理对青投集团等17家企业进行破产重整的申请，并分别指定17家企业清算组为管理人，各公司管理人成员相同，具体负责开展重整期间各项工作。

2020年11月10日，管理人提交《关于提请将青投集团等17家企业进行实质合并重整的申请书》，西宁中院依法组织召开听证会，就实质合并重整事宜充分征求各方意见，经依法审查证据材料，认为17家企业法人人格高度混同，区别各重整企业财产成本过高，对17家企业实质合并重整既有利于保护全体债权人获得公平清偿利益，也能够更大程度保障企业职工权益，遂于2020年12月10日依法裁定对青投集团等17家企业实质合并重整。

经评估审计，青投集团实质合并口径下账面资产审定价值为244.41亿元，资产评估市场价值为295.39亿元；负债合计640.83亿元，涉及债权人近2000家。西宁中院指导管理人及破产企业合并处理各公司财产、清理债权债务，将各关联公司的全部债权人作为同一整体，区分为有财产担保债权、职工债权、税款债权、普通债权等类别，组织债权人会议并表决。通过实质合并重整，缩减了青投集团810亿元重复、缠绕债务，显著降低了审计成本，保障了债权人公平受偿权利，有力提升了重整效率。2021年12月24日，西宁中院作出民事裁定，批准《青投集团等17家企业重整计划》及青投集团等17家企业重整程序。2022年7月13日，西宁中院作出民事裁定，确认《青投集团等17家企业重整计划》执行完毕及终结青投集团等17家企业破产重整程序。

主要法律问题及解决途径

在案件审理过程中，相关证据材料显示，青投集团等17家企业法人人格高度混同，重整过程中区分各企业财产成本过高，如果单体重整，各债权人公平清偿的权益将受到损害的客观情况，因此是否采取实质合并重整方式对该17家企业进行审理，需要进行充分的论证。

结合最高人民法院《全国法院破产审判工作会议纪要》规定及相关理论，实践中要实施公司合并破产，至少应满足以下前提条件：（1）实施合并破产的公司具有关联关系。合并破产制度的理论基础在于关联公司的整体人格及其内部的不基于市场理性的利益转移。若不同公司间并不存在关联关系，具有独立的决策理性，即便其联系紧密、往来频繁，也不能对其实施合并破产。通常，集团公司及其子公司间一般因股权控制关系具有关联性，但对于非典型的公司集合及持股、管理安排，就需要运用关联公司的要素来进行判断。我国民商事立法并未给出关联公司的明确定义，但通过金融、证券等领域的相关规定可以总结出认定关联公司的几类要素：①持股情况；②实际控制情况；③经营决策权力分布情况；④财务会计处理情况；⑤人员混同情况；⑥财产、账户混同情况；⑦业务混同及关联交易情况。（2）实施合并破产的关联公司之间人格高度混同。关联公司虽然具备追求整体利益的倾向，但实践中并非全部关联公司均会形成高度混同的局面。若不同关联公司未高度混同，则区分不同成员公司财产及负债的成本不会明显过高，不应对其实施合并破产，否则不利于局部矛盾局部化解。判断人格是否高度混同，也应从财产、人员、业务的角度进行，尤其应注重对财产是否高度混同的判断。（3）实施合并破产有利于保护债权人的公平清偿利益。关联公司之间通常都存在与市场交易理性不符的利益传导关系，有可能导致债权人清偿利益不能得到平等保护。实践中应重点审查关联公司间是否存在以下几种情况：①关联交易；②利润分配及其他向股东转移财产的行为；③其他成本负担与利润收益相分离的经营行为。具体到本案：

第一，从青投集团共17家关联企业之间资产的混同程度及其持续时间来看，管理人提交的证据材料能够证明各企业在人员管理、资产权属使用、资金管理等方面存在高度混同情形，尤其在资金管理方面，各关联企业之间涉及257笔账务往来、54笔资金拆借、3笔代关联方还款、21笔采购和销售交易，导致区分关联方交易的真实性、合法性和有效性难度增大，同时还存在大量互相担保的情况。大部分子公司自成立之日起在重大财务事项上即不具有独立决策权。近三年内各重整企业账面记载的关联往来总金额为567.22亿元，财务混同之情形长期持续存在。

第二，从各企业之间的利益关系来看，16家子公司虽然可以划分成电解铝、铝加工、水电等若干实体板块，但上述公司均受青投集团实际管理与控制，在人员任免、财务管理、业务经营等多方面意志独立性较弱。

第三，从债权人整体清偿利益来看，管理人根据资产评估、债权申报情况，在听证会上对各重整企业模拟单体和实质合并重整模式下偿债能力进行了分析：实质合并重整相较于单体重整模式下，提升了大多数企业普通债权的清偿率，所涉企业集中了青投集团核心主业的电解铝、水电板块企业，企业资产相对优良，债权人数量占全体债权人人数的70.32%。实质合并重整的实际效果能够增加多数债权人的清偿利益。

第四，从增加企业重整的可能性因素来看。实质合并模式下，统一的重整计划草案能够平衡和整合资源，提高综合清偿率，相较于单一的重整分配方案，能够与各企业债权人进行整体沟通协商，降低谈判成本，重整计划执行会更有保障。同时更有利于引入战略投资者，协商战略投资者制定“一揽子”重整投资方案，整体推动各重整企业战投招募工作。

综上，西宁中院认为基于青投集团等17家企业之间法人人格高度混同，区别各重整企业财务成本过高，实行实质合并重整将有利于保护全体债权人的公平清偿利益，客观上也能够更大程度地保障企业职工的合法权益，亦有利于后续重整计划的制定和执行。

其他审理经验

（一）切实做好实质合并破产前置工作

（1）先行审查各公司是否具备破产原因。在考虑是否实施实质合并破产前，应就各公司资产、负债情况先进行初步审查。能够分别判定是否具备破产原因的，应当单独判断，因人格高度混同导致无法单独判断是否具备破产原因或判断成本过高的，再进行合并口径的审查。（2）就是否实施实质合并破产组织听证。决定实施实质合并破产前，应在初步审查的基础上，及时组织债权人代表、债务人代表、职工代表、管理人、审计机构等进行听证。必要时可邀请政府主管部门等相关单位参加，充分听取各方意见，明确各方权利诉求。

本案中，西宁中院首先根据青投集团相关财务资料，认定17家企业均有明显丧失清偿能力的可能，具备破产原因。在收到管理人提交的实质合并重整申请后，依法组织债权人代表、债务人代表、职工代表、管理人、审计机构进行了听证，并邀请了主管部门列席会议，最终于2020年12月10日依法裁定对青投集团等17家企业实质合并重整。

（二）依法处理实质合并破产后续工作

裁定实质合并破产后，应当合并处理关联公司财产及各成员公司债权人的债权，公平清理债权债务。具体做法包括：（1）合并处置关联公司财产。将各关联公司所有的财产合并处理，原则上解除各关联公司内部成员之间设定的担保物权或其他财产权利限制，注意同一财产为不同债权人设定担保物权的情况，保留内部担保物权顺位以最大限度维护债务人责任财产。（2）合并处理关联公司债权债务。对关联公司内部成员间的债权债务及相互提供的保证担保原则上予以抵销，注意内部债权设定有担保物权的情况，如涉及顺位问题，则保留相关债权顺位以维护责任财产。（3）合并由管理人履行职责。关联公司实质合并破产的，管理人应站在全局角度，综合考虑各成员公司的业务对整体的影响，统筹确定解除或继续履行的合同、管理各公司内部事务、决定开支和处分财产。（4）统筹推进重整工作。人民法院应站在全局高度，统筹推进重整各项工作。根据企业经营情况，允许债务人继续经营，获取经营收入提升债务清偿比例，并设置多种清偿方式，满足不同债权人的偿债需求。

本案中，西宁中院指导管理人合并处理各公司财产、清理债权债务，缩减了青投集团810亿元重复、缠绕债务，显著降低了审计成本，保障了债权人公平受偿权利，有力提升了重整效率。重整期间，根据管理人申请，依法准许青投集团及其子公司继续经营，一万余名公司职工岗位平稳过渡，未受破产重整影响，青投集团获取营收26亿元，在西宁中院的监督下全部用于清偿债务，债务清偿比例达到38.03%。

三、重庆能源集团等16家公司实质合并破产重整案

企业基本情况

重庆市能源投某集团有限公司（以下简称重庆能源集团）是重庆市集能源投资、开发、建设、运营、服务为一体的大型国有能源企业，是中国“500强企业”，控股上市公司重庆燃气（SH.60××17）。注册资本100亿元，由重庆市国有资产监督管理委员会持股100%。2015年以来，受历史包袱沉重、产业转型滞后以及宏观经济变化等多重因素叠加影响，重庆能源集团及其部分子公司出现严重债务风险，陷入经营困境。2022年4月11日，重庆能源集团等16家公司分别向重庆市第五中级人民法院申请重整并同时申请预重整。2022年4月15日，法院对重庆能源集团等16家公司的预重整申请以及聘请北京大某律师事务所和重庆普某会计师事务所联合担任辅助机构进行备案登记。预重整期间，重庆能源集团等16家公司引入华某集团与重庆市属国企共同作为战略投资人，并由辅助机构协助开展审计评估、债权核查、协商谈判等相关工作。重庆能源集团等16家公司拟通过实质合并方式进行整体重整，制定了以引入战略投资人，进行股权重组、债务重组、资产重组、运营重组为主要思路的重组协议，计划通过现金清偿、以股抵债、债转股、留债和新债安排等方式综合清偿债务。2022年11月15日，重庆能源集团等16家公司召开预重整阶段债权人会议，表决通过重组协议，出资人组也表决通过了出资人权益调整方案。同日辅助机构向法院提交预重整终结工作报告。

案件审理情况

2022 年 11 月 19 日，法院分别裁定受理重庆能源集团等 16 家公司的重整申请，并于同日复函许可该 16 家公司在重整期间自行管理财产和营业事务。2022 年 11 月 22 日，法院裁定对重庆能源集团等 16 家公司进行实质合并重整。2022 年 12 月 21 日，法院组织召开重庆能源集团等 16 家公司实质合并重整案第一次债权人会议，各表决组高票通过了在重组协议基础上制定的重整计划草案，同日召开出资人组会议表决通过了出资人权益调整方案。2022 年 12 月 22 日，重庆能源集团向法院申请批准重整计划。

在预重整阶段，法院采用司法弱介入方式，以债务人为主导开展庭外重组工作，在受理重整申请后，法院从债权受偿方案合法性、经营方案可行性以及表决程序合法性进行严格审查，确保预重整效力的合法延续，实现庭外重组和庭内重整的有效衔接。经审查，重庆能源集团等 16 家公司预重整转重整程序、重整计划草案和出资人权益调整方案的内容和表决程序均符合法律规定，重庆能源集团向法院提交的批准重整计划的申请应当予以支持。2022 年 12 月 23 日，重庆市第五中级人民法院裁定批准重庆能源集团等 16 家公司实质合并重整计划，并终止重整程序。目前，重整计划进入执行期，债权按期清偿，企业生产经营稳定。

主要法律问题及解决途径

（一）创新运用预重整转重整审理方式，维护企业持续运营

重庆能源集团是重庆市能源供应保障的重要主体，对于重庆市能源安全稳定供应，保持经济平稳健康发展，维护社会和谐稳定具有十分重大的意义。法院对重庆能源集团等 16 家公司预重整申请以及其聘请的预重整辅助机构进行登记备案后，采用司法弱介入方式，由重庆能源集团等 16 家公司为主导开展庭外重组工作，充分尊重债务人、债权人的意思自治。预重整期间，由重庆能源集团等 16 家公司自行管理财产和营业事务，预重整转入重整后，法院许可该 16 家公司继续自行管理财产和营业事务，最大程度维护了企业持续运营，确保了无论是在 2022 年夏季重庆遭遇 60 年一遇的高温时节，还是在

2022年冬季重庆突发疫情冲击期间，均做到了能源保供稳定，同时有效保障了四川、重庆、江苏等10余省市2000余家产业链上企业的正常生产经营，维护了能源保供链条的完整性。

（二）针对性引入战略投资人，确保国家能源安全和保障供应

鉴于重庆能源集团主体特殊性，为最大程度实现其功能定位，针对性引入战略投资人。本案中，从企业性质、业务重合度、市场竞争力、行业影响力等多维度考量，最终引入龙头央企华某集团，与重庆市属国企按照3：1的投资比例，共同参与重庆能源集团等16家公司重整投资，合计持有重整后的重庆能源集团51%股份。一方面充分发挥华某集团作为世界500强的多元化集团优势以及其在综合能源领域的业务优势，优化产业结构；另一方面通过重庆市属国有企业投资注入，整合本地资源，实现优势互补，确保了国家能源安全和保障供应。

（三）审慎适用实质合并，保障债权人公平受偿

法院严格按照《全国法院破产审判工作会议纪要》的有关规定，对能源集团等16家公司的实质合并申请进行审慎审查。法院收到债务人的实质合并申请后，第一时间在全国法院破产重整信息网发布听证公告，组织债务人、债权人代表进行听证，听取当事人意见。结合听证情况及管理人举示的《重庆能源集团2017年度至2021年度混同报告》等相关证据材料，法院对重庆能源集团及其15家子公司的具体情况从关联企业成员法人人格是否高度混同、区分各关联企业成员财产成本是否过高、是否严重损害债权人公平清偿利益以及能否增加重整可能性四方面予以分析论证，依法裁定对重庆能源集团等16家公司进行实质合并重整，在复议期内无一债权人提出复议，确保债权人公平受偿。

（四）采用多种组合偿债方式，实现债权人利益最大化

针对重庆能源集团等16家公司资不抵债，且严重缺乏现金偿债资源的情形，严格按照《企业破产法》有关债务清偿顺序的规定，充分运用重庆能源集团持有的上市公司重庆燃气股票、债务人公司股权及重整后的经营收益等偿债资源，对不同性质的债权分类进行受偿安排。对有财产担保债权采用“现金+留债”的方式进行清偿。对于普通债权，重庆能源集团将其持有上市

公司重庆燃气（SH. 60××17）全部约 6. 45 亿股，按照 1∶1 的抵债价格（7. 84 元/股）用于清偿部分普通债权；将重庆市国资委持有的能源集团的 100%股权全部调整为零，其中 51%用于引入战略投资人，49%用于普通债权人部分债权实施债转股；同时重庆能源集团将用后期经营所得用于清偿普通债权人部分债权。综合运用现金、股票抵债、债转股、新债安排等多种方式组合清偿债务，整体提升债权受偿率，实现债权人利益最大化。

（五）以债法理论为基础，创设“新债安排”偿债方式

我国《民法典》《企业破产法》等法律均没有关于留债的规定，留债是在破产实务中创设的概念，目前在大型破产案件中均普遍适用，最初用于上市公司的有财产担保债权的展期清偿，后拓展到普通债权的分期清偿，并且存在普通债权的留债期和执行期不一致的情形。本案债务人和普通债权人协商谈判的结果也是希望对普通债权中的一定比例进行“留债”，“留债”主体为能源集团，留债期短于执行期。法院从债法的原理入手对“留债”的合法性进行审查，认为重庆能源集团等 16 家公司虽然实质合并，但并非组织法上的合并，重整后各企业是独立的主体，因此对于 15 家子公司将债务转移至母公司重庆能源集团，且留债期限长于执行期的偿债方式，应当属于债法理论中的债的更新理论，即新债成立、旧债消灭，在重整计划中，是一种新债履行的安排，不属于重整计划执行的一部分。因此，在本案的重整方案中创设了“新债安排”的偿债方式，并且需要债权人通过明示方式进行选择，从债法原理上加以厘清，确保了重整计划的合法性。

（六）科学制定经营方案，恢复企业盈利能力

全面深入分析重庆能源集团等 16 家公司陷入债务危机和经营困境的原因，针对性制定了明确可行的经营方案。一方面，通过投资人投入 80 亿元资金，改善企业财务状况，促进企业正常生产经营。另一方面，利用投资人的产业优势及管理优势，聚焦火电、清洁能源、配售电、综合能源等主业发展，狠抓传统产业改造升级，实施智慧电厂建设，以数字化、智能化等手段，系统提升现有业务经营业绩，恢复企业盈利能力。全面贯彻新发展理念，加大区域产业布局，持续投入能源供应、新材料业务等核心领域，优化能源结构，着力补强产业链薄弱环节，推进新型能源体系规划建设，实现大型国企改革脱困与赋能重生的双重效能。

（七）充分发挥“府院协调”机制，合力推进案件办理

重庆能源集团作为重庆市集能源投资、开发、建设、运营、服务为一体的大型国有能源企业，对当地能源保供、人员就业、社会经济稳定及发展等都有举足轻重的作用。对于重庆能源集团等 16 家公司实质合并重整案，重庆市委高度重视，市政府大力支持，市高级法院悉心指导，市五中院举全院之力依法高效推进案件办理。本案充分利用了重庆高院与重庆市政府牵头建立的企业破产处置府院联动机制，市银保监局、金融办、税务局等市政府相关职能部门积极配合、全力支持法院推进重整相关工作。重庆能源集团等 16 家企业涉及重庆 7 区 3 县，还有一家企业在外地，体系庞大、情况复杂，为突破地域限制，促进系列案件一体化推进，在市政府成立工作专班基础上，各区县成立工作小组并展开联合工作，建立跨条线、跨部门、跨地区的联动机制，极大提高预重整及重整效率。

其他审理经验

本案通过预重整程序，实现庭外重组和庭内重整的有效衔接。从正式受理重整到批准重整计划仅用时 34 天。针对债务人主体特殊性，引入能源行业龙头央企与本地市属国企共同投资，保证国家能源安全和投资稳定。通过实质合并重整整合偿债资源，综合运用现金、股票抵债、留债分期、债转股、新债安排等多种方式清偿债务，整体提升债权受偿率，实现债权人利益最大化。精准识别债务人陷于破产的原因，科学制定明确可行的经营方案，恢复企业盈利能力，全面实现价值重塑。重庆能源集团等 16 家公司预重整转重整案件成功审结，推动了龙头央企华某集团能源板块产业优势与本市国企资源整合优势的有机融合。维护了重庆能源集团等 16 家公司持续运营，安置了职工 2 万余名，保障了四川、重庆、江苏等 10 余省市 2000 余家产业链上企业的正常生产经营，化解企业债务 472. 99 亿元、盘活资产 339. 60 亿元。对于深化国有企业改革、优化国有资本布局和结构调整、确保国家能源安全和保障供应、促进国有经济高质量发展具有重要意义。

四、台海玛某尔核电设备股份有限公司破产重整案

企业基本情况

台海玛某尔核电设备股份有限公司（以下简称台海核电）系在深圳证券交易所主板挂牌的上市公司。台海核电作为持股平台，通过控股烟台台海玛某尔核电设备有限公司、烟台台海材某科技有限公司和烟台台海玛某尔智能装备有限公司（以下简称三家核心子公司）等三家核心子公司从事高端装备机械制造业务，是我国唯一一家以核电主设备为主要产品的上市公司，也是国内核电、军工和新能源高端装备制造龙头骨干企业，在军工及核电领域有较高的市场价值。

台海核电由于进行了大量产品研发投入，存在短贷长投、融资期限错配，自 2011 年福岛核事故后，核电产业实行“零核准”的状况，以及公司经营管理不善等问题，近年来其整体债务危机和经营危机日趋严重。台海核电因 2021 年度经审计的期末净资产为负值，面临紧迫的退市风险。

案件审理情况

2021 年 10 月，烟台市中级人民法院（以下简称烟台中院）收到债权人提交的对台海核电的破产重整申请。2022 年 8 月 18 日，烟台中院经层报最高人民法院审查批复后裁定受理台海核电破产重整。考虑到台海核电的母子公司均已进入破产程序，已由烟台市莱山区人民法院（以下简称莱山法院）受理，且烟台市莱山区人民政府（以下简称莱山区政府）前期已开展实施重整工作，故烟台中院指令本案由莱山法院审理，并指派审判经验最丰富的法官参与、指导本案审理。

重整期间，经公开招募和遴选，确定了台海核电的产业投资人和财务投资人，并于 2022 年 11 月 28 日召开台海核电第二次债权人会议，会议高票表决通过了台海核电《台海核电重整计划（草案）》（以下简称《重整计划》）。同日下午，台海核电出资人组会议表决通过《台海核电重整计划（草案）之出资人权益调整方案》（以下简称《出资人权益调整方案》）。

2022年12月23日，莱山法院裁定确认台海核电重整计划执行完毕，终结台海核电重整程序。

（一）各类债权清偿方案

台海核电债权分为职工债权、税款债权和普通债权三类，通过重整程序可化解台海核电债务，具体受偿方案如下。

1. 职工债权受偿方案

经管理人调查公示，职工债权金额为8 781 241.32元，不作调整，以现金方式全额清偿。

2. 税款债权受偿方案

经管理人审查，台海核电欠付税务机关的税款债权金额为4 503 290.48元，不作调整，以现金方式全额清偿。

3. 普通债权受偿方案

（1）每家普通债权人20万元以下（含20万元）的债权部分，以现金方式清偿。

（2）每家普通债权人超过20万元的债权部分，按照14.00元/股的抵债价格获得转增股票，即每100元普通债权分得约7.14股的台海核电股票，该部分债权视为100%清偿。

4. 预计债权受偿方案

已向管理人申报，但因涉及未决诉讼、需要补充证据材料等原因尚未经管理人审查确定的暂缓确定债权，以及台海核电账面记载或已知悉但尚未依法申报的债权，本次重整中按照其申报金额或账面记载金额相应预留，其债权经审查确认之后按同类债权清偿方案予以清偿。

（二）重整计划表决情况

因台海核电无担保债权，故不设财产担保债权组；因职工债权、税款债权不作调整、全额清偿，故职工债权组、税款债权组不设表决组。

台海核电第二次债权人会议由普通债权组进行表决，且不设小额债权组。另外，因台海核电涉及出资人权益调整，故由出资人组会议表决《出资人权益调整方案》。出资人组由截至出资人组会议之股权登记日在中证登深圳分公司登记在册的台海核电股东组成。

台海核电第二次债权人会议以及出资人组会议均于 2022 年 11 月 28 日召开，分别对《重整计划》《出资人权益调整方案》进行了表决，具体表决情况如下。

1. 债权人会议表决情况

台海核电普通债权组有表决权的债权人共 40 家，涉及债权总额 2 436 508 923.97 元（含有财产担保债权不能优先受偿部分），出席会议的普通债权人共 37 家。表决同意重整计划草案的普通债权人共 32 家，占出席会议的该组债权人的 86.49%，超过出席会议的该组债权人人数的半数，其所代表的债权金额为 1 959 912 069.16 元，占普通债权总额的 80.44%，达到该组债权总额的 2/3 以上。债权人会议表决组表决通过了《重整计划》。

2. 出资人组会议表决情况

出席出资人组会议的有效表决权股份总数为 291 023 158 股，占台海核电现有总股本的 33.56%。其中，表决同意的出资人所代表的表决权额为 291 023 158 股，占出席会议所有出资人所持股份的 100%；表决同意的出资人所代表的表决权额已达到出席会议的出资人所持表决权的 2/3。出资人组会议表决通过了《出资人权益调整方案》。

（三）投资人引进情况

债权人会议还确定了具有国资背景的青岛军某融合发展集团有限公司（以下简称融发集团）为重整产业投资人，并签署《重整投资协议》。另外，还确定了宁波梅某保税港区璐银投资中心（有限合伙）、烟台盛某投资控股有限公司、重庆国某信托股份有限公司、烟台鸿某一号投资合伙企业（有限合伙）、烟台瑞某投资管理合伙企业（有限合伙）、德某海投资合伙企业（有限合伙）、上海嘉某商务咨询合伙企业（有限合伙）、丁某阳等为财务投资人，并分别签署《重整投资协议》。

（四）经营方案内容介绍

1. 整体解决台海核电及三家核心子公司的债务危机

台海核电作为持股平台，主要通过三家核心子公司开展业务经营，为彻底化解台海核电的退市风险，并维持和提升台海核电的持续经营能力，在依法依规且不损害债权人利益的前提下，台海核电将向三家核心子公司提供部分转增股票等资源用于清偿债务。本次重整过程中，台海核电将通过资本性投入、提供财务资助等方式向三家核心子公司提供496 252 804.18元现金，235 218 496股股票用于清偿债务。

2. 引进重整投资人改善公司经营

台海核电通过重整程序引入在企业管理、与公司业务协同、资源支持等方面有明显背景优势的产业投资人融某集团以及其他资金雄厚的财务投资人。在实现重整投资人对台海核电的战略投资之后，公司将保持核装备制造的主营业务，通过重整投资人注入流动资金、置入优质资产、提供业务资源支持，及采取加强内部管控、降低成本费用等一系列措施，从根本上改变公司生产经营，实现高效有序的经营状态，增强公司持续经营能力和盈利能力。

3. 全面推动主营业务持续向好

在重整后，台海核电将充分借助主营业务的行业优势及政策机遇，深耕区域市场、细作储备订单、提高市场占有率，推动重大科研产品转化、实现核心拳头产品多元化，从产业链中游装备制造向产业链两端延伸。同时全面优化公司治理结构、提高运营效率。

主要法律问题及解决途径

重整程序最核心的工作是制定合理可行的重整计划，并表决通过。台海核电所属行业为核电主装备机械制造业，其拳头产品在国内处于领先地位，因此，台海核电重整计划必须解决两大难题：一是要确保台海核电通过重整可以重新焕发经济活力，恢复生产经营乃至持续高速发展；二是要确保债权人能够认可台海核电发展前景，接受债权清偿方案并表决通过。主要有以下做法。

（一）着力优化市场资源配置

为保持核电设备制造的核心优势，烟台中院、莱山法院指导管理人因企施策，提出最优重整方案，在引进产业投资人的同时再引进财务投资人，由产业投资人负责承接低效资产并保障台海核电未来的生产经营，由财务投资人提供资金保障重整实施后的资金支持。最终成功引入以实力雄厚且拥有相同核电产业背景的国有公司作为产业投资人以及 8 名资金充足的财务投资人，并在债权人会议召开前均签署《重整投资协议》，确保在 4 个月内化解 52 亿元债务。

（二）推动金融债权处置前置

台海核电存在大量金融债权人，基本为以各商业银行为主的金融机构，在地市级支行层面不具备对重整计划草案的审批权，需层报省分行审批。为确保重整计划草案的顺利表决通过，烟台中院、莱山法院以及莱山区政府通过府院联动机制，联合地方金融监管局、管理人分别与 27 家台海核电的大型金融债权人进行艰难谈判，反复磋商债权清偿方案内容，提前取得省分行支持，争取在债权人会议表决重整计划草案时能够在最短时间内通过。经过各方共同努力，最终在第二次债权人会议上顺利表决通过了台海核电《重整计划》。

（三）如何做好母子公司重整方案的衔接

三家核心子公司作为台海核电的全资子公司，是台海核电合并报表范围内最主要的经营实体，也是其最重要的营业收入来源，能否通过重整程序全面化解其债务风险，使得三家核心子公司的经营性资产和业务继续保留在台海核电体系内，既关系上市公司重整后主要的财务指标能否根本性改善、也关系上市公司能否恢复持续经营能力与盈利能力，更关乎上市公司中小股东权益能否获得有效保障，将直接影响台海核电的重整效果。主要做法为把三家核心子公司重整与台海核电重整进行有机结合，形成一个合法合规、高效率的整体重整机制，即依法利用台海核电重整程序中获得的部分资本公积金转增股票以及部分现金，作为三家核心子公司的重整资金，不占用上市公司偿债资源，从而妥善保留三家核心子公司的核心经营性资产及业务，全面化解债务风险，为进一步提升台海核电合并报表范围内的持续经营能力奠定基础。母子同治的思路与方法“一揽子”化解了台海核电整体的债务风险和经营危机，确保了台海核电上市主体地位不动摇，全面改善了资产质量与基本面，最大限度地维护“台海系”企业运营价值，公平维护全体债权人的整体权益。

（四）如何确保重整计划顺利执行完毕

上市公司重整有别于其他有限责任公司重整，不仅要在法定时限内提报重整计划并表决通过，更要在上市公司财报截止日期前确保重整计划能够顺利执行完毕，防止达到财务类强制退市标准。因台海核电因已连续 2 年出现巨额亏损，被实施退市风险警示，面临严重的退市风险，为确保重整计划能够顺利实施并执行完毕，主要做法为烟台中院、莱山法院会同管理人、政府工作专班迅速加大与重整投资人的沟通力度，不断督促重整资金投资到位，自 11 月 28 日裁定批准重整计划草案到 12 月 23 日裁定重整计划执行完毕仅用时不到 1 个月，重整投资人近 24 亿元投资款项均全额支付，职工债权、税款债权全部清偿完毕，转增股票均登记至管理人专用账户，并已向提供证券账户信息的债权人分配，从而保障台海核电重整成功。

其他审理经验

（一）坚持重整救治功能导向

重整制度的价值取向在于通过对困境企业的拯救，减少债权人因为债务人的破产清算所造成的损失，以及破产清算对实体经济造成的消极影响，以达到保护个人利益与服务实体经济发展的统一。对于上市公司而言，通过重整程序，不仅可以帮助上市公司扭转困境局面，恢复公司持续经营和盈利能力，避免退市和破产清算，还可以通过对产业资源的保存、重组而创造更大的经济和社会效益。

台海核电是国内唯一一家以核电主设备为主要产品的上市公司，为核电、国防等提供重大技术装备和技术服务。通过多年的技术引进、自主研发、创新，已逐步形成了涵盖冶炼、精炼、铸造、锻造、热处理、机械加工、焊接、检验等关键技术为一体的自主知识产权体系、技术体系和工艺路线，掌握了一系列世界范围内最先进、最尖端的高端材料制造技术和核心设备，是山东省唯一的核一级主设备及材料生产制造企业。通过重整程序，台海核电引入了与主营业务相互协同且实力雄厚的地方国企作为产业投资人，并引入由央企、地方民企组成的财务投资人团队，重整成功后即刻竞标成功获得合同价值数亿元订单，恢复经营业务并实现业务规模及盈利能力的实质性提升，充分体现了重整制度的功能导向，为响应区域新旧动能转换任务及清洁能源发展规划、贯彻能源安全新战略提供了有力的司法保障。

（二）府院联动协同推进

府院联动助力民营企业重生，是有效化解地方风险的重要实践。破产重整是在人民法院主导下进行的司法程序，但对于金融机构协调、职工权益保障、税务政策支持和企业信用修复等问题，必须依靠地方党委政府支持，统筹整合各方力量，多元化、多渠道解决危困企业的矛盾和问题。

本案一大亮点在于充分利用党委政府和法院之间的协作联动机制，切实解决重整企业的困难。地方党委政府对推进重整工作发挥了强大而有效的作用。一方面，莱山法院在烟台中院的指导下从破产案件受理阶段的形式审查、实质审查，到指定管理人后各个工作环节，均严格把关与监督，并在重大事项上给予直接指导，确保重整程序依法合规开展，切实保障各方主体的合法权益。另一方面，莱山区委区政府牵头工委、管委、工业和信息化、行政审批服务、金融监管等部门成立的清算组与工作组担任台海核电企业重整管理人，借鉴有关大型上市公司重整经验，组建了"政府人员+专业律师"的专业团队；此外，为做好台海系企业债务风险化解工作，取得债权人的认可与支持，烟台市金融机构监管部门在方案政策支持、债权人协调沟通等多个方面给予全面支持。通过人民法院与地方党委政府发挥合力作用，实现了行政与司法的良性互动，高效有序地推进重整工作，保障合规经营，共同作用于化解地方企业债务危机，是全面落实"六保六稳"、服务民营经济的生动体现。

五、河南中某实业股份有限公司及6家关联公司破产重整案

企业基本情况

河南中某实业股份有限公司（以下简称中某实业）是1993年注册的外资控股上市公司，2002年在上交所挂牌上市；公司位于巩义市，主营范围为煤炭开采、火力发电、电解铝、铝精深加工等，是河南省乃至全国铝加工产业链比较完备的企业之一；公司实际控制人为俄罗斯某集团，通过河南豫某能源集团有限责任公司（以下简称豫某集团）持股54.93%。

近年来，受国际贸易形势变化、国内外疫情、国家产能政策调整、市场

环境不佳等因素影响，中某实业及其关联公司经营状况恶化，陷入债务危机，核心资产面临被司法处置风险，中某实业股票已被冠以ST，其股价在2020年5月一度跌至1.38元/股的最低点。截止破产申请时，7家公司资产共计92.4亿元，负债298.86亿元，资产负债率高达323%。如不能尽快改善经营状况、化解债务危机、企业将面临退市和破产清算的风险，可能造成3000余名职工失业、1000余名债权人和9万余名投资者的损失无法挽回、800余家上下游企业连带受创等连锁反应，甚至可能引发区域社会稳定和金融风险。

案件审理情况

郑州市中级人民法院（以下简称郑州中院）于2020年10月至12月，根据债权人申请，并经最高人民法院批准，陆续受理中某实业及豫某集团、河南中某铝业有限公司（以下简称中某铝业）、河南中某电力有限公司（以下简称中某电力）、河南中某碳素有限公司（以下简称中某碳素）、安阳高某铝材有限公司（以下简称高某铝材）、林州市林某铝电有限责任公司（以下简称林某铝电）6家关联公司破产重整案，并指定由巩义市政府及相关部门领导组成的清算组任各公司管理人。

中某实业及6家关联企业，以中某实业现有总股本1 961 224 057股为基数，按每10股转增10股的比例实施资本公积转增股本，转增形成的股票不向原股东分配，全部无偿让渡。无偿让渡股票中的约11.63亿股分配给中某实业及中某实业5家子公司的债权人用于清偿债务。剩余股票由管理人进行附条件公开处置，股票处置所得用于支付破产费用、偿还共益债务、清偿债务及补充流动资金等。

（一）债权分类

根据债权人情况，将债权人分为职工债权组、社保债权组、有财产担保债权组、普通债权组对重整计划草案进行表决。经过分组表决，所有债权组均表决通过重整计划草案。经管理人申请，郑州中院裁定批准7家企业破产重整计划草案，终止破产重整程序。

（二）清偿方案

职工债权：豫某集团、中某实业、中某铝业、中某电力、中某炭素的职工债权均不作调整，在重整计划执行期间以现金方式全额清偿。

社保债权：豫某集团、中某实业、中某铝业、中某电力、中某炭素的社保债权均不作调整，在重整计划执行期间以现金方式全额清偿。

财产担保债权：豫某集团有财产担保债权的本金部分，中某实业、中某铝业、中某电力、中某炭素、高某铝材、林某铝电有财产担保债权以担保财产的评估值为限优先受偿，优先受偿不足部分转入普通债权，按普通债权清偿方案受偿；豫某集团有财产担保债权的利息、违约金等其他部分按照普通债权清偿方案受偿。有财产担保债权优先受偿部分对应质押保证金的，由相应的质押保证金优先清偿，未能受偿的部分将按照普通债权受偿方案获得清偿。

普通债权：中某实业、中某铝业、中某电力、中某炭素、高某铝材、林某铝电普通债权分别以 20 万元、10 万元、10 万元、10 万元、15 万元、10 万元以下部分现金清偿，豫某集团普通债权以及中某实业、中某铝业、中某电力、中某炭素、高某铝材、林某铝电普通债权中超过小额部分以上的金融类债权部分，以转增股票抵偿，每 100 元普通债权分得约 7.776 049 77 股中某实业 A 股股票，股票抵债的价格为 12.86 元/股，该部分债权清偿比例为 100%。

中某实业、中某电力普通债权中超过小额部分以上的非金融类债权中有息债权本金部分按照金融类普通债权清偿方案通过以股抵债方式进行清偿；本金以外的利息、违约金等部分以现金方式予以留债五年分期清偿，留债期间不计利息，每年偿还留债金额的 20%。

中某实业、中某电力普通债权中超过小额部分以上的非金融类债权中无息债权，以及中某铝业、中某炭素、高某铝材、林某铝电普通债权中超过小额部分以上的非金融类债权，可选择以债权金额的 60% 在重整计划执行期间以现金方式一次性清偿，或全部以现金方式予以留债分期清偿，留债期限五年，留债期间不计利息，每年偿还留债金额的 20%。

（三）经营方案

豫某集团作为中某实业的大股东，其经营方案要点在于：其一，解决核心子公司即中某实业及 5 家子公司的债务危机，恢复持续盈利能力；其二，继续发挥现有产业价值，为重整完成后的中某实业提供业务发展支持，包括继续支持中某实业的日常生产经营，适时将自身优质资产置入上市公司体内，为上市公司运营管理提供资源支持等；其三，完善整体内部控制制度，规范整体管理模式，降低风险并减少支出，同时建立人才培养制度，培养稳定的高素质人才；其四，作为产业孵化基地，通过孵化初期优质项目，并将成熟项目择机注入上市公司的方式，形成以高精铝板块、再生铝板块（新增）、电解铝板块及热电板块四大业务板块为核心的产业布局。

中某实业将通过重整程序整体化解债务危机，同时为重整程序中债权清偿及未来经营管理注入流动资金支持，以加强中某实业在业内的竞争力。重整程序结束后，将通过整合现有资产、注入优质资产、调整盈利模式等方式，使中某实业 2021 年、2022 年、2023 年归母净利润数值分别不低于 6 亿元、8 亿元、14 亿元，或归母净利润数值合计不低于 28 亿元，若中某实业归母净利润实际数值单独或合计未达到前述承诺标准，则大股东以现金方式承担差额补足义务。重整程序结束后，中某实业将进一步通过产能转移、优质资产注入、开拓市场、控制成本费用、加强内部控制及完善治理结构等措施改善公司生产经营、提高上市公司盈利能力，使得中某实业成为一家治理结构完善、经营稳定、业绩优良的上市公司，为持续维护新时代中俄全面战略协作伙伴关系奠定坚实基础。

推荐理由

本案创新性地采取了协同重整的模式，即有序受理、分别审理、管理人同一、程序协同、实体兼顾，统筹安排破产重整事宜。在各公司破产重整程序独立的前提下，既适用了关联企业程序合并审理的高效协同规则，又采用了关联企业实质合并审理的统筹偿债资源规则。既提升了 7 家公司破产重整效率，又实现了母子公司偿债资源分配及债权清偿的高度统筹。

一是先行受理母公司豫某集团的破产重整申请，对豫某集团持有中某实业的股票资产采取冻结措施，防范豫某集团核心资产流失，确保上市公司重整期间二级股票市场的稳定。然后在最高人民法院批准后一并受理中某实业及其 5 家子公司的破产重整申请，包括不在郑州中院辖区的林某铝电、高某铝材两家企业，有利于协同审理，提高审判效率。

二是 7 家公司的管理人成员一致，统一进驻接管 7 家公司，协同开展资产核查、债权审核、审计、评估、制作重整计划草案、召开债权人会议、沟通协调债权人等各项具体工作，减少了不必要重复工作，确保了工作标准一致，提高了工作效率和效果。

三是统筹偿债资源，提高债权清偿率。中某实业转增股票中部分股票分配给中某实业5家子公司的债权人用于清偿债务的方案安排，避免了中某实业对5家核心子公司最终的出资人权益被大幅调整甚至调整为零，使5家子公司继续保留在中某实业体系内，维持既有产业链的协同优势，实现整体资产价值最大化，且为重整后公司恢复生产经营、创造增量利润奠定有利基础以夯实偿债资源。

四是统筹安排保证债权，化解其与主债权人之间的矛盾。债权人就基于同一法律事实形成的债权向同时进入重整程序的主体均主张权利的，在主债务人处进行受偿的清偿机制，不占用担保债务人的偿债资源。既公平地保障了整体债权人的受偿利益，又合理地分配了债务人财产，实现了个体权利与整体利益的高度平衡。

其他审理经验

郑州中院采取“府院管企多方联动、集中管辖一并受理、统一指定管理人联合管理、协同重整计划统筹偿债资源、深度沟通重整方案尊重自愿凝聚共识”的工作模式，采取下列措施，历时不到10个月，帮助中某实业及其关联企业涅槃重生。

一是建立政府、法院、管理人、企业常态化沟通机制，府院管企多方联动，定期研判，统筹推进，充分凝聚合力，高效推进工作。

二是立足企业长远健康发展，回应政府关切，切实维护各方稳定，做到“业务不中断、职工不下岗、市值不跳水”。

三是践行重整保护的价值理念，兼顾债权人、大股东、小股东、职工等各方利益，锚定“维护大局、保障民生、保护债权、挽救企业”的目标制定重整方案。

四是以市场化方式凝聚共识，以法治化要求把握方向，充分尊重债权人意思自治。

六、西某钢铁集团有限公司等40家公司合并重整案

——以法赋能钢企重整　助力龙江高质量发展

在省委省政府、市委市政府高度重视和省法院的直接指导下，伊春市中级人民法院（以下简称伊春中院）坚持以人民为中心，注重严格公正司法，凝聚府院合力，持续解放思想，兼顾公正与效率，通过法治化、市场化方式助力民营企业纾难解困，提质增效，最大限度释放破产审判价值，推进供给侧结构性改革，优化营商环境建设。西某钢铁集团有限公司（以下简称西钢）等40家公司在司法重整程序的助推下仅用不足半年时间成功实现了凤凰涅槃，是黑龙江省充分发挥严格公正司法、以高质量司法服务助推经济高质量发展、优化民营经济发展法治环境的典型案例。

企业基本情况

西钢于2001年10月24日正式成立，前身为始建于1966年的西某钢铁厂。2005年，西钢经国有企业产权制度改革，成为股份制民营企业。股东2名，其中深圳品某实业集团有限公司控股70%，伊春市百某实业有限公司（西钢管理层持股平台）持股30%。旗下共有全资子公司12个、控股子公司5个、参股公司3个。截至2017年年底，西钢集团（含西钢子公司和控股公司）在册员工5678人，西钢本部4620人。

西钢系黑龙江省最大的钢铁联合企业，东北地区重要的建筑钢材、型材生产基地，首批45家获得工信部《钢铁行业生产经营规范条件》准入资格的全国重点钢铁企业之一。2012年西钢年产粗钢215万吨，实现营业收入185亿元，位居中国企业500强。2013年在黑龙江省企业100强中排名第11位。同年，受全国钢铁产能过剩、钢材市场萎缩、银行政策调整等因素影响，西钢经营陷入困境。至2014年6月30日，西钢资金链彻底断裂。2015年4月，西钢与中铁二局开展委托加工合作，维持企业基本运行。但委托加工合作不能彻底帮助企业摆脱困境，2017年西钢债权人纷纷启动维权程序，针对西钢的诉讼案件超300件，进入执行程序200多件，涉案标的69.49亿元，西钢再度陷入困境。截至2017年12月31日，西钢集团总资产216亿元，总负债

255 亿元，静态资产负债率为 118.06%，已经严重资不抵债，濒临破产。

2018 年 5 月 19 日，西钢依据股东会决议请求伊春市政府成立帮扶组帮助企业脱危解困。在省委、省政府的支持下，为了最大限度保护职工和全体债权人利益，维护社会稳定，伊春市政府成立由副市长任组长、相关部门负责同志组成的帮扶组。后帮扶组根据工作进展转为清算组，并于当月聘请北京市君某律师事务所加入清算组。

案件审理情况

2018 年 6 月 11 日，伊春中院根据债权人广西物某经济开发有限公司的申请依法裁定受理西钢破产重整一案，并于同日指定西钢清算组担任西钢管理人。2018 年 7 月 11 日，伊春中院根据西钢管理人申请，在组织召开听证会听取各方意见后，裁定受理西钢等 40 家公司实质合并重整申请。同时，指定西钢管理人担任上述 40 家公司合并重整管理人。2018 年 7 月 24 日，伊春中院发布公告确定债权申报期截至 2018 年 10 月 10 日，并于 2018 年 10 月 23 日组织召开第一次债权人会议对已申报债权情况进行核查。2018 年 12 月 15 日，根据管理人的申请对无异议债权进行裁定，伊春中院确认中铁二局瑞某物流有限公司等 1269 家债权人金额为 20 380 565 178.12 元。2018 年 10 月 10 日，西钢管理人发布《战略投资人招募公告》，面向全国公开招募战略投资人。截至 2018 年 10 月 31 日招募期间届满，成功招募到具有重整经验、全国钢企排名前十、民营钢企排名前三的钢铁行业巨头——北京建某重工集团有限公司作为投资人。通过战略投资人与管理人、债务人等各方的共同努力，重整计划草案于 2018 年 12 月 5 日制作完成，并于 2018 年 12 月 20 日在全国企业破产重整信息网上予以公开。2018 年 12 月 24 日，伊春中院组织召开第二次债权人会议，分职工债权、税款债权、有特定财产担保债权、普通债权、出资人共计五组对重整计划草案进行表决。经表决，四组表决通过，仅出资人组一组未通过。同日，伊春中院根据西钢管理人的申请，依法裁定批准重整计划草案并终止合并重整程序，执行期间 1 年。2020 年 1 月 22 日，伊春中院作出（2018）黑 07 破 1~5 号民事裁定书，裁定确认西钢等 40 家公司重整计划执行完毕。

主要法律问题及解决途径

西钢关联公司复杂，不仅包括具有股权关系的子公司、参股公司，还包括利用职工的“依附”关系，通过职工代持股份成立的融资平台公司。公司的法定代表人、高管团队及职工，先后为公司债务提供连带责任保证。2018年受理西钢破产之初，如何一次性摆脱所有关联企业困境及解决个人担保难题，成为比较棘手的法律问题。

（一）研究分析过程

当时法律规定与审判实践可查询的实质合并重整主要集中在与企业有股权关系的关联企业，对于自然人个人持股公司能否纳入合并重整范围并无可借鉴的先例。因法律对于免除保证人的连带责任亦处于空白状态，大部分法院认为应当严格依照《企业破产法》第92条第3款规定，认定重整计划不应限制债权人对债务人的保证人和其他连带债务人的追索权，即不能免除为企业进行保证担保自然人的担保责任。然而，如果按照当时的法律规定，单一对破产企业进行重整，不解决自然人持股融资平台公司、代持股高管、职工担保等问题，将无法实质解决企业困境，甚至影响社会稳定大局。同时，企业法定代表人、高管人员、职工等均系重整过程中的关键人物，如果不解决其自身背负的担保债务，将极大降低其参与重整的积极性甚或对抗破产程序，影响重整进程。所以，务必准确划定重整企业范围，将自然人保证责任在本案中一并解决。为了解决上述问题，伊春中院在市委的领导下，在省法院指导下，多次组织会议对破产重整路径、重整计划制定等问题进行专题研究。

（二）现实状况

经查，西钢实行“五统一”管理，与其可能构成法人人格严重混同的企业主要有两类：第一类是与西钢存在股权关系的子公司、子公司的全资子公司或控股公司、其他类型公司等，包含西钢在内共计23家；第二类是表面上与西钢不存在股权关系，由自然人代持股份，为西钢实际控制的融资平台公司共计17家。企业之间大量存在相互担保关系，在经营过程中，为西钢等关联企业提供担保的自然人共计53人，包括西钢的法定代表人、管理层和职工，担保人没有实际用款、受益，款项均由企业实际使用。

（三）解决方案

1. 重整范围及模式

前述17家融资平台公司系基于“依附”关系，由职工代持成立的仅用于融资，而无实体业务的空壳公司，虽然表面上不存在持股关系，属于独立企业，但实质上相比其他有股权关系的实体公司依附性更强，法人人格高度混同，并不具有独立的经营能力。如果西钢破产，上述公司不具有独立存在的可能和现实意义，所以应当严格按照法律规定审查将其一并纳入重整范围，一体化解决。

根据《全国法院破产审判工作会议纪要》规定，坚持关联企业实质合并破产的审慎适用原则，在召开听证会充分听取意见的基础上，确认西钢与39家关联企业之间存在法人人格高度混同、区分各关联企业财产的成本过高、严重损害债权人公平清偿利益的情形，故将包括西钢在内的共计40家公司（包括西钢在内有股权关系公司23家、自然人持股公司17家）一并纳入重整范围，采用关联企业实质合并重整方式进行审理。2018年7月11日，伊春中院根据西钢管理人的申请，裁定准许西钢管理人撤回对伊春钢某港投资管理有限公司等4家公司与其他40家公司实质合并重整的申请，受理西钢等40家公司实质合并重整申请。

2. 担保责任豁免的路径

经分析，自然人为企业担保巨额债务的主要原因如下：一方面，由于金融政策调整，在宽松信贷政策下，各金融机构将放贷规模作为重要绩效考核指标，形成“重信贷投放，轻风险防控”的发展模式。在持续扩大信贷规模的同时，把保证担保作为保障资金安全的重要方式，对企业融资多采取企业互保并由法定代表人、股东及其配偶等自然人提供担保等方式防范风险，却忽视了对担保人偿债能力的审查，导致自然人担保性负债严重。另一方面，基于企业融资模式需要，有的金融机构要求提供过度担保责任，加之自然人风险防范意识不强，民营企业在发展壮大过程中，缺乏战略发展理念、现代公司治理结构和财务管理模式，关联企业之间的财产混用情况突出，受制于企业管理的职工也大量参与到担保人行列。但此种担保模式难以防范风险，存在很多弊端。保证担保制度的立法目的在于保障债权实现，保证人具备与其提供担保的债务相符的偿债能力，确保债权实现。本案自然人保证人背负债务数额与偿债能力明显不符，大多违背担保制度的立法目的，导致陷入“债务人无力清偿，债权人无法清理”的僵局。部分金融机构要求股东为公司经营性负债提供连带保证责任，实质上亦是将股东有限责任变为无限责任，背离了公司股东有限责任制度的立法初衷。

综上，只有通过重整程序清理保证债务或豁免保证责任，方能彻底解决问题。根据《企业破产法》规定，重整计划债务人或者管理人应当按期提出重整计划草案，各类债权的债权人参加讨论重整计划草案的债权人会议，分组对重整计划草案进行表决。重整计划草案系基于意思自治原则制定，在充分尊重债权人意愿的前提下，经债权人表决通过方可能发生法律效力，是债权人意志的体现。而自然人保证责任豁免条款亦属于意思自治条款，是基于破产案件参加人的“合意”，条款要有法律效力，必须是经过债权人的主动的明示同意。所以，将自然人免除担保责任条款写入重整计划草案符合法律规定，具有必要性和可行性，将上述制度引入重整程序，能够彻底一次性解决关联问题，充分发挥破产重整制度的积极拯救功能，通过平衡债权人、债务人、出资人、员工等利害关系人的利益，实现整体价值最大化。2018 年 12 月 24 日，经第二次债权人会议表决，债权人组全部表决通过重整计划草案。伊春中院于当日作出（2018）黑 07 破 1~3 号民事裁定书，裁定批准西钢等 40 家公司重整计划草案，终止西钢等 40 家公司合并重整程序。根据《企业破产法》第 92 条规定，全体债权人应按照重整计划执行。伊春中院引入保证豁免制度，即解除自然人保证人的保证责任，积极推进重整程序中的企业整体处置方式，有效维护企业营运价值和职工就业，起到了积极的社会效果，有效解决了基本民生及社会稳定问题。

其他审理经验

（一）坚持党的绝对领导，加强府院联动，合力破解企业困境

伊春中院始终坚持以习近平新时代中国特色社会主义思想为指导，在省委省政府、市委市政府的领导下，省法院的指导下，建立“上下级法院协调、府院联动机制”，一体解决破产工作指导、职工安置、维护社会稳定等问题的新型审判模式。省委省政府、市委市政府时任主要领导多次进行批示、召开工作会议，研究部署落实。省法院成立专案指导组对案件审理法律适用问题

进行指导。伊春中院党组高度重视，把西钢破产重整案件列入 2018 年重点案件，组建西钢案件专项工作领导小组和审判团队负责案件审理，树立“审前引导、立前有为”的破产审判新理念，采取“日总结、日合议、周例会”制度，定期与市政府进行沟通，协调上下级法院及地方各部门处理工作关键环节，先后四次向上级法院请示汇报，四次外出考察学习办案，为案件成功审理奠定基础。坚持“救治与生产两不误”“职工与社会稳定”的指导理念，协同哈尔滨呼兰区政府、阿城区政府全力做好舆情导控、政策扶持、历史遗留问题处理等工作，保证了西钢在重整期间不停产、无安全事故、职工队伍稳定、无人员上访，真正凸显破产审判的制度功能与社会价值。

（二）践行公正司法理念，助推民营企业法治营商环境建设，服务地方经济社会发展大局

在西钢探寻“自救+外部拯救”的出路、多渠道融资及通过债转股等形式实现战略重组失败，向伊春市政府请求帮助脱危解困之际，伊春中院坚持以人民为中心，主动作为，对西钢现状进行研究分析，探寻企业救治方式。通过数次论证、推演，确定符合西钢解困模式，成功受理西钢破产重整一案。重整程序启动后，积极配合、监督管理人顺利完成债权审核、账目审计、资产评估、招募战略投资人、会议召集等全部工作任务，并组织召开听证会一次，千人以上债权人会议两次。执行期间，定期听取管理人汇报，掌握重整计划执行等相关情况，为西钢在执行过程中存在的问题提供司法服务。先后多次赶赴各地法院并 50 余次向各地法院、行政机关发送函件沟通解除财产保全措施，协调变更股权登记、更改企业名称等事项。同时，加快审理涉及与西钢等 40 家公司破产衍生诉讼及相关案件 400 余件，运用多元解纷机制，在充分维护企业、债权人等各方利益的情况下，按照自愿原则进行调解，调撤率近 97%，多角度为重整计划的顺利执行及民营企业高质量发展、地方经济社会稳定提供强有力的司法保障。

（三）坚持创新发展理念，持续解放思想，大胆采用实质合并重整程序

西钢等 40 家公司实质合并重整案系全省规模最大、合并企业最多的破产重整案件。西钢职工人数多、债权额度大、拖欠员工工资、社保等时间久，债权债务清理复杂，信访矛盾突出，合并重整难度较大，审理工作量异常繁重。纵观当时全国破产合并重整案件，多以程序性合并为主，实质合并重整

案件较少，且范围多限定在与重整企业有股权关系的公司。而伊春中院为了彻底解决企业难题，最大限度维护广大债权人的利益，减少遗留问题，在全国无法律规定、全省无先例可循的情况下，敢于担当创新，拟订方案首次启动实质合并重整程序，不仅将与西钢有股权关系的子公司、子公司的子公司等纳入合并重整范围，还创新将与西钢公司法人人格严重混同、以西钢集团员工个人名义成立的17家融资平台公司一并纳入重整范围，实现集团整体脱困重生，减少单一企业重整可能存在的诸多问题。同时，该案以灵活方式制定重整计划草案，采用自然人保证豁免等多种创新模式，为案件的成功审理提供必要保障，打造属于伊春的破产审判品牌。

（四）抓实“公正与效率”主题，坚持审慎原则，保证审判程序依法合规，公开透明

坚持实体公正与程序公正并重，通过案前论证预判、审中通力协作、事前风险评估，严把法律关、程序关，广泛接受债权人和社会各界的监督。整个重整程序严格按照时间节点全流程信息公开，并采用邀请公证处派员监督债权人会议表决，会场大屏幕滚动播放表决结果、全程录音录像等方式，保证所有程序公开、公正、透明。为了保证司法效率，受案之初，以倒推形式制定时间表，挂图作战，从裁定受理实质合并重整到裁定批准重整计划草案，仅用时5个月13天，审判效率位居全国同类案件前列，做到以最短时间维护各方利益，真正把服务高质量发展落到实处。同时，以审慎适用实质合并重整程序为原则，组织召开听证会全面听取各方意见后，确认关联企业存在法人人格高度混同、资产和负债无法区分或区分成本过高情形，裁定受理西钢集团实质合并重整申请。在破产重整第二次债权人会议出资人组未通过重整计划草案的情形下，根据西钢管理人的申请，严格审查债权人会议召集、表决程序的合法性，重整计划草案内容完备性及经营方案具有可行性等方面内容，审慎适用法律，经审判委员会研究决定，裁定批准西钢集团重整计划草案并终止重整程序。上述裁定均在全国企业重整信息网进行公开，并依法予以公告。该案的公正高效审理，得到广大债权人和社会各界的一致认可，无任何负面舆情。

推荐理由

西钢等40家公司重整成功，不仅解决了5000余名职工就业安置及千余名债权人近400亿元的债务纠纷，更是挽救了濒临破产的地方老牌企业，促进了社会就业，还为全省保住一个钢铁工业门类。重整后企业多次多项创造历史纪录，首年即实现年销售收入165亿元，上缴税金6.33亿元，成为全省最具竞争力的钢企。目前，西钢已更名为建龙西某钢铁有限公司，注册资本由100 001万元变更为250 000万元。债权如期清偿，重整计划执行顺利完毕，完成2022年黑龙江省钢铁产业“双千工程”工业强省目标，为伊春经济乃至全省经济的发展都作出了突出贡献，持续助推黑龙江经济社会高质量发展。山西高院、哈尔滨中院等省内外法院相继派员学习审判经验，并入选黑龙江2019年度整顿作风优化营商环境典型案例。

七、东北袜业系78家企业实质合并重整案

企业基本情况

吉林省东北袜业某发展有限公司（以下简称东北袜业某发展公司），成立于2005年6月，公司注册资本、实缴资本均为人民币5000万元。东北袜业以东北袜业某发展公司为控股平台，根据股权关系，下属共有77家企业（以下简称东北袜业系78家企业或东北袜业）。按照业务板块划分为运营板块和生产板块，其中运营板块聚集了东北袜业最为核心的运营实体，集物业、水电等基本供应要素于一体，形成完整的产业园区闭环，包括东北袜业某发展公司、产业公司、热力公司等。东北袜业依托于已经建成的袜业基础设施工程，搭建起完整的产业园框架；生产板块从棉花采购、纺纱、染色到织造、包装、物流、渠道、品牌及金融配套等生产环节完整的纺织袜业产业链。其中以织袜公司为代表，织袜公司为全国最大的阿某达斯品牌袜品代加工企业。织袜公司客户群体庞大，与阿某达斯、彪某、李某、安某等国际知名品牌均有合作。除织袜公司外，杰某公司主营纱线染色业务，德某欧公司主营袜机生产业务等，形成了原材料——产品——销售的一体化布局，打造成完善的袜品

产业链条。东北袜业曾先后获得国务院授予的“全国就业先进单位”，被国家工信、科技、发改委等相关部门授予上百项荣誉，为辽源市财政做出过较大贡献，并解决了大量社会就业问题。但受困于自身经营模式、全球纺织市场不景气和新冠肺炎疫情等影响，东北袜业经营状况不断恶化，财务费用持续攀升，深陷亏损境地，已严重资不抵债。自 2020 年，东北袜业各类债务陆续出现逾期违约，大量债权人提起诉讼，企业账户被冻结、企业主要资产被查封，企业业务运营受到严重影响。如果不进行破产重整，企业主要资产存在被债权人“碎片化”执行风险。2021 年 11 月 22 日，吉林省辽源市中级人民法院（以下简称辽源中院）根据债权人申请，分别裁定受理东北袜业某发展公司等 5 家公司破产重整案。

案件审理情况

2021 年 11 月 22 日，辽源中院裁定受理东北袜业某发展公司等 5 家公司破产重整案的同时，决定指定东北袜业系企业清算组担任东北袜业某发展公司等 5 家公司的破产重整管理人。2021 年 12 月 7 日，根据管理人的申请，辽源中院经审查后依据《企业破产法》第 73 条第 1 款之规定，批准东北袜业在管理人的监督下自行管理财产和营业事务。2021 年 12 月 17 日，根据管理人的申请，辽源中院经审查认为，东北袜业系 78 家企业已构成法人人格高度混同，整体上具备实质合并重整的必要性和可行性，为了保障全体债权人公平受偿，裁定对东北袜业某发展公司等 78 家企业进行实质合并重整。根据《企业破产法》的相关规定，在实质合并重整的前提下，基于本案的实际情况，辽源中院指导东北袜业和管理人制定包括设计多种偿债方式、设计生产经营双平台等一系列较为创新的重整计划草案内容。具体表现如下：因东北袜业在重整期间未招募到投资人，但基于东北袜业的经营状况良好，重整采取了存续式重整模式，保留东北袜业的主体资格，重整企业资源，发挥企业价值。并对出资人权益进行调整：（1）东北袜业某发展公司原出资人权益全部清零；（2）东北袜业某发展公司下属企业中非东北袜业方股东的出资人权益原则上不调整。根据债权性质设计不同的清偿方案。对职工债权采取现金清偿的方式；有财产担保债权采取留债的清偿方式；普通债权采取现金清偿、留债、债转股相结合的方式清偿债务。为保障重整后东北袜业的生产经营更为规范，设计双平台的生产经营方案。在东北袜业现有的经营模式下，创建了生产平台和运营平台的双平台生产架构，更好地实现东北袜业的价值，提高东北袜业的盈利能力。2023 年 2 月 28 日，债权人会议表决重整计划，普通债权组、职工债权组、出资人组均表决通过。由于有财产担保组债权人需要履行内部审批手续，辽源中院决定将表决期限延长至 3 月 31 日。截至表决期限届满，有财产担保组未表决通过重整计划。辽源中院在综合考察东北袜业的现状后，指导管理人积极作为，与存有疑虑的有财产担保债权人进行沟通和释法，充分阐释通过重整，可以避免企业财产因变现导致价值贬损、清偿率降低等情况，通过留债方式可以继续享有优先受偿权，分享重组收益等有利因素，取得了债权人的支持。最终由财产担保组表决通过重整计划。2023 年 4 月 14 日，辽源中院裁定批准东北袜业重整计划并终止东北袜业重整程序。

推荐理由

1. 东北袜业系 78 家企业实质合并重整案系辽源市首例审结的实质合并重整案。辽源中院经审查认为 78 家企业之间存在法人人格高度混同、区分各关联企业成员财产的成本过高、严重损害债权人公平清偿利益等情形，应适用关联企业实质合并破产重整方式进行审理。其中，“人格高度混同”是适用实质合并破产重整的主要原因。与《公司法》中的人格否认制度不同，在《企业破产法》中，适用实质合并破产的人格高度混同的标准则为关联企业从财务、管理、人员上构成高度混同，且区分资产与负债的成本过高或根本无法进行区分。本案中，东北袜业某发展公司与关联企业的董事、监事、高级管理人员、财务人员混同，相互在重要岗位交叉任职，即构成人员混同。东北袜业某发展公司与关联企业财务账册混乱，员工工资由东北袜业某发展公司发放，东北袜业某发展公司建立归集账户，财务制度统一，账务统一核算，即构成财务混同。东北袜业某发展公司与关联企业之间对资产的所有权为东北袜业某发展公司所有，关联企业只享有使用权、经营权。此外，关联企业之间无因互保、交叉互保，导致关联企业之间资产难以区分，即构成资产混同。东北袜业某发展公司存在与关联企业之间使用印章或作出决议均需要向东北袜业某发展公司报批、请示；关联企业向统一的法务部门咨询法律问题等，即构成业务混同。综上，辽源中院认为 78 家企业之间存在法人人格高度混同。东北袜业系78家企业实质合并重整为着力发挥破产重整挽救困境企业的制度功能、有效提升资源市场配置效率、持续优化营商环境提供了生动的司法实践样本。

2. 东北袜业破产重整案历经波折，在困难面前，辽源中院始终坚持以市场化、法治化为导向，通过创造性的重整方案成功挽救了辽源市重点支柱企业，最大限度地为债权人挽回了损失，开创自救式重整先例，成功为辽源市保留了具有传统意义的袜业产业发展机会。

3. 本案涉及的破产企业多，所涉债权人人数较多，负债金额较大。东北袜业重整成功，不仅最大限度维护了债权人权益，保障了4万余名职工就业稳定，也为东北袜业产业转型升级提供了有力保障，实现了多方共赢的社会效果，为地方经济社会发展做出了重要贡献。

八、国某投资有限公司等43家公司合并重整案

企业基本情况

国某投资有限公司及其各关联公司（以下简称国投集团）是一家以实际控制权为纽带，以国某投资有限公司为母公司及核心企业，旗下拥有合肥华某物业发展有限责任公司、合肥国某商业发展有限公司、安徽蓝某置地集团有限公司、合肥京某融合置地有限公司等43家关联公司的大型民营企业集团，系当地头部民营房地产企业，自2018年下半年以来，国投集团资金链断裂，出现流动性困难，陷入债务危机，相关诉讼及执行案件于短期内集中爆发，各公司的银行账户和资产被多家法院冻结、查封，企业生产经营无法继续，企业财产面临被强制执行。

案件审理情况

（一）案件审理经过

国投集团陷入经营危机并自救失败后，集团中的11家核心公司向合肥市中级人民法院（以下简称合肥中院）申请破产重整，合肥中院于2019年9月

19日、2020年2月24日分别以（2019）皖01破申41号至50号民事裁定书、（2020）皖01破申12号民事裁定书，裁定受理了国某投资有限公司等11家公司的重整申请，并依法指定安徽承某律师事务所和大某会计师事务所（特殊普通合伙）安徽分所组成的联合机构为管理人。

管理人在履职过程中，发现上述11家公司与另外32家未进入破产重整的单位法人无论在股权结构、人事任命管理、经营发展层面，还是在财务管控、资金使用、资产管理、融资与担保等核心方面，均存在着高度、严重的混同情况，向法院申请对43家公司进行实质合并重整。

2020年6月12日，合肥中院裁定准许国某投资有限公司等43家公司合并重整，并指定原管理人为43家公司合并重整案的管理人。

2020年11月30日，在合肥中院的主持下，国某投资有限公司等43家公司合并重整案第一次债权人会议顺利召开，会议表决通过了债权人委员会成员推荐方案。2021年12月20日，国某投资有限公司等43家公司合并重整案第二次债权人会议顺利召开并通过了重整计划草案。2021年12月29日，合肥中院裁定批准国某投资有限公司等43家公司的重整计划，终止国某投资有限公司等43家公司的重整程序。

（二）债权情况

国投集团负债总额达380亿余元，债权种类多样，债权人数巨大，分布数省，包括众多购房小业主、平台投资人等涉众群体。其中易引发社会不稳定因素的债权主要有业主类债权、涉嫌其他非法集资案件被告人的债权等。业主类债权人约10 000户，人数众多，涉及面广。涉嫌其他非法集资案件被告人的债权，该债权人背后有15 000余名投资人，多次聚众上访，维稳压力很大，党委政府对此高度关注。

（三）清偿方案

为最大限度保障全体债权人的合法权益，在债权调整方案方面，《国某投资有限公司等43家公司合并重整案重整计划草案》（以下简称《重整计划草案》）确立了“充分保障业主及可能影响社会稳定的自然人债权”“抵押权人有条件释放抵押”的原则；在债权清偿方案方面，因业主类债权人人数众多，如不妥善处理可能影响社会稳定。对此类债权，《重整计划草案》在不违反法律法规禁止性规定的前提下给予了最大程度保护，对缴纳部分购房款的债权人认定其债权为业主优先权债权，予以全额退款处理；对逾期交房违约金、逾期办证违约金在普通债权中单独区分，予以全额清偿，充分满足个人购房者需求，有效预防群体性事件发生。另，《重整计划草案》提供了“货币资金+转股”“货币资金+留债”“货币资金+以物抵债”三种偿债方式以供债权人选择；同时根据债权性质，在留债期间、货币资金配比上体现出优先权与普通债权的差异性，既充分体现了优先权债权的优先性，也兼顾了各类债权人的整体公平利益，最大程度平衡了各债权人之间的权益。优先债权的综合清偿率从破产清算状态下的47.23%提高到100%，普通债权的综合清偿率从破产清算状态下的7.67%至少提高到50%，各类债权的整体受偿比例大幅提高。

（四）表决情况

经管理人核查，重整计划草案最终的表决情况如下：（1）优先债权组应参会债权人数252家，优先债权组债权总额17 169 399 571.51元；实际参会人数249家，表决同意的债权人数232家，代表债权金额11 982 631 728.50元；该组表决同意的债权人数占出席会议优先债权组债权人数的比例为93.17%，表决同意的债权金额占优先债权组债权总额的比例为69.79%，依照《企业破产法》规定，优先债权组通过《重整计划草案》。（2）普通债权组应参会债权人数1866家，普通债权组债权总额19 766 020 162.86元；实际出席参会人数1763家，表决同意的债权人数1635家，代表债权金额16 339 477 531.13元；该组表决同意的债权人数占出席会议普通债权组债权人数的比例为92.74%，表决同意的债权金额占普通债权组债权总额的比例为82.66%，依照《企业破产法》规定，普通债权组通过《重整计划草案》。（3）出资人组应参会人数2人，实际参会人数2人，以书面表决票形式表决同意支持该《重整计划草案》。综上，优先权债权组、普通债权组、出资人组均通过了《重整计划草案》。

（五）投资人引进情况

国投集团进入重整程序后，债务人及管理人积极寻找意向投资人，经多次磋商协调，国某投资有限公司与合肥徽某商业服务合伙企业（有限合伙）签订了重整投资框架协议，采取债权投资方式，向国投集团注入流动资金用以企业运营，并编制了《重整计划草案》。

（六）经营方案

国投集团通过重整程序恢复征信与营业后，在进一步优化整合各项营业资源、完善企业组织体系与管理、引入战略投资人资金的基础上，将极大地提升持续盈利能力和偿债能力。重整计划执行期间内，国投集团将重点围绕以下几方面开展经营业务：（1）以全面履行重整计划为目标，通过引入战略投资者资金与营业资源、优化公司股权结构与治理结构等手段，力争在1~3年内全面恢复企业的征信与商誉，提升企业的经营能力、偿债能力及持续盈利能力，最终全面落实重整计划各项内容。（2）以优化产业与资本结构为抓手，以新能源、磷化工领域“专精特”项目为切入点，推动资源整合、产业融合，促进产业创新和产业升级，提升上市公司司尔特市值。（3）保存量促增量提质量，以盘活存量地产项目为基础，以京某商贸城500亩待开发土地有条件变性、70万方自持物业分割办证销售为重点，以聚焦优质住宅项目为补充，确保房地产经营业务有序良性发展。

（七）衍生诉讼

截至2021年11月30日，管理人共承办合并破产重整企业各类诉讼、执行案件780件，其中，诉讼案件715件、执行案件65件。在办理案件过程中，管理人指派律师积极收集整理诉讼证据资料，规范地为每一起诉讼案件事先提供答辩意见和代理思路，事后出具《拟服判不上诉/拟上诉的意见》，依法维护债务人合法权益。

主要法律问题及解决途径

（一）关联企业实质合并重整成功，提升破产重整“亮点”

合肥中院依法裁定受理国某投资有限公司等43家公司中的11家核心公司的破产重整申请后，管理人在履职过程中发现，最初进入破产重整程序的11家公司与另外32家未进入破产重整的公司均系袁某宏以直接或间接的方式实际控制。43家公司之间资金往来密切，关联程度极高，在管理、人事、财务、法务等运营核心机制上均无法人的独立性，在股权结构、办公场所、人事管理、财务制度、资金与资产管控、合同管理、相互担保及债务清偿各方面存在严重的混同关系。管理人据此申请国投集团43家公司进行实质合并重整。

鉴于《全国法院破产审判工作会议纪要》第 32 条等规定明文强调“关联企业实质合并重整的审慎适用”，合肥中院收到实质合并重整申请后，就申请人申请国投集团 43 家公司合并重整事项发布公告，告知相关利害关系方有权提出异议；召开由实际控制人、申请人、被申请人、部分债权人及职工代表参与的听证会，充分听取各利害关系方的意见。并从关联企业成员之间法人人格是否高度混同、区分各关联企业成员财产的成本是否过高、是否严重损害债权人公平清偿利益、关联企业之间资产的混同程度及其持续时间、各企业之间的利益关系、是否增加企业重整的可能性、是否有利于债权人整体清偿利益等多方面多角度，细致梳理 43 家公司的事实情况，先后进行多轮专题论证。最终，合肥中院依法裁定准许国投集团 43 家关联公司进行实质合并重整。

（二）最大限度保障债权人权益，聚焦破产重整“重点”

国投集团合并重整企业之多，是安徽省历史上资产与债务标的最大的破产重整案件。根据评估报告及审计报告，国投集团在重整条件下资产总额约为 320 亿元，截至 2021 年 11 月份，已经审核确认的债权总额约 367 亿元。

该案负债金额巨大，债务结构复杂，实物资产基本设立抵押且存在交叉抵押、多轮抵押情形，涉及政府、银行、上下游企业、购房者、企业职工等多方利益。资产形态与债务结构，决定了其重整存在着资产变现难、现金流极其匮乏等困难因素。

为最大限度保护全体债权人的合法权益，在债权调整方案方面，《重整计划草案》确立了“充分保障业主及可能影响社会稳定的自然人债权”“抵押权人有条件释放抵押”的原则；在债权清偿方案方面，《重整计划草案》赋予了全体债权人“货币资金+转股”“货币资金+留债”“货币资金+以物抵债”三种偿债方式供其选择；同时根据债权性质，在留债期间、货币资金配比上体现出优先权与普通债权的差异性，既充分体现了优先权债权的优先性，也兼顾了各类债权人的整体公平利益，最大程度平衡了各债权人之间的权益。优先债权的综合清偿率从破产清算状态下的 47. 23%提高到 100%，普通债权的综合清偿率从破产清算状态下的 7. 67%至少提高到 50%，各类债权的整体受偿比例大幅提高。

第二次债权人会议，业主类债权人数众多，约占全体已确认债权人数的57%，债权金额约3亿元，主要系缴纳部分购房款而形成的债权及因逾期交房、逾期办证而应支付的违约金，如不妥善处理可能会影响社会稳定。对该类债权，《重整计划草案》在不违反法律法规禁止性规定的前提下给予了最大程度保护，对缴纳部分购房款的债权人认定其债权为业主优先权债权，予以全额退款处理；对逾期交房违约金、逾期办证违约金在普通债权中单独区分，予以全额清偿，充分满足个人购房者需求，有效预防群体性事件发生。

经管理人核查，重整计划草案最终的表决情况如下：（1）优先债权组应参会债权人数252家，优先债权组债权总额17 169 399 571.51元；实际参会人数249家，表决同意的债权人数232家，代表债权金额11 982 631 728.50元；该组表决同意的债权人数占出席会议优先债权组债权人数的比例为93.17%，表决同意的债权金额占优先债权组债权总额的比例为69.79%，依照《企业破产法》规定，优先债权组通过《重整计划草案》。（2）普通债权组应参会债权人数1866家，普通债权组债权总额19 766 020 162.86元；实际出席参会人数1763家，表决同意的债权人数1635家，代表债权金额16 339 477 531.13元；该组表决同意的债权人数占出席会议普通债权组债权人数的比例为92.74%，表决同意的债权金额占普通债权组债权总额的比例为82.66%，依照《企业破产法》规定，普通债权组通过《重整计划草案》。（3）出资人组应参会人数2人，实际参会人数2人，以书面表决票形式表决同意支持该《重整计划草案》。综上，优先权债权组、普通债权组、出资人组均通过了《重整计划草案》。

其他审理经验

国某投资有限公司等43家公司合并重整案是房地产企业破产典型案例。合肥中院积极争取党委领导、政府支持，立足维护社会稳定大局，充分发挥府院联动协作机制作用，加强与破产管理人及债权人的联系沟通，尽最大努力帮助企业走出困境，最大程度实现债权人合法权益，稳妥推进破产重整工作。经过多方努力，重整方案得到债权人的广泛高度认同，实现政治效果、社会效果、法律效果的有机统一。

国投集团系当地头部房地产企业，涉及购房者、企业员工、施工单位劳动者等众多群体，各类风险积聚，破产处置工作存在重大的风险隐患。鉴于案情重大复杂、维稳任务艰巨，合肥中院就该案提出拟受理的审查意见后，立即向合肥市委、市政府请示汇报，请求成立由市领导牵头的国投集团破产重整工作协调领导小组，统筹协调解决破产重整过程中的各项事务。市委主要领导对此高度重视，作出重要批示并提出明确要求。在党委、政府相关部门的大力支持和配合下，形成府院联动协作的破产处置工作机制，为平稳快速实现企业破产重整成功奠定坚实基础。

一是重要节点稳控。积极争取党委领导和支持，在案件受理前后主动向市委汇报案情、提出工作方案，并就案件推进中的重大事项决策及时请示汇报。在市委政法委的统筹领导下，围绕重大节日、召开债权人会议前等重要时间节点，法院与政府部门联合做好释法和稳控工作，合力化解矛盾纠纷。该案从受理到批准重整计划期间未发生一起群体性事件，取得了良好的法律效果和社会效果。

二是加强部门协作。限于税务机关的身份和表决机制方面的限制，税务机关不愿主动表决同意重整计划草案。后通过府院联动协作机制，在《重整计划草案》不对税收债权做出实质性调整的情况下，未设置税收债权表决组。税务机关对此未提出异议，有力保证了重整计划的顺利通过。

三是增强企业流动性。为增强国投集团资产流动性，合肥中院积极请求党委政府在优化企业的产业与产品结构、存量土地规划调整变更、自持物业予以销售并分割办证等事项上予以协调解决，努力为重整计划的顺利执行创造条件。

综上，该案利用目前全国破产业务最前沿的理念与方式，通过市场化实质合并重整，多措并举，成功改善了公司的资产及负债结构，增强了企业运营能力，摆脱了债务困境，保障了企业职工及购房者的生存权利，实现了债权人清偿比例大幅提升、债务人财产保值增值、区域经济发展的多方共赢局面，为我国大型民营企业市场化破产重整程序的发展提供了重要的实践性参考。

第七章　破产程序的衔接、协同和转化

一、江西东某曜阳健康养老服务有限公司、新余东某房地产开发有限公司、仙女湖某大酒店有限公司合并破产重整案

企业基本情况

新余东某房地产开发有限公司（以下简称东某房地产）、仙女湖某大酒店有限公司（以下简称仙女湖大酒店）于2010年3月注册成立，因仙女湖景区客流原因，投资星级酒店无法盈利，酒店项目被迫停工。2015年7月10日，仙女湖区管委会同意仙女湖大酒店向养老产业转型。2015年9月1日，华东南（武夷山）旅游颐某开发集团有限公司、东某房地产和仙女湖大酒店共同出资设立江西东某曜阳健康养老服务有限公司（以下简称东某养老公司）。2015年12月，因资金困难，东某养老公司违反国家金融管理规定，未经批准，以办理会员卡收取养老预定金的方式向社会吸收公众资金，以每年赠送会员消费补贴的名义变相支付9%~13%不等的高额利息，打着提供养老服务的名义，诱以高额利润回报，非法吸收公众存款。自2015年12月至2019年4月，东某养老公司共吸收公众存款高达2.18亿元，涉及人数约2430人。2021年12月23日，江西省新余市中级人民法院（以下简称新余中院）作出二审刑事判决书，判决东某养老公司及其相关人员犯非法吸收公众存款罪。

案件审理情况

2021 年 5 月 6 日，渝水区人民法院根据债权人的申请，裁定受理东某养老公司破产清算，同时指定由仙女湖风景名胜区党政办公室成立的清算组为管理人，江西姚某律师事务所负责重整具体事务。因该案关乎 2000 多名老年人会员的养老切身利益，广大债权人也具有强烈的重整意愿，2021 年 6 月 25 日，渝水区人民法院根据东某养老公司的申请，裁定对东某三公司进行实质合并破产重整。截至第二次债权人会议召开之日，管理人共接收债权申报 2098 笔，审查认定债权 2089 笔，认定金额 535 700 513. 55 元，其中会员类债权 2044 笔，认定金额 161 710 583. 54 元，未申报的会员类债权 179 笔，涉及会员类债权总人数 2223 人。鉴于东某养老公司因非法吸收公众存款罪已由新余中院 2022 年 3 月 11 日作出刑事判决（2022 赣 05 刑终 12 号），而会员类债权人抗风险能力弱、多为老年会员，人数众多，根据《企业破产法》第 82 条之规定，重整计划草案将各类债权分为税款债权组、会员类债权组、小额债权组、普通债权组、出资人组、有财产担保组、职工债权组。第一次表决除有财产担保组未通过外其他债权组别均表决通过，经再次表决，重整计划草案获所有参与表决的组别通过。清偿方案设计了现金清偿和“部分现金+债转股”方式，本金 18 万元以内全部采用现金清偿方式，本金 18 万元以上会员类债权人如选择“部分现金+债转股”，与其他类债权人相比，将获得优先股，不参与公司生产经营管理，每年可获得 2%股息分红。对于东某三公司未来的经营发展，重整投资人将充分发挥仙女湖景区的区位优势，重塑项目社会形象，依托仙女湖景区的生态环境及居住环境，将东某曜阳老年公寓打造成集文化、旅游、休闲、养老为一体的综合性休闲养老区域。

主要法律问题及解决途径

（一）破产案件中刑民交叉产生的问题：刑民交叉案件实体处理存在冲突

东某三公司及其相关管理人员涉嫌非吸刑事案件被司法机关查处，引起刑民交叉问题，法院将面临破产债权认定中处理刑民交叉问题的难题。破产程序与刑事案件中，关于程序的选择与实体的处理都存在冲突，主要碰到的法律问题包括“先刑后民”或是“刑民并行”的程序选择冲突、破产财产认定与刑事案件中赃款赃物的认定冲突、刑事受害人债权在刑事案件及破产程序中的清偿顺位冲突等法律问题。

1. “先刑后民”或是“刑民并行”的程序选择冲突

法律事实竞合型民刑交叉是指同一个法律事实，同时符合刑事构成要件，又符合民法规范范畴，从而引起的民刑交叉问题。破产企业除非法吸收公众存款等犯罪活动以外，无其他合法经营内容的，企业犯罪事实与经营活动完全竞合，可采取先刑后民的方式处理，待刑事案件审结完毕后，即可确定破产企业债权人的债权。破产案件中的民刑交叉，大多属于牵连性民刑交叉，即除部分法律事实牵涉刑事犯罪外，企业仍存在因正常经营产生的其他民商事法律关系。如采取“一刀切”的先刑后民的处理模式，破产企业所涉及的其他民商事纠纷将长时间无法得到处理，双方的财产关系一直无法得到确定，也可能使得部分本可以继续经营的企业，因刑事程序的启动，长期冻结资产或民商事纠纷长期无法得到有效解决，导致企业长期处于无序混乱的管理状态，公司资产无法得到最大限度的保值，信用受损，债务不断扩大，由此造成营商环境不断恶化。另外，破产程序是一种特殊的民事程序，其既包含实体法又包含程序法的规定，破产程序是对破产企业的债权债务的清算，遵循的是公平与效率的原则，如“一刀切”地采取先刑后民的原则，破产程序则失去了其程序价值。

2. 破产财产的认定与刑事案件中赃款赃物的认定冲突

刑民交叉情况下，刑事案件涉案财产能否纳入破产企业的破产财产我国现行立法没有明确的规定。由于东某三公司破产一案是涉众型案件，其会员类老年人投入的财产大部分是货币，货币属于特殊种类物，占有即所有，因此受害人的货币已经交付给债务人，即归债务人所有。因此涉众型经济犯罪案件中受害人的财产难以与破产企业的破产财产区分，受害人难以通过取回权从破产企业取回其财产。刑事案件涉案赃款赃物是否能纳入破产财产存在争议，各方做法不一。新余中院认为，将刑事案件涉案财产纳入破产财产由管理人统一处理更能体现社会公平。首先，刑事案件中设立追缴、退赔制度，主要是为了弥补受害人的损失，这与破产程序的功能及其所要实现的目的是一致的。受害人的损失虽然与一般民事债权的形成方式不一致，但实质上，该损失是因被告人的侵权行为产生的对被告人的债的求偿权，该求偿权的性质属于民法债权中的“法定债权”；刑事附带民事诉讼中受害人的损害赔偿请求权也属于一般民事债权。不能以该债权是通过刑法或民法调整的债权，而认定刑事受害人的债权请求权优先于或有别于一般民事请求权。其次，破产程序是一个概括性偿债的程序，遵循的是公平与效率原则，破产管理人统一受理债权人的债权申报、审查、认定，对破产企业的财产进行管理，积极采取措施追回企业的财产，积极努力追求破产企业财产价值最大化，再通过破产财产的变价、分配，使得全体债权人的债权得到公平的清偿。如企业有重整价值，通过破产重整的方式，还可使破产企业的财产价值最大化，提高各债权人的清偿比例。我国对于刑事涉案财产纳入破产财产虽没有普适性的规定，但《最高人民法院关于依法审理和执行被风险处置证券公司相关案件的通知》第 5 条规定给破产企业民刑交叉问题中关于赃款赃物的处理提供了参考。该通知第 5 条规定，证券公司进入破产程序后，法院作出的刑事附带民事赔偿、赃款赃物的追缴全部中止，刑事受害人与企业的其他债权人统一通过向破产管理人申报债权的方式，在破产财产中统一受偿。故新余中院在审理该案时，将东某养老公司非吸案件中参与集资的会员类债权也纳入破产财产中进行审查认定，截至第二次债权人会议召开之日，管理人共接收债权申报 2098 笔，审查认定债权 2089 笔，认定金额 535 700 513. 55 元，其中会员类债权 2044 笔，认定金额 161 710 583. 54 元，未申报的会员类债权 179 笔，涉及会员类债权总人数 2223 人。该案的成功审结，使破产企业的财产价值最大化，也提高了各债权人的清偿比例。

3. 刑事受害人债权在刑事案件及破产程序中的清偿顺位冲突

《最高人民法院、最高人民检察院、公安部关于办理非法集资刑事案件若干问题的意见》第 9 条规定，涉案财物退赔集资参与人的损失一般优先于其他民事债务以及罚金、没收财产的执行。但是根据《企业破产法》的清偿顺序规定，涉众型经济犯罪案件中受害人的损失并不优先于其他普通债权，那么东某养老公司非吸犯罪一案中的作为集资参与人的老年会员类债权无法优先受偿。刑事受害人的债权清偿顺序是否优先于其他普通债权是破产管理人清偿债权时面临的亟待解决的问题之一。新余中院认为，刑事受害人与破产企业其他债权人应统一在破产程序中进行债权申报，而不再区分刑事受害人与其他债权人，有利于实现公平受偿。理由如下：第一，该类会员债权属于普通债权，不属于有担保的债权，也不属于法律规定有优先受偿权的特殊债权。第二，无论是从债权性质，还是公平受偿的角度，刑事受害人的债权均不享有优先受偿权。如在东某养老公司非法吸收案件中，会员类债权人为了追求更高的利息主动参与到他人的金融犯罪当中，其本身也存在一定的过错，如该类债权享有优先受偿，有违公平受偿原则。虽然《最高人民法院、最高人民检察院、公安部关于办理非法集资刑事案件若干问题的意见》第 9 条规定，涉案财物退赔集资参与人的损失一般优先于其他民事债务以及罚金、没收财产的执行。但是该意见并未规定非法集资刑事案件受害人的债权并不当然地优先于其他民事债权，在刑民交叉情况下，破产企业存在其他破产财产，刑事受害人与其他债权人均通过破产程序对破产企业的破产财产进行受偿，该条规定则不应予以适用。新余中院在处理此类情况时，将东某养老公司办理会员卡、交付养老预定金的老年群体债权人即非吸案件受害人，在不损害其他债权人利益的前提下，于普通债权类别中专门设立了会员类债权人，设计了现金清偿和“部分现金+债转股”方式。本金 18 万元以内全部采用现金清偿方式，本金 18 万元以上会员类债权人如选择“部分现金+债转股”，与其他类债权人相比，将获得优先股，不参与公司生产经营管理，每年可获得 2% 股息分红，兼顾了各方债权人利益，也保护了老年会员类债权的一定清偿。

（二）破产重整计划中债转股模式面临的问题：债转股方案的表决规则不明确

破产程序外的债转股，日常称债务重组，是市场化、常态化解决困境企业危机的重要手段。产能过剩企业重整，债转股是促成破产重整的重要措施，并具有“降杠杆”的客观功效，重整方案设计中引入债转股方案，通过债转股盘活企业资产，减少债权人损失，带动职工就业，促进区域性经济发展，实现重整企业真正意义上的重生，实现破产重整制度价值。但债转股目前存在立法分散、层级低、表决规则不明确、理论界对债转股方案的重整计划能否适用强制批准尚难达成共识等问题。

当前，我国对债转股实施的具体规定不够具体明确，关于通过债转股协议的表决方法仍未有定论，一种观点认为，债转股必须经债权人的个别同意才产生效力，该观点认为在债务人企业面临破产困境时，若市场化债转股方案表决通过，债务人企业的债权人享有的债权便转换为债务人企业的股权，而相比债权，股权在破产清偿中的顺位更靠后，只有在债权得到清偿后，股权才有得到清偿的可能，所以债转股的实施其实在很大程度上加大了债权人的风险。按照我国法治的基本原则，若一种决定的作出会产生一种对部分社会主体的不利义务，那么在作出该决定之前应当征得该部分主体或其代理人的个别同意。另一种观点认为，债权股按照破产重整中的多数决通过即可，该种观点认为，破产程序具有概括执行的特征，简单来说就是指一种将全体债权人的债权就债务人的全部财产实施全盘统一执行的行为，这种概括执行特征将会否定单个债权人的个别执行。若认为市场化债转股仅具代物清偿属性、仅需受破产法调整，那么债转股的表决规则便要遵循概括执行特征及自动冻结效力，应当按照多数决意愿进行债转股。在破产程序中，破产重整程序的清偿期限、清偿比例、清偿方式、分配方案都要经过多数决表决，形成债权人的集体意思表示。若要求债转股适用债权人个别同意原则，那么这种要求是违背破产法概括性调整的理念的，不仅会加大债转股的通过难度，同时使债权人和债务人遭受利益损失，这与债转股是为了实现债权人和债务人双赢、挽救破产企业的初衷相违背。

新余中院赞成第二种观点，认为债转股具有债务清偿的性质，任何方案的设计都有时效性，债转股方案作为对公司集合财产的分配没有损害债权人的利益，债权人从市场流动性风险转为经营性风险则是在重整计划执行后。对重整方案设计时，其清偿的实质没有变化，获得的权益未减少。纵观我国公司法等制度，对于表决遵循的是“多数决”规则，符合大多数人的理性，不能因为少部分债权人反对而不实施债转股，如因此转入破产清算，反向是未充分尊重大部分同意债转股的债权人的利益。新余中院认为，法院强制批准重整计划的制度本身就是公权力对意思自治的干预，鉴于债转股的重整方案涉及全体债权人和债务人企业，不仅仅是债转股的债权人，法院可适用强裁制度批准重整计划，但应遵循审慎原则。但是债转股将顺位靠前清偿的债权转为顺位靠后的股权对债权人的利益毕竟产生了实质性影响，故新余中院与管理人多次沟通协调，方案设计采取了可选择性方案而不是确定性方案，并且尽可能多元化，给予了债权人充分的自由进行选择。债权类型除税务机关的税款债权外，有财产担保债权、职工债权（除社保机构债权外）、普通债权等均可实行债转股。因重整计划草案的制定同时兼顾了各方债权人利益，在遵循多数决规则的原则下，最终获得各组参与表决的债权人一致通过，老年会员债权清偿率近100%，受偿金额达1.68亿元。

其他审理经验

（一）合并破产重整，提升重整效率

东某三公司实际控制人、财务人员混同，资金往来相互交叉，资产混用，无法严格区分。因东某养老公司名下无任何土地及房产，其吸收的社会大量资金基本被其他两公司占用，如对三公司进行财产区分，不仅将耗时耗力，也会使东某养老公司吸收的社会大量资金无任何清偿，致使债权人整体利益受损。为提升整体破产重整效率，提高债权人的整体清偿利益，增加整体破产重整成功的可能性，渝水区人民法院依法裁定对东某三公司进行实质合并破产重整。

（二）线上科技赋能，线下主动沟通

东某养老公司涉及的债权人人数众多且基本为老年人，广泛分布在全国24个省份，为减少当事人来回奔波，提升审判质效，渝水区人民法院建立了破产案件一体化管理平台，债权人利用微信小程序即可实现申报债权、提交材料、查询进展、参加债权人会议、事项表决线上一体化。针对老年人会员集中在新余、宜春、赣州三地的情况，划定债权人片区，采用线上直播开庭方式，在宜春、赣州设立分会场，方便债权人行使权利。多次召开片区座谈会，让债权人及时了解案件进展情况，做好释法明理，确保思想稳定，整个案件审理期间，没有出现大规模的群体性事件，保证了案件平稳顺利进行。

（三）深化府院联动，凝聚强大合力

渝水区人民法院注重在法律框架内兼顾各方利益平衡，在案件审理期间多次向债权人释理明法，保证破产案件平稳顺利进行；指导、支持管理人在法律法规允许的范围内，对债权清偿方案探寻创新；仙女湖区管委会积极贯彻落实中央打击治理养老诈骗专项行动工作要求，全力保障老年人合法权益，在重整投资人招募陷入困境时勇于担责，确定由政府招商平台下的新余市仙女湖某有限公司参与投资重整，并制定溢价收购方案。在法院与政府的全力合作下，破产重整取得了守护老人养老钱、重塑企业发展前景、维护社会安

全稳定的良好法律效果和社会效果。

（四）坚持以人为本，创新清偿方案

为最大限度挽回广大老年人的养老资金损失，结合案件特殊情况，重整计划草案在不损害其他债权人利益的前提下，于普通债权类别中专门设立了会员类债权人，特指在东某养老公司办理会员卡、交付养老预定金的老年群体债权人。在清偿方式上，设计了现金清偿和“部分现金+债转股”方式。本金 18 万元以内全部采用现金清偿方式，本金 18 万元以上会员类债权人如选择“部分现金+债转股”，与其他类债权人相比，将获得优先股，不参与公司生产经营管理，每年可获得 2%股息分红。重整计划草案同时兼顾了各方债权人利益，最终获得各组参与表决的债权人一致通过，老年会员债权清偿率近 100%，受偿金额达 1.68 亿元，受到了新余市委、仙女湖区委领导的高度肯定。

新余中院还成功审结了新余福某实业有限公司重整案，新余福某实业有限公司（以下简称福某公司）是三名自然人为开发四眼井万象广场项目成立的，福某公司重点开发的四眼井万象广场项目属于棚户区改造项目，涉及拆迁户数量众多，项目自 2011 年开工以来即因资金短缺等原因陆续处于停工状态，因经营管理不善，债务负担过重，导致资金链断裂，债务恶化，复工建设遥遥无期，无法按期向拆迁户交付拆迁安置房，引发拆迁户、农民工和施工班组等多次群体上访，严重影响社会稳定，并引发多起诉讼纠纷。2016 年 8 月 10 日，渝水区人民法院裁定受理福某公司重整一案，并于 2018 年 12 月 17 日裁定批准福某公司重整计划并终止福某公司重整程序。在重整计划的制定上，考虑到重整计划草案全额清偿共益债务、劳动债权、税款债权，优先债权组和税款债权组未受到实质性损害，而普通债权组获得的清偿率远远高于福某公司破产清算状态下的清偿率，福某公司重整还涉及拆迁户安置等民生问题，于是最终批准了重整计划，投资人继续履行原有拆迁安置协议，负责以交付现房方式安置拆迁户。因重整投资人存在复工资金缺口，引入了第三方融资资金，同时为保证融资资金安全将其确定为共益债权，在建成后的物业增值部分中优先受偿。由此，财产担保债权、建设工程款优先债权、劳动类债权、税款类债权及小额普通债权全额清偿，其他普通债权清偿率达 15%以上。福某公司破产重整案的成功，既保护了包括 947 户拆迁安置户在内的全体债权人合法权益，成功化解了楼盘烂尾，无法交房导致购房户上访闹访的重大风险，又确保了渝水区房地产市场的健康稳定与有序发展。因项目内有“四眼井”“魁星阁”和“孔庙”等历史文物古迹，在重整计划执行阶段中特别注重通过深入挖掘历史文化资源，科学制定文物保护开发规划，依托周边古迹打造了历史文化旅游街，充分发挥了文化对经济发展的促进作用。

二、江西电某有限责任公司破产重整案

企业基本情况

江西电某有限责任公司（以下简称电某公司）的前身江西电某厂成立于1984年，2003年电某公司由国有改为民营企业后发展形势依然良好。曾经是江西省规模最大的电线电缆制造企业，生产的“三色”牌电线电缆在全国享有一定的知名度。2009年，电某公司筹资1.3亿元建成了周边5省中部发展经济圈中唯一一条生产500KV超高压电缆生产线，电某公司高、中、低压电缆品种齐全，为江西省高新技术企业，2012年企业产值达到7.2亿元，上缴税收1180万元。截至法院裁定破产重整日，电某公司注册资本15 000万元，职工300余人，经营范围为电线电缆制造、销售，电线电缆材料加工等。

2017年3月15日，因资产不足以清偿全部债务，且明显丧失清偿能力，江西省吉安市吉州区人民法院（以下简称吉州区法院）根据债务人的申请，依法裁定受理电某公司的破产重整。

2008年，电某公司贸然投巨资建设500KV立塔，建成以后，高压电缆销售业务无法拓展，导致投资的500KV立塔无法开工生产，沉淀巨资占用巨额流动资金，严重影响了公司生产经营，开始资金周转困难。公司资产投资配置不合理、经营管理混乱、股东抽逃出资，销售员挪用、占用公司资金等减少了公司流动资金，增加了公司财务成本，公司资金不足无法按期归还银行借款，大量向民间融资，超负荷的银行借款和民间借贷本息，造成公司资金链断裂，无法清偿到期债务。

案件审理情况

（一）重整投资人引进

2017年7月20日，吉州区法院召开了电某公司重整第一次债权人会议。第一次债权人会议后，管理人通过全国企业破产重整案件信息网等网络平台公开发布了重整投资人招募公告。至投资人招募报名截止日，共有3家投资人报名。2017年10月，经组织评审，参与报名的三家企业投资方案均不完善，均不符合法院裁定最低要求。

2018年3月至6月，吉安市政府、吉州区区政府有关领导与管理人一同就电某公司投资人招募事宜赴江苏宝某集团、浙江正某电缆、航天电某集团等电缆行业龙头企业实地考察，就电某公司破产重整事宜邀请其投资，他们表示电某公司具有重整的价值，但债权债务关系复杂，无意向参与电某公司重整投资。2019年6月，2家报名参与电某公司重整的投资人退出投资人的竞选，仅剩吉安市新某陵投资发展有限公司（以下简称新某陵公司），因此，确定新某陵公司为重整投资人。2019年12月6日，管理人与投资人签订了重整投资协议。

（二）债权分类、表决

电某公司破产债权金额共6.53亿元，其中有财产担保债权2.65亿元、职工债权和养老保险等债权1871万元、税款债权2322万元、普通债权3.22亿元、预计债权2472万元。

2019年12月24日，电某公司重整第二次债权人会议召开，债权人对公司重整计划草案进行分组表决，职工债权组、税款债权组表决通过重整计划草案，有财产担保债权人组、普通债权人组表决未通过重整计划草案。法院全盘考虑重整计划方案后，认为该重整方案可以平衡各方债权人利益，吉州区法院于2020年2月7日裁定批准《电某公司重整计划草案》并终止公司重整程序。

（三）债权清偿方案

为减少债权人的损失，重整投资人新某陵电某公司以2.53亿元的对价重整公司，即在资产评估值2.01亿元的基础上提高5165万元。根据重整计划，

10 万元以下（含）普通债权，按照 100%的比例清偿；10 万元以上普通债权，按“10 万元+（债权金额-10 万元）×5%”方式计算清偿额。清偿期限为欠付职工个人的职工债权、工伤养老保险债权、普通债权在重整计划批准后 1 个月清偿，养老保险债权和税款债权 5 年分期清偿，每期清偿 20%，有财产担保债权优先清偿额 10 年分期清偿，每期清偿 10%和当期利息。

根据偿债能力分析，电某公司在破产模拟清算状态下，税款债权清偿率为 37.77%，普通债权清偿率为零，重整计划提高了税款债权和普通债权清偿率。

2020 年年中，新某陵公司接管以后，将股权转让给吉安鑫某阳实业有限公司（以下简称鑫某阳公司），为顺利与江西铜某集团有限公司合作，新某陵公司和鑫某阳公司按照重整计划清偿了电某公司债权，对重整计划中分期清偿的债权在征得债权人同意后，提前清偿完毕，2021 年 2 月，电某公司重整计划执行完毕。2020 年 12 月 23 日，鑫某阳公司与江西铜某股份有限公司签订《增资扩股协议书》，江西铜某股份有限公司以 2.08 亿元增资电某公司。

（四）经营方案

在电某公司重整过程中，政府及管理人与江西铜某集团有限公司等大型企业保持密切沟通，对电某公司后续生产经营有初步的合作意向，但因电某公司作为经营几十年的企业，债权债务关系复杂等诸多原因，不愿意参与电某公司重整。新某陵公司受让电某公司 100%股权后，继续对外招商引资，靠大联强，引进战略投资者，通过提高经营管理效能，规范企业生产经营模式，加大技改投入，完善产品结构，做大做强企业。

主要法律问题及解决途径

（一）股东抽逃出资

管理人聘请的审计机构审计过程中，发现电某公司股东在 2011 年增资 8600 万元过程中存在抽逃出资的行为。管理人查证后，向法院提起诉讼，请求电某公司股东承担补缴抽逃出资及利息等责任，法院判决股东承担缴纳各自出资的责任，管理人根据生效判决，申请法院强制执行。

（二）销售员涉嫌挪用资金、职务侵占等犯罪

管理人在委托审计机构进行审计的过程中，发现电某公司四川销某分公

司经理周某利用职务上的便利，通过私刻电某公司公章违规收取货款方式挪用侵占2249.59万元。管理人于2017年9月12日将报案材料整理报告法院，法院收取材料后，将案件移送吉安市吉州区公安分局经侦大队。后经公安立案、检察院起诉，法院判决周某犯职务侵占罪。

（三）应收款项的处理

电某公司销售模式采取销售员承包制，公司的客户资源由销售员自行掌控，应收账款由销售员与客户结算，销售员与公司整体结算的模式。重整期间，经审计函证，公司大部分账面应收客户反映不欠公司货款，管理人安排企业财务，与公司各站点进行结算，对销售提成和应收款项引导销售员主张抵销，解决了公司遗留多年的应收账款问题。对公司代股东等关联方清偿、抽逃出资的其他应收，向债权人会议进行充分披露。

其他审理经验

（一）坚持"首善"标准：以市场思维推动管理人全省范围市场化竞聘选定

受理该案后，鉴于全市范围内没有一家律所做过企业破产重整的管理人，为确保该案的顺利审理，吉州区法院按照首善要求、坚持首善标准，首创破产管理人市场化选任模式，采用公开竞争的方式面向全省招募破产案件管理人，成立了由院长担任主任的七人评审委员会，通过对参选中介机构的人员规模、办案经验、报价高低等方面进行评判，最终选定由江西姚某律师事务所担任本次破产重整案件的管理人，此举在全省基层法院中尚属首次。为了培养本地破产管理人，根据该院的建议，江西姚某律师事务所又选定一家本地律所参与管理人工作，这样既解决了本地所经验不足，难以胜任管理人角色的问题，又解决了外地中介机构存在沟通不便的问题。同时，法院坚持"放权不放任"，加强破产管理人监督管理，促进管理人依法高效履职，实现角色定位由"主导者"向"参谋员"转变。

（二）深化府院"智破"：以联动协作、高效衔接为破除审判梗阻赋能添智

本案涉及债权人180余户，债权金额6亿余元，省、市、区政府主要领

导对该案的审理予以高度关注。法院在案件审理过程中，积极与政府相关部门沟通交流，院领导和合议庭成员参加市区两级政府组织的各类协调会议四十余次，妥善处理了工作中遇到的各种困难和矛盾；依法妥善处理各类债权，平息债权人的争端，指导管理人在重整方案中对 10 万元以下的普通债权进行全额保障。充分保护小额债权人的利益，使重整方案获得了大部分债权人的同意。在电某公司重整过程中，投资人为减少重整投资成本，对电某公司有财产担保债权 2.64 亿元与金融机构进行债权收购商谈，在投资人签订重整投资协议后，投资人先后与三家有财产担保债权人签订《债权转让协议》，收购三家金融机构的债权，节约了重整投资成本。重整计划草案强裁批准后，没有一户债权人上访或闹访，取得了良好的社会效果。

（三）实现“病企”重生：以法治护航“破产不停产”为招商重整奠定良好基础

本案转变破产审理理念，企业破产并不意味着终止经营。电某公司虽然进入破产程序，但鉴于电某公司设备、人员齐全，产销市场完善仍具有市场价值，案件受理以后不久，法院根据管理人申请决定恢复企业的生产，实现“边生产边重整”两步走，但此时企业负债累累，已丧失融资能力。为此，法院主动作为，积极组织对外催收债权，为企业恢复生产筹措资金近 300 万元，解决了企业恢复生产的燃眉之急。案件审理期间，企业每月产值 200 多万元，不但解决了企业职工的基本生活问题，还确保企业核心技术人员能继续留在企业。其间，企业还完成了质量管理三体系认证证书年度监督审核工作、中国国家强制性产品认证 6 张证书标准换版和年度监督审核工作、全国工业产品生产许可证（赣）XK06-001-00003 证书申办工作、4 次产品质量专项抽查等工作，为招商重整创造良好环境。在引入重整投资人后，搭建破产企业招商平台，积极协助政府招商引资，并最终引入中国 500 强企业江西铜某股份有限公司入驻，使企业真正走向重生。

（四）迎来蝶变腾飞：以招募招商结合方式为企业新旧动能转换“腾笼换鸟”革新发展

省、市、区政府高度重视电某公司重整，一直致力于将电某公司靠大联强，新某陵公司为吉安市政府平台公司，鑫某阳公司为吉州区政府平台公司，通过政府平台招商与管理人重整投资人招募相结合的方式，与多家大型电缆等行业进行洽谈，最终确定与江西铜某股份有限公司进行合作投资电某公司。江西铜某股份有限公司负责生产经营管理人，带来了流动资金，一方面通过注入资金对电某公司生产技术进行革新；另一方面将上市公司先进的管理经验和理念带进电某公司，真正实现了企业的重生，2022 年电某公司实现销售产值 11.5 亿元。

本案的顺利审结，并最终引入中国 500 强企业江西铜某股份有限公司入驻，充分体现了法院司法为民、服务大局的工作理念，达到了政治效果、法律效果与社会效果、经济效果的有机统一。为此，该案成功入选江西法院破产审判十大典型案例。

三、宁波华某饭店有限公司破产重整案

企业基本情况

宁波华某饭店有限公司（以下简称华某饭店）是爱国侨领王宽诚先生于 20 世纪 60 年代倡议并率先捐资设立的宁波市第一家涉外酒店，系坐落于 5A 级景区的国际知名品牌五星级大酒店。华某饭店资产分为酒店类物业和出租类物业两部分，有职工近 500 人，具备成熟的运营机制、良好的服务，在酒店业具有一定的核心竞争力，为提升城市形象、促进社会发展做出较大贡献。

因涉“银亿系”企业担保债务问题，华某饭店自 2019 年起陆续被多家债权银行起诉并进入强制执行程序，涉及总额约 13 亿元。2021 年 6 月，在华某饭店无力偿债及债权银行申请情况下，法院拟对华某饭店整体资产依法委托拍卖，华某饭店面临歇业。

案件审理情况

（一）启动“执破融合”程序，确定“执行和解+债务重组”先行模式，以破产重整程序予以司法落地

宁波帮人士高度关切华某饭店的债务困境进展，香港甬某联谊会会长特此信函市领导，希望尽可能通过重整方式解决华某饭店债务问题，避免拍卖

歇业，市委主要领导专此作出批示。

宁波市中级人民法院（以下简称宁波中院）高度重视华某饭店的处置事宜，执行局及清算与破产庭两部门协作联动，探索通过“执破融合”机制解决华某饭店债务困境，以“执行和解+债务重组”模式先行确定重组框架，后以破产重整程序进行司法落地。

宁波中院于2021年8月组织五家申请执行人与华某饭店协商和解，确定通过“执行和解+债务重组”的方式化解债务问题，促成申请执行人与被执行人华某饭店签署《和解协议书》。协议约定：涉华某饭店案件暂缓执行，暂缓执行期间开展债务重组工作，协商确定一家律师事务所担任债务重组期间“临时管理人”。

（二）推进“庭外重组”工作，引入重组投资人

暂缓执行期间，宁波中院执行局及清算与破产庭会同海曙区政府共同推进债务重组进程，指导“临时管理人”开展华某饭店资产负债审计核查、日常经营监督、战略投资人的引入确定、出资人无偿让渡出资权益重组方案的磋商和拟定等各项工作。

庭外重组期间，通过公开招募于2021年11月底引入重组投资人宁波城某投资控股有限公司。经多轮沟通和协商，确定债务重组方案，投资人以支付合适对价的方式取得华某饭店名下所有资产，同时承继所有供应商债权、消费卡债权，保留所有职工，华某饭店原股东以零对价出让华某饭店100%的股权给投资人。重整计划的实质性条款提前磋商完成。

（三）引导执行转破产重整，保持企业正常运营

在债务重组方案及重组投资人获得主要债权人的原则认可后，宁波中院据此引导华某饭店向法院申请执行和解转为破产重整。2021年12月23日，宁波中院裁定受理华某饭店破产重整一案，组建由执行局、清算与破产庭相关人员组成的合议庭，指定由海曙区政府牵头成立的华某饭店清算组担任临时管理人。

合议庭于立案后及时批复同意华某饭店及下属温某姆酒店继续营业，在法院刊登破产重整受理公告的同时，临时管理人同版公告饭店继续营业、消费卡可继续使用、供应商按照合同继续履行。破产重整期间，员工、供应商、消费者情绪稳定，酒店经营平稳有序。

重整期间，华某饭店先后被列为中国共产党宁波市第十四次党代会、宁波市十六届人大一次会议和宁波市政协十六届一次会议的代表团驻地酒店和分组讨论会场。宁波中院高度重视华某饭店的疫情防控和党代会、人大政协两会的会务接待工作，指导督促临时管理人和饭店管理层制订会务接待各项制度和应急预案，圆满完成党代会、人大政协两会的会务接待工作。

（四）制定重整计划草案，债权人分组表决

在裁定受理破产重整后，宁波中院指导临时管理人在依法履职的基础上，快速推进破产重整的各项工作。在短短的 2 个月时间内，克服时间短、工作量大的困难，合议庭监督指导临时管理人完成债权审核、清产核资、日常管理、拟订重整计划草案，多次听取工作汇报并组织各方协商重整计划草案的修订。

依据重整计划草案，华某饭店原股东无偿让渡 100%股权给重整投资人，投资人支付的 5.25 亿元重整对价作为偿债资金，税款债权 100%清偿，有财产担保债权在重整投资人支付的相应担保财产的对价范围内优先清偿，普通债权按一定比例进行清偿，保留全部在职员工，全额承继供应商、消费卡债务，并对华某饭店进行升级改造。

宁波中院于 2022 年 3 月 2 日组织召开华某饭店第一次债权人会议。根据债权类别设有财产担保债权组、税款债权组、普通债权组（因职工债权、消费卡债权、供应商债权权益未受影响，不参与本次重整计划草案的表决）对重整计划草案进行了分组表决，另外，重整计划草案涉及出资权益调整，并设出资人组进行了表决。

（五）批准重整计划，顺利执行完毕

重整计划草案经各债权人组及出资人组表决通过。宁波中院于 2022 年 3 月 23 日裁定批准华某饭店重整计划并终止重整程序。批准重整计划后，重整投资人按约支付重整投资款，款项清偿、股权过户、企业信用修复等重整计划内容全部执行完毕。2022 年 10 月 11 日，宁波中院裁定确认华某饭店重整计划执行完毕，终结华某饭店重整程序。

主要法律问题及解决途径

（一）以“执行和解”为“债务重组”期间中止执行提供合法依据

执行阶段，债权银行希望及时拍卖、及早取得执行分配款，认为破产重整时间长而对重整有抵触。法院执行局认为庭外重组期间无中止执行的法律依据。基于此，宁波中院根据企业的实际情况，进行善意执行的论证，确定“执行和解+债务重组”模式。执行和解既能给债务重组创造条件赢得时间，又为债务重组期间中止执行提供了合法依据。债务重组既弥补执行程序中申请执行人为个别债权人不能进行概括性执行的不足，又避免直接进入破产程序不可逆转的被动。另上述“庭内执行+庭外重组”的配套实施，既严格遵循执行司法规定，又为债务清偿问题的“一揽子”解决搭设平台及机会，通过债务重组的实施甄别企业是否具备挽救重整价值，并进而予以重整或拍卖清算的一件事处置。

宁波中院在收到华某饭店和解申请后，征询主要债权人意见并获得同意，最终促成各方签署执行和解协议。以执行和解协议为依据暂缓强制执行，同时依照公开、依法原则对企业以市场化方式开展债务重组。

（二）以契约委托方式引入中介机构担任“临时管理人”，为“临时管理人”开展重组工作奠定合法性基础

现有法律未对庭外重组期间管理人的指定作明确规定，为此，在宁波中院组织的华某饭店执行和解协商会上，债务人和主要债权人协商聘任中介机构担任债务重组的“临时管理人”。各方确定在债务重组阶段，中介机构以“临时管理人”身份参照破产重整程序开展完成清产核资（审计、评估）、日常经营监管、刊登《投资人招募公告》、引入战略投资人，组织投资人、债权人、债务人、出资人协商拟订《债务重组方案》等工作。

此契约委托的“临时管理人”的具体工作开展，既能通过合法监管防止债务人企业偏颇性清偿或转移资产，又能通过依法审计、评估、招募投资人等完成重组重整一系列工作事项，以临时管理人“一站式”、全链条工作实质性协助法院“庭外重组+庭内重整”的实现落地，同时使得申请执行人（众债权银行）同意暂缓执行、给予债务重组期限。

（三）留用全部员工，供应商合同继续履行，消费卡继续使用

华某饭店有近500名员工、347家供应商债权人、已售16 000张消费卡的上万名市民消费者。处置不当，不但员工失业，而且可能面临众多供应商和消费者的信访问题，华某饭店也将陷入停摆状态，债务进一步扩大。

为妥善解决上述问题，宁波中院在庭外重组期间预先征询重整投资人意见，确定全体员工全部保留，供应商合同继续履行，消费卡可继续使用的处置方案，并通过是否继续履约的数据估算对比取得金融机构债权人的认同，平稳圆满解决涉众性债务问题。同时，为防止社会恐慌震荡，宁波中院指导管理人在法院发布受理破产重整申请公告的同一报纸版面刊登管理人公告，告知华某饭店继续经营，已发售的消费卡可继续使用，供应商按照合同继续履行，消费卡、供应商债权人可不进行债权申报。该处理方式，确保了华某饭店的正常运营及破产工作的顺利推进。

其他审理经验

本案是通过执行和解与破产重整的程序转化高效实现企业重整，助力企业脱困重生，是优化法治化营商环境的生动典型案例。一是坚持府院联动。在处理涉及面广影响力大的企业债务执行困局时，宁波中院积极与市区两级政府沟通协调，秉承“当事人一件事”和善意执行理念，兼顾市委、市政府区域开发建设计划，创造性提出“执行和解+债务重组”的债务化解方案，组建由海曙区政府相关职能部门和律师事务所等组成的清算组，引导华某饭店申请破产重整。二是完善执破衔接。为高效推进重整工作，宁波中院打破常规，在执行和解阶段即指定第三方提前介入，完成资产评估、债务方案拟定等大量前期工作。由清算与破产庭、执行局法官组成跨部门合议庭，确保执行和解与破产重整无缝衔接。指定清算组作为临时管理人，使前期工作成果有效延续至重整阶段。三是全力维护稳定。重整期间，及时指导管理人拨付160万元运营资金，维持饭店正常经营。主要债权人与战略投资人最终达成一致意见，通过重整计划，债权人受偿率较清算有明显提高。重整后的华某饭店将继续经营并保留其巨大的品牌价值和商誉等无形资产，430名员工继续就业，全额承接对347家供应商、1.8万余名消费卡持有人的债务，有效维护了社会稳定。

四、上海华尔派某有限公司破产清算转和解案

企业基本情况

上海华尔派某有限公司（以下简称华尔派公司）成立于1998年，注册资本5018万元，主要从事建筑幕墙及钢结构工程的设计、制作、安装服务。华尔派公司具有建筑幕墙工程专业承包一级、建筑幕墙工程设计专项甲级、建筑装饰装修专业承包一级、建筑装饰装修工程设计专项甲级、钢结构工程专业承包一级、钢结构工程设计专项甲级、机电设备安装工程专业承包二级、建筑智能化工程专业承包二级、城市园林绿化二级资质，曾获得全国建筑幕墙行业百强企业称号，参加建设的工程曾获得鲁班奖、全国建筑工程装饰奖等。

自2018年起，华尔派公司因挂靠问题产生大量诉讼，资金链断裂导致债务不断涌出，经营出现困难，逐步陷入债务危机而无力承接新的、优质项目。2020年受新冠肺炎疫情影响，华尔派公司的债务问题进一步恶化。

案件审理情况

2020年8月12日，债权人张某以华尔派公司不能清偿到期债务且明显缺乏清偿能力为由，向上海铁路运输法院（以下简称上铁法院）申请对华尔派公司进行破产清算。在破产审查阶段，华尔派公司曾试图与张某进行和解，然终因无力全额清偿债务而失败。上铁法院于2020年12月11日裁定受理张某对华尔派公司的破产清算申请，并于2021年1月14日指定普某永道中天会计师事务所（特殊普通合伙）担任华尔派公司的管理人。

管理人依法接管华尔派公司后，对华尔派公司的资产、债务进行清理。经调查发现，华尔派公司名下核心资产为建筑幕墙工程设计专项甲级、建筑装饰工程设计专项甲级、轻型钢结构工程设计专项甲级、钢结构工程专业承包一级、建筑幕墙工程专业承包一级、建筑装饰装修专业承包一级等资质。债权申报期间，共有31户债权人向管理人申报了债权，经债权人会议核查确认的债权金额逾8592万元。

在案件审理过程中，鉴于华尔派公司在业内具有较高知名度，且名下有优质的资质证书，具有重整价值和拯救可能性。若进行破产清算，将会导致华尔派公司多项优质资质丧失价值，管理人预测普通债权清偿率接近于0。为维护全体债权人利益、提升债务人财产价值、实现资源优化配置，管理人于2021年11月8日在全国企业破产重整案件信息网发布公告公开招募意向投资人。招募期限内，共有两家机构向管理人报名。2021年11月29日，上铁法院组织投资人、债务人、债权人代表、管理人各方对重整申请进行听证，投资人表示愿意投资800万元收购债务人股权实现重整，但债务人明确表示不同意重整，法定代表人晏某红表示愿意变卖自有资产筹措1000万元资金用于偿还债务促使达成破产和解。此后，债务人法定代表人晏某红向管理人银行账户汇入400万元并向上铁法院提交破产和解申请，表示其将通过变卖自有资产筹措资金1000万元用于偿还债务。在法院指导下，管理人积极开展法律释明和沟通工作，从最大化维护债权人的权益并兼顾企业持续经营角度出发，确定了债务人自行经营以及破产清算转和解的工作思路。

上铁法院于2022年3月1日裁定华尔派公司和解。进入破产和解程序后，债务人经与管理人、部分债权人协商制作《和解协议（草案）》。《和解协议（草案）》经债权人会议一次表决通过，上铁法院于2022年9月13日裁定认可和解协议并终止破产和解程序。现和解协议已执行完毕。

华尔派公司通过和解程序成功化解了高额债务，在最大限度保障债权人平等受偿的同时，兼顾企业运营价值以及出资人权益。优质资质得以保留，企业获得重生，本案是法院通过发挥司法职能为企业家创新创业营造良好法治环境的典型案例。

主要法律问题及解决途径

本案是破产清算转和解的一次有益尝试。审理中，面对是及时出清还是积极拯救，是进行重整还是和解这些问题时，法院始终坚持市场化、法治化原则，充分利用破产和解程序简便、成本较低、周期较短的制度优势，既维护债权人利益最大化，确保债权债务快速清理，也保住债务人免于退出市场，给企业创造重整事业、东山再起的机会，成功挽救困境企业，实现“三个效果”的有机统一。

（一）识别营运价值，实现破产程序有效转换，发挥司法对小微企业的挽救功能

法院审理破产案件时，应因时因势运用司法智慧，在充分保障债权人权益最大化的前提下，以最少的代价实现企业的最大价值，帮助具备破产原因但又有企业价值和再生希望的困境企业纾难解困。华尔派公司系因债权人申请对其破产清算而进入法院审理程序。继续进行破产清算程序固然可以较快了结债务、审结案件，但是与华尔派公司主体不可分离的资质等无形资产价值将不复存在，普通债权人极有可能得不到任何清偿。是否要对华尔派公司进行挽救，是本案中面临的一个重要问题。

实践中，判断困境企业是否应当从破产清算程序转为破产重整或和解程序，主要考虑两个标准：一是困境企业是否有必要挽救，以及挽救的成本与收益之间的比例；二是各方当事人对于困境企业是否具有挽救的意愿。就本案而言，一方面，华尔派公司具有多项建筑企业优质资质，这些资质只有在华尔派公司主体存续的情况下才能发挥出经济价值；另一方面，华尔派公司有强烈的意愿挽救企业，进入破产程序后，股东持续垫资为相关人员缴纳社保、办理资质维护手续，亦有投资人有意向再利用华尔派公司的无形资产。因此，挽救华尔派企业符合各方利益，法院应为程序转换提供有力司法支持。

（二）以意思自治为原则，充分尊重破产和解的意愿，实现债权人利益的最大化

为了充分实现华尔派公司各项资质的经济价值，管理人计划通过重整方式让华尔派公司获得新生；债务人为了继续维持企业经营，向法院及管理人提出希望通过破产和解程序解决债务危机。采用何种方式来挽救华尔派公司，也是本案中面临的重要问题。

一方面，如果充分利用现有资源，通过引进战略投资人，转让股权，重整营业，预估华尔派公司的财产价值将增加800万元，相较于破产清算而言，重整有利于大幅提高债权清偿率，且具有可行性；另一方面，华尔派公司法定代表人希望变卖自有资产促成破产和解，保证和解清偿率高于重整。法院从行业特点、经济效益、当事人意愿、小微企业出资人权益保护等方面综合分析，指导管理人明确破产清算转和解的工作思路。

1. 破产和解适应行业特点

华尔派公司作为一家建筑企业，其从事的营业事务具有长期性、社会性，各方面关联因素众多。通过破产和解，华尔派公司得以保留主体继续营业，不仅可以减轻企业负担和责任，也有利于保护各方面利益特别是社会利益。

2. 破产和解能充分释放企业资质的经济价值

建筑行业关乎社会公共安全，因此相关资质不易取得，且需要长期维护，如定期进行安全生产许可证维护工作、人员证书维护工作等。企业资质的使用与维护同经营主体之间依存度高，并非任何通过公开招募的投资人都有能力使用好、维护好华尔派公司原有资质。华尔派公司出资人本身具备专业技术知识，且深耕行业多年，更了解公司经营业务、客户情况、行业特点、人员安排等，如继续经营，对于维持客户、稳定员工、企业后续发展均有利，能让原有资质更好地发挥作用，释放更多的经济价值。

3. 破产和解顺应各方意愿

与破产清算、重整相比，破产和解更能体现破产程序对于当事人意思自治的尊重。和解程序能否顺利推进，要靠债务人如实披露、主动沟通，更要靠债权人的理解与支持。对于债权人而言，清偿率是其考虑的第一要务。本案中，破产和解的清偿率高于重整，有利于实现债权人利益最大化。此外，债权人都是此前与华尔派公司进行合作的企业或个人，华尔派公司通过和解而重生，也为这些企业或个人带来继续合作的机会。因此，破产和解不仅顺应债务人的意愿，也顺应债权人的意愿。

4. 破产和解有利于保护小微企业出资人的权益

法治化营商环境鼓励创业、宽容失败。对于小微企业，司法不仅应助力其纾困解难、健康发展，也应兼顾其出资人的权益保护。华尔派公司成立二十余年，拥有多项资质，在行业内有一定建树，出资人在企业经营发展过程中付出大量人力、物力成本。在出资人有自救意愿、存在自救可能，且自救并不损害债权人利益的情况下，法院应该鼓励出资人自救，给予“诚实而不幸”经营者重新开始的机会。

其他审理经验

（一）利用信息化手段，破产程序全流程公开，提升相关方参与度

华尔派公司为建筑企业，债权人人数众多且分布于全国各地。为提高各方参与度、减少疫情风险，法院两次组织债权人通过网络方式召开债权人会议，有效消除各方的参会障碍，畅通债权人的表达渠道。债权人会议全程进行网络直播，管理人线上汇报履职报告，债权人线上行使相应权利，包括和解协议草案在内的所有投票表决全程通过线上进行，确保信息全程公开，便利债权人参加债权人会议、降低参会成本、提高参会率。同时，破产程序的全流程公开，增强了信息披露的准确性和及时性，依法保障各方的参与权、知情权和监督权，有效消除债权人顾虑，为后续表决通过奠定坚实基础。

（二）刚柔并济，多管齐下，引导管理人掌握破产程序主动权

华尔派公司出资人自破产审查阶段即向法院表达其和解意愿。案件受理后，法院多次通过线上、线下方式接待债务人，耐心听取其和解意愿，认真解释和解路径，持续关注其筹款进展，并与相关案件执行法官沟通、探讨。然债务人迟迟未能提供实质性方案，一味地等待不仅容易引发债权人的不满，也会产生资质过期的风险。从大局出发，法院和管理人必须采取有力措施避免程序拖沓。因此，管理人对外公开发布公告招募意向投资人，法院有序组织各方就是否受理重整进行听证。出资人在面临企业可能易主的情况下，更加积极地筹措和解款项，提出切实可行的和解协议草案。而重整投资人所提出的投资方案，也让债权人对于债权清偿率有了更直观、更清醒的认识，大幅降低心理预期，各方有了进一步沟通、谈判的现实基础。

五、佛山市顺德区三某木业有限公司破产和解案

企业基本情况

佛山市顺德区三某木业有限公司（以下简称三某木业公司）成立于2006

年4月17日，注册地为佛山市顺德区，注册资本人民币100万元，经营范围为销售原木、锯材；国内商业、物资供销业。主要从海外进口大型木材用于寺庙、博物馆等特殊建筑的横梁、立柱，开办十多年来拥有稳定的货源和客户销售渠道，在行业内享有一定的知名度和良好的口碑。

案件审理情况

2022年年初，顺德区法院依据平某银行股份有限公司佛山分公司提交的仲裁中的财产保全申请，对三某木业公司厂房及仓库中的8000多立方米原木采取了查封措施。随后，陆续有四人向顺德区法院提起诉讼，要求取回其向三某木业公司购买的木材。又有八人提出案外人异议，请求解除对其存放于三某木业公司仓库的原木的查封措施。更有十多人到顺德区法院信访，认为法院对三某木业公司的财产保全措施侵害了其财产权利，要求法院解除查封。

突然集中出现的案件引起了审判案件经办法官的注意，经过进一步调查了解到，三某木业公司将其所有原木作为浮动抵押向平安银行贷款2000多万元，因三某木业公司逾期还贷，平安银行根据合同约定提起了仲裁要求三某木业公司清还贷款，并申请了财产保全。而三某木业公司经营的是大型原木加工、销售，该行业的习惯是客户购买原木材后会将原木留在销售方处保管，需要使用的时候发来定制规格，销售方加工成客户要求的规格、尺寸后再通知客户前来提取。一段木材通常会被加工成不同的多段，按照工程进度分不同时段前来提取。疫情期间多数工程进度停滞，因此，三某木业公司的厂房和仓库内保管着大量已售未提取的半成品。另外，三某木业公司的经营者郭某因资金链断裂被多方讨债，诉讼缠身，从行业龙头一下子跌落“神坛”，灰心丧志，遣散了工人，三某木业公司停止了经营。因事出突然，库存未来得及盘点，材料平时都是工人经手，经营者郭某不了解具体情况，甄别、盘点客户寄存的原木无从下手。

审判法官根据顺德区法院在探索中的困境企业预警机制，向破产审判庭发出困境企业预警通报，将三某木业公司的情况通报了破产审判庭，经破产审判庭组织重整识别研判，判定三某木业公司不仅具备挽救价值和挽救可能，而且通过破产程序可以集中解决各方诉求，避免产生更多案件。随后对三某木业公司开展释法，并辅导其组织破产申请材料，三某木业公司向顺德区法院提出破产申请。

2022年6月8日，顺德区法院作出（2022）粤0606破申37号民事裁定书，依法裁定受理三某木业公司破产清算一案，指定广东天某正律师事务所为管理人，以（2022）粤0606破21号案进行审理。

主要法律问题及解决途径

三某木业公司的主要财产是存放于仓库内的8200立方米的木材，但木材因存在权属争议、保管监管难等问题案件推进发生重大困难。

（一）权属争议大，各方矛盾激烈

三某木业公司全部木材均已办理浮动抵押。因木材抵押权人查封并监管控制木材，导致大量申请人通过信访、聚集等方式要求取回木材，并产生多宗诉讼、仲裁、执行异议等案件。

案件受理后，先后有32人向管理人申请取回4907根约2560.33立方米木材，并多次到管理人办公场所聚集，认为其已购买木材或仅仅是委托加工，只是因为交易习惯将木材暂存在三某木业公司处，主张对木材享有所有权，要求取回木材。

但抵押权人认为相关申请人主张取回的木材实际属于三某木业公司所有，均属于抵押物；其主张木材所有权没有依据凭证，且不符合动产权属变动的规定及市场交易习惯，不应支持。

由于木材存在权属争议，案情复杂，若全面厘清木材权属问题，通过诉讼解决预计至少需两年的时间，且期间有可能再次产生聚集、信访、抢夺木材事件，容易升级矛盾。

（二）标识不清，区分难度大

经现场勘查、清点发现，三某木业公司的木材无分类存放且体积庞大重叠混放，无法短时间内逐一对应清点；木材销售过程中原始登记的编号（用油布钉在木头上）由于长时间风吹日晒，部分已完全消失，部分无法看清。涉案木材已很难通过原始标识进行区分，难以对木材权属作出认定，无法从根本上解决各方矛盾。

（三）协调仓储、监管难度大

涉案木材堆放场地是向第三方承租而来，受理破产前第三方已诉讼解除合同，有权随时要求腾退场地、支付占用费，若腾退不仅增加搬运保管费用，而且极易导致木材堆放混乱增加区分木材难度。木材监管公司系因抵押权人监管所需聘请，受理破产时已拖欠监管费用 26 万元，监管方不愿配合妥善处理监管工作。仓储、监管木材存在较大困难。

（四）木材已设立浮动抵押，如进行破产清算，职工、税款和普通债权人均无法获得清偿

三某木业公司除上述已抵押的木材外，无其他有处置价值的财产。因抵押权人及木材取回申请人之间矛盾激烈，权属争议大，若通过破产清算程序，厘清木材权属问题预计至少耗时两年甚至更长时间。即使成功厘清处置，处置所得不足以覆盖破产费用、担保债权，职工债权、税款债权、普通债权受偿率将为零。

审理经过

全面了解、掌握企业信息，寻找解决企业困境的路径，通过查账册、经营凭据材料、访谈等方式查清三某木业公司以往经营的交易习惯。对仓储木材进行盘点，列明可查清的已售情况，对无法查清的情况列清单处理。

顺德区法院经实地调研及充分论证研判，提出通过和解方式解决各方问题。经多次沟通释法，三某木业公司法定代表人重拾信心，于 2022 年 8 月 2 日提交《和解方案》，希望通过恢复经营，全面解决木材取回、债务清偿等问题。

管理人分别与监管公司、仓库出租方、担保债权人、主要普通债权人、木材取回申请人、三某木业公司法定代表人等多次沟通和解方案、债务清偿方案等，并综合各方意见制作《和解协议（草案）》。根据《和解协议（草案）》，和解后三某木业公司自行恢复经营、自负盈亏、自行与木材取回申请人协商达成处理方案并予以执行；经营利润依法用于偿债，分配原则为优先清偿担保债权、职工债权、税款债权，再行清偿普通债权。债务预计全额清偿。

2022 年 10 月 21 日，三某木业公司法定代表人签字确认《和解协议（草案）》，同意草案全部内容，并履行相关权利义务。同日，召开第五次债权人会议，就是否同意三某木业公司《和解协议（草案）》进行表决。经表决，通过《和解协议（草案）》。

2022 年 11 月 8 日，三某木业公司向顺德区法院提出破产和解申请，申请顺德区法院裁定从破产清算程序转入破产和解程序。

2022 年 11 月 11 日，顺德区法院于裁定三某木业公司和解，裁定认可三某木业公司和解协议，终止和解程序，并予以公告。

和解协议执行情况

2023 年 3 月 31 日，三某木业公司举行“重新开业仪式”，全面恢复生产经营，在岗职工 15 名。2023 年 4~6 月，共计营业收入 2 181 127 元，比破产前提升 230%，清偿债务 3 209 892.73 元，妥善解决 9 名客户取回木材需求，交付木材 103.980 立方米，和解协议的约定正在有序执行中，预计债务将得到全额清偿。

其他审理经验

（一）首宗“诉转破”案件，发挥提前预警、高效拯救功能

本案在进入破产程序前，三某木业公司涉及多宗诉讼、仲裁案件，且基本都是涉及木材取回问题的同类型纠纷。相关案件数量不断快速增长。

在处理诉讼案件过程中，顺德区法院发现该类案件涉及权属争议、木材清点、取回等复杂问题，根本无法通过诉讼程序解决，即使作出生效裁判文书，亦难以执行。在分析三某木业公司具备破产原因，且具有司法拯救的可能性和可行性后，顺德区法院及时引导三某木业公司申请破产，并通过跨部门沟通处理程序转换、案件审理等问题。

进入破产程序后，顺德区法院指导管理人全面了解诉讼、仲裁案件情况，制定应对策略，统一协调处理，最终通过破产程序“一揽子”化解 30 多起纠纷，充分发挥“诉转破”功能，实现提前风险预警，高效拯救危困企业。

（二）灵活处理各类矛盾，促成高效和解

1. 促成木材取回申请人、抵押权人达成一致，为和解创造条件

本案因木材权属存在极大争议，抵押权人与取回申请人矛盾冲突严重，但双方均认为通过诉讼程序厘清争议后再清算处置木材，程序漫长，木材贬值，对各方都不利。

为高效解决双方之间的争议，顺德区法院在案件办理过程中紧扣双方共同诉求，多次召开协调会，耐心沟通各方、分析利弊，最终达成共识：抵押权人同意在其监管下给予三某木业公司销售木材、分期还款的机会；取回申请人与三某木业公司达成处理方案，由三某木业公司在恢复经营后自行处理取回木材问题。最终促成双方搁置争议，达成一致处理意见，为案件后续顺利推进创造了条件。

2. 化解仓储、监管难题，为和解打下基础

为解决仓储、监管难问题，本案通过制定《财产管理方案》，明确受理破产后产生的租赁、监管费作为共益债务随时优先清偿，此极大地增强了厂房出租方、木材监管方信心，促成其最终同意《和解协议（草案）》。

3. 解决各类债权人受偿问题，维护各方合法权益

因三某木业公司主要资产已设定抵押，如清算拍卖，处置款预计将无法覆盖担保债权，职工债权、税款债权、普通债权预计受偿为零。

顺德区法院在分析三某木业公司资产、负债及木材取回问题后，提出由破产清算转破产和解的整体思路，并指导管理人与各方充分沟通，妥善制定《和解协议（草案）》，和解后三某木业公司将通过自行经营，解决木材取回问题，以经营所得分期清偿债务，按照和解协议约定，债务将获得全额清偿，充分保障各方合法权益。

推荐理由

本案是首宗“诉转破”案件，通过法院内部的企业困境预警机制，及时转换司法程序进行企业司法拯救，不仅集中化解了多方诉求，避免更多案件形成，节约了司法资源，达到矛盾纠纷多元化解的效果，更凸显了及时的企业困境风险预警对司法挽救危困企业争取时间和空间的重要性。

顺德区法院为及时挽救危困企业制定了《在司法全流程中开展企业重整识别的工作指引》，在诉前调解、立案、财产保全、审判、执行司法全流程中构建重整识别机制，收集、汇总发生困境企业预警信息，开展重整识别、重整辅导工作，尽快、尽早发现企业经营困境，及时转换司法程序实施挽救，为危困企业脱困重生带来更多可能。该机制有以下主要做法。

（一）建立困境企业预警机制

顺德区法院在总结以往办案经验的基础上，根据困境企业在不同阶段呈现出的特点，进一步明确各阶段通报困境企业预警信息的标准，包括在诉前和解阶段，发现同一被告企业超过五件的案件；在立案阶段，发现同一企业在短期内被立案数量激增或者发生集团诉讼；在审判阶段，对于厂房租赁合同、设备融资租赁合同、抵押借款合同等高发债务危机的诉讼案件；在强制执行阶段，发现继续采取强制措施可能影响企业正常生产经营秩序。不同阶段的经办法官发现符合相应标准的企业即填报《困境企业预警信息移送表》报送破产审判庭。同时，设立企业重整识别服务热线，在司法程序中的各个阶段，对于发现企业存在经营异常、财务状况不良的，及时向企业发出《告企业书》，载明救助热线电话，鼓励、引导危困企业及时主动寻求救助。

（二）推动重整识别建设端口前移

破产审判部门指定专人接收预警信息，对确有经营困境、债务危机的企业开展重整识别工作，不限于企业所处司法流程，即时开展重整识别工作，相应案件的承办部门提供必要的协助，最大化节约资源，提高识别精准度。在佛山重整投融资平台上线“企业重整价值识别”子系统，输入核心资产等关键要素，利用大数据分析生成企业重整价值报告，对企业重整价值进行定性分析，初步筛选、识别有重整价值的企业，为进一步开展挽救工作提供决策基础。

（三）健全危困企业移送破产机制

经过识别有挽救价值和挽救可能的企业，通过“立转破”“诉转破”“执转破”等路径流转进入破产程序，采取预重整、破产重整、破产和解、破前调解等方式开展救治，帮助企业脱困重生。如已有执行案件的，由执行法官启动“执转破”转入破产程序实施挽救。如无执行案件的，由企业重整辅导工作组辅导债务人或债权人组织立案材料，立案庭开设专门立案通道。

（四）系统开展企业重整辅导工作

企业重整辅导工作组由佛山市破产管理人协会组建，在法院的指导下开展企业背景调查、重整辅导等工作。对有重整价值和可能的企业提前介入开展重整辅导，为困境企业提供法律、税务、财务等方面的智力支持，解决企业后顾之忧，提高企业救治的成功率。

六、盛某环保系公司实质合并重整案
——全国退市企业合并重整第一案

企业基本情况

安徽盛某环保（集团）股份有限公司（以下简称盛某环保）是一家专业从事垃圾焚烧发电以及配套装备制造的公司，公司成立于2004年，于2010年在深圳证券交易所创业板上市。截至2020年3月31日，公司总股本13.2亿股，股东人数50 785人。盛某环保拥有环境污染治理总承包甲级资质、环境污染治理设施运营甲级资质，名下参股、控股的企业多达90家，业务横跨26个省、市、自治区，曾获“全国环境工程50强重点推荐企业”“全国固废行业十强企业”等多个荣誉称号。2018年，盛某环保因自身盲目扩张、内控混乱、违规担保和资金占用等问题，以债券违约为导火索全面爆发债务危机。后因连续20个交易日每日收盘价均低于每股面值，于2020年8月25日被终止上市及摘牌。盛某环保退市后，不仅中小股民情绪难以安抚，更因凯里、招远、拉萨、桐城、宁阳等多地垃圾焚烧处理的公共事业运营出现问题，给当地的经济、民生等都带来很大隐患。

案件审理情况

2021年1月5日，安徽省安庆市中级人民法院（以下简称安庆中院）依法裁定受理盛某环保破产重整案。2021年1月12日，依法指定安徽省桐城市人民政府成立的司法重整清算组担任盛某环保管理人。根据管理人的申请先后于2021年4月7日及2021年5月31日裁定对盛某环保和桐城盛某环保电力有限公司、宁阳盛某环保电力有限公司、拉萨盛某环保电力有限公司、凯里盛某环保电力有限公司、招远盛某环保电力有限公司、安徽盛某科技工程有限公司、安徽盛某环保工程有限公司（8家公司以下合称盛某环保系公司）进行实质合并重整程序。

2021年3月11日，管理人发布《关于招募重整投资人的公告》，并向此前接触过的潜在意向投资人深某环保、瀚某环境、国某金石、中某建等10家行业领军企业以及专业投资机构进行了点对点推介。2021年7月8日，管理人通过公开遴选方式确定了浙江伟某环保股份有限公司（以下简称伟某环保）为本案投资人。2021年9月1日，管理人与伟某环保及盛某环保系公司正式签署《重整投资协议》。

2021年11月1日，根据《重整投资协议》并经管理人征求各方意见以及反复论证，管理人制作并向安庆中院及债权人会议提交《重整计划（草案）》。2021年11月8日，第二次债权人会议对《重整计划（草案）》进行表决，其中有财产担保债权组与普通债权组债权金额比例未达到法定要求而未通过。2021年11月29日，未通过表决组对《重整计划（草案）》进行二次表决。此次表决普通债权组表决通过，有财产担保债权组仍未通过。

2021年12月13日，管理人提交《关于提请人民法院裁定批准〈重整计划（草案）〉的申请》。2021年12月28日，安庆中院裁定批准《重整计划（草案）》并终止重整程序，盛某环保系公司进入重整计划执行阶段。

2022年6月27日，管理人提交《关于盛某环保系公司合并破产重整案重整计划（草案）执行情况的监督报告》，申请裁定《重整计划（草案）》执行完毕，并终结盛某环保系公司合并破产重整程序。2022年6月28日，安庆中院经审查后裁定《重整计划（草案）》执行完毕并终结盛某环保系公司实质合并破产程序。

（一）债权分类与清偿方面

盛某环保系公司债权分为有财产担保债权、职工债权、税款债权以及普通债权，其中有财产担保债权在担保财产或特定财产处置所得款项范围内或评估值范围内优先受偿，剩余部分转入普通债权组按照普通债权的调整及受偿方案受偿；职工债权、税款债权以现金支付的方式全额清偿；普通债权以债权人为单位，每户债权人 150 000 元以下的债权部分将获得全额现金清偿；超过 150 000 元的普通债权部分，以盛某环保转增的股票抵偿，每 100 元债权可分得约 2. 10 股盛某环保股票；预计债权参照《重整计划（草案）》予以提存；劣后债权不直接占用重整偿债资源。在盛某环保系公司重整受理日起 3 年后，若为预计债权预留的现金及股票资源经分配后仍有剩余的，则劣后债权可参照普通债权受偿方案进行清偿。

（二）重整投资人引入及出资人权益调整方面

根据《重整投资协议》及《重整计划（草案）》，盛某环保以其现有总股本为基数，按照每 10 股转增 16. 60 股的比例实施资本公积金转增股票，共计转增 2 191 772 620 股股票，转增后盛某环保总股本由 1 319 952 922 股增加至 3 511 725 542 股。伟某环保获得盛某环保 1 790 980 026. 48 股转增后的股票，持股比例为转增后盛某环保总股本的 51%。作为投资对价，伟某环保向盛某环保系公司提供偿债资金用于支持盛某环保系公司应当以现金清偿的债务。剩余 400 792 593 股转增股票将依据重整计划的规定对盛某环保系公司的债权人进行清偿。同时，与盛某环保进行实质合并重整的桐城盛某、宁阳盛某、凯里盛某、拉萨盛某、招远盛某、环保工程、科技工程将按照本次重整计划实现由盛某环保 100%全资控股。

（三）经营方案方面

重整计划获得法院批准之后，盛某环保系公司将以重整为契机，立足于现有核心业务，加强精细化管理，降本增效；整合资源，扩大产能，提高整体处理规模；巩固覆盖全产业链的优势，优化市场、技术领域价值实现，从根本上改善公司生产经营、管理的能力，使盛某环保成为经营稳健、运营规范、业绩优良的公司。通过伟某环保提供的财务支持与产业支持，盛某环保系公司 3 年内力争投运项目数量达到 12 个，项目日处理总规模预计达到 6800 吨，营业收入达到 12. 40 亿元，净利润达到 3. 70 亿元。6 年内力争投运项目数量达到 20 个，项目日处理总规模预计达到 11 000 吨，设备公司完成产业升级，向智能化、自动化生产转型，公司营业收入合计达到 21. 20 亿元，净利润达到 6. 30 亿元。

主要法律问题及解决途径

（一）实质合并重整的有效应用

盛某环保系公司重整最大的难点在于偿债资源的严重不足。盛某环保作为一家持股平台公司，其集团核心产业价值在于下属电站的持续运营，盛某环保作为集团公司持有下属电站的股权。仅仅对盛某环保这家退市公司进行重整既不利于债权的清偿，也将使得其真正有价值的电站失去长期运营能力和品牌效应，因此，如何在保全盛某环保系公司运营价值的前提下，切实提高债权人清偿利益成为一道难题。

根据充分调查、论证，终于发现宁阳盛某、凯里盛某等公司与盛某环保之间存在法人人格高度混同、区分各关联企业成员财产的成本过高、严重损害债权人公平清偿利益的情况，根据《企业破产法》《公司法》《民事诉讼法》以及相关司法解释和《全国法院破产审判工作会议纪要》《全国法院民商事审判工作会议纪要》的有关规定，管理人申请对宁阳盛某等 7 家关联公司适用关联企业实质合并重整方式进行审理。

安庆中院经审查认为，首先，宁阳盛某等公司与盛某环保互为关联企业，均与盛某环保具有直接的股权关系且受盛某环保的控制；其次，宁阳盛某等公司与盛某环保法人人格高度混同，具体体现在宁阳盛某等关联公司不具有独立法人意思、第三方出具专项报告认定宁阳盛某等关联公司与盛某环保存在严重的财务混同、存在人员混同、业务交叉等混同情形；再次，区分宁阳盛某等关联公司与盛某环保企业财产的成本过高，甚至客观上已无法区分，严重损害债权人公平清偿利益；最后，宁阳盛某等关联公司与盛某环保适用关联企业实质合并破产重整方式进行审理将确保全体债权人公平清偿，有助于提升债权人整体清偿利益。

基于前述理由，安庆中院裁定批准盛某环保系公司实质合并破产重整，有力维护了盛某环保系公司的核心重整价值，系统化解了盛某环保系公司的债务危机和金融风险，同时也真正保护了职工、债权人、中小股民等各方利益。

（二）刑事案件的妥善化解

盛某环保系公司重整案遇到的第二个难题是刑事审判与破产审判的有序

衔接。

2021年12月31日，管理人收到安庆中院寄送的庆检刑二刑诉（2021）Z21号起诉书，起诉盛某环保涉嫌欺诈发行证券罪。此时，盛某环保系公司已经重整成功，如果最终盛某环保认定构成单位犯罪，将直接导致盛某环保司法重整破产重整前功尽弃。

随即安庆中院和管理人启动了刑事案件的研究。经研究，认为盛某环保在重整成功后，其实际控制人、股权结构、董事会、管理层均已发生变化，公司的经营决策及管理体制已经革新。并且根据重整计划，盛某环保的债权人都将按比例获得盛某环保的股票来获得清偿，原先的债权人在重整成功之后都成了盛某环保的股东，与盛某环保共享重整后的发展红利。前实控人开某胜因其个人犯罪导致盛某环保被刑事案件牵连，但开某胜所持有的盛某环保股票均已向债权人质押，且已经在执行程序中，开某胜将不再持有任何重整后盛某环保的股票。因此，虽然重整的司法效果是维持了重整企业存续的法律地位，但实质上重整后的企业的权利核心、受益人已经发生了彻底的变化，如因前实控人的不法行为继续追究重整后企业的刑事责任，非但不能起到惩戒、处罚实际责任人的效果，反倒是由重整投资人、债权人承担了不应承担的责任，与刑法上的罪责自负原则有悖。

为此，管理人多措并举：一是与省检察院、市检察院、安庆政法委、安庆中院以及报案人西某证券、华某证券进行多轮沟通，友好协商；二是按照《重整计划（草案）》之规定，最大限度实现“16盛某01”“17盛某01”债券持有人清偿利益，极力弥补投资人相关损失；三是委托专业刑事辩护团队，分析论证刑法基本原则、单位犯罪构成要件缺失等刑事案件应诉思路。

经各方不懈努力，2022年11月17日，安庆中院作出（2021）皖08刑初51-1号刑事裁定书，裁定准许安庆检察院撤回对盛某环保的刑事起诉，盛某环保涉嫌欺诈发行证券罪得到圆满解决，从而维护了盛某环保系公司来之不易的重整成果，实现了政治效果、社会效果与法律效果的统一。

其他审理经验

（一）开创“第一”，以破产重整司法手段护航建设绿水青山

第一，盛某环保系公司合并破产重整案实现了两项“第一”。一个是全国

退市企业合并重整第一案；另一个是安徽省内退市公司重整第一案。安庆中院在受理盛某环保重整后迅速落位，在对其重整开展司法研究后发现，采取传统的“桥归桥、路归路”式的单独重整局限性较大，其一，不利于民生及环保问题的统一化解；其二，不利于司法效率的提高；其三，不利于重整各方权益的保护。为此，安庆中院在全国范围内首创“退市公司+非上市公司”跨省份合并重整的审理模式，大大提高了破产审判工作质效的同时保障环保行业生产性企业的可持续发展。

盛某环保作为安徽省内第一例退市公司重整案件，债权人中包含数十家金融机构，其中又以安徽省内为主，涉及金融机构 32 家，债权金额逾 53 亿元。盛某环保的重整成功，标志着区域性金融环境的稳定与恢复，较好地防止了国有资产的流失。

第二，盛某环保所处行业事关民生、环保等重点工程。2021 年，由于受到疫情和全球能源危机的影响，造成国内部分区域限电的情况，全国用电中长期政策规划进一步明确。根据《中共中央、国务院关于完整准确全面贯彻新发展理念做好碳达峰碳中和工作的意见》，实施包含垃圾焚烧发电在内的可再生能源替代行动仍然是该顶层设计中最重要的环节，行业发展的重要程度显而易见。在以“碳中和、碳达峰”为发展目标，致力降低碳排放，保护生态环境，推进全球经济绿色低碳发展的背景下，垃圾发电行业作为典型的低碳减排行业，将会全面崛起。

安庆中院坚持“破产不停产”的原则，随着巨额负债的依法化解，2021 年盛某环保系公司已经实现营利。2022 年 1 月伟某环保入驻安徽省桐城市，盛某环保经营管理实际控制权正式移交。盛某环保系公司随着先进管理理念的植入，内控体系已经重建。截至 2022 年 11 月，盛某环保实现销售收入 2.15 亿元、净利润 4000 万元。相信未来盛某环保将全方位提升产业水准，持续致力于保护生态环境、助力调整经济发展结构、实现节能减排目标，为国家绿水青山建设保驾护航。

（二）“动态纳入”式重整兼顾司法公平与民生稳定，“分步走”清偿保障债权人清偿利益最大化

盛某环保主要盈利来源及发展价值系依托其取得的特许经营权，由分布于各地的项目子公司生产经营所得。而一旦项目公司特许经营权丧失或主要

生产经营设备被债权人执行拍卖，盛某环保也将失去重整投资价值。鉴于此，本案中一方面通过对盛某环保及下属子公司开展混同检查工作；另一方面充分调研各项目子公司生产经营困境的紧迫性，分析项目公司持续造血能力和当地政府回收特许经营权可能性，最终确定以“动态纳入”的方式开展合并重整工作。具体而言，对于特许经营权可能随时被取消、核心资产已经被债权人查封但是仍有运行能力的子公司第一批启动混同检查工作；对于尚有一定自身造血能力、当地政府反应尚不激烈的子公司，列入重点关注清单并逐步开展混同检查工作。通过“动态纳入”，能够有效地减少盛某环保系公司因管理失控、被债权人执行或受到行政处罚而造成的资产流失或快速贬值，为成功引入投资人，提升债权人整体清偿利益奠定了坚实的基础。通过“动态纳入”式的重整，使得5家垃圾焚烧发电子公司特许经营权得以保留，平稳高效地化解了发电子公司关停、垃圾爆仓、民生维稳等隐患。

与“动态纳入”相关联的另一项设计就是“分步走”式的清偿模式。相较于传统上市公司以现金、股票、信托等清偿手段，本案在传统清偿方式之外创设性地采用了“追加清偿+偿债资源保留期”的模式，提高了债权人的清偿利益。通过这种清偿设计，实现了在重整计划执行期间通过设立平台公司完成低效资产出表的同时，在法院和管理人共同监督下完成低效资产处置工作并向债权人进行追加分配。

（三）以信息化手段将司法审判可视化，充分保障重整各方知情权

随着现代化信息技术的普及和新冠肺炎疫情的偶发，对于诸如盛某环保系公司的跨省份集团公司合并重整案件，保障司法审判程序透明化，确保债权人的知情权成为审判工作中不可缺少的重要一环。

第一，本案两次合并重整听证分别采用了线下听证会和书面听证的方式进行。尤其是创新性的书面听证会，由关联企业的债权人、债务人以及利害关系人就实质合并重整事项向安庆中院寄送书面意见以代替现场听证会。一方面避免了防疫局势下的人员聚集管理风险；另一方面切实保障了每一位债权人的知情权和异议权，避免了传统听证会“只为大债权人而开”的形式主义，将债权人权益保护落到实处。

第二，本案两次债权人会议均采取网络形式召开，债权人借此听取管理人工作报告，充分了解重整工作进程、重整阶段性的工作成果以及债权审查

情况。

第三，本案采用多样化的公告形式，将重整中的大小事件及时送达每一位债权人。首先，安庆中院和管理人分别通过各自的全国破产重整案件信息网账户，将破产程序各阶段信息及时公开，债权人可以通过该平台随时掌握破产程序的最新进展情况；其次，通过全国中小企业股份转让系统于重大事项发生当日及时进行公告，确保中小投资者了解重整动态的渠道通畅；最后，管理人亦通过多样的债券信披方式确保近百名持券人随时紧跟重整进程。

第四，本案以网络债权申报和电子邮件申报两种方式取代传统的纸质材料寄送的申报方式。由管理人向债权人提供债权申报指引及一应附件样本，债权人进行网络债权申报后，可以根据管理人审查要求在线补充材料并可根据需要调整债权申报金额。较好地降低了债权申报成本，提高了债权申报及审查效率。

（四）公开招募投资人，努力实现多方共赢

在每一起重整案件中，投资人招募工作都是重中之重。而在盛某环保系公司重整中更是如此。究其原因，盛某环保作为一家退市后转板至三板的公众公司，其股票依然具有一定的流动价值，环保行业更是举国重视的民生工程。拯救一家危在旦夕的环保企业不仅仅需要的是专业能力，更需要的是责任心和使命感。为此，在本案的重整投资人招募中，尤以投资人自身的经营能力和未来发展计划为重点考量。本案开创性地综合运用多种手段解决了“引战难”“质量劣”“投资少”“风险高”等重整案件引战阶段的难点、痛点。

第一，有效调动各方资源优势，实现“前后端结合”。一方面充分利用盛某环保前期债务重组中接触过的战略投资者资源；另一方面发挥网络平台招商特长，通过主动联系环保行业龙头企业与线上多平台发布公告相结合的方式招募潜在意向重整投资人，极大提升了重整投资人招募工作的效率。

第二，投资人招募中“重实业，轻资本”。将维持债务人的营运价值作为基本点，综合考虑行业背景以及社会效益，以选择合适的产业投资人而非资本投资人为宗旨。在投资人遴选评审会前通过反向尽调的方式比对各家投资人的资产负债、涉诉情况、对外投资、经营状况等，同时通过PPT展示的形式向评审委员会细致讲解分析了各家意向投资人投资方案的优劣。尤其是通

过现场二次报价的竞争方式，确保投资人的投资报价远高于投资范围内的资产评估值，依法保障了全体债权人的合法权益。

第三，坚持投资人遴选工作透明化，尊重债权人选择。一方面，在招募初期，即就投资人应具备的财务数据、行业资质等要求征求包括债权人会议主席在内的多家债权人意见。另一方面，在投资人招募阶段，债权人会议主席作为投资人遴选评审委员之一全程参与评审会，同时对债权人会议主席此间提出的各项建议或意见均高度重视并及时采纳或反馈。尤其是对于报价及方案的确定，重点吸收了债权人会议主席的诸多建议。

第四，效仿 IPO 模式，创新性地通过路演的形式使投资人与债权人在遵守疫情防控要求的前提下以网络为媒介，进行了上百位债权人与投资人跨省、跨区域面对面地交流，使各位债权人更加直观地了解公司的未来发展方向，增强对投资人和盛某环保重整信心的同时各方充分互动交流也为企业重整后的发展提供助力。

（五）谨慎研判，勇于担当，以人民法院的使命铸成法律效果和社会效果的和谐统一

破产重整的主要目的是挽救债务企业，使之恢复营运以创造更多价值，并最大限度保障债权人利益。对于两次表决均未通过的有财产担保债权组，安庆中院经深入了解并逐一分析发现，债权人反对的理由与《重整计划（草案）》关联性较弱或非基于客观判断所形成之结论。一方面，《重整计划（草案）》已经符合《企业破产法》规定的形式和内容要件，具备裁定批准的基础，且现阶段垃圾焚烧发电行业正处于“碳达峰、碳中和”风口，在内需和环保压力的共同促使下，垃圾焚烧发电是城镇生活垃圾处理的主要倡导方式，是国家重点扶持的民生工程，符合当下经济形势和市场需求，具有较好的发展趋势与前景。另一方面，考虑到一旦破产清算，盛某环保系公司的特许经营权将极大可能被当地政府取消，相应的电费、垃圾处理费、国补、省补等核心收入都将不复存在，分散在各地的土地、厂房或专用设备也将极大贬值。在清偿担保债权、职工债权、税款债权后，普通债权人基本是“血本无归”，即使是有财产担保债权人，在破产清算中能实现的清偿率也非常低。因此，唯有重整方可保护各方利益不受破产清算导致的进一步损失。基于此，安庆中院谨慎行使司法权力。目前来看，裁定批准后债权人均积极配

合管理人领受分配和开展下一步工作，资本市场和舆情风向也一片大好，后续低效资产剥离处置和相关工作正有序开展，充分体现了人民法院及时决断、严格把控重整计划合法合理性、甄别具有重整价值的企业、从债权人利益角度出发审慎使用批准权的重要性和必要性，体现了司法价值与社会价值的统一。

盛某环保系公司破产重整是一条艰难、曲折而又漫长的道路，安庆中院在案件办理过程中始终坚持以守护绿水青山为根本使命，以公平对待重整各方利益为法律遵循，通过不断的研判方得以实现司法价值与社会价值、经济价值的有机结合。在不断尝试、反复论证、上下求索之后，用实践探得出一条退市公司风险化解的可循之道。

七、袁某芳申请苏州乾某元食品有限公司破产重整案

企业基本情况

乾某元，始创于1781年，原名“费萃泰”，以生产松子枣泥麻饼蜚声海内外，1881年更名为“乾某元”。2000年由乾某元食品厂转制而来的苏州乾某元食品有限公司（以下简称乾某元公司）成立，被商务部认证为“中华老字号”企业，其掌握的“乾某元枣泥麻饼制作技艺”被列为苏州市第三批非物质文化遗产，并先后荣获“中国国际食品博览会金奖”“中国知名食品信誉品牌”和“江苏省名牌产品”等称号。乾某元公司关于历代技师之原材料配方和制作工艺均被完整继承至今，已经形成良好的信誉并取得消费者的认同，在行业内颇具影响力，形成了较广的市场营销渠道和稳定的客户群体。后因股东利用公司资金对外投资并为他人债务提供担保，导致公司资金链断裂，乾某元公司于2018年停产，机器设备及知名商标均被用于抵债。

案件审理情况

2020年10月30日，申请人袁某芳以被申请人乾某元公司不能清偿到期债务且明显缺乏清偿能力为由，申请对乾某元公司进行破产清算。苏州市吴中区人民法院经审查认为，乾某元公司不能清偿到期债务，且明显缺乏清偿

能力，袁某芳作为债权人有权对债务人乾某元公司提出破产清算申请，且其提交的破产申请和有关证据符合法律规定。2020 年 11 月 24 日，苏州市吴中区人民法院依法裁定受理乾某元公司破产清算一案，并指定江苏剑桥颐某律师事务所担任破产管理人。

在苏州市吴中区人民法院指导下，乾某元公司管理人对公司资产进行全面调查后发现，乾某元公司已无实际经营地址，名下无可供处置的不动产、动产等，银行存款仅有 69 862.92 元，“乾某元系”食品类商标均已用于偿还债务，现存的“乾某元”为教育娱乐、通信服务、烟草烟具等领域，变现价值较低，另有一笔 500 余万元的应收款有待管理人追回，这也是债权人申请破产清算的主要目的之一。虽然乾某元公司停业已有数年，但市面上仍有不少以乾某元为名的店面在经营。经过走访发现，这些门店均非乾某元公司名下店面，而是由一家新媒体公司借助抵债转售而来的“乾某元”食品系商标开展生产销售。而乾某元公司的“中华老字号”称号需依附于乾某元公司使用，一旦宣告破产后注销，“中华老字号”也将不复存在。

2021 年 3 月 26 日，苏州市吴中区人民法院组织召开乾某元公司第一次债权人会议，管理人会上专项报告了关于清算转重整程序的说明：在乾某元“中华老字号”只能依附于企业主体存续的前提下，为了拯救中华老字号企业、传承非物质文化遗产、保留苏州文化符号，债权人、债务人均表达了重整意向，且已有意向投资人与管理人签订了《重整投资人战略意向投资协议》，承诺在法院批准《重整计划草案》后 15 日内出资 400 万元用于支付偿债。经过模拟推演和测算，清算状态下普通债权可分配财产金额为 5 239 152.07 元，重整状态下普通债权可供分配财产金额为 8 906 308.07 元，比清算状态下高出 3 667 156 元。如法院批准清算转重整程序，为确保重整程序公开透明，最大限度维护广大债权人利益，鼓励意向投资人参与重整，管理人将以意向投资人承诺的 400 万元重整资金制订有保底清偿率的《重整计划草案》，同时以兜底投资人的出价作为起拍价在阿里拍卖破产强清资产处置平台进行网上拍卖重整战略投资人资格，以公开竞价方式确定最终战略投资人。

意向投资人苏州小某猫信息科技有限公司（以下简称小某猫公司）是一家从事互联网文化活动的新媒体企业，正是此前通过抵债等方式取得“乾某元”食品系商标并以此为依托经营乾某元门店的主体。管理人与小某猫公司取得联系后，介绍了债务人企业破产清算的情况，告知其“中华老字号”称号与商标如配合使用将相得益彰，发挥最大市场价值，但若乾某元公司一旦宣告破产，乾某元“老字号”将失去依托而消亡，对食品领域的乾某元商标价值亦将造成不可逆的影响。最终，小某猫公司表示愿意作为兜底投资人参与重整。小某猫公司作为意向投资人与乾某元公司签署的《重整投资人战略意向投资协议》显示，意向投资人在签订该协议日起 5 日内向管理人缴纳 40 万元作为战略意向投资保证金，在法院裁定批准《重整计划草案》且其正式成为战略投资人后自动转为重整投资款。意向投资人作为兜底投资人推定在没有竞争者的前提下取得重整战略投资人资格的权利，但以最高价支付重整投资款参与乾某元公司重整并经苏州市吴中区人民法院裁定批准认可的投资人为最终战略投资人。如其未按约参与重整，则没收其缴纳的战略意向投资保证金，如其按约参加但最终未获得最终战略投资人资格，则无息退还该保证金。

2021 年 4 月 12 日，乾某元公司股东盛某华以乾某元公司具有重整价值和可行性为由向苏州市吴中区人民法院申请乾某元公司重整。2021 年 4 月 20 日，苏州市吴中区人民法院作出（2020）苏 0506 破 15 号民事裁定书，经审查认为乾某元公司具有一定重整价值和可能性，盛某华的申请符合法律规定，遂裁定自 2021 年 4 月 20 日起对乾某元公司进行重整。

一债会后，管理人通过全国企业破产重整案件信息网及阿里拍卖破产强清资产处置平台发布了招募重整战略投资人公告并以意向投资人承诺的 400 万元出价作为起拍价进行网上拍卖重整战略投资人资格，有 20 人设置提醒，有 899 人围观该次拍卖。2021 年 4 月 22 日，乾某元公司重整投资人资格开拍，但最终流拍。

2021 年 4 月 28 日，乾某元公司与小某猫公司签订《重整投资协议书》，确定由小某猫公司作为重整投资人，以 1 元对价受让乾某元公司股东所持有的全部股权，并投入 400 万元用于偿债及支付破产费用，以此取得乾某元公司名下现存商标、“中华老字号”称号及未在破产程序中回收的应收预付款项。银行账户余额、管理人在破产程序中回收的款项以及乾某元公司名下的厂房土地（如有）不列入重整资产。

截至 2021 年 5 月 17 日，有 47 家债权人向乾某元公司管理人申报债权，申报金额共计 329 380 749. 77 元，管理人经审查后认定税收债权额为 9173. 33

元，普通债权额为 191 613 808.28 元，待定债权额为 678 38517 元，不予确认金额 69 919 251.16 元。2021 年 5 月 20 日，管理人以非现场方式召开乾某元公司第二次债权人会议，对其拟定的《重整计划草案》进行分组表决。该次会议共设 2 个表决组，包括出资人组（2 家）、普通债权组（36 家），因税收债权人的权益未受到重整计划草案调整或影响，不参加表决。经表决，出资人组、普通债权组均通过了《重整计划草案》。其中，出资人组全票通过，普通债权组赞成票 30 张、反对票 1 张、弃权票 5 张，赞成票占该组债权人的比例为 83.88%，所代表的债权金额占该组债权总额的 98.25%。

2021 年 6 月 8 日，苏州市吴中区人民法院作出（2020）苏 0506 破 15 号之二民事裁定书，认为重整计划草案已经债权人会议分组表决通过，表决程序合法、有效，重整计划草案内容全面，符合法律规定，重整计划确定的偿债方案及经营方案具有可行性。重整计划草案的执行，有利于最大化保护债权人的合法权益，有利于乾某元公司重生，有利于“中华老字号”企业的文化传承，依法应予批准。故裁定：（1）批准乾某元公司重整计划；（2）终止乾某元公司重整程序。

2021 年 9 月 1 日，乾某元公司管理人提交关于重整计划执行情况的监督报告及关于终结重整程序的申请，表示重整计划执行完毕。根据重整计划，税收债权 9173.33 元得到 100%清偿，普通债权 191 613 808.28 元按 3.459 76%的比例清偿，小某猫公司取得乾某元公司全部股权并办理了股权变更登记。小某猫公司将“乾某元”商标与“中华老字号”称号合并发挥最大市场效益，同时发挥其在互联网领域的优势，利用新媒体渠道开展市场营销，为乾某元公司注入新的活力。具体经营方案如下：（1）加强媒体宣传，拓展老字号品牌影响力。（2）依托新媒体，拓展消费者群体，进一步扩大影响力。（3）坚持食品的种类创新与严控质量并重。2021 年 9 月 22 日，苏州市吴中区人民法院作出（2020）苏 0506 破 15 号之三民事裁定书，裁定终结乾某元公司重整程序。

本案自裁定进行重整至批准重整计划仅 49 天，在创新保护老字号企业、传承中华文化等方面做出了有力探索。重整成功后，小某猫公司启动了“老字号振兴工程”：聚焦传统文化，打造文创产品，与苏州博物馆等单位联名开发“高中三元”等多款文化礼盒，促进品牌转型升级。目前已重新在江苏省多个景区开设门店，打造苏州伴手礼，实现线上线下销售渠道并存，成功拓展了年轻消费者群体。

主要法律问题及解决途径

企业破产法是市场语境下商事主体的退市规则，用市场化、法治化手段“去产能”。同时企业破产法也是“有形的手”对市场资源的调节与配置，通过重整、和解程序实现挽救与保护的价值功能，实现生产要素和市场资源从低效主体向高效主体的流动，即并非所有企业都能通过破产重整祛病除疴。如果宽松地、不加识别地对所有申请重整企业都进行挽救，必然会造成重整程序的空转，导致破产成本增加和司法资源浪费，债权人利益因此受损。法院在破产审判中应当以市场化为导向，强化司法供给，推动与保障重整制度的良性运转。

（一）精准识别重整价值

近年来，受经济形势和疫情影响，越来越多的困境企业试图通过破产重整化险为夷。而《企业破产法》所规定的重整申请条件仅在存在破产申请原因的基础上增加了“或者有明显丧失清偿能力可能的”。最高人民法院通过《全国法院破产审判工作会议纪要》（以下简称《破产审判会议纪要》）第 14 条对重整企业的识别审查第一次提出了具体标准与要求：人民法院在审查重整申请时，根据债务人的资产状况、技术工艺、生产销售、行业前景等因素，能够认定债务人明显不具备重整价值以及拯救可能性的，应裁定不予受理。对当事人提出的破产清算申请，法院仅需对申请书及相关证据材料进行形式审查，如形式审查就足以认定或推定破产原因或破产申请原因存在，对这些文件内容的真实性与合法性问题，可以在破产程序启动后通过债权申报、债权确认、资产评估、财务审计等方式予以查清。但针对申请人提出的重整申请，法院需审查是否符合《企业破产法》第 2 条、第 7 条、第 8 条、第 70 条的规定，同时还需审查是否具备重整价值和可行性，为避免重整程序的不当启动，重整审查应当为实质性审查。① 尽管破产清算与重整审查标准不同，但在《企业破产法》所规定的程序上、审查方式上并无差别，善用法律思维的法官在面对企业重整价值判断这道经济属性的题目时，因个人对市场、行业

---

① 王欣新：《立案登记制与破产案件受理机制改革》，载《法律适用》2015 年第 10 期。

熟悉程度以及对案件处理结果的主观态度不同，可能产生决策偏差，因此重整申请实质性审查对法官提出了更高的要求。《破产审判会议纪要》第 14 条中所提出的“技术工艺、行业前景”等市场分析的主观性较强。梳理各地法院制定的相关指引规范，也仅有较为抽象的原则性表述。例如，四川省高级人民法院、山东省高级人民法院、重庆市高级人民法院等均通过审理指南或规范指引文件的方式明确了重整价值审查需综合考察债务人的资产负债情况、股权结构、内部治理、技术工艺、资质价值、行业前景、社会公共价值等方面；① 而重庆市第五中级人民法院虽然从积极、消极两方面判断债务人是否具备重整价值，② 但上述识别标准仍较为笼统，易导致审判实践中“一刀切”的做法，或者形成重整不成转清算抑或清算中转重整的程序空转，导致司法资源的无谓消耗。

重整价值，即企业在持续营业状态下的价值是否高于清算价值，同时企业持续营业是否有利于债权人和社会公共利益。因此重整价值判断并非简单对重整清偿率和清算清偿率的大小比较，还需兼议企业的经济与社会价值，例如企业规模较大、上下游产业链牵连较多、职工人数众多，直接清算将产生严重社会影响和稳定因素，而重整更有利于维持企业存续、减少矛盾纠纷的，那么在社会价值方面显然应对该企业重整价值作肯定评价。从本案来看，乾某元公司因经营不善已停业多年，实控人下落不明弃企逃债，可以说是一个典型意义上的“僵尸企业”，债权人提出申请时并未考虑是否存在导入重整程序的可能。但在清算过程中，乾某元公司重整价值从以下三方面逐渐凸显：一是乾某元公司停产期间，使用“乾某元”商标的食品仍在市场中具有一定

① 参见《四川省高级人民法院关于审理破产案件若干问题的解答》第六章：破产重整、和解与清算；《山东省高级人民法院企业破产案件审理规范指引（试行）》第 133 条；《重庆市高级人民法院破产重整申请审查工作指引（暂行）》第 9 条。

② 参见《重庆市第五中级人民法院重整案件审理指引（试行）》第 18 条从积极方面判断债务人具有重整价值是指债务人的继续经营价值大于清算价值。判断债务人的重整价值，可以综合考虑下列因素：（1）债务人的行业地位和行业前景，包括债务人的市场认可度、产能先进性等；（2）债务人的经营情况，包括债务人经营模式的成熟程度、经营团队的稳定性和经营管理的运行情况等；（3）债务人的资质价值，包括债务人的资本价值、特许经营权或者生产资质等；（4）债务人的品牌价值，包括债务人的营销网络、客户关系、品牌效应及其商誉等；（5）债务人的社会公共价值，包括债务人对国计民生及公共利益的影响等；（6）能够体现债务人重整价值的其他情形。第 19 条从消极方面判断债务人具有下列情形之一的，可以认定其不具有重整价值：（1）从市场、资源、社会功能等考虑，可以合理判断债务人已经丧失经营价值或者继续经营价值极低；（2）重整成本明显过高；（3）所属行业属于根据国家产业政策等应当淘汰的产业；（4）其他不具有重整价值的情形。

的销售量，且消费者认可度较高，依托于“乾某元”商标销售的产品并未受到企业债务的明显不良影响。二是中华老字号企业是中华历史的一部分，具有较高的历史文化积淀，集成了中华传统文化精髓。但中华老字号是依附于企业主体存在的无形资产，难以在清算程序中处置变价，一旦企业注销则老字号也不复存在。而经向同类别老字号企业了解，乾某元老字号目前市场价值或不低于 200 万元。重整程序中投资人对老字号投入的对价可直接用于偿债，将有效提高重整条件下的债权清偿率。三是“乾某元”食品系商标受让人向管理人表达了参与重整的想法，其作为现有乾某元门店经营者，是保留中华老字号主体最大的受益方，也最具有重整意愿。其与乾某元公司签署的《重整投资人战略意向投资协议》确保了重整程序启动后的可行性。因此，无论是从提高全体债权人清偿比例的角度，还是从文化保护传承角度，乾某元公司都具有重整价值。

（二）及时、依法启动重整程序

根据《企业破产法》第 70 条规定，债务人或者债权人可直接申请重整，债权人申请破产清算的，在法院受理破产申请后、宣告破产前，债务人或者出资额占债务人注册资本 1/10 以上的出资人，可以申请重整。该条款将申请重整的主体分为直接申请重整和后续申请重整两种情形。实务中对该条出现不同的理解，特别是在已经受理某债权人提出的破产清算申请时，其他债权人是否还有权提出重整申请的问题上，曾有案例显示法院认为在这种情形下，只有债务人和出资额达 1/10 以上的出资人才具备重整申请主体资格，学界对此持反对意见。[①] 因此，虽然《企业破产法》规定了清算与重整之间的程序转换制度，但因法律规定较为笼统，实务中未形成统一意见，导致重整门槛被人为抬高。首先，《企业破产法》规定的债务人与出资人享有清算转重整的申请权的目的，主要是在破产清算程序中，鼓励债务人及出资人在权利受限的情况下，基于对企业重整价值的了解而积极行使权利提出重整申请，提高挽救和保护债务人企业的可能性。其次，《企业破产法》第 70 条第 1 款直接赋予了债务人和债权人申请重整的权利，第 2 款也并未限制债权人申请重整，在应部分债权人申请启动破产清算程序后，从立法目的角度解释，赋予其他

① 叶晓红：《2009 年中国证券市场最具影响力案件评析案例八重整申请审查的困惑——屡败屡战的东星航空重整申请之路》，载《公司法律评论》2010 年第 00 期。

债权人申请清算转重整的权利，亦更符合破产法的本意。最后，破产程序中债权人并非单一主体，多数情况下是多人，作为独立的民事主体，其破产申请权也应当是独立行使的，不能因为部分债权人已经申请破产清算，就剥夺其他债权人申请重整的权利。

对于清算转重整的主体，还有一种观点是认为管理人也有权提出后续重整申请。主要理由是基于管理人是由法院指定的中介机构，不代表某特定方利益，相对中立且具备处理破产事务的专业能力。本案中，乾某元公司管理人在第一次债权人会议中向债权人会议专项汇报了清算转重整事宜后，曾提出以其名义申请重整。但管理人并非破产案件的实际利害关系人，《企业破产法》也并未赋予管理人申请重整的权利，有学者甚至提出“这种严重越位、越权乃至侵权的行为，人民法院应当予以制止和纠正”①。因此，为了确保本案程序规范合法，法院指导管理人积极沟通联络乾某元公司出资人，向其释明重整程序对企业的挽救与保护，说服出资人作为适格主体向法院提出了清算转重整申请。

（三）“线上+线下”“公开+非公开”方式招募重整投资人

重整投资人是重整程序中向债务人注入资金或其他资源，帮助债务人清偿债务、恢复经营能力的重要主体，是重整成功的关键之一。但重整投资人的招募工作在《企业破产法》中并没有具体规定，而是作为法院监督下管理人依法履职的范畴，由管理人视案情采取不同的方式。重整投资人的招募工作需要遵循公平、公正、公开原则，因破产程序主体多元、利益交织，重整投资人的招募直接涉及债权人、债务人和投资人的多方利益，必须坚持程序的公正公开，才能确保公平。重整投资人的招募还应当以挽救企业经济和社会价值为前提，避免破产清算状态下可能对企业资质或社会价值造成不良影响，但同时需满足重整条件下清偿率高于清算清偿率的原则，也即重整投资人参与重整必须有利于全体债权人的权益。招募重整投资人一般有两种形式，实务中重整投资人一般有两种产生方式：一是债务人或债权人推荐协商（非公开招募）；二是公开招募。② 债务人或债权人推荐协商有利于保护债务人企业商业秘密，同时因债务人对企业经营发展最为了解，由其直接推荐引入的

① 王欣新：《营商环境破产评价指标的内容解读与立法完善》，载《法治研究》2021 年第 3 期。

② 丁燕：《论合同法维度下重整投资人权益的保护》，载《法律适用》2018 年第 7 期。

重整投资人一定程度上也有利于企业发展。公开招募方式则更能保证招募工作的公平、透明，也能通过竞争机制对投资人进行遴选，使债权人利益最大化。

本案中，重整投资人的招募采用“线上+线下”“公开+非公开”优势结合的方式，由管理人前期通过走访协商确定兜底重整投资人，兜底重整投资人承诺以底价确保重整计划实施的可行性，再以该兜底重整投资人的意向出价作为公开招募的竞拍底价，通过公开竞拍重整投资人资格的方式，科学调动市场资源，用市场考验“中华老字号”企业的重整价值。寻找适格兜底重整投资人的关键点有二：一是存在确定意愿和履行能力的潜在投资人；二是对兜底重整投资人的权利义务进行一定保障和约束。乾某元公司主要经营的是食品领域，其核心食品类商标用于抵债后转让给了小某猫公司，小某猫公司正利用受让的商标所有权经营乾某元门店，如能通过重整取得乾某元“中华老字号”称号，则可合二为一、相得益彰，即小某猫公司有了参与重整的意愿。此外，小某猫公司是新时代互联网科技飞速发展的背景下从事互联网活动的新兴企业，对外投资了多家食品企业，不仅拥有充足的新媒体资源，也具有专业的食品行业经验。其在签署《重整投资人战略意向投资协议》后向管理人交纳了40万元保证金，以证实其投资意愿和出资能力，如违反协议约定，该40万元保证金将被没收。同时，为了保障兜底重整投资人的权利，经债权人会议同意，在其承诺以底价参与重整的前提下确保兜底重整投资人享有同等出资条件下的优先购买权。虽然最终乾某元公司重整投资人资格拍卖以流拍告终，但通过该程序，乾某元公司实现了最大商业价值，重整程序的公开公平公正也获得了保障，同时最大程度维护了债权人利益。

老字号企业是中华历史的一部分，具有较高的历史文化积淀，集成了中华传统文化精髓。但近年来，传统老字号因经营不当陷入危机的事例屡见不鲜。从江苏省范围看，2002年，以月饼质量问题为导火索，老字号南京冠生园申请破产。2003年起，因盈利能力不足，无法承担高额租金，诸如黄天源、陆稿荐、老正兴、东来仪等位于苏州市观前街的老字号纷纷缩减店面、暂停营业，甚至如春雷茶庄等直接将店面搬离。放眼全国，诸如全聚德、狗不理、广州酒家等知名品牌，也因市场营收下滑、众多店面倒闭、服务质量差等问题纷纷出现股市市值暴跌等经营危机。乾某元公司在百年发展历程中也经历了上述老字号企业的无数磨难和历史考验，其独特的生产技术、经营理念，产品蕴含的民俗风情、文化底蕴等，以及传统企业对产品品质、口碑、诚信等社会信誉的追求信念，都构成了乾某元的品牌价值，是现代企业难以获得的无形资产。对于困境中的中华老字号企业，破产法的拯救与保护功能展现出了得天独厚的制度优势。本案从裁定进入重整程序到批准重整计划，仅短短 49 天，有着厚重历史积淀的乾某元通过破产重整，从即将退出市场的“僵尸企业”华丽转身重获新生，在实现企业主体存续的同时注入了新鲜血液，也完整保留了属于老字号的江南传统文化风貌。

第八章 上市公司破产问题

一、陕西坚某沃能股份有限公司破产重整案

企业基本情况

（一）基本情况

陕西坚某沃能股份有限公司（以下简称坚某沃能）成立于2005年4月30日，原名为陕西坚某化工有限责任公司，后更名为陕西坚某消防股份有限公司。经中国证监会批准，公司股票于2010年9月2日在深交所创业板挂牌上市。2016年，公司发行股份及支付现金购买深圳市沃某玛电池有限公司（以下简称深圳沃某玛）100%股权，并于2016年10月更名为陕西坚某沃能股份有限公司。

（二）陷入经营困境的原因

受一些因素影响，坚某沃能面临严峻的生产经营危机。一方面，由于公司整体产品较为单一、市场占有率不高，且国家对公司所涉及的动力电池产品的补贴力度有所下降，公司经营日趋困难。另一方面，公司及子公司深圳沃某玛的债务负担过于沉重，导致资金链紧张，使公司正常的生产经营陷入停滞。2017年、2018年连续两年亏损，2018年度财务报告被注册会计师出具无法表示意见的审计报告，公司股票出现被暂停上市风险。

案件审理情况

（一）案件受理

因坚某沃能不能清偿到期债务，且明显缺乏清偿能力，西安市中级人民法院根据债权人陕西凯某达实业有限公司的申请，于2019年9月30日依法裁定受理坚某沃能重整一案。

（二）债权申报及债权分类

截至重整受理日，共有124家债权人向管理人申报债权，经管理人审查，坚某沃能负债共72.03亿元，其中有财产担保债权1.44亿元，职工债权0.03亿元，普通债权70.56亿元。

（三）重整投资人的引进及债权清偿方案

1. 重整投资人的引进

管理人在西安市中级人民法院的监督下，结合坚某沃能重整时间紧迫等实际情况，采用通过竞争性谈判的方式引入了常德中某投资管理中心（有限合伙）（以下简称常德中某）及其指定的财务投资人作为坚某沃能重整投资人。常德中某的委派代表及其核心团队拥有多年锂电池产业链相关业务经验，拥有丰富的行业经验。常德中某作为投资平台，2012年投资创办了湖南中某新材料有限公司，主要研发、生产锂电池隔膜材料，由常德中某作为重整投资人，能够利用其相关行业管理经验以及与坚某沃能形成互补效应的产业布局，帮助坚某沃能快速恢复持续经营能力。

2. 清偿方案

根据坚某沃能重整计划，有财产担保债权在担保财产变价收入范围内优先受偿，超出担保财产变价收入的部分作为普通债权受偿；职工债权全额受偿；普通债权按12%比例受偿，其中5000万元以下（含5000万元）部分以现金受偿，超过5000万元部分以坚某沃能特定应收账款抵偿。

（四）表决情况

经表决，有财产担保债权组及职工债权组100%同意重整计划草案，普通债权组出席会议人数的 80.82%、占普通债权组总额 72.20%的债权人同意重整计划草案，重整计划草案获债权人会议表决通过。

（五）经营方案

常德中某作为重整后坚某沃能的主要股东，支持坚某沃能重整后的经营和管理。基于对未来锂电池应用场景将更为广泛、市场规模将逐渐扩大的预测，坚某沃能将一方面在维持主营业务不变的前提下，增加生产线扩张产能，承接深圳沃某玛长期积累的客户资源，并积极开发新客户，争取更高的市场份额。

主要法律问题及解决途径

坚某沃能作为上市公司，其重整需要严格遵守相关监管规则、履行信息披露义务。

为确保坚某沃能重整案在证券监管层面的合规性，维护广大中小股民权益，管理人与上市公司形成汇报机制，在重整受理前、重整期间以及重整计划执行过程中，西安市中级人民法院督促管理人和坚某沃能不定期地向监管部门汇报案件重大进展，就中小股东权益保护、资本公积转增实施细节等重整关键问题请求监管部门的指导，确保重整工作能够依法、合规、高效推进。重整受理前，西安市中级人民法院要求坚某沃能严格履行报批程序，就重整必要性、可行性、工作预案等层报至中国证监会，听取其意见和反馈，并重点针对坚某沃能原实控人未完成业绩补偿事项的解决方案征求监管部门的意见，以确保相关方案可操作性且足以保障中小投资者的利益。重整期间，西安市中级人民法院要求管理人指定专人与上市公司及交易所进行沟通，负责公司信息披露，并在监管部门监督指导下，真实、准确、完整、及时地履行信息披露义务，有效维护广大投资者的合法权益。在重整计划执行期间，针对坚某沃能股票转增后是否需要做除权处理的问题，为保障中小股东利益，西安市中级人民法院指导管理人、财务顾问及重整投资人等各方与监管部门进行积极沟通，通过论证本次资本公积转增股本与一般情形的区别，全力争取通过对除权公式进行调整，达到实际不除权的效果。

其他审理经验

（一）贯彻法院主导地位

重整作为司法程序，法院的主导和监督是确保程序依法合规的根本。在坚某沃能重整案中，西安市中级人民法院与管理人建立了常态化的沟通机制，不定期地听取管理人工作汇报，研究涉案相关问题，安排部署后续工作。在沟通过程中，西安市中级人民法院对如债权申报审查、合同情况梳理、诉讼清理等工作的进度予以准确把控、及时督促，并对案件审理过程中的重点问题予以及时研判和反馈，确保重整工作能够按计划安排如期推进，极大地提高了案件审理效率。

（二）科学安排重整工作

由于坚某沃能重整需要在2019年度基本完成，西安市中级人民法院指导管理人形成工作前置和全面推进机制。一方面，管理人根据重整后各项工作的法定要求和先后顺序，就接管财产和营业事务、债权申报审查、召开第一次债权人会议、提交重整计划草案等进行妥善安排，确保各项工作按时推进。另一方面，管理人将各项重整工作分为资产评估与审计、债权申报与审查、合同梳理与履行、诉讼清理与应对、重整投资人遴选及重整计划草案的制定等类别，并予以同步推进，在30日债权申报期内完成了大部分工作，为各项基础数据和条件落实后快速制订重整计划草案奠定了坚实基础。

（三）发挥债务人主观能动性

债务人相关人员作为公司经营者，对经营现状、市场情况、行业前景等较为了解。在坚某沃能重整期间，西安市中级人民法院要求和监督债务人及相关人员在履行法定义务的基础上，进一步协调其积极寻找潜在重组方，并在西安市中级人民法院及管理人的监督和支持下开展与潜在重组方的洽谈，最终经过多方比对和谈判，确定了具有相关产业经验的重组方参与重整投资，该过程充分体现了债务人积极作为对于重整工作的助益。

二、安某控股股份有限公司重整案

企业基本情况

安某控股股份有限公司（以下简称安某控股）系在上交所挂牌公开交易的民营上市公司，其与子公司泉州安某物流有限公司（以下简称安某物流）、泉州安某船务有限公司（以下简称安某船务）是集综合物流、供应链金融、船舶管理、物流园区开发与管理于一体的大型多式联运物流产业集团。受多重因素影响，尤其是控股股东爆出巨额资金占用、违规担保等问题后，安某控股及子公司爆发债务危机并逐步陷入经营困境。上交所先后对安某控股实施了其他风险警示（ST）及退市风险警示（＊ST）。2019 年 12 月 18 日，福建省泉州市中级人民法院（以下简称泉州中院）裁定受理安某物流、安某船务重整案，并指定丰泽区人民法院审理。2020 年 3 月 18 日，债权人向泉州中院申请对安某控股进行重整。在收案审查期间，泉州中院于 2020 年 7 月 31 日对安某控股启动预重整程序。2020 年 9 月 11 日，泉州中院正式受理安某控股重整案，并指定由政府相关职能部门与中介机构共同组成的清算组担任管理人。

案件审理情况

鉴于安某控股存在严重违规担保、资金占用等问题，且原控股股东名下股票均已设定质押，为妥善解决历史遗留问题，保障债权人及中小股东利益，盘活公司资源，安某控股重整案最终采用资本公积金转增股票的方式进行重整。在债权人会议上，各表决组均以超过 95%的赞同高票通过重整计划草案。2020 年 11 月 4 日，泉州中院裁定批准安某控股重整计划。重整投资人支付约 45.27 亿元重整投资款，职工债权人以现金方式全额受偿，普通债权人则以债转股的方式全额受偿。同时，安某控股分别向安某船务、安某物流提供现金和股票，用于清偿两家子公司的债务。三家公司普通债权人的清偿率大大超过破产清算模式下 3.64%、11.47%、6.49%的清偿率。2020 年 12 月 17 日，泉州中院裁定确认安某控股重整计划执行完毕。同日，管理人将财产及营业事务交还给安某控股。2021 年 5 月 10 日，安某控股股票撤销退市风险警示，实现摘星脱帽，公司经营持续向好。

推荐理由

本案系协调处理上市公司跨区域监管，并在重整程序中实质性解决违规担保、资金占用等难题的典型案例。

（一）府院联动协调跨区域监管问题，确定重整管辖法院

对安某控股注册地与主要办事机构所在地不一致，可能影响案件管辖的情况迅速反应。一方面，立足法律规定及安某控股办公地址从黑龙江齐齐哈尔变更至福建泉州的实际情况，分析认定泉州中院享有案件管辖权。另一方面，遵循行政监管条线层报要求，争取省证监会支持，与中国证监会、黑龙江证监局持续保持沟通，积极配合黑龙江证监局对安某控股资金占用、违规担保等问题的查处，获得证券监管部门对福建泉州法院受理重整案件的支持，为安某控股重整程序顺利启动与快速推进争取行政助力。

（二）在重整程序中实质性解决违规担保、资金占用等难题

控股股东资金占用、违规担保直接影响公司和中小股东的利益，备受证券监管部门关注，成为安某控股能否顺利重整的首要问题。案件正式受理前，经多方研判，拟定资本公积金差异化转增股票的重整思路，就资金占用、违规担保问题的解决提出了切实可行的方案。除大股东及公司主要债权人表态支持重整外，潜在重整投资人亦出具支持函或与安某控股签订协议书，个别潜在投资人明确承诺解决资金占用问题，以使公司能够全额收回被占用的资金，并承诺解决违规担保债权公司财产清偿不足的部分。锁定了公司重整中解决资金占用、违规担保问题的资金来源，满足监管层现金填补资金缺口的要求，获得了最高人民法院及证监会对重整可行性方案的认可。最终，应向控股股东及其一致行动人分配的转增股票中，除 1 187 796 441 股专项用于引进重整投资人、通过以股抵债的方式清偿公司债务外，由重整投资人以重整受理日股票收盘价受让 230 004 336 股转增股票，所得现金用于向安某控股偿还被占用的资金。另有 73 587 082 股转增股票用以清偿违规担保债权。

（三）保障持续经营，站位招商引资招募投资人

遵循企业自救、优质资源支持的纾困原则，协调推动主要债权人、地方

国企与安某控股建立战略合作关系，保障企业流动资金，妥善处理码头供应商扣箱问题，保障航运业务有序开展，维持企业经营基本面。依托“国内国际双循环”的有利政策，将重整案件投资人招募与本地区招商引资工作有机结合，成功招募招商港口、中航信托等具有产业协同效应的投资人，融通了港口优势、内贸航运优势与资本优势，实现安某控股转为危机的同时，也推动了泉州本地经济高质量发展。

安某控股成功重整，是2020年度首个央企、国企作为重整方支持民营上市公司纾困挽救的成功案例；也是人民法院在新冠肺炎疫情背景下，贯彻落实“六稳”“六保”政策的重要实践。案件正式受理至重整计划获得批准历时仅55天，不仅成为全国最先完成预重整全流程的上市公司重整案例，并且首创重整程序实质性解决违规担保、资金占用的成功做法，对之后A股上市公司重整具有重大借鉴意义。

三、精某集团有限公司等9公司实质合并破产重整案
——创新上市公司控股股东重整样板，确保核心产业健康稳定发展

企业基本情况

精某集团有限公司（以下简称精某集团）始创于1968年，总部位于浙江绍兴，控股参股的公司多达96家，其中上市公司有会某山（60××79. SH）、精某科技（00××06. SZ）、轻某城（60××90. SH）等，产业基地分布北京、上海、浙江、安徽、湖北、陕西、内蒙古等地，其中绍兴黄酒、钢结构建筑、装备制造、碳纤维等产业在国内同行业中均保持领先地位，曾连续多年入选中国企业500强、中国民营企业500强、中国企业集团竞争力500强、中国诚信民营企业100强。

在宏观金融市场去杠杆大背景下，因投资决策失误、多元扩张失败、经营管理失范等因素叠加，精某集团等9公司爆发流动性危机，出现严重债务危机，于2019年7月出现债券实质性违约。考虑区域经济及上市公司稳定，2019年9月17日，浙江省绍兴市柯桥区人民法院（以下简称柯桥法院）及时

裁定受理精某集团、浙江精某控股有限公司、绍兴众某控股有限公司、浙江精某机电汽车集团有限公司、绍兴精某物流有限公司、绍兴紫某化纤有限公司、绍兴远某化纤有限公司、绍兴柯某轻纺原料有限公司、绍兴精某投资有限公司（上述9公司以下合称精某集团等9公司）破产重整申请，并依法指定浙江越某律师事务所担任管理人。

案件审理情况

（一）债权分类和表决情况

1. 债权分类情况

根据《企业破产法》的规定及债权审查确认情况，精某集团等9公司债权分为有财产担保债权、职工债权和普通债权。有财产担保债权经人民法院裁定确认或临时确定的有财产担保债权总额为8 613 504 396.11元，共计16家债权人；职工债权总金额7 142 786.36元，共计81名职工；普通债权经人民法院裁定确认或临时确定的普通债权总额为12 206 543 302.40元（其中劣后债权19 553 357.35元），共计123家债权人。

2. 表决情况

有财产担保债权组有表决权债权人16家，出席本次会议有表决权债权人13家，该组有财产担保债权总额为5 284 515 717.09元。表决同意《重整计划（草案）》的共计12家，占该组出席本次会议有表决权债权人的比例为92.31%，已超过出席会议有表决权债权人的半数；表决同意《重整计划（草案）》的债权人所代表的债权额为4 858 576 703.01元，占该组债权总额的比例为91.94%，已超过该组债权总额的2/3，有财产担保债权组表决通过《重整计划（草案）》。

职工债权组有表决权债权人76家，出席本次会议有表决权债权人76人，该组职工债权总额为7 142 786.35元。表决同意《重整计划（草案）》的共计76人，占该组出席会议有表决权债权人的比例为100%，已超过出席会议有表决权债权人的半数；表决同意《重整计划（草案）》的债权人所代表的债权额为7 142 786.35元，占该组债权总额的比例为100%，已超过该组债权总额的2/3，职工债权组表决通过《重整计划（草案）》。

普通债权组有表决权债权人130家，出席本次会议有表决权债权人112家，该组无财产担保债权总额为 15 535 531 981.42 元。表决同意《重整计划（草案）》的共计 67 家，占该组出席会议有表决权债权人的比例为 60%，已超过出席会议有表决权债权人的半数；表决同意《重整计划（草案）》的债权人所代表的债权额为 10 469 514 576.64 元，占该组债权总额的比例为 67.39%，已超过该组债权总额的 2/3，普通债权组表决通过《重整计划（草案）》。

出资人组根据《表决规则》，精某集团等 9 公司均召开临时股东会决议通过《重整计划（草案）》，出资人组表决通过《重整计划（草案）》。

根据以上各组表决结果及相关规则，《重整计划（草案）》表决通过。

（二）债权清偿情况

精某集团等 9 公司重整计划（草案）债权清偿方式以“现金+信托收益权”形式进行。

有财产担保债权人通过设定财产担保或依据相关法律规定而对重整主体特定财产享有优先受偿的权利。有财产担保债权就担保财产变现所得扣除相关税收、规费、应摊处置相关费用后优先受偿。截至重整计划提交日，涉及的担保财产尚未全部处置完毕的，其对应的普通债权清偿金额按照有财产担保债权总额予以预留。后续根据担保财产的变现情况，该有财产担保债权可以就担保财产获得优先清偿。剩余债权由于无法就担保财产优先受偿，转为普通债权，按照普通债权的清偿方案获得清偿。

列入本计划的普通债权，不做调整，通过现金加信托受益权的形式受偿。为保障债权人利益，本计划中拟设立两个破产重整服务信托，分别为破产重整服务信托 1 号（以下简称服务信托 1 号）和破产重整服务信托 2 号（以下简称服务信托 2 号）。重整主体作为委托人向服务信托 1 号交付的信托财产为会某山（60××79. SH）2.98%的流通股股份和精某科技（00××06. SZ）1.17%的流通股股份；重整主体作为委托人拟向服务信托 2 号交付的信托财产包括非上市企业股权、应收账款债权、货币资金以及重整主体在服务信托 2 号生效后向服务信托 2 号追加交付的其他信托财产。在不考虑服务信托 2 号的信托受益权价值的前提下，本次普通债权预估清偿率为 10%。

同时，对于涉精某集团定向融资工具系列产品、绍兴众某控股有限公司定向融资工具系列产品相关债权，融资产品涉及的持有人大部分为底层老百姓，社会影响大，信访、上访不断，矛盾较为激烈。为顺利实现精某集团等 9

公司重整，促进本重整计划能够全面执行，在参考相关破产重整案例，并征求多方意见及风险评估、测算基础上，重整计划就苏州太某汇投资管理有限公司、太某汇投资管理（昆山）有限公司债权中涉及的小额持有人的兑付问题作出特别安排。

职工债权不作调整，全额以现金予以清偿。

（三）投资人招募情况

精某集团等 9 公司重整投资人招募采用“预招募+正式招募”双重招募形式开展。2021 年 7 月 30 日，管理人通过全国企业破产重整案件信息网、浙江省破产管理人协会微信公众号、浙江越某律师事务所微信公众号等平台发布了《精某集团等 9 公司重整预招募公告》。为维护债权人及精某集团等 9 公司的合法权益，保障核心产业健康稳定，整体化解重整企业债务，实现精某集团等 9 公司重整资源价值最大化，同时考虑本次重整资产体量较大，情况较为复杂等因素，管理人实施重整投资人的预招募工作，预招募公告初步确定的重整范围为会某山（60××79. SH）控股股权、精某科技（00××06. SZ）控股股权、轻某城（60××90. SH）股权、浙某银行（60××16. SH）股权、绍某银行股权、精某控股股权。

截至 2021 年 9 月 30 日，管理人共收到 5 家意向投资人（含联合体）的意向报名材料，管理人随即展开与各意向投资人的接洽、沟通工作，根据意向投资人提交材料的基本信息、意向重整资产范围及报价、资金来源、意向资产发展战略等方面，与意向投资人进行了多轮的协商、谈判，并结合对各意向投资人的调查情况，进一步梳理和明确精某集团等 9 公司的正式招募方案。

2022 年 4 月 6 日，管理人向联合债权人委员会就《精某集团等 9 公司重整投资人招募公告（草案）》《精某集团等 9 公司重整投资人竞选文件（草案）》征求意见。

2022 年 4 月 15 日，管理人通过全国企业破产重整案件信息网、浙江省破产管理人协会微信公众号、浙江越某律师事务所微信公众号等平台发布《精某集团等 9 公司重整投资人招募公告》，并在柯桥法院的监督指导下，按照公开、公平、公正的原则开展重整投资人招募工作。

根据《精某集团等 9 公司重整投资人招募公告》规定，意向投资人中某信控股集团有限公司于 2022 年 5 月 15 日 17 时前向管理人缴纳了尽调保证金并向管理人正式报名成功，并于2022年5月25日17时前向管理人缴纳了竞选保证金人民币10 000万元，同时按照要求编制并提交竞选文件。2022年5月31日下午，在柯桥法院监督下，管理人组织召开精某集团等9公司重整投资人竞选会议。评选委员会由主要债权人代表、债务人代表、属地政府代表及管理人代表等八人组成，对意向投资人中某信控股集团有限公司提交的竞选文件进行现场评议。经各评选委员会成员评分并综合评议结果，确定意向投资人中某信控股集团有限公司为精某集团等9公司重整投资人。

（四）经营方案情况

精某集团等9公司重整案经营方案区分资产产业特点，着重聚焦具有控股股东地位的会某山、精某科技两家上市公司制定，会某山、精某科技以外的重整核心资产由重整投资人依法行使股东权利精某集团等9公司重整非核心资产根据重整计划安排，分别经营或处置。

对于会某山坚持以品牌先导、数字赋能、产品创新、渠道发力、模式突破等多措并举，实施管理改革，引进中某信控股集团有限公司“用心做事，把不可能变成可能；真诚待人，感动自己才能感动别人”的核心价值观，树立结果导向、数字说话的管理文化，打造品牌强、渠道广、产品新、模式优的竞争优势。以现有的大某兰亭、会某山1743为基础，继续增加中高端、年份酒品类，继续巩固并增强会某山作为高端黄酒龙头企业的品牌形象，并开发增加适合年轻人口味的黄酒果酒、黄酒饮品以及适用于高端烹饪的料酒。进行适度多元化，让会某山品牌在更多的消费群体、更广的消费区域更具影响力。秉持“深化治理强管理、融合优势抓技改、创新营销谋突破、提升发展增效益”的经营方针，以效益为中心，以市场为先导，发挥会某山的品牌及研发优势，做大做强高端黄酒、果酒、饮品、料酒等产品。持续完善以黄酒为主的产业链，使公司业绩保持持续稳定增长；大力发展符合公司战略布局的优质项目，增加公司盈利能力。推动公司在新时代实现高质量发展，打造行业领先、国内一流的百年企业。坚持以技术创新、管理创新、数字化建设、团队年轻化等多措并举，实施管理改革，引进中某信控股集团有限公司核心价值观，树立结果导向、数字说话的管理文化，打造一支技术领先、营销狼性、管理精益、文化鲜明的经营团队。

对于精某科技经营方案明确“一主三副二培育”产业，优先发展碳纤维产业，稳定发展绿色建筑装备、太阳能光伏装备、智能纺织机械，培育发展机器人及数据业务、军民融合产业。保持碳纤维及复合材料装备行业龙头地位、装配式建筑专用设备行业国内领先地位，恢复太阳能光伏装备行业领先优势。技术上保持国内一流水平；产品上保持国内行业创新引领地位；市场上保持国内领导地位；人才上保持国内行业领军地位。

此外，经营方案根据上市公司管理要求，在避免同业竞争、保持上市公司独立性、合规管理等方面作出安排。

（五）衍生诉讼情况

精某集团等 9 公司重整案中，管理人对外催收债权及主要案件应诉共 6 件，案涉金额共计 218 578.30 元，案件包括借款合同纠纷、破产撤销权纠纷、破产抵销权纠纷、债券交易纠纷，目前案件均已审理完毕，管理人已根据裁判结果落实工作。

主要法律问题及解决途径

（一）上市公司控股股东破产重整信息披露规则探索问题

就上市公司控股股东信息披露，国内各交易所未制定专门规则。直至 2022 年，《上海证券交易所上市公司自律监管指引第 13 号——破产重整等事项》《深圳证券交易所上市公司自律监管指引第 14 号——破产重整等事项》发布，提及上市公司控股股东发生破产事项，可能对上市公司股票及其衍生品种交易价格产生重大影响的，参照上述指引规定履行信息披露义务。为有效落实上市公司控股股东信息披露义务，保障上市公司中小股东、债务人、债权人的合法利益，人民法院指导管理人积极与上交所、深交所保持沟通、协调，在各个重整关键节点，提前制订后续工作方案和工作计划，聘请财务顾问等专业机构协同与上交所、深交所就上市公司稳定、信息披露、工作方案和计划的合法合规等保持沟通，探索开创公开、全面、及时的上市公司控股股东信息披露典型。坚持“应披尽披”原则，遵循上市公司信息披露和债券市场信息披露规则，践行沪深交易所发布的上市公司破产重整新规，探索上市公司控股股东信息披露规则内容。资产处置、合并重整、重整预招募、重整招募、重整投资人确定、签署重整投资协议、重整计划（草案）、债权人会议召开、债权人会议表决、人民法院裁定批准等关键节点均在上交所、深交所、上清所等交易平台上予以全面、及时公告，直接及间接实施信息披露210余次。在重整计划草案提交法院的同时，管理人立即通过上市公司无保留披露了重整计划草案全文，接受市场、股民及全社会监督，为资本市场首例。

（二）利用信托制度避免要约收购

根据《上市公司收购管理办法》相关规定，通过证券交易所的证券交易，收购人持有一个上市公司的股份达到该公司已发行股份的30%时，继续增持股份的，应当采取要约方式进行，发出全面要约或者部分要约。精某集团作为会某山、精某科技二家上市公司持股比例在30%以上控股股东，若将持有的全部上市公司股份转让给重整投资人，则会触发要约收购。一方面将加大重整投资人财务压力；另一方面将加大重整不确定性，影响重整进展。因此，重整招募将会某山、精某科技两家上市公司各29.99%股份列入重整资产，而重整计划则将超过30%部分股份置入“破产重整服务信托一”中，相关方案获得了交易所及监管部门认可，并付诸实施。该做法创新利用了《信托法》《全国法院民商事审判会议纪要》所规定的“信托财产在信托存续期间独立于委托人、受托人、受益人各自的固有财产”这一“信托财产独立”制度优势，避免发生要约收购，提高重整成功率。

（三）企业管控在《公司法》与《企业破产法》之间的衔接问题

《公司法》与《企业破产法》均就企业治理制定了相关规定，但对于管理方式及管理主体存在一定衔接问题。精某集团系绍兴地区大型民营企业，产业横跨多领域，通过股权架构控股、参股96家实体及经营企业，形成了错综复杂的体系网络，如何有效管控企业准确适用相关法律规定成为关键。因此，在充分研判的基础上，柯桥法院指导管理人制定《债务人财产管理方案》并提交债权人会议表决通过。方案根据精某集团等9公司投资特性，确定多项多层级管控机制。对于精某集团等9公司本级公司，管理人有效利用精某集团OA线上办公系统，增设管理人审批流程，实现全流程监督、全过程管控。对于控股/参股的上市公司，管理人依照上市公司规则，参加/列席公司相关会议，积极掌握上市公司运营信息，及时、准确、完整实施信息披露相应工作。重整期间，精某集团控股的会某山、精某科技两家上市公司经营管理平稳有序，整体业绩持续向好，股价稳步上升；对于精某集团等9公司的其他控股或参股公司，区分控制企业与非控制企业。若系控制企业，通过及时审计及评估，了解经营状况，固定财产范围，建立重整期间日常管控制度。人员方面，综合设定工资薪酬均线，高管依法限薪，人员变动实施报告审批制度。通过人员管理、财产管控两重管控措施，实现职工队伍稳定，财产不贬值、不流失，实现重整期间债务人及控制公司平稳运营。

其他审理经验

（一）以系统观念推动案件进展，精准把握重整思路，科学制定招募方案，衡平各方利益，确保核心产业健康稳定发展

1. 精准把握重整思路。精某集团等9公司控股参股企业96家，涉及产业众多，绍兴黄酒、钢结构建筑、装备制造、碳纤维等四大产业在行业中具有领先地位外，通用航空、汽车制造、融资租赁、文旅等产业处于投资阶段。核心资产作为地方重点产业，提供一万多个就业岗位。只有确立重整思路才能找到解决问题的出路，为此柯桥法院指导管理人对精某集团等9公司情况进行充分调研，全面掌握公司产业特点。同时，管理人通过征询债权人意见及广泛接洽意向投资人，了解意向投资人关切要点。本着“有利于债权人利益最大化、有利于吸引产业资本、有利于核心资产稳健发展”的原则，确立“核心资产整体重整，非核心资产分批分类多种方式处置”的重整思路。实践证明，重整思路精准把握，能有效提升重整效率和成功率，确保核心产业健康稳定发展，众多关联企业职工就业稳定，实现重整价值最大化。

2. 科学制定招募方案。柯桥法院坚持“从全局谋划一域、以一域服务全局”的系统观念思维，指导管理人充分利用债权人会议及债权人委员会职能，制定并通过《重整投资人招募方案》《投资人遴选及招募公告》。招募文件以确保核心资产健康稳定发展为核心，着重从重整资金额度、付款效率、上市公司运营、控股股东稳定等方面予以科学细化。在重整投资人招募实践中，柯桥法院及管理人坚持以市场化为原则，利用府院联动机制，以破“产”招“商”，通过预招募、正式招募双重招募程序，借助资本市场和债券市场的信息披露平台开展重整招募，精准确定重整核心资产范围，成功招募重整投资人。

3. 衡平各方利益关注。重整是一项系统工程，推进过程中要兼顾各方合理诉求，寻找各方利益平衡点。精某集团等9公司相关“定向融资工具系列产品”债权背后，涉及持有人1541人/家，遍及全国31个省份。对此，柯桥

法院指导管理人在征询主要债权人后，要求管理人在重整计划中充分说明，安排1亿元为100万元以下的小额持有人作出特别安排。通过发挥破产重整协商优势，稳固重整案件外围环境，解决涉案群众疾苦，彰显破产法温度。

精某集团等9公司重整历程，是践行共同富裕理念，高质量实现重整价值之路。通过人民法院、管理人不懈努力，精某集团等9公司重整案件，衡平各方利益，债权人会议一次性表决通过重整计划，实现债务人财产价值最大化，保障债权人利益；维持上市公司可持续发展，兼顾中小投资者利益；确保重整企业及下属企业稳定，保护职工利益；发挥重整协商优势，保障弱势群体基本利益。

（二）守正创新，利用信托制度优势创新重整模式

利用信托实现非核心资产剥离。精某集团等9公司重整计划设定了“破产重整服务信托二”，用于非核心资产剥离。该举措能有效提高重整程序运行效率，促进重整核心资产交易，避免偿债资产因快速变现而价值贬损。创新信托落地执行机制。精某集团等9公司重整计划设定了破产重整服务信托，为浙江省首例。为避免出现“非优质财产一脚踢，债权人清算利益无法实现”的疑虑，重整计划落实强化信托落地执行机制，确定信托财产处置主体仍为原管理人团队，细化明确信托财产具体处置方式，为后续信托收益分配奠定基础。同时，为实现破产便利化，充分保障债权人知情权，本次重整贴合绍兴中院“企业破产一件事”改革，将信息化技术运用于破产审判，在《绍兴市企业破产领域全流程数字协同暨“破产一件事”改革实施意见》指引下，柯桥法院指导管理人将破产服务信托事项与“破产一件事”系统对接，将信托受益权登记、收益分配通知等原本线下烦琐事项统一在“破产一件事”系统内统筹解决，降低债权人破产程序成本。

（三）坚持平稳有效，做到既成就大重整，也实现“小重整”

探索非核心产业分类高效处置模式。精某集团等9公司资产类目繁多、涉及行业特性多样，聚集着大量职工，妥善高效处置关系着重整进程是否顺畅，更关系着债权人切实利益。因此，在积极推进核心资产重整同时，对于与债务人企业主营业务关联性不高的产业，审理法院指导管理人根据产业特点，及时甄别是否具有“重整”价值，对于成规模、有潜力、有效益的非核心产业，由管理人参照重整程序，以产业为单位，实施公开招募产业投资人，实现非核

心产业重组剥离的“小重整”。精某集团等9公司项下的“碳纤维板块”“通航板块”“融资租赁板块”“专用汽车板块”“文化艺术板块”均以产业为单位实现“板块化重整”，优化了社会资源配置，高质量实现债务人资产价值。

四、永某能源股份有限公司破产重整案

企业基本情况

永某能源股份有限公司（以下简称永某能源）成立于1992年7月30日，1998年5月13日经中国证监会核准，公司股票在上海证券交易所上市交易，证券代码为60××57。

因受融资政策不断缩紧、债务规模较大、部分对外投资短期无法形成现金流及收益造成“短贷长投”等因素影响，永某能源于2018年发生债券违约并触发交叉违约条款，引发连锁反应，造成永某能源债务风险进一步蔓延，无法清偿到期债务且明显缺乏清偿能力。经多方反复论证，司法重整被认为是彻底化解永某能源债务风险，使其重回良性发展轨道的唯一可行路径。

案件审理情况

2020年8月3日，河南省豫某矿机有限公司以永某能源不能清偿到期债务并且明显缺乏清偿能力为由向晋中市中级人民法院（以下简称晋中中院）申请对永某能源进行重整。

2020年9月25日，晋中中院经审查后认为，永某能源不能清偿到期债务并且明显缺乏清偿能力，符合重整条件，裁定受理永某能源重整一案，并于同日指定永某能源清算组担任管理人。至此，永某能源重整案进入了司法重整的新阶段，其股票因此由“永某能源”变更为“＊ST永某”，以此提示投资者该股票存在退市风险。

2020年11月17日，永某能源第一次债权人会议通过最高人民法院全国企业破产重整案件信息网成功召开，参会率高达90%；会议听取了管理人对重整进展的工作报告并表决通过了《关于成立债权人委员会相关事项的议案》，成立了债权人委员会，指定了债权人会议主席。

第一次债权人会议后，在晋中中院的监督指导下，管理人协助永某能源以市场化、法治化的方式，制订了重整计划草案，通过资本公积金转增股票、留债展期、降息支付、现金清偿等多种配套措施进行清偿安排，保障了各债权人以及债务人的利益。通过以股抵债的方式，以永某能源现有总股本1 242 579.53万股为基数，按照每10股转增7.88股的比例实施资本公积金转增股本，共计转增约979 196.88万股股票，转增股票全部按照重整计划的规定向债权人进行分配以抵偿债务及支付相关重整费用，切实维护了债权人的合法权益。通过留债展期、降息支付的方式，“以时间换空间”，最大限度地保障债权人债权能得到稳定持续的清偿。而对于小额债权人，重整计划则规定普通债权中50万元以下的部分现金清偿，此种方式极大地保障了小额债权人的利益。

2020年12月16日，第二次债权人会议及出资人组会议成功召开，并高票通过了永某能源重整计划草案。同日，晋中中院裁定批准永某能源重整计划，并终止重整程序，永某能源重整案进入执行阶段。

截止到2020年12月29日，永某能源在管理人的监督下，完成了重整计划规定的现金清偿、留债通知、股票划转、现金及股票提存等事项，重整计划执行已符合执行完毕标准。次日，管理人向法院申请裁定确认重整计划执行完毕并终结永某能源重整程序。

2020年12月30日，晋中中院作出（2020）晋07破1号之三民事裁定书，裁定确认永某能源重整计划执行完毕，并终结永某能源重整程序。至此，永某能源重整案取得圆满成功。

推荐理由

作为目前已审结的全国资产负债规模最大的民营企业上市公司重整案、山西省首例上市公司重整案，永某能源重整成功对民营企业上市公司重整案的审理具有典型意义：第一，同步协同化解。在永某能源重整案中，探索适用“上市公司重整+子公司协议重组”的方式，即通过“母子公司同步”“重整重组同步”“庭内庭外同步”的三同步安排，整体处理永某能源债务风险，为大型集团困境企业重生，提供了新的思路。第二，创新模式化解。其一，永某能源有在银行间市场清算所登记的金融企业债务融资工具142.3亿元处于违约状态，通过重整已经对该债券进行了偿还安排，但如何注销登记，尚无明确规则。经反复沟通，债券监管机构首次以法院出具的《重整计划》执行完毕裁定书为依据，对违约债券全部进行登记注销。在当前国内债券违约高发形势下，本案例为违约债券纠纷化解提供了可借鉴的经验。其二，永某能源通过资本公积金转增股票数量巨大，为避免个别债权人违反重整计划恶意抛售转增股票损害全体债权人利益，晋中中院将重整计划规定的对转增股票的限售通过司法冻结的方式予以执行，是上市公司重整的首例。第三，主动作为化解。在永某能源重整计划执行期及执行完毕后，出现了部分债权人违反重整计划关于转债股票限售规定，在限售期内抛售大量股票情况。如不处置，极可能引发所有债权人效仿，导致股价出现退市风险，危及所有债权人、投资人等相关主体利益。但如何处置，没有明确法律规定，为维护重整成果、维护司法权威，晋中中院充分发挥司法主动性，对违反《重整计划》抛售股票的债权人等采取了罚款强制措施，取得了良好的制止效果。对违反《重整计划》抛售股票的债权人进行司法处罚的，本案是首例。为法院在上市公司重整案中行使司法权的范围进行了积极探索。

主要法律问题及解决途径

（一）遇到的问题

1. 债权人、资管计划管理人违反《重整计划》，出售限售股票

在《重整计划》执行期及重整计划执行完毕后，发生了部分债权人、资管计划管理人违反《重整计划》转增股票限售规定大额抛售股票情况发生，其中第一次抛售发生在转增股票恢复交易当日，当日永某能源股票跌停。据了解，在已审结的上市公司重整案中为资本公积金转增股票设定限售期的，永某能源是第二家（庞大是第一家），由于中登证券公司反馈无法做到划转股票与冻结股票同步进行，总有一天空档期，这为债权人抛售转增股票留下了可乘之机。

2. 违约债券通过重整化解后，如何注销登记没有明确规则

永某能源有 16 期在银行间市场清算所登记的金融企业债务融资工具处于违约状态，规模共计 142.3 亿元，通过重整已经对上述债券进行了偿还安排，如不能及时注销登记，该债券仍然处于违约状态，并将继续交易，但如何注销登记，尚没有明确规则。

（二）探索的做法

1. 关于债权人、资管计划管理人违反《重整计划》抛售股票

（1）冻结抵债股票。由于永某能源转增股票数量巨大（97 亿股，约 190 亿元），如不采取措施，将可能造成股票被大量抛售，股价跌破 1 元，导致公司退市，会对重整造成无法估量的损害，第一次债权人抛售股票当日晋中中院即赴上海中国证券登记结算有限公司对转增股票办理冻结手续。据了解，冻结转增股票的，本案是第一例。

（2）对债权人、资管计划管理人采取罚款司法强制措施。由于技术上有划转与冻结存在一天空档期问题，第二次划转股票又出现了债权人抛售转增股票情况。晋中中院考虑如果对这种情况视而不见，一是其他债权人也效仿，大家都抛售，后果将不堪设想；二是经法院裁定批准的《重整计划》的司法权威将受到严重损害。因此，决定对抛售股票的 9 家债权人、资管计划管理人依据 2017 年《民事诉讼法》第 111 条第 1 款第 6 项“拒不履行人民法院已经发生法律效力的判决、裁定的，人民法院可以视情节轻重予以罚款、拘留，构成犯罪的，依法追究刑事责任”的规定采取了罚款强制措施。据了解，对违反《重整计划》抛售股票的债权人进行罚款司法处罚的，本案是第一例。

（3）由债权人出具承诺书。对未划转的股票，为防止再被抛售，在划转股票前，由债权人向法院出具承诺书，承诺严格遵守《重整计划》，如未履行《重整计划》中关于转增股票减持义务的，愿意按照 2017 年《民事诉讼法》第 111 条第 1 款第 6 项规定承担法律责任。第三次划转股票，晋中中院即采取了该办法，未发生股票被抛售情况。

2. 关于债券注销登记

违约债券债权通过重整清偿后，如何实现《重整计划》执行完毕后债券暂停交易、摘牌、注销，目前尚无先例，监管部门的相关规则尚为空白，此属处理难题，经与监管部门多次沟通，监管部门同意以《重整计划》执行完毕裁定书为依据，视为债券得到清偿，所有债券因清偿完毕而退市，对所有债券进行了登记注销。在当前国内债券违约高发形势下，本案例为违约债券纠纷化解进行了积极探索，提供了可借鉴经验。本案例是债券监管机构首次以法院出具的《重整计划》执行完毕裁定书为依据，对违约债券全部进行登记注销。中国证监会等证券监管机构称永某能源重整案是近年来彻底化解债券违约纠纷风险的成功典范。

第九章　房地产企业破产

一、重庆华某园食品股份有限公司破产重整案

企业基本情况

重庆华某园食品股份有限公司（以下简称华某园公司）于 1995 年设立，股东刘某某出资比例 100%，出资金额 7964 万元。华某园公司是“重庆老字号”企业，是全国中小学质量教育社会实践基地、重庆市重要商品应急保供重点企业。公司曾获“中国驰名品牌”“中国烘焙食品糖制品行业百强企业”“重庆市物质文化遗产”等荣誉，华某园公司传统糕点制作技艺被评为“重庆市非物质文化遗产”。

受经营管理混乱、新冠肺炎疫情影响以及企业主营业务收入等方面因素的影响，自 2020 年起，华某园公司经营活动出现严重困难，营收出现大幅度下滑，无法清偿到期债务。2020 年 7 月 8 日，华某园公司以资金链断裂，经营活动出现严重困难，不能清偿到期债务，但公司具备重整价值和重整可行性为由向重庆市第五中级人民法院申请进行破产重整。

案件审理情况

重庆市第五中级人民法院审查认为，华某园公司是“重庆老字号”企业，在重庆及西南地区具有较大知名度和影响力，拥有成熟的技术工人、标准化生产厂房和生产线、完整的采购及经销渠道，具有重整挽救价值和可行性。

据此于2020年10月9日作出（2020）渝05破申338号民事裁定书，裁定受理华某园公司重整申请，并指定重庆合某律师事务所为华某园公司管理人。

法院指导管理人同步开展资产、账簿接管，债权申报审查，委托第三方审计、评估等相关工作。经调查，华某园公司资产总额为1.25亿元，负债总额为2.13亿元。债权分为有财产担保债权、职工债权、税款债权、普通债权四类，债权人数共719人。2020年10月28日，管理人在全国企业破产重整案件信息网上发布《华某园公司重整案投资人招募公告》。经公开招募投资人未果。

2021年7月6日，管理人在全国破产企业重整案件信息网上发布《华某园公司重整案预备营运团队招募公告》。经公开招募确定重庆市某文化传播有限公司为华某园公司金色蛋糕梦幻王国城堡营运团队，重庆市某商贸有限公司为华某园公司重整期间食品营运团队。

2021年9月16日，华某园公司管理人向法院申请，称已表决通过《华某园公司重整计划（草案）》（以下简称重整计划草案），请求批准重整计划。重整经营方案主要包括：（1）对重整经营非必要资产进行变价处置，用以偿还对华某园公司享有担保权的优先债权；（2）对参与重整经营的食品生产及文旅景区两部分资产公开招募专业管理团队入场经营，采用管理团队保底创收方式进行债权清偿。重整计划执行过程中成功招募文旅和食品经营团队，其中文旅团队保底收入1200万元，食品团队保底收入800万元，重整计划执行期内年收入保底合计2000万元，保障重整计划的顺利履行。重整计划执行期为7年，全体债权人对华某园公司享有的债权本息在7年内分期100%清偿。

主要法律问题及解决途径

华某园公司是“重庆老字号”民营企业，曾获“中国驰名品牌”“重庆市非物质文化遗产”等荣誉。重整过程中查明，华某园公司经营管理混乱是造成公司困境的主要原因。管理人在接管债务人财产时，发现华某园公司存在公司与股东财产混同、财务不规范、公司治理结构混乱等问题。法院指导管理人对公司财产进行梳理，收回属于公司的包括华某园公司金色蛋糕梦幻王国城堡在内的全部财产，明确资产权属及收益归属；聘请专业团队对财务进行审计，制定现代财务制度；改善公司治理结构，引入现代企业管理制度，对公司进行现代化治理。

通过公司化治理，华某园公司收益稳步增长。在招募投资人未果的情况下，结合运营情况，法院指导管理人对参与重整经营的食品生产及文旅景区两部分资产公开招募专业管理团队入场经营，采用管理团队保底创收方式进行债务清偿。在此模式下，原股东的股权结构不进行调整。

本案采用“经营+变价”相结合的方式，保留企业继续经营必需的资产，处置重整非必要资产用于清偿担保债权，平衡担保债权和普通债权的利益，最大限度获得债权人支持。最终华某园公司重整计划草案顺利通过表决并经人民法院裁定批准，在没有投资人引入的情况下，实现担保债权、职工债权、税金债权、普通债权全部债权人100%清偿，化解债务2.12亿元，有效安置职工400余人，保护了加盟店、渠道店、承包店、驻商超市等189家各类门店的利益，助力“老字号”民营企业健康发展。

本案审理中，重庆破产法庭坚持以市场化、法治化为导向，从七个方面厘清了华某园公司的审理思路和方法，深入分析华某园公司破产原因，针对破产原因提出针对性解决思路，为审理民营“老字号”企业破产重整案件作出有益探索。

（一）深度剖析破产原因，彻底改善公司治理结构

重整过程中查明，华某园公司在重庆市乃至西南地区均有较大知名度和影响力，具有一定的品牌价值，且拥有成熟的技术工人、标准化生产厂房和生产线、完整的采购及经销渠道，依托“华某园”品牌优势，在积极迎合烘焙业、文旅业发展趋势的基础上，具有重整挽救价值和重整的必要性。华某园公司存在食品、旅游两大经营板块，自身盈利能力较好。企业破产的主要原因是经营管理僵化混乱、部分资产权属不明、商品不能适应消费新需求等。对此，法院指导管理人采取及时收回景区经营权、规范日常食品生产销售等措施，保留企业优质运营资产，实现企业经营基本走入正轨，为存续式重整奠定坚实基础。

在对外公开招募投资人未果的情况下，经营方案采用“职业经理人”模式，就食品生产及景区运营两大主要业务分别招募经营管理专业团队进行管理，彻底改善公司内部老旧的治理结构，激发管理团队活力，实现公司经营

专业化、高效化、市场化，为企业发展赋予新动能。同时与管理团队就经营管理期间收益达成保底创收协议，实现公司在重整计划执行期间的稳定收益。

（二）采用“食品+文旅营运团队”新模式，构建产业新生态

华某园公司未能对外招募到重整投资人，在法定期限内，若不能制定合理的偿债方案并经债权人会议表决通过，公司将转入破产清算程序。基于破产申请受理后至重整计划通过前公司良好的运营情况和持续盈利能力，华某园公司有依靠自身持续经营获得营业利润偿还债务的可能性。华某园公司原管理团队经营能力有限，不适应现代化公司治理机制，债权人亦反对原管理团队继续执行重整计划。由此，引入职业经理人以提高公司的运营和管理能力，方能有效破解华某园公司困境。

重整计划维持原有股权结构且继续经营原有业务，确认对外公开招募食品生产经营管理团队和景区经营管理团队，采用通过债务人继续经营的方式，通过自身持续经营获得营业利润偿还债务。在此基础上，管理人制作招募经营团队管理公司业务的重整计划草案，提交债权人会议并最终表决通过，重整计划采用留债方式，实现债权人100%清偿，最大限度地保全了债务人与债权人的权益，促进了民营经济健康发展与社会和谐稳定。重整计划将引入职业经理人作为主要实施内容，构建产业新生态，具有典型意义。

（三）接管金色蛋糕梦幻王国城堡，保证重整可行性

金色蛋糕梦幻王国城堡是华某园公司的重要资产，因修建时欠付工程款等原因，华某园公司将金色蛋糕梦幻王国城堡一定年限的经营权让渡给部分施工单位，用经营收益抵偿欠款。金色蛋糕梦幻王国城堡未办理产权证，其存在经营权转让、租赁等多项法律关系，因经营管理混乱等原因，经营权约定不明，已履行支付欠款金额等亦难以查明。管理人接管企业过程中，就金色蛋糕梦幻王国城堡的相关权利归属与案外人、债务人等发生分歧，致使管理人接管景区时，遇到诸如相关人员不配合、隐瞒或模糊收入情况、拒不移交工作清单记录等多种困难和阻碍。为收回华某园公司重要资产，管理人向相关人员说明配合接管和财产调查义务，同时向人民法院汇报相关情况，请求人民法院协助。

作为华某园公司的主要资产，金色蛋糕梦幻王国城堡为企业带来大量的收益，对存续式重整能否成功具有决定性影响。主审法官同管理人一起前往

华某园公司，依职权调取了相关证据材料，责令相关人员对企业营收情况和款项支付情况作出说明，在有充分证据支撑且释明法理的情况下，阻碍接管人员均认可金色蛋糕梦幻王国城堡属于华某园公司财产，且愿意配合工作，最终完成金色蛋糕梦幻王国城堡接管工作。成功接管后，金色蛋糕梦幻王国城堡的门票、租金等收入均纳入债务人财产，用于清偿破产债权。重整计划执行期间，文旅运营团队将对金色蛋糕梦幻王国城堡进行重点打造，有望实现“网红”景点的升级改造。

（四）保持债务人持续经营，大力提振各方重整信心

在未能对外公开招募投资人的情况下，华某园公司转而寻求存续式重整的方式。存续式重整以保障原有主体持续性经营为目的，通过调整变更各方债权人权益实现期限及预期，实现债务与资产的重组，助力企业重生。这一重整模式中，债务人是否具备持续盈利能力且能够保障按照重整计划的期限偿还债务，是存续式重整能否成功的主要考量因素。

华某园公司主营业务为食品、旅游，一旦因破产而停止经营，可能导致门店关停、客源流失。破产重整阶段，为维持华某园公司市场份额，保障公司正常运行，经法院许可，华某园公司在管理人监督下继续开展经营活动。通过规范食品生产销售内部承包、门票管理等日常经营活动，重整期间华某园公司的食品、景区门票等销售额达1200余万元。公司持续的高额收益极大缓解了重整期间资金短缺的困境，提振了债权人、债务人及出资人等各方主体对华某园公司重整的信心，为后续重整计划采取存续式重整方式赢得了债权人支持。

（五）充分运用府院联动机制，切实保障职工合法权益

华某园公司申请破产时，欠付450余名职工工资、社保600余万元，职工多次到区政府、法院信访，欠薪影响职工基本生存权益，涉众信访影响稳定，处理不当极易引发社会矛盾乃至群体性事件。破产系概括执行程序，除解决债权债务清偿等法律问题外，还会衍生出一系列涉及他人乃至社会公众整体利益的社会外部性问题，这些问题也需要在破产过程中解决，该类问题单纯依靠法院无法解决，需要政府同法院联动，这为政府通过司法程序适度介入破产案件提供了理论逻辑起点，为府院联动机制的构建提供了基础。

进入重整程序后，重庆破产法庭和大渡口区人民政府高度重视华某园公

司可能出现的职工生存权益保障和信访风险，法院、管理人与大渡口区政府及其相关职能部门多次召开协调会议，协商处理华某园公司拖欠职工工资及社保的问题，并最终就职工工资及社保的支付时间、支付方式等问题达成一致意见。大渡口区政府组织相关职能部门建立协助解决职工工资、社保问题的工作专班，加强同欠薪职工的沟通解释工作，预防职工集体信访，维护社会稳定。重整过程中重视职工生存权益保障，经营收益优先支付职工工资、社保，优先解决伤残、退休职工的基本医疗、生活保障。在各方共同努力下，妥善解决华某园公司近450名职工共计1000余万元工资及社保拖欠的问题，及时稳定职工情绪，有效化解信访风险。

（六）分类处置债务人财产，有效提升资产利用价值

华某园公司资产涉及食品、旅游和其他商业资产，其中，华某园食品生产大楼与食品板块密切相关，金色蛋糕梦幻王国城堡是旅游板块的基础，相关资产构成重整的必要性资产。出于重整继续经营的需要，重整计划保留了生产大楼、金色蛋糕梦幻王国城堡等重整必要性资产，不将其纳入变价范围。此外，华某园公司有二某写字楼、丽某百货B、C号商业门面等资产，该类资产不属于主营业务范围，日常经营依靠对外收取租金维持，上述资产均涉及抵押借款，且借款均已到期。经征求意见，抵押权人不同意分期偿还借款本息的方案，要求对抵押物进行处置变价以实现抵押权。

重整计划草案制定的过程中需充分听取各类债权人的意见，并予以综合考虑。根据案件实际情况，对重整必要的华某园公司生产大楼予以保留，以维持食品板块的生产经营；对旅游板块的华某园公司金色蛋糕梦幻王国城堡，在查明资产权属后，支持管理人依法接管，收回景区经营权，并将其作为重整计划的重要运营资产，扩展重整计划的盈利空间，不进行变价处置。对重整非必要的二某写字楼、丽某百货B、C号商业门面，经债权人会议同意后决定对外公开拍卖，拍卖价款优先清偿对该资产享有担保权的债权，以盘活公司资产，获取担保债权人对重整的认可。通过不同类别财产的分类处置，有效提升资产利用价值，为重整计划的制订和通过奠定坚实基础。

（七）合理制定债权受偿方案，努力提高债权受偿率

根据第三方中介机构审计和评估结果，经审计调整后华某园公司的资产总额约为1.25亿元，负债总额约为2.13亿元。华某园公司负债主要为金融

机构借款、民间借贷、供应商货款、股权回购款以及职工工资、社保税金等。经管理人审核确认债权金额约为2.06亿元，另有职工债权约663万元。根据偿债能力分析报告，以最低清算价值计算，华某园公司破产清算状态下对债务人特定财产享有担保权的债权、建设工程款优先债权、职工债权、税款社保债权将获得全额清偿，普通债权的清偿率约为66%。

结合重整继续营业期间华某园公司的盈利情况，根据重整计划载明的后续经营方案，在保证华某园公司正常经营活动不受限制的前提下，管理人经过对华某园公司各项营业收入合理测算后，提出在重整计划执行期限7年内，以经营收益实现全部债权人债权本息100%清偿的方案，在拯救债务人企业的同时，最大限度维护债权人利益，实现债权人利益与债务人利益双保障。重整计划确认对外公开招募食品生产经营管理团队和景区经营管理团队，采用通过债务人继续经营的方式，以经营收益偿还债务，并采用留债方式，实现债权人100%清偿，最大限度地保全了债务人与债权人的权益，促进了民营经济健康发展及社会和谐稳定。

其他审理经验

本案是运用司法重整制度，拯救危困民营企业，维护“老字号”企业驰名品牌商业价值的典型案例，具有较大社会影响。本案中，人民法院通过指导管理人采取及时收回景区经营权、规范企业日常食品生产等措施，保留企业优质运营资产，实现企业经营基本走入正轨，为存续式重整提供坚实基础。深入分析华某园公司破产原因，针对破产原因提出针对性解决思路，创新性地引入现代企业管理制度，对经营管理较为混乱的“老字号”公司进行现代化治理，改善公司治理结构。经营方案采用“职业经理人”模式，对企业食品生产及景区运营两大主要业务分别招募经营管理团队进行专业化管理，并与管理团队达成保底创收协议，彻底改善企业治理结构，激发管理团队活力，实现企业经营专业化、高效化、市场化，维持华某园公司品牌价值及商业价值。采用“经营+变价”相结合的方式，保留企业继续经营必需的资产，处置重整非必要资产用于清偿担保债权，平衡担保债权和普通债权的利益，最大限度获得债权人支持。重整计划在保证企业正常经营的前提下，通过对企业各项营业收入合理测算，以经营收益实现全部债权人债权本息百分百全额清偿方案，最大限度维护债权人利益。华某园公司重整案的成功审结，对司法保护地方传统民营企业品牌价值、实现民生保障具有积极示范意义。

二、广西德某房地产有限责任公司破产重整案

企业基本情况

广西德某房地产有限责任公司（以下简称德某公司）设立于2000年4月，注册资本为2000万元，经营范围为投资、房地产开发经营、水电安装。

2013年9月，南宁市西乡塘区人民政府（以下简称西乡塘区政府）将原南宁罐头厂社区第二生活区（以下简称南罐社区第二生活区）危旧房改造项目向社会公开招标。德某公司中标成为该项目的代建方，但因其在工程建设过程中不当融资和违规操作，以致背负巨额债务，资金链断裂，一期工程项目“烂尾”，二期项目无能力开发。本案经执行转破产程序，由南宁市中级人民法院（以下简称南宁中院）裁定受理，并指定北京市华某（南宁）律师事务所担任德某公司管理人。经核查，德某公司负债3亿多元。

案件审理情况

该案有260多位债权人，绝大多数为老年人，并涉及170多户危旧房户的拆迁安置问题，如若处置不当，该旧改项目可能会无限期拖延，造成更多的社会问题，易引发群体性事件。

根据德某公司在破产清算状态下的偿债能力分析报告显示，普通债权的清偿率仅为3.96%，其他债权的清偿率亦不高。为了提高债权人的清偿率，挽救危困企业，有效解决拆迁安置问题，审判人员积极推动德某公司重整。经债权人申请，南宁中院于2020年11月16日裁定本案由破产清算转为重整程序，并经向社会公开招募，确定了广西玖某致远投资有限公司为重整投资人。根据投资协议，该公司承诺投入6800万元资金对德某公司进行重整，投入4000万元资金完成一期续建工程，另投入1.9亿元资金完成二期开发工程。

在审判人员的指导、协调下，管理人、债权人和重整投资人等经反复磋

商，最终完成重整计划草案的制定。根据债权性质，将全体债权人分为优先债权组、职工债权组、普通债权组，出资人组。在2021年6月17日召开的第二次债权人会议上，该重整计划草案经审议和表决程序，四个表决组均高票通过。6月24日，南宁中院依法裁定批准德某公司重整计划，并终止重整程序。德某公司重整获得成功。此后，南罐社区第二生活区危旧房改造项目启动复工建设，将妥善解决170多户危旧房拆迁户的拆迁安置问题。

根据重整计划，确定以下清偿方案和经营方案。

（一）债务清偿方案

清偿顺序为破产费用和共益债务、优先债权、职工债权、普通债权。其中，破产费用和共益债务全额支付；优先债权和职工债权全额清偿；普通债权按每个债权人累计债权金额100 000元以下（含本数）的，按照清偿率30%进行清偿，每个债权人剩余债权（扣除100 000元）按照清偿率5.51%进行清偿。

（二）重整后德某公司的经营方案

德某公司在重整后立即重新组建经营管理机构和专业工程管理队伍；施工单位进场施工，按标准化管理，保证工程质量，一期续建工程在复工后6个月内完工；协助西乡塘区政府完成拆迁安置合同、旧改项目房屋买卖合同的签订和房屋销售、一期房屋交付工作；一期工程续建完成后，启动二期工程开发建设，在西乡塘区政府拆迁工作完成后36个月内完工并交付使用。

主要法律问题及解决途径

（一）涉案《合作投资建房合同》的性质和效力问题

西乡塘区政府与德某公司签订的代建合同约定：该危旧房改造项目建成并验收合格后，首先解决危旧房拆迁户的还建房问题，其次对剩余非还建房按审计部门和物价部门确定的价格，在市房改部门指导下以限价房的形式，在建设方确定购买人资格范围内进行定向销售。

因资金短缺，德某公司为了融资与不具备非还建房购买资格的108人签订了《合作投资建房合同》，该合同对合作投资建设的项目概况、合作方式、出资方式及时间、项目开工时间、项目房产交付期限及交付条件、项目交付标准以及计价方式、付款时限、双方权利和义务、违约责任等条款，同时还约定：在合作建设项目的房屋取得对外销售资格后，乙方可在接到甲方通知之日起30天内与甲方重新签订相关的房屋买卖合同。合同签订后，该类债权人支付了部分款项。

对《合作投资建房合同》性质和效力认定，直接关系债务清偿数额的认定、债权人是否享有优先受偿权等问题。

管理人认为：《合作投资建房合同》符合商品房买卖合同的形式，该合同实际为商品房买卖合同。因该项目尚未取得商品房预售许可证，违反了《最高人民法院关于审理商品房买卖合同纠纷案件适用法律若干问题的解释》第2条的规定，应认定该合同无效，故对上述债权人要求返还已支付购房款的债权予以确认。

上述部分债权人不服管理人的认定意见，认为应认定该合同有效，且其应享有第一顺位优先受偿权，并以此为由，提起破产债权确认之诉。南宁中院作出一审判决后，该部分债权人不服，上诉至广西壮族自治区高级人民法院。该院经审理作出驳回上诉、维持原判的二审判决。

一、二审法院对《合作投资建房合同》的性质和效力问题，认定意见一致，均认为：

1. 商品房是房地产开发企业未建成或者已竣工的房屋，而本案的房屋是在政府部门指导下的旧改项目限价房，故不适用《最高人民法院关于审理商品房买卖合同纠纷案件适用法律若干问题的解释》规定。因案涉房屋并非商品房，故该合同名为合作投资建房合同，实为房屋买卖合同，而非商品房买卖合同。

2. 该合同约定待条件成就后由德某公司发出通知，双方再重新签订相关的房屋买卖合同。根据上述约定的内容，该合同具备了预约性质的房屋买卖合同的基本要件，属于预约合同。

3. 该合同所涉房屋系旧改项目中的非还建房，根据《广西壮族自治区危旧房改住房改造暂行办法》第30条规定，危旧房改住房项目中非还建部分住房在有剩余的条件下可向当地城镇居民供应。基于案涉房屋不是商品房，该预约性质的房屋买卖合同未违反法律、法规的强制性、效力性规定，也未损害社会公共利益，故该合同合法有效。

4. 因该合同为预约合同，债权人与德某公司尚未成立真正的房屋买卖关系，并非案涉房屋的实际购买人；且因案涉房屋并非商品房，不适用《最高人民法院关于建设工程价款优先受偿权问题的批复》，故债权人主张对德某公司的债权享有优先受偿权亦无事实和法律依据。

（二）关于股东出资和破产债权的认定问题

自然人蒋某、杨某胜、梁某塔（甲方）与德某公司原全体股东陈某德、陈某（乙方）于2016年7月18日签订《联合开发协议》，主要约定：甲、乙双方联合开发德某公司中标的南罐社区（第二生活区）旧改项目；改造德某公司为甲乙双方的股份制公司，其中乙方以另一项目前期实际投入资金3000万元作为公司股东出资，甲方以项目后续所需支付各种费用作为公司股东的出资；甲方享有公司60%的股权，乙方享有公司40%的股权。

蒋某在本案中否认是德某公司的股东，主张其履行上述协议，代德某公司支付的1 783 671.47元费用不是股东出资，而是对德某公司的破产债权。

管理人认为，上述协议实际为股东出资协议，该协议合法有效。虽然蒋某等人并非德某公司的登记股东，但公司股东会对其股东身份予以确认。因此，蒋某为项目支付的款项应认定为其对德某公司的出资，而非破产债权。

蒋某不服管理人的认定意见，向南宁中院提起破产债权确认之诉。南宁中院作出一审判决后，蒋某未提起上诉。

南宁中院认为：根据上述协议的约定，陈某德、陈某具有接纳、认可新股东的意愿，蒋某等人具有投资入股德某公司的意愿，双方之间形成了合意，意思表示真实且未违反法律规定，该协议合法有效。蒋某在协议签订后，依约投入相应款项，并实际参与了项目的开发建设。虽然双方未办理蒋某等人成为股东的企业变更登记，但公司法等相关法律并未明确规定相关公示程序是权利发生变动的生效要件，不影响对蒋某投资入股德某公司事实的认定，其投入的款项本质上应为出资款，不属于对德某公司的破产债权。

其他审理经验

该案原启动破产清算程序，债权人受偿率极低。审判人员经组织管理人、施工企业债权人，并邀请政府职能部门工作人员、房地产专业人士等参与进行论证，结合委托专业机构出具的偿债能力分析报告，认为德某公司对代建项目已投入一定资金，尚有挽救价值。为此，本案审理及时作出调整，由破产清算程序转化为重整程序。

该企业重整获得成功，债权人清偿率大大提高。工程款债权和职工债权获得100%的清偿，切实解决了拖欠三年多的农民工工资和拖欠长达十几年的职工工资和社保费用问题。普通债权人亦获得最大化清偿，切实维护了债权人的合法权益。同时，盘活了企业资产，德某公司得以起死回生，危旧房改造项目得以立即复工建设，妥善解决了拆迁安置问题，有效化解了社会矛盾纠纷，维护了社会稳定，并促进民营企业高质量发展。鉴于此，对审判人员和管理人而言，建立企业重整识别机制具有重要意义。

三、平顶山市亿某房地产开发有限公司破产重整案

企业基本情况

平顶山市亿某房地产开发有限公司（以下简称亿某公司）成立于1997年11月12日，注册资本800万元，经营范围为房地产开发与经营。亿某公司因建设资金不足、内部经营管理不善等问题，导致所开发的凤凰御景项目停工，引发多起诉讼纠纷。经审计，亿某公司资产预估值为49 169万元、负债60 237万元，资产负债率达123%。案涉凤凰御景项目占地55.44亩，项目规划建设8栋，规划建设面积为205 417.25m^2，其中住宅1272套，项目自2012年开发建设以来，连续停工复建多次，至2021年9月，项目已处于完全停工状态。

案件审理情况

为有力推动问题楼盘处置化解，根据平顶山市委、市政府的工作部署，2021年10月20日，平顶山市中级人民法院（以下简称平顶山中院）积极对接楼盘所在地湛河区政府、北渡街道办事处、湛河区问题楼盘办，指导政府专班组织召开亿某公司预重整工作会议，邀请中介机构提前介入，对项目进行全面清查核实。2022年4月20日，平顶山中院裁定受理债权人对亿某公司的重整申请。

2022年5月23日，亿某公司召开第一次债权人会议，拆迁安置组、购房户组、优先债权组、税款债权组、职工债权组和普通债权组均表决通过亿某公司重整计划草案。2022年5月27日，平顶山中院裁定批准亿某公司重整计

划，终止亿某公司重整程序。重整计划主要内容如下。

（一）清偿方案

拆迁安置债权、购房款返还请求权、担保债权、职工债权、税款债权、工程款债权全额清偿；普通债权根据实际剩余可供清偿的财产对普通债权本金按照一定的比例进行清偿（目前预计全额清偿），惩罚性劣后债权不再清偿。

（二）经营方案

根据亿某公司的实际情况，成立亿某公司管理委员会，通过引入共益债、收缴购房款、追收抽逃资金等方式筹集项目启动资金及后续建设资金，以公开招标的形式选聘施工续建方，及时复工复建，通过交付房产、销售房屋盈利清偿债权。

（三）重整计划执行

重整计划的执行主体为亿某公司，组建并指定亿某公司管理委员会具体负责，全面接管亿某公司存量资产及公司日常经营管理工作，行使亿某公司经营管理权、决策权、决策实施权。

截至目前，涉案项目复工续建工作已基本完成，五证办理齐全，部分业主已经实现收房入住，有效维护了债权人的合法权益，取得了良好的社会效果。

主要法律问题及解决途径

亿某公司重整案涉及的主要法律难题是重整计划执行困难，这也是各地困境房企重整案件遇到的普遍难题。根据我国《企业破产法》第 89 条、第 90 条的规定，债务人负责执行重整计划，管理人在监督期内负责监督重整计划的执行，立法采取了债务人执行、管理人监督的模式。而按照《企业破产法》第 93 条第 1 款的规定，债务人不能执行或不执行时，没有更换执行主体等救济程序，只能宣告债务人破产。在债务人主观、客观不能执行情况下仍交由其执行并不可行，在债务人执行不能时径行宣告破产也不合理，该种绝对单一的执行主体模式，既不符合房地产企业的破产实践现状，也不利于维护债权人的合法权益。

（一）房地产企业重整计划执行的三重困境

1. 违法建设、销售的情况较为突出

实践中几乎所有的烂尾楼盘都存在土地、规划和销售等手续不完整的情况，尤其是与本案所涉楼盘凤凰御景项目类似的问题楼盘项目就更为明显，面临非常庞杂的协调工作和违法行为修复纠正工作，多数楼盘项目失去了后续开发建设的价值和投资空间，如果没有政府的优惠政策和捆绑救济措施，拯救盘活的难度很大。

2. 各方矛盾冲突较为集中

房地产企业破产案件往往涉及民事、行政、刑事、执行等多个方面，拆迁户、购房户、施工单位、农民工、银行等不同利益群体之间的利益诉求呈现出差异化乃至冲突化的特征，因此重整计划的执行不仅需要各方主体的理解支持，还需要土地、规划、房管、税务、市场监管、人防、金融等各部门的大力配合才能顺利推进。

3. 不规范经营情况较为普遍

尤其是中小民营房地产企业，一方面，普遍存在股东资产与企业资金相互混同的情况，企业融资借款与房屋销售回款在财务账簿外循环的现象；另一方面，企业之间、企业与股东之间互保情况普遍，为规避银行放贷政策，并通过“设立空壳公司+房企提供担保”的形式来获取贷款，由此形成了复杂的资金链关系。在进入债务危机后，面临着极高的法律诉讼风险。

（二）债务人执行主体模式的三维僵局

1. 债务人执行不能

重整计划的执行中有很多问题都和公司治理结构有关。而房地产企业一旦因资金链断裂陷入债务危机，往往面临众多诉讼和执行案件，企业的银行账户被冻结，土地、在建工程、房屋等资产被查封，法定代表人被采取限高措施，形成恶性循环。房地产企业破产更是涉及民生稳定、金融安全、产业转型等突出问题，一旦企业进入破产程序，各种历史遗留问题开始大量浮出水面。因此，在进入破产程序伊始，房地产企业基本上已丧失了自主管理和运营的能力。

2. 债权人强烈反对

如果说债务人能力不足的问题，在不计成本的前提下尚可通过招聘经营管理人员予以尝试，那么债权人的强烈反对，则是无法解决的病症。破产本就是各种矛盾相互交织集中爆发的体现，房地产企业重整可以说是其中的典型，在项目停工烂尾形成问题楼盘数年后，企业与拆迁户、购房户、农民工为主体的债权人之间的矛盾将处于不可协调的地步。房地产企业进入破产程序后，债权人对债务人的不信任会被无限放大，在广大债权人明确反对和存在情绪的情况下，通过重整计划草案的难度和执行重整计划的难度都随之提高。

3. 社会利益保护不力

房地产企业不仅涉及纷繁复杂的法律关系，更直接关系人民群众“住有所居”的根本问题，牵涉各式各样的民生利益，事关防范化解重大风险和地方稳定发展大局，一旦破产会引起全社会各个层面的广泛关注。如果重整计划本身具备合法性和可行性，但因债务人主客观原因导致不能或无法执行，而只能终止其执行并宣告债务人破产。那之前已经进行的重整程序和工作都将变得毫无意义，所产生的不利后果最终都将由债权人承担，无论是保护债权人利益的立法追求还是破产财产价值最大化的价值取向，都会难以实现。

（三）管理委员会模式的探索评估

1. 设计管理委员会模式的考量

平顶山中院在亿某公司重整案中采取管理委员会模式，主要是考虑以下三方面因素：一是亿某公司没有执行能力，该公司陷入经营困境后，员工基本上已流失，公司基本管理架构业已缺失，交由债务人执行是不现实的。二是亿某公司确实具有重整价值，重整计划亦具备可行性，楼盘紧邻中某银行平顶山总部，位于两所高校中间，周边配套设施齐全，具备一定的开发价值。如果完全不考虑继续投入资金将项目盘活，而将土地、烂尾工程直接拍卖处置，不仅处置难度大，变现价值也将非常低，各类债权人的利益都将无法得到有效保障。三是具备问题楼盘处置的组织基础，平顶山地区于 2017 年 6 月就已集中开展了问题楼盘化解工作，确立了“府院结合+不良资产处置平台”化解模式，明确属地政府的主体责任，要求一楼盘一专班，所有问题楼盘都要设立政府工作专班。亿某公司重整案中管理委员会模式的构想，经府院联席会议专题研究后，得到楼盘所在地湛河区政府和市、区两级问题楼盘办的大力支持，最终得以成功实施。

2. 管理委员会的工作职能

亿某公司管理委员会成员包括政府工作专班代表、拆迁安置户代表、购房户代表、工程款代表、管理人成员、投资人代表，负责人由楼盘所在街道办负责人担任。亿某公司重整计划写明该计划由亿某公司负责执行，亿某公司委托管理委员会负责具体事务。债权人会议授权管理委员会在债权人会议和债权人委员会监督下行使以下职能：（1）负责经营管理日常事务、对外签订合同；（2）自筹资金或募集共益债；（3）公开选聘施工续建方，组织、实施、管理、监督复工复建事务；（4）协助项目证照、房屋证照等开发手续的办理；（5）工程全流程管理、工程质量管理、决定建筑施工审核；（6）管理房产销售事宜，协调金融机构为购房户办理按揭贷款；（7）及时进行工程决算，必要时聘请造价公司对工程进行造价审计；（8）购房户房屋处理、决定房屋尾款或销售款的收取时间和方案；（9）按照本重整计划草案或法院批准通过的重整计划规定的受偿方案做好财产分配、交付及项目等工作；（10）继续争取平顶山市、区、街道三级党委、政府以及国土、住建、规划、房管、税务等部门的支持，争取项目建设涉及的各项优惠政策和措施，尽可能降低建设成本，增加项目收益和偿债资金；（11）协助政府处理信访稳定问题；（12）其他应由管理委员会管理或处理的事务等。

3. 效果评估

通过实践，管理委员会模式不仅破解了房地产企业丧失执行能力的难题，改变了债权人对债务人、投资人的对抗态度，更使重整各方主体统一起来，坚定了各方的重整信念。具体如下：一是有效解决了债务人执行不能困境，避免因债务人原因导致重整失败而陷入破产清算，符合“保交楼”政策导向和重整制度的追求，利于维护全体债权人的利益。二是有效增进了各方互信合作，由政府工作专班牵头负责重整计划执行具体事宜，最大的优势就在于大幅提升了债权人、投资人的重整信心，消除了各方之间的隔阂和猜忌，提高了重整程序的效率和成功率。三是有效加强了府院协调联动，该模式是企业破产府院联动机制从纸面文件推向深层实践的有益探索，为辖区政府履行化解责任提供了有效空间。问题楼盘复工重建牵涉数十个职能部门以及一整套监管流程和审批手续，吸收政府工作专班参与重整计划执行，不仅利于及时掌握政府层面处置化解优惠政策，更便于土地、规划、审批、监管、登记等事项的办理。

其他审理经验

（一）府院联动高效运作，有效破解破产难题

创新“二元主导”理念，形成“政府主导风险管控与事务协调、法院主导司法程序”的良性互动机制。一是府院“一把手”有力推动。商请平顶山市政府印发《关于建立企业破产府院联动工作机制的意见》，成立以市长任组长，常务副市长、法院院长任副组长，20余家相关单位“一把手”为成员的高规格府院联动领导小组，为顺利解决困境房企破产盘活问题、推进房企破产拯救打下坚实基础。二是全方位协作配合。联合自然资源、税务、市场监管等23个部门会签《关于破产企业不动产登记容缺受理工作的实施意见》《关于破产程序中处置不动产办理登记事项的指导意见》等规范性文件16个，解决破产企业信用修复、管理人履职、不动产处置等现实障碍，实现房地产企业破产程序纵横交织的有效衔接。三是“一报告+双建议”实质运转。对拟通过破产程序化解的困境房地产企业建立专门清单和详细台账，先后召开20余次府院联席会议，研讨化解思路，认真落实请示报告、司法建议和工作建议三项机制，形成困境房企破产盘活的强大合力。

（二）创新协商式预重整，高效实现庭内外程序衔接

创新推行“债务人负责、政府主导、法院指导、辅助机构参与”的全流程协商式预重整。一是建立申请前综合协商机制。与平顶山市政府共同研究制定《关于在房地产企业破产中进一步规范预重整工作的意见》，明确在房企破产申请前，由政府主导协调多部门，对企业资产、破产原因和重整可能等进行全面“切脉问诊”；法院为预重整开展提供业务指导，但不主动干预。二是建立申请后辅助机构选定协商机制。预重整申请后，邀请辅助机构提前介入，由债务人与政府工作专班协商确定辅助机构选任条件、程序和工作职责，并通过公开竞聘方式进行选任。三是建立预重整期间关键事项协商机制。建立“4+N”联席会议制度，针对预重整启动、辅助机构选任、重大事项推进和重整预案衔接等关键环节，明确由政府工作专班、债务人共同组织召开联席会议协商确定，就重整价值识别、战投招募、工程续建等工作不定时召开联席会议进行统筹安排，以协调相关部门一致行动。

（三）鼓励“债权人自救”，显著降低重整成本

创新启用债权人代表组成的运营团队，原施工人按照原合同并增补新的补充协议继续进行施工，进入程序后为工程复工新投入资金按照施工合同补充协议相关时间节点和付款条件支付工程款，有力消除原施工人续建垫资成本的顾虑，使相关权利人更加积极参与项目进行自救，降低了楼盘项目整体重整成本。

四、吉林省日某房地产开发有限公司预重整转重整案

企业基本情况

（一）基本情况

吉林省日某房地产开发有限公司（以下简称日某公司）是一家房地产开发企业，成立于2008年4月3日，前身为长春市日某房地产开发有限公司，系由自然人刘某独资设立的有限责任公司，注册资本5000万元人民币，法定代表人刘某。日某公司目前拥有国家房地产开发二级资质、绿化三级资质。

（二）陷入困境的原因

日某公司开发建设的“长春会展国际商务综合体项目”占地面积24 929平方米，建设工程规划面积193 680.02平方米。建设所需资金量巨大，迫使日某公司通过民间借贷形成了大量高息负债，截至2022年9月21日，日某公司财产总计865 044 755.97元（其中大部分为在建工程），负债为1 055 343 215.06元。因未能按期偿还，债权人纷纷申请法院对该公司的资产进行了保全，致使日某公司失去了再融资能力，进而出现资金链断裂、项目建设陷入停滞情况，不仅使日某公司濒临破产，还为长春东部经济核心区留下了一块巨大的烂尾楼。

（三）启动预重整化解危机

“长春会展国际商务综合体项目”地处长春东部经济的核心区域，毗邻长春会展中心，具有较高的商业价值，且项目完工率超过70%，仅需少量资金即可完成烂尾项目续建，建成后该项目资产价值将大幅提升，能够实现清偿

债务、挽救企业的目标，因此日某公司有较大的重整价值及成功可能性。因日某公司资产已被主要债权人设定抵押且申请查封，主要债权人基于自身风险考虑，对直接申请破产重整的阻力很大。《全国法院破产审判工作会议纪要》和《全国法院民商事审判工作纪要》虽对庭外重组效力做过表述，但现行法律对预重整制度仍无明文规定，为此，债务人与主要债权人以长春市中级人民法院（以下简称长春中院）《预重整工作实施细则（试行）》为依据，协商达成了通过预重整来解决矛盾的一致意见。

案件审理情况

（一）预重整阶段

2022 年 9 月 21 日，长春中院决定对日某公司进行预重整，并指定吉林兢某律师事务所担任临时管理人。预重整期间，临时管理人完成了日某公司的清产核资、债权登记和核查，制定了预重整草案，组织召开债权人会议分组对预重整草案进行了表决。

1. 债权分类和表决情况

日某公司债权人的债权成因主要是民间借贷与工程欠款，而民间借贷又分为有抵押借贷与普通借贷。在预重整过程中，参照《企业破产法》的规定，将日某公司债权人划分为有财产担保债权组、税款债权组、职工债权组及普通债权组。因预重整草案涉及出资人授权及承诺事项，在预重整草案表决中又设出资人表决组。经表决，预重整草案分别获得有财产担保债权组、税款债权组、职工债权组、出资人组的全票通过，并获得普通债权组人数及债权额度均超过 90%的高票通过。《日某公司预重整草案》载明：重整计划草案不会对预重整方案中的实质性内容进行修改，债权人、出资人对预重整方案的同意即视为对重整计划草案的同意。

2. 清偿方案情况

地产项目建成后，日某公司有效财产的评估价值可以覆盖全部对外负债，债权人的债权有望获得全额清偿。经与主要债权人、意向投资人进行谈判，临时管理人综合各方债权人的利益诉求，提出了现金清偿与实物清偿相结合的方案。为实现这一目标，管理人提出了无论是以何种方式获取续建资金进而完成地产项目续建，均优先以房屋销售取得的现金对全体债权人进行清偿。对于现金不足以覆盖的部分，则以现房评估值作价进行实物清偿。在现金清偿与实物清偿相结合的情况下，所有债权人的债权均将得到全额清偿，进而化解了债权清偿比例难题。

3. 投资人引进情况

在直接引入战略投资、发动债权人出资进行自救等常规引资方案均无法顺利实现的情况下，为化解该难题，管理人创造性地提出了将整体预售与定向清偿结合的方式解决续建资金来源，并将在建期房划分为两部分，降低了拍卖和融资难度。首先，对两部分期房分别以整体拍卖的方式进行预售，只要有一部分预售成功，所得预售款在扣除税费后即可满足续建资金需求，从而解决了续建资金来源问题。其次，如未能预售成功，则充分发挥主要债权人和债务人的能动性，以部分期房定向清偿给主要债权人，并分别由主要债权人和债务人协助以共益债务的方式引进续建资金，从而有效解决续建资金来源问题。

4. 经营方案情况

日某公司在重整程序中的主要经营活动就是完成在建工程“长春会展国际商务综合体项目”的续建工作。鉴于日某公司的实际情况，债权人会议、日某公司股东及日某公司同意授权管理人按重整计划确定的原则开展续建相关管理工作和债权清偿工作。其他经营事项仍由债务人负责，由管理人对其进行监督。

（二）重整阶段

2023 年 4 月 28 日，长春中院根据临时管理人申请，裁定受理日某公司的重整申请，并指定吉林兢某律师事务所担任日某公司管理人。重整阶段，管理人以预重整草案为依据制作了重整计划草案。在日某公司第一次债权人会议上，提请未对预重整草案发表同意意见的有表决权的债权人，对日某公司重整计划草案进行了表决。结合日某公司预重整期间的债权人会议及重整期间第一次债权人会议的各组表决结果，重整计划草案获得通过。2023 年 6 月 13 日，长春中院裁定批准了重整计划、终止了重整程序，重整程序自 2023 年 4 月 28 日起至 2023 年 6 月 13 日止，仅用时 47 天。

主要法律问题及解决途径

（一）主要法律问题

1. 续建资金来源问题

鉴于日某公司实际经营状况，通过常规招募投资人的方式已无法实现的情况下，成功引进续建投资难度很大。

2. 债权清偿方式的问题

经测算，在地产项目建成后，日某公司有效财产的评估价值是可以覆盖全部对外负债的。但因房地产市场遇冷，销售变现周期长，导致在有效的时间内实现现金清偿难度极大。

3. 预重整与重整衔接的问题

预重整制度在法律中尚无明文规定，预重整阶段中形成的和解协议如何在重整程序中衔接是个难题。

（二）法律分析和处理情况

1. 采取期房预售与引进共益债续建模式相结合的模式充分挖掘重整价值，化解资金来源难题

烂尾楼案件的主要重整价值在于项目的续建和销售，日某公司便是如此。其开发的“长春会展国际商务综合体项目”完成度较高、后续投入资金相对较少，若能完成续建，日某公司的有效财产将可以覆盖其全部负债，债权清偿率将高达 100%。

经过多轮调研、讨论和沟通，决定对“长春会展国际商务综合体项目”划分为 A、B 两个部分，对该项目的续建方式确定了两种模式。第一种续建方式，对 A 部分及 B 部分的期房分别以整体拍卖方式预售，如以拍卖方式预售成功（无论是 A 部分单独成交、B 部分单独成交，抑或 A 部分与 B 部分全部成交）其所获得的资金足以完成项目的续建。第二种续建方式，若无法将 A、B 两个部分中的任一部分以拍卖形式预售，则将 A 部分的全部及 B 部分的部分车位以以物抵债的方式向日某公司的两位最大债权人进行清偿，清偿完成后该两家债权人负责为 A 部分续建引资，该笔融资的性质为共益债务。其中，

以物抵债的价值要超出两位债权人对日某公司的债权，超出的部分为 1.88 亿元左右，A 部分所需引进的续建资金为 1.4 亿左右，超出的部分作为 A 部分续建资金及利息的退出保证，以确保引入的共益债务有财产可对其进行兜底清偿，超出的部分在 A 部分续建完成后进行清算；对于 B 部分的续建由日某公司作为续建主体，负责以引入共益债务的形式融资完成 B 部分建设，对于该部分融资以 B 部分销售回款优先清偿，不足清偿的部分以相应面积商品房进行抵偿。对于 A、B 两部分的续建顺序，由管理人向两位最大债权人提供 B 部分续建资金到位证明和具备开工进场证明，A 部分承建主体确认具备实质开工条件并具有足够资金保证续建后，A 部分开始复工建设。

本案能否重整成功的核心在于“长春会展国际商务综合体项目”能否续建成功，该项目续建最重要的便是融资来源。通过期房拍卖的形式成功筹措资金是效率最高、风险最小的融资模式，但该种模式过于理想化，作为重整计划可行性不高，重整成功的可能性亦具有很大的不确定性。于是，制定了第二种融资续建方式，为引进的融资进行了四重保障兜底。第一重，确保引进融资的性质为共益债务，依照《企业破产法》第 43 条第 1 款、第 113 条第 1 款，对于共益债务由债务人财产随时清偿、优先清偿。第二重，对于 B 部分的融资以 B 部分的销售回款优先清偿，不足部分也将通过相应面积房进行抵偿。第三重，先确保 B 部分的共益债务引入并得以续建，而后进行 A 部分的共益债务引入，以防止 A 部分建成后由日某公司负责续建的 B 部分却并未引入资金得以续建导致重整计划无法执行完毕。第四重，对两位大债权人以物抵债的价值要大于对其的负债，以为接下来续建 A 部分共益债务的引入兜底。

需要说明的是，对于破产程序中的融资是否可以依据《企业破产法》第 42 条第 4 项之规定“为债务人继续营业而应支付的劳动报酬和社会保险费用以及由此产生的其他债务”而被认定为共益债务。

一方面，从共益债务的本质来看。共益债务，是指为破产程序进行中全体债权人的共同利益由债务人财产及其管理人而产生的债务，此为破产法起草组编著中对共益债务的定义①；是破产程序进行中，为了全体债权人的利益

① 《中华人民共和国企业破产法》起草组编：《〈中华人民共和国企业破产法〉释义》，人民出版社 2006 年版，第 159~160 页。

或为程序进行之必要而对破产财团产生的一切请求权的统称，此为王欣新教授的观点①；是指破产程序进行中，为了全体债权人的利益所发生的债务和因债务人财产所发生的债务的总称，此为韩长印教授的观点②。可以看到，无论是哪种解释都意在说明，共益债务的产生一定是有利于全体债权人的共同利益的，是得以使债权人共同受益的。一旦债务人进入破产程序，那么管理人为履行职务就必然会为一系列的法律行为，负担一系列的费用开支，如租赁场地、雇佣人员、进行评估审计以及拍卖等等，如果不为此等费用的开支确保以债务人财产随时清偿的话，那么管理人将寸步难行，将无人愿意与管理人进行交易。而对于一些破产案件，需要大量的融资以确保债务人财产的保值增值，维护全体债权人的利益，那么对于融资方的债权赋予其何种程度的受偿优先性以确保其融资安全，是每一位有意提供融资的主体所首要考虑的问题，此即本案中所面临的问题。在本案中，为了对“长春会展国际商务综合体项目”进行续建便不可避免地需要融资，该部分的融资是重整之必须，也是为全体债权人共同利益、提高债权清偿率之必须，符合共益债务的本质。

另一方面，从破产重整程序的特殊性来看。重整程序的本质是在司法程序中债务人企业的利益相关方对于利益分配的博弈。故可以看到，破产重整程序更多的是在遵循各方利害关系人的意思自治，当事人的谈判和博弈才是重整的核心。重整计划则集中体现了各方利害关系人在经过充分协商、妥协、博弈后形成的合意，法律不应对当事人的意思自治进行过多的干预。债务人根据重整计划获得的融资借款，该笔债务的性质或清偿顺位更适宜由对重整计划草案进行表决的各方主体自治确定，应在充分协商的基础上由重整计划作出安排。当然，不得违反法律、行政法规的强制性规定，不得损害个别债权人的合法权益，在程序上符合法律规定。

综上所述，本案中为债务人继续营业续建“长春会展国际商务综合体项目”而获得的融资，应认定为共益债务。当为债务人继续营业而借款既满足程序要件，即“必须经债权人会议决议通过或者第一次债权人会议召开前经人民法院许可”，又满足实体要件，即“发生在人民法院受理破产申请后到破产程序终结前的时间段”“系为全体债权人的共同利益而发生”“以围绕债务

① 王欣新：《破产法》，中国政法大学出版社 2007 年版，第 227 页。

② 韩长印：《商法教程》（第二版），高等教育出版社 2007 年版，第 530 页。

人财产和管理人履行职务为主要发生原因”时，该笔借款应认定为公益债务，这也是《最高人民法院关于适用〈中华人民共和国企业破产法〉若干问题的规定（三）》第2条第1款规定的“为债务人继续营业而借款……参照企业破产法第四十二条第四项的规定优先于普通破产债权清偿的……”之理论依据。

2. 采取现金与实物清偿相结合的方式化解清偿周期长的难题

无论是以何种方式获取续建资金进而完成地产项目续建，在续建完成后，均优先以房屋销售款的现金方式对全体债权人进行清偿。对于现金不足以覆盖的部分，则以现房评估值作价进行实物清偿。在现金清偿与实物清偿相结合的情况下，所有债权人的债权均将得到全额清偿，进而化解了债权清偿周期长的难题。

3. 预先设定规则化解预重整与重整衔接难题

预重整阶段，临时管理人组织利益相关各方充分协商，努力达成和解，并在预重整草案中设定了将对和解协议和预重整草案的同意意见有条件带入重整程序的规则，即《日某公司预重整草案》载明：重整计划草案不会对预重整方案中的实质性内容进行修改，债权人、出资人对预重整方案的同意即视为对重整计划草案的同意。借助这一规则，有效解决了预重整与重整衔接问题，使预重整阶段形成的成果得以保留，避免了复杂的全员表决，重整程序仅用时47天，极大地提高了重整效率和成功率。

其他审理经验

（一）共益债权人与抵押债权人之间的利益分配

对于司法实践中颇有争议的共益债务与担保债权哪一个更优先的问题，《最高人民法院关于适用〈中华人民共和国企业破产法〉若干问题的规定（三）》第2条第1款予以了回应，明确了共益债务的行使不得侵害就债务人特定财产享有担保的债权，即在该部分特定财产所得的受偿，共益债务要劣后于担保债权。

该规定虽不符合司法实践中对共益债务强大效力与有利于全体债权人的负债应优先清偿的期待，但却符合担保物权内在属性。担保物权作为对债务人的一种强力的增信，债权人当然有理由在担保物权成立时便确信自己的债权针对该担保物享有优先性、排他性的清偿利益。在破产案件中，债务人想要为继续经营而融资是极难的，一方面，融资人担心破产周期长，提供借款难以在一定时间内收回；另一方面，债务人为自己增信的措施与财产是极其匮乏的，即便是为融资人设立担保物权，该清偿效力也并不优先于此前已经在相应财产上设立了担保的债权。为继续经营而继续借款认定为共益债务解决了回款周期长的问题，但未解决共益债务人与担保债权人二者利益冲突的问题。

共益债务代表着全体债权人的利益，若不给予为继续营业而提供借款的债权超级优先性，则很难进行融资，对于重整案件尤其是需要续建的烂尾楼房企是一个较大的障碍，但是担保债权人的合理信赖同样不能被法律辜负。

本案中亦涉及二者利益相冲突的问题，重整计划中载明，B 部分引入的共益债务以该部分的销售回款优先清偿，而 A、B 两部分的建设用地使用权均已在破产受理前为债权人作了抵押，抵押权人为接受 A 部分以物抵债清偿的两位最大债权人。当两位债权人接受 A 部分以物抵债清偿时，日某公司对其的负债消灭，那么根据担保物权消灭上的从属性，债权人的抵押权亦随之消灭，共益债务便得以优先清偿，本案以此种方式平衡了二者的利益冲突。

故在房地产企业的破产重整案件中，若续建的建筑物可以分割，可以将其分割成多个部分，以其中一部分对担保债权人以物清偿从而消灭其享有的担保债权，以确保为续建而引入的共益债务具有最优先的清偿顺位。此种模式既未侵害已经在相应财产上设立了担保的债权，又确保为继续经营而融资的最优先清偿顺位，大大降低了融资难度。

（二）充分利用“府院联动”，合力推进企业重整

日某公司地产项目停工多年，对区域经济发展产生了不良影响，也产生了大量社会矛盾，通过长春中院多次与省市两级政府相关部门进行“府院联动”，司法手段与行政手段实现了有机结合，合力推进了企业重整进程。

（三）以庭外重组为基础，将重整程序化繁为简

通过预重整与重整的有机结合，节约了重整的时间与成本，降低了企业重整失败的风险。日某公司案件实现了庭外重组和破产重整的融合创新，充分运用预重整、破产重整制度挽救了困境中的房地产企业，实现保交楼、保

民生、保稳定，盘活区域经济、助力改善营商环境，也为吉林省破产审判实务开创了先例并积累了宝贵经验，具有积极的业务示范指导作用。

五、余姚世某投资有限公司预重整案

企业基本情况

余姚世某投资有限公司（以下简称余姚世某或债务人）成立于2014年2月20日，注册资本为10 000万元，主要从事房地产开发业务。债务人开发的余姚某模具城一期项目（以下简称模具城项目）涵盖工业与商业用地，由五大地块构成。因项目开发资金周转困难，模具城项目自2016年年底全面停工。停工前该项目已对外预售房产163套，涉及债务合计9.6亿余元。

案件审理情况

2020年12月9日，余姚市人民法院（以下简称余姚法院）立案庭立案审查发现余姚世某在该院涉诉案件较多，深陷债务困境，明显缺乏清偿能力，在征得部分购房债权人的同意下，决定对余姚世某启动诉讼程序转破产程序。2021年1月11日，余姚法院根据债权人上海中某电子科技有限公司的申请，受理余姚世某预重整一案。同时，经评审选定清算组相关中介机构即上海市方某律师事务所、浙江导某律师事务所联合担任余姚世某预重整期间的管理人。2021年11月29日，余姚法院裁定受理余姚世某的破产重整申请，并指定上海市方某律师事务所、浙江导某律师事务所联合担任余姚世某管理人。2021年12月31日，余姚法院作出（2021）浙0281破30号民事裁定，裁定批准余姚世某重整计划并终止余姚世某重整程序。

（一）债权分类及表决情况

在预重整期间，管理人积极推进预重整相关工作，包括债权申报与审查、购房人信息登记和梳理、财产状况调查、资产审计与评估、在建工程质量检测鉴定、与债权人及投资人沟通谈判、预重整计划论证与制定、债权人会议组织召开等。截止到评估基准日（2021年1月11日），余姚世某经审计的资产总额为 291 601 587. 31 元，债权人申报的债权总金额为 965 172 281. 76 元，其中融资担保债权 1. 65 亿元、建设工程款优先权 1. 09 亿元、职工债权 450 万元、税收债权 565 万元、普通债权 6. 14 亿元以及购房户已付购房款 6732 万元。

2021 年 11 月 26 日，余姚世某预重整债权人会议按照债权分类对《余姚世某预重整计划草案》进行了分组表决，表决结果如下：（1）优先债权组（含有财产担保债权和建设工程款优先债权），共 6 户，表决通过 6 户，表决通过债权人户数占比为 100%，该组债权总额为 274 370 805. 25 元，表决通过债权额为 274 370 805. 25 元，表决通过债权额占比为 100%；（2）职工债权组，共 35 户，出席人数为 32 户，表决通过 32 户，表决通过债权人户数占比为 100%，该组债权总额为 4 507 222. 44 元，表决通过债权额为 4 468 192. 54 元，表决通过债权额占比为 99. 13%；（3）税收债权组，共 1 户，表决通过 1 户，表决通过债权人户数占比为 100%，该组债权总额为 5 646 315. 84 元，表决通过债权额为 5 646 315. 84 元，表决通过债权额占比为 100%；（4）普通债权组，共 125 户，出席人数为 102 户，表决通过 96 户，表决通过债权人户数占比为 94. 12%，该组债权总额为 229 349 032 元，表决通过债权额为 226 188 288. 62 元，表决通过债权额占比为 98. 62%；（5）出资人组，出资人 2 户，表决通过率为 100%。

（二）清偿方案

用于清偿破产费用、共益债务、日常经营支出和破产债权的偿债资金主要来源于模具城项目已售房产的待收尾款、待售房产的销售回款，以及其他资产变现收入。清偿方案及顺序如下：

1. 在模具城项目续建完工后 1 年内，管理人取得的待收尾款和销售回款，将首先用于支付破产费用、投资人山某置业的共益债务借款本息及其他续建支出。

2. 建设工程款优先债权。（1）现金清偿。共益债务借款本息偿还完毕后 1 个月内，按在建工程评估值占已动工部分不动产（含土地使用权和在建工程）评估值的比例向全体建设工程款优先债权人进行首次分配，各建设工程款优先债权人按其优先债权占全部建设工程款优先债权的比例从上述首次分配总金额中受偿。（2）以房抵债。在模具城项目续建完工后 1 年内，模具城项目仍未销售完毕，且建设工程款优先债权未以现金方式完全清偿的，对于未获清偿的部分将以模具城项目的剩余待售房产抵债清偿，抵债价格不低于模具城项目复工后实际销售同类房产均价。

3. 有财产担保债权。（1）现金清偿。共益债务借款偿还完毕后 1 个月内，按已动工抵押地块的评估价值占已动工部分不动产（含土地使用权和在建工程）评估值的比例向担保权人进行首次分配。（2）以房抵债。在模具城项目续建完工后 1 年内，模具城项目仍未销售完毕，且担保权人首次分配金额不足债权金额的，对于低于的部分将以模具城项目的剩余待售房产抵债清偿，抵债价格不低于模具城项目复工后实际销售同类房产均价。

4. 职工债权。为保障职工权益，职工债权及因解除员工劳动关系所需支付的经济补偿金（据实结算），将在投资人支付的共益债务借款中直接拨付，在重整计划通过后 2 个月内一次性现金支付完毕；第三方垫付职工工资形成的债权及预重整受理后其他有关第三方继续垫付职工工资形成的债权（据实结算），将在共益债务借款本息得到全部清偿后一次性现金清偿。

5. 税款债权。税款债权原则上在模具城项目续建完工后及时清偿。如因销售需要需在销售过程中清偿的，由投资人和管理人根据销售进度报法院批准后确定。在重整计划草案执行过程中，因模具城项目销售和公司经营而产生的新增税款将作为经营期间的费用随时支付。

6. 普通债权。在清偿上述 1~5 项费用及债权后仍有剩余的部分将用于清偿普通债权，如剩余部分不足以清偿全部普通债权的，将按债权比例清偿。

7. 视为清偿完毕。根据本重整计划草案对全体债权人进行清偿后即视为清偿完毕，未获清偿的部分，余姚世某不再承担清偿责任。但该等清偿完毕仅为消灭债权人和余姚世某之间的债权债务关系，并非实际现金清偿完毕，余姚世某有权根据实际清偿情况向税务机关等申请税收减免政策。

8. 查封债权的清偿。对于已被人民法院或其他有权机关法律文书查封的债权，管理人将按照相关法律文书的要求履行协助执行义务，履行完毕后将视为在协助执行范围内对应债权人的清偿义务履行完毕。

（三）投资人引进情况

余姚世某的主要资产为模具城项目的土地使用权和在建工程，盘活模具城项目是本案重整工作的核心。根据模具城项目开发建设进度及本案的实际情况，最终选定山某置业作为本案重整投资人，全面负责已动工地块的工程续建、工程管理和销售，对于未动工地块在预重整及后续重整程序中暂不处置。

（四）经营方案

重整计划草案执行期间，公司日常经营管理，以管理人为主，协同投资人、债务人全面负责；对于工程施工、工程管理和销售方面的事务，由山某置业协同工程施工单位、工程管理单位和销售单位全面、具体负责；对于重整计划草案执行有重大影响的事项，由山某置业和债务人报管理人确定。余姚法院将对本重整计划草案执行期间的经营管理予以指导和监督；债委会将对本重整计划草案执行期间的经营管理予以监督。

（五）衍生诉讼

余姚世某进入预重整后，余姚法院共受理职工破产债权确认纠纷 4 件，破产债权确认纠纷 2 件。其中，4 件职工破产债权确认纠纷均予以驳回；2 件破产债权确认纠纷经二审后维持。

主要法律问题及解决途径

预重整的效力问题

预重整是在庭外重组和破产重整两种制度基础上结合创新产生的具有企业挽救辅助性功能的法律制度。本案运用破产法法律规则约束预重整谈判成果，具有制度保障功能。预重整所形成的重整计划，具有一定的表决比例，且引入“禁止反言”规则，使表决通过的预重整计划具有权威性，为后期的重整计划执行提供制度保障，降低各方的违约风险。

其他审理经验

本案是创造性地运用“共益债+经营管理”相结合的投资模式，引入战略投资人，参与烂尾楼项目续建，在共益债上设立“超级优先权”，实现风险可控、互利共赢，共推重整进程的典型案例：

1. 共益债融资是房地产企业破产重整的重要融资手段，为房地产企业注入流动资金，完成烂尾楼项目的整体续建，使房地产企业恢复营运能力，真正实现凤凰涅槃，既解决了社会稳定问题，也在最大程度上保障了全体债权人的权益。

本案属于典型的房地产烂尾项目开发企业破产案件，传统的股权投资重整或出售式重整难以实施或难以实现债务清偿的目标。一方面，模具城项目停工已久，相关资质证照大多已过期或失效，且债务人、债权人及购房人等利益冲突明显、法律关系复杂，在传统的股权投资重整模式下，难以吸引投资人。另一方面，在出售式重整的情况下，模具城项目的主要资产即土地使用权和在建工程的价值会大幅降低，同时也会产生高额的税费，根据测算有财产担保债权和建设工程款优先债权均无法全额清偿，其他职工债权、税收债权及普通债权将无法获得清偿，而且模具城项目整体出售后，购房人的权益（因销售的房屋系工业地产及商业地产）也将无法在破产程序中得以保障和实现。综合考虑上述因素，为提升债务人资产价值，以实现较好的清偿目标及保障购房人权益，余姚法院决定引入共益债务对模具城项目进行续建。

2. 管理人与投资人达成“共益债务借款+经营管理”的重整方案实质上实现了“资金筹集+经营管理”的重整模式，实现了股权投资重整和出售式重整“二合一”的效果。

共益债务投资人不仅负责提供续建资金，并“一揽子”负责实施续建方案。在余姚法院的指导下，管理人、主要债权人与投资人进行了大量的沟通谈判，为保障续建资金安全、降低续建风险，最终与投资人达成了“共益债务借款+‘一揽子’续建”的重整方案，由投资人提供续建资金，并由投资人自行组建团队或指定相关单位以固定价包干工程施工、工程管理和项目销售等工作。模具城项目共益债务融资方案实质上实现了“资金筹集+经营管理”的重整模式，实现了股权投资重整和出售式重整“二合一”的效果。

3. 在共益债上设立“超级优先权”，如果不能保障共益债务的绝对优先性，将难以引入共益债融资。管理人与有财产担保债权人和建设工程款优先债权人进行了充分的沟通与解释，并对债务清偿效果进行模拟测算，争取其对共益债务融资方案的支持，同意共益债务融资本息优先于有财产担保债权和建设工程款优先债权清偿。

六、湖北东某置业有限公司破产重整案
——一案一策“保交楼” 府院联动“保民生”

企业基本情况

湖北东某置业有限公司（以下简称东某公司）系房地产开发经营企业，于2010年成立，注册资本5180万元。2015年9月，其开发的某房地产项目因资金链断裂导致部分基础设施未完工，水电气工程未完工，整个项目未办理竣工验收手续，未达到交房条件，项目主要资产被人民法院查封，涉诉案件较多。2018年，咸宁市住建委成立专班，引导企业生产自救或引入第三方整体收购，但因矛盾错综复杂，各种方案均告失败。2019年7月，东某公司涉诉执行案件启动司法拍卖程序，因涉及广大业主生存权益，形成涉众性群体信访事件。同月，咸宁市政府组建了该房地产项目联席会议领导小组及清算组。2019年8月1日，债权人申请对东某公司进行破产重整。2019年8月5日，咸宁市中级人民法院（以下简称咸宁中院）裁定受理破产重整，并指定清算组为破产管理人。经管理人审查，确认东某公司债权数额为4.5亿余元，其中优先债权1.48亿余元、税收债权1493万余元、普通债权2.88亿余元。

咸宁中院受理案件后，按照“法院主导程序、政府协调保障、管理人具体操作、债权人会议决定重大事项”的原则，推动重整程序有序进行。一是创新工作方式，精准因案施策。咸宁中院受理案件后，立即向相关法院送达中止执行和解除查封告知函，终止司法拍卖程序并协调移交被查封财产的处置权，对购房业主的房屋依法进行了解封，确认购房业主享有房屋所有权，得到了全体业主的肯定，业主们主动放弃延期交房违约金。二是提高债权清偿率，减少重整阻力。协调债务人股东作为投资人继续注资2000万元进行项目工程收尾建设，该投资债权不作为共益债务优先偿还，而是最后清偿，促使债权人增强信心，顺利通过公司继续营业的方案。项目竣工后，将在建工程抵押转化为实物商铺抵押，以减少银行优先债权对担保资产的控制范围。全部债权人放弃利息、违约金请求权，仅按本金确认债权。工作专班协调咸

宁市金某投资集团有限公司（以下简称咸宁金投集团）出资6400万元收购某银行咸宁分行1.48亿元的优先债权，取得关键突破。2020年8月，东某公司重整计划经债权人会议表决通过。2020年9月，法院裁定批准东某公司重整计划，东某公司进入重整计划执行阶段。三是盘活项目资产，推进重整计划执行。管理人针对各收尾工程子项目，逐一制定施工方案并加快工程建设进度。2022年4月，项目顺利竣工验收，为购房业主办理了第一批不动产权证书，保交房、保维稳阶段性工作已经完成。下一步，在咸宁市重整政策的支持下，投资人拟追加投入3000万元资金对整个商业区域进行升级改造，争取将项目打造成咸宁城市商业新标杆。

案件审理情况

2015年9月，东某公司开发的财贸·新某汇房地产项目资金链断裂，外地的涉诉案件较多，项目中的主要优质资产被人民法院查封，公司的工作人员撤离已近三年。2018年，咸宁市住建委成立专班负责包保维稳，试图帮助企业进行生产自救或引入第三方整体收购，因矛盾错综复杂，各种方案均告失败。2019年7月，因东某公司涉诉执行案件已启动司法拍卖程序，将东某公司资产（包括未办理网签备案200余位购房业主的房屋）在淘某网挂网拍卖。因该楼盘对外销售数量较多，涉及广大业主的生存权问题，因此，形成涉众性群体信访事件。

其他审理经验

（一）创新工作方式，精准因案施策

咸宁市党委、政府由过去包保维稳的行政化工作思路转向法治化工作方式，解决房地产项目历史遗留问题。首次采取房地产企业破产案件“府院联动”机制，按照“党委领导、政府主导、司法保障”对东某公司进行破产重整的前期可行性评估论证，决定东某公司进入破产重整程序，并成立“府院联动”领导小组和清算组。按照“法院主导程序、管理人负责具体操作、债权人会议决定重大事项”的原则，依法推进破产程序，政府各部门分工协作合力破解重整难题。咸宁中院受理东某公司破产重整案后，立即向相关法院

送达中止执行和解除查封告知函，终止司法拍卖程序并协调移交被查封财产的处置权，对购房业主的房屋依法进行了解封，确认购房业主享有房屋所有权。这件事得到了全体业主的肯定，他们主动放弃延期交房违约金。

（二）努力提高清偿率，减少重整工作阻力

一是由债务人股东作为投资人继续投资 2000 万元进行项目收尾工程建设，并不作为共益债务优先偿还，促使债权人增强信心顺利通过公司继续营业的方案；二是在项目竣工后将在建工程抵押转化为实物商铺抵押，以减少银行优先债权对担保资产的控制范围，在变卖、处置抵押物时才享有优先受偿权；三是债务人的投资债权最后清偿；四是全部债权人放弃利息、违约金请求权，仅按本金确认债权。2019 年 11 月 20 日东某公司召开第一次债权人会议，除有抵押优先债权人组——某银行咸宁分行请求延期表决外，其他各类债权人组均同意重整计划草案。咸宁市政府相关负责人主动到某银行湖北省分行进行协调，达成由咸宁市金某投资集团有限公司作为平台购买某银行咸宁分行的债权并代替某银行咸宁分行对重整计划草案进行表决的意向性协议。2020 年 8 月 5 日，咸宁市金某集团出资 6400 万元收购某银行咸宁分行 1.48 亿元的债权并表决通过重整计划。至此，东某公司重整计划经债权人会议表决通过。

（三）以盘活资产为工作重点，有序推进重整计划执行

为了方便公司决策，东某公司对公司的股权结构进行了重组，将公司股权集中到新的投资人名下，新投资人注资 2000 万元用于工程项目的收尾施工，管理人针对各收尾工程子项目逐一制定施工方案并加快工程建设进度。2022 年 4 月底已顺利通过竣工验收，为购房业主办理了第一批不动产权证书，保交房、保维稳阶段性工作已经完成。投资人在咸宁市政府重整政策的支持下，计划追加投入 3000 万元资金对整个商业区域进行升级改造，将项目打造成咸宁城市商业新标杆，全力以赴盘活项目，实现债务全部清偿，彻底化解各种矛盾。

推荐理由

房地产企业涉及利益主体众多，法律关系复杂，权利冲突激烈，如何妥

善处理房地产企业重整带来的购房人等主体的权利保护、项目施工续建、社会稳定等问题，是破产制度防范化解重大风险、保障人民群众合法权益、维护社会稳定的使命担当。本案中，咸宁中院受理重整申请后，先依法解封购房业主被查封的房屋并确认业主对房屋的所有权，保护购房者合法权利，预防群体性事件发生，稳定社会大局；再协调债务人股东筹措资金完成项目工程收尾建设，增强全体债权人重整信心；积极争取当地党委政府支持，引入国有投资平台收购金融机构优先债权，为重整计划表决通过取得实质性突破，是咸宁市充分运用府院联动机制开展房地产企业重整工作、实现“保交楼、保民生、保稳定”工作目标的典范。全案审理过程中未发生一起涉众群体事件，业主无一人申报逾期交房违约金债权，腾退商铺租赁户的诉讼案件也基本以调解或和解结案，取得了良好的政治、法律和社会效果。

（一）坚持从维护社会稳定大局出发，开展审理工作

东某公司是一家房地产企业，进入破产程序前已对外预售了595套商品房，因项目工程未能取得竣工验收备案手续，未能正常交付房屋，影响当地的社会稳定。破产管理人的首要任务就是“保民生保交楼”，筹措资金完成后续的工程建设，顺利通过竣工验收，保证向业主交房。为此，管理人招募投资人先期融资2000万元实现项目竣工验收并向业主顺利交房，维护了社会稳定。

（二）坚持提升破产财产价值，最大限度保护债权人利益

债权人最为关注的是自己的债权受偿率。东某公司名下土地已经全部开发完毕，不具有其他项目开发增值的空间，如果按照现有资产进行价值评估，普通债权人的受偿比例将不足50%。为了尽量提高债权人的清偿比例，管理人将东某公司现有的商业资产盘活后，积极进行资源重整，通过提升现有资产价值，提高债权人的清偿比例。通过多次与项目投资人沟通，继续筹措资金3000万元营造良好的项目形象，在形成良好口碑后再整体对外进行招商引资，争取将该项目打造成所处地段的时尚商业中心。

（三）坚持创造性开展工作，确保程序公开、公平、公正

东某公司破产重整案是咸宁市辖区内首例适用“府院联动机制”办理的房地产企业破产重整案件，因很多问题没有明确法律的规定，也缺乏现成的

成熟经验可以借鉴，工作难度很大。案件审理过程中，咸宁中院始终从维护司法公正出发，法律有规定严格依法，没有规定则参照国际惯例或者学理解释，遵循“法院主导程序、管理人负责操作、债权人会议决定重大事项”的原则，确保每一环节、每一步骤做到公开、公平。该案审理期间，咸宁市委、市政府及人民法院出台了一系列全面有效的联动措施及创新制度，包括“房地产企业破产审判府院联动机制”“破产专项基金制度”“破产财产处置府院联动机制”等，为有效解决破产重整案件的相关难题提供了制度依据和工作思路，东某公司破产重整工作取得显著成效，同时也为房地产企业破产案件中“府院联动机制”的运用提供了咸宁经验。全案审理过程中未发生一起涉众群体事件，全体业主无一人申报逾期交房违约金债权，腾退商铺租赁户的诉讼案件也基本以调解或和解结案，取得了良好的社会效果。

七、云南沐荣欣某房地产开发有限公司破产重整案

企业基本情况

云南沐荣欣某房地产开发有限公司（以下简称沐荣欣某公司）是云南经典房地产开发集团有限公司的关联企业，其名下的房地产开发项目欣某创意家园（推广名为华某悦峰）位于昆明五华区，项目总建筑面积134 919.05平方米，共有5幢住宅和5栋商业，其中住宅建筑面积为75 888.58平方米，共涉及购房业主596户，地上商业面积为7701.84平方米，地下室建筑面积共50 598.41平方米（含地下商业4531.09平方米）。该项目于2013年开工，自2014年起因公司资金链断裂等原因，项目多次停工烂尾，共涉及已购房业主约360户。购房者多次维权上访，且沐荣欣某公司因未支付建设工程价款造成大量农民工合法权益无法实现，多方群体权益矛盾积累交织。

案件审理情况

（一）审理过程

昆明市五华区人民法院（以下简称五华区人民法院）在收到沐荣欣某公

司提交的破产重整申请后，立即组织召开听证会，听取了各方代表的意见，进行重整可行性研究，在昆明市中级人民法院（以下简称昆明中院）的指导下，于2020年12月30日裁定受理沐荣欣某公司的重整申请，并指定清算组为管理人。

2021年3月30日，五华区人民法院召开第一次债权人会议，会议顺利通过了《债务人继续营业及复工续建的议案》。由于项目已经停工多年，施工的相关证照早已过期。五华区政府和区法院依托"府院联动"机制与区政府各部门联动，得到市住建局的支持，本着"一事一议、特事特办"的原则，使项目重新取得施工许可证。2021年5月，该项目正式复工。

为了重整计划草案能够得到全体债权人的支持，五华区人民法院指导管理人按照债权人的性质和类别先后召开了13次债权人代表沟通会，就业主关心的交房问题以及其他类债权人提出的各类法律问题进行解答。通过耐心细致的沟通说明，全体业主自愿统一免除了逾期交房违约金。

2021年9月3日，五华区人民法院组织召开了第二次债权人大会，在普通债权的清偿率仅为14.7%的情况下，重整计划草案仍得以高票通过。2021年9月24日，五华区人民法院裁定批准重整计划，终止重整程序。重整计划正式进入执行阶段。

之后，五华区人民法院仍持续关注重整计划的执行情况，要求管理人定期汇报。并持续发挥司法能动性，为光大银行和破产企业搭建沟通平台，最终取得项目销售贷款支持，有效提升了剩余可销售房源的市场价值。以实际举措确保了续建共益债支付及债权人的债权清偿。

2022年3月29日，烂尾8年的"欣某创意家园"项目实现交房办证。

（二）债权分类和重整计划（草案）表决情况

沐荣欣某公司重整案设优先债权组、普通债权组、出资人组对重整计划（草案）进行表决，职工债权、税款债权因债权人权益未受调整，不参与重整计划（草案）的表决。

1. 优先债权组

（1）消费性购房债权。要求解除商品房购销合同退款的购房款本金592 615.00元，共计2家债权人。

（2）建设工程价款优先权组。建设工程价款优先债权总额为40 986 672.1元

（仅计算本金），共计 8 家债权人。

优先债权组，出席会议有表决权的债权人 10 家，同意 8 家，占该组出席会议债权人人数的 80%，其代表的债权额占该组债权总额的 69.3%。

2. 职工债权组

职工债权总额为 3 478 756.7 元，涉及债权人 1 人（垫付工资、社保）。

3. 税款债权组

税款本金，总额为 36 088 645.06 元，共计 1 家债权人。

4. 普通债权组

普通债权总额为 1 661 899 053.35 元，共计 319 家债权人（含非群体普通债权 23 家，税款滞纳金 1 家、工程款债权利息 3 家、继续履行购房合同主张违约金 292 家）。

普通债权组，出席二债会有表决权的债权人 293 家，同意 261 家，占该组出席会议债权人人数的 89.08%，其代表的债权额占该组债权总额的 93.79%。

出资人组，出席会议有表决权 2 人，同意 2 人，占该组出席会议人数的 100%，其代表的出资额占债务人出资总额的 70%。

（三）清偿方案

1. 优先权组。（1）消费性购房债权（退款），该类债权按照本金的 100% 一次性货币方式清偿。（2）建设工程价款优先权组，该类债权按照人民法院裁定或判决确认的债权本金的 100%一次性货币或实物方式清偿。

2. 职工债权组。职工债权不作调整，全额一次性货币方式清偿，清偿率为 100%。

3. 税款债权（不含滞纳金）。该类不作调整，全额一次性以货币方式清偿，清偿率为 100%。

4. 普通债权组。该类债权按照人民法院裁定或判决确认的债权本金的 14.7%一次性货币或实物方式清偿，但债权本金合计小于 100 万元（含本数）的，可仅以货币方式清偿。

（四）投资人引进情况

管理人于 2021 年 3 月 19 日在全国企业破产重整案件信息网上发布公告，

2021年3月20日在沐荣欣某公司管理人微信公众号发布《共益债续建投资人招募公告》。报名截止日，仅接到市某集团一家投资人的报名。根据招募规则，管理人初步确定市某集团为本项目共益债投资人，管理人制作了《关于提请许可债务人继续营业及复工续建的议案》（以下简称复工续建议案），复工续建议案已于2021年3月28日经第一次债权人会议表决通过的，议案通过后，管理人于2021年4月1日同市某集团签订《共益债投资合同》确定市某集团为沐荣欣某公司共益债投资人，合同约定就共益债招募公告附件所列施工项投资总额不超过1.16亿元，并向沐荣欣某公司出借0.3亿元的货币资金（年利率8%），用于分项工程和服务项目（主要包括电梯制造及安装、人防工程、监理服务、检测服务等）。

（五）经营方案

本案为房地产重整案，重整计划经五华区人民法院裁定批准后，由共益债投资人市某集团继续完成项目工程建设及竣工验收备案；管理人通过招标程序确定销售代理机构，整体操盘欣某创意家园项目未售房源的销售，债务人承担复工续建及办理不动产证的全部主体责任。

竣工备案完成后，及时向商品房购房人交付房屋；通过市场化销售项目房源，全部销售款项将依次用于支付破产费用、共益债务、清偿各类债权；若在重整计划规定的销售期内未售出房源，将在销售期满后通过以物抵债的方式清偿各类债权。

主要法律问题及解决途径

（一）通过签订《商品房购销合同》并办理网签方式为融资提供担保是否应当被认定为有财产担保债权

《最高人民法院关于适用〈中华人民共和国民法典〉有关担保制度的解释》第68条以及《全国法院民商事审判工作会议纪要》第71条均指出："让与担保成立的前置条件之一是已完成了财产权利物权变动的公示。"但本案预售商品房在进入破产程序时处于烂尾状态，尚未完成首次不动产登记手续，也就未完成财产权利物权变动的法律效果。不产生让与担保的法律效果，经管理人报请五华区人民法院研究后纳入债务人财产范围，列入重整计划偿债资产，在重整计划表决通过后依法撤销网签备案。对于债权人申报债权性质作为普通债权确认。

（二）为提高营商环境，高效解除查封、恢复企业信用

债务人进入破产重整程序前，通常已经是“官司缠身”，全部资产被多轮查封，以往的司法实践中，查封法院涉及地域广、案件多、承办人难找等原因，解除查封往往需要管理人“跑断腿”也不见得效果明显。五华区人民法院主动担当，重整计划批准后，及时协调查封法院、执行法院、产权登记部门解除查封，依据国家发改委、最高人民法院等十三部委《关于推动和保障管理人在破产程序中依法履职进一步优化营商环境的意见》第18条之规定，依法解除破产企业全部财产保全措施，大大提高了解除资产限制措施的效率。

（三）房地产企业重整计划执行完毕的标准设定

房地产企业的破产重整，除了清偿债务以外，还肩负着向广大购房人交房、办证的使命，在本案重整计划起草过程中，五华区人民法院指导并要求管理人不仅要向消费性购房人交付商品房还要将办理不动产证作为重整计划执行完毕的标准之一，目的在于解决历史遗留问题的过程中不要再创造新的历史遗留问题。

其他审理经验

1. 依托府院联动机制，针对项目复工续建等事宜，积极与区住建局联动，最终得到市住建局的支持，使项目重新取得施工许可证；为了项目完工后能顺利通过竣工验收，通过府院联动机制协同政府与昆明市某质量安全监督管理总站进行沟通协调，使项目顺利通过了质量合格和消防安全认证。

2. 助推搭建招募平台、拓宽招募渠道，由区政府牵头，指导管理人最终选定有实力的重整投资人，通过共益债投资的方式续建项目。

3. 积极指导管理人清理公司财产，对已生效判决确认对债权人不发生效力的90余套以房抵债的物业纳入重整货包资产内，用来保障项目续建的资金。

4. 畅通沟通渠道，保障债权人知情权，指导管理人按照债权人的性质和类别先后召开了13次债权人代表沟通会，成功说服全体业主自愿统一免除了

逾期交房违约金，并提前取得支持重整计划草案的表决票，在普通债权清偿率仅为14.7%的情况下确保了重整计划草案顺利高票通过。

5. 发挥司法公正，助推重整计划执行。重整计划执行期间，与昆明市不动产权部门积极沟通，及时办理资产的解除查封、解除不合规销售合同的网签备案，并在了解银行投资贷款项目的前提下，积极为银行和破产企业搭建沟通平台，恢复企业信用，最终取得项目销售贷款支持。

6. 与市、区不动产部门和各单位做到提前服务、主动服务、跟踪服务，参照昆明市化解不动产历史遗留问题相关政策和办理程序进行研究化解，协同房地产破产重整工作制定该项目化遗专项工作方案，建立起烂尾楼化解和不动产登记无缝衔接的工作机制，使得该项目在交房仪式上成功实现交房与交证。

第十章　府院联动和金融风险处置

一、河南华某农业发展股份有限公司破产重整案

企业基本情况

河南华某农业发展股份有限公司（以下简称华某农业）系国内“肉鸭第一股”，是全国农业产业化重点龙头企业及国内最大的工厂化养殖鸭产品加工企业之一。2009年12月，公司在深圳证券交易所挂牌上市，股票代码为00××21，是国内首家鸭行业上市公司，也是信阳市仅有的两家上市公司之一。受新冠肺炎疫情、市场紧缩、流动资金短缺等多种不利因素影响，华某农业自2018年，公司生产经营持续亏损，现金流逐步枯竭，同时因资产中固定资产比重较大，变现能力差，无法通过资产变现清偿到期负债，导致诉讼案件纷起，逐步陷入严重的债务危机和经营危机。2021年4月30日，因最近一个会计年度的财务会计报告被出具无法表示意见的审计报告，公司股票被实施退市风险警示。如在2021年无法妥善化解公司面临的经营和债务问题，公司将面临终止上市甚至破产清算的风险。

案件审理情况

2021年6月5日，经债权人申请，与市县政府充分沟通、会商，信阳市中级人民法院（以下简称信阳中院）决定对华某农业预重整，并指导其在预重整期间提前开展债权申报与审查、资产调查与评估、与主要债权人沟通促

进重整框架方案达成等各项工作，为重整程序赢得宝贵时间，大大提高了重整的效率和成功率。2021 年 11 月 20 日，经债权人申请，信阳中院裁定受理华某农业重整。2021 年 12 月 22 日，华某农业召开第一次债权人会议和出资人组会议，均高票表决通过重整计划草案，同日，信阳中院裁定批准华某农业重整计划草案。重整计划执行期间，管理人监督公司按照重整计划的规定，引入重整投资人并获得偿债资金，转增股票支付至重整投资人、债权人，依法处置低效资产。2022 年 4 月 14 日，信阳中院依据管理人提交的申请，依法裁定华某农业重整计划执行完毕，并终结华某农业重整程序。重整计划主要内容如下。

（一）出资人权益调整方案

华某农业以现有总股本为基数，按照每 10 股转增约 29. 92 股的比例实施资本公积转增股票，共计可转增 15. 99 亿股股票，其中约 10. 67 亿股股票由重整投资人分别有条件受让，约 5. 32 亿股股票将用于按照重整计划规定的债权受偿方案清偿债权。

（二）债权清偿方案

华某农业有财产担保债权在特定财产评估值范围内留债 7 年分期清偿；职工债权、税款债权以现金方式全额清偿；普通债权 50 万元以下的部分以现金方式清偿，50 万元以上的部分按照 7. 55 元/股的对价以股抵债清偿。

（三）经营方案

华某农业的控股股东变更为重整投资人，公司将保留鸭养殖全产业链的主营业务，通过重整投资人业务资源支持、注入流动资金、加强内部管控、降低成本费用、完善激励约束机制等一系列措施，从根本上改善公司生产经营，实现高效有序的经营状态，维持并进一步提升华某农业在鸭行业的竞争力，使华某农业成为经营稳健、运营规范、业绩优良的上市公司。

主要法律问题及解决途径

（一）为提高重整效率，创新采用预重整实践

根据《最高人民法院关于审理上市公司破产重整案件工作座谈会纪要》

的规定及上市公司重整实践，上市公司重整受理需层报至最高人民法院和中国证监会同意。因华某农业已面临严峻的退市风险和破产清算风险，重整工作开展的时间紧迫，而重整受理的审批时间又存在不确定性，为使得各项工作得以提前开展，信阳中院创造性地采用预重整制度，决定对华某农业实施预重整。预重整期间，信阳中院指导、督促临时管理人提前开展了债权申报与审查、资产调查与评估等多项工作，并协调市内法院中止诉讼、执行并解除财产保全措施，为重整程序赢得宝贵时间。通过预重整制度的实施，华某农业得以在进入正式的重整程序后，仅用时32天即顺利完成招募重整投资人、提交重整计划草案、召开债权人会议与出资人组会议等重整各项工作，且重整计划草案获得高票表决通过，最终实现重整成功，化解债务风险和经营危机的同时，确保了华某农业的上市地位不动摇，成为河南首家通过预重整及信阳首家通过重整化解危机的上市公司，为后续上市公司预重整实践发挥示范和先导效应。

（二）为保障生产经营持续，支持公司共益债融资

预重整期间，华某农业一度陷入资金流紧张的紧迫危机，现有资金或将无法支撑职工薪资的正常发放，且可能对持续生产经营造成阻碍。为缓解现金流紧张的压力，信阳中院同意华某农业在预重整期间及时进行共益债融资，由县政府指定平台提供1000万元的流动资金支持。在华某农业资金链断裂之际，该笔融资款的及时注入保障了华某农业经营活动的稳定，是重整期间得以继续营业的坚实基础，也是后续重整成功的重要保障。

（三）为充分发挥产业价值，支持国企民企深度合作

考虑到华某农业主营业务的特殊性，引进具有产业协同性的重整投资人将更有利于重整后公司未来战略发展。管理人进行公开招募时对招募目的进行了明确，即重整投资人应当向华某农业提供产业、资金、管理等方面的支持。经过管理人对报名投资人提交材料的审查、投资方案的研究、与意向投资人的谈判磋商，引入了由地方国企、民营企业组成的具有雄厚实力的产业投资人和财务投资人。一方面，作为产业投资人的民营企业注资华某农业可为企业带来产业协同，更有利于公司充分利用原积累的产业资源实现“活下来、好起来、飞起来”，实现为企业带去优质权益，直接改善企业债务结构，提升企业财务表现。另一方面，国有企业背书提高市场对华某农业的信心，

企业营收和资产得到优化，融资能力有所上升。具有国有企业背景的投资人拥有的雄厚实体资源也为华某农业带来新的发展契机。

（四）为保障中小股东权益，调整股票除权公式

一般情形下，在上市公司实施资本公积转增股本时，因总股本增加，每股股票所代表的企业实际价值有所减少，需要在事实发生之后从股票价格中剔除这部分因素，因此需要对股票价格进行调整。而重整程序中的资本公积转增股票，转增股票未向原股东进行分配，而是用于引入重整投资人、清偿债务，增厚了公司的所有权权益。如直接除权，全体中小股东持有的华某农业股票将面临巨大损失。为保障中小股东、全体债权人利益，在信阳中院的指导下，管理人、财务顾问及重整投资人等各方与监管机构进行积极沟通，通过论证本次资本公积转增股本与常规情形的区别，全力争取对除权公式进行调整，以实现公允反映企业价值。

（五）为保障债权人权益，合理确定抵债股票作价

在债权人抵债价格方面，管理人聘请了中信建某证券股份有限公司作为财务顾问就华某农业重整后的股票进行估值，出具股票估值咨询报告。财务顾问在对华某农业所处行业情况、重整计划草案中的经营方案等进行分析后，采用可比公司市盈率法对股票价值区间进行分析，认为本次破产重整顺利实施后，2023~2026 年公司股价均值范围为 4.85 元/股至 12.65 元/股。管理人在上述分析测算的基础上，经与各方磋商谈判，按照谨慎、客观、公允的原则，确定转增股票抵债价格为 7.55 元/股，该抵债价格能公允反映华某农业重整后的资产负债结构和持续经营能力，并充分保障债权人的利益。

（六）为引入实力强劲的投资人，合理确定投资人受让股票对价

在重整投资人受让股票对价方面，综合考量以下几个因素并与重整投资人进行充分谈判沟通后确定：一是除现金对价外，重整投资人提供了其他有利于增厚股东权益、提升公司价值的资源，具体体现在解决资金占用等；与华某农业共同制定经营方案，利用产业投资人的资源、管理、市场等优势与华某农业形成互补，并根据情况适时注入优质资产，对华某农业重整后的生产经营进行妥善规划，提升华某农业的管理水平及产品价值，确保华某农业恢复持续盈利能力；根据重整后华某农业的生产经营实际需求，为华某农业

提供不高于15亿元的融资支持。二是公司股票面临退市风险，重整投资人面临较大的投资风险。三是重整投资人受让股票具有锁定期，重整投资人承担了股份锁定的义务，本次受让上市公司转增的股份与一般投资者短线交易套利的情形存在较大差异。四是重整投资人经公开遴选，重整投资协议兼顾债权人、公司和公司全体股东特别是中小股东等各方利益。五是本案中重整投资人受让股票对价符合近年来上市公司破产重整实际情况。经过管理人与重整投资人多轮次谈判磋商，并参考财务顾问的专业意见后，最终确定了合理的转增股票作价。

（七）为化解违规事项，在重整方案中进行特殊设计

在华某农业重整前，经公司自查，公司控股股东在2019年度以公司名义开展融资行为，实质上构成对公司非经营性资金占用。截至2021年10月20日，存在约0.9亿元控股股东非经营性资金占用未解决，占公司最近一期经审计净资产的4.48%。公司因此自2021年11月1日起被叠加实施其他风险警示。为在重整程序中同步化解该违规事项，在与重整投资人进行磋商谈判的过程中，通过重整投资协议的明确约定，约束重整投资人在受让股票的同时，另外投入相应资金承担一定比例解决资金占用的义务，并在重整投资人履行相应资金支付义务后，实现0.9亿元资金占用的全部解决。2022年6月，通过重整计划的实施，原控股股东非经营性资金占用全部偿还完毕，其他风险警示予以撤销。此举保障了华某农业在化解债务风险和经营危机的同时，消除证券合规风险，从而彻底摆脱历史包袱，迈入良性健康的经营发展轨道。

其他审理经验

（一）发挥政府部门协调作用，改善债权人沟通机制

华某农业债务规模较大，涉及金融机构众多，且各金融机构的债权情况和诉求并不一致。如仅由管理人和债务人一一进行沟通，将存在沟通效率较低、沟通效果较差的障碍。为快速摸清金融机构等主要债权人的真实诉求、说服其支持现有重整计划草案，信阳中院指导管理人改善沟通机制，整合各方力量，分轮次、分组别开展债权人沟通工作。

一是根据重整工作进展，分轮次与债权人进行沟通。在重整框架方案制

作完毕后，及时与主要债权人进行沟通，充分听取主要债权人的意见；在重整计划草案制作完成后，及时与全体债权人沟通，向债权人详细解释重整计划草案的内容，争取债权人对重整计划草案的理解与支持。二是根据债权人类型，分组别与债权人进行沟通。针对金融机构债权人，充分发挥市金融局的协调作用，通过召集会议等方式，集中、高效听取金融机构债权人的意见，争取金融机构债权人对重整计划草案的理解与支持。针对经营性债权人，由管理人联合债务人进行单独沟通。通过整合各方力量、改善沟通机制，本案的债权人沟通工作得以圆满完成，重整计划草案获得债权人会议的高票通过。

（二）实施待办事项前置与同步推进工作机制

由于华某农业重整案时间紧、任务重，信阳中院指导管理人在前期预重整工作的基础上，妥善安排重整工作进度，形成待办事项前置与同步推进工作机制。一方面，管理人根据重整后各项工作的法定要求和先后顺序，就债权申报审查、召开债权人会议、提交重整计划草案等事项进行妥善安排，制作翔实的工作推进时间表，确保各项工作按时推进。另一方面，管理人将各项重整工作分为不同类别，债权申报审查、财产调查、方案制作等不同任务多线同步推进，仅耗时32天即完成上市公司重整。

（三）多部门联动，构建高效维稳与舆情导控机制

在重整期间，由公安部门与管理人联动开展重整过程中的安全维稳保障工作。落实维稳预案的要求，提高重整工作中各相关部门和机构维护稳定及控制风险的能力。最大程度地预防和减少重整工作中不稳定因素的不利影响，保障重整程序的顺利推进，维护地方社会秩序和经济秩序的稳定，促进地方社会和经济的全面、协调、可持续发展。

（四）发挥“府院联动”机制，全面优化营商环境

为全面落实关于推进企业破产和积极稳妥处置“僵尸企业”的决策部署，更好发挥破产重整程序在淘汰落后产能、配置有效资源、营造良好营商环境方面的重要作用，在华某农业重整案中，信阳市、潢川县两级政府及其相关部门，全面建构企业破产处置府院联动机制，全力支持法院推进华某农业破产重整相关工作。一是由市金融局牵头，通过召集会议等方式，协调金融机构债权人支持华某农业重整工作；二是市县政府多次主要领导组织召开专题

会议，讨论华某农业重整工作推进过程中的包括重整投资人引入等重点、难点，助力华某农业司法重整程序高效有序推进。市县政府坚持以“市场化、法治化”的原则帮扶企业化解风险，在重整投资人引入、债权人协调沟通等多个方面给予全面支持。华某农业重整工作能够顺利推进，得益于府院联动机制良好运行，双方相互独立又互相配合，为企业重生奠定了良好基础。

（五）获得监管机构前置与指导的工作机制

在华某农业重整推进过程中，信阳中院指导管理人积极做好事先沟通和请示工作。通过信阳市政府条线，将华某农业重整预案层报至证监会预沟通，并获证监会的支持；通过法院条线，将华某农业的重整预案层报至最高人民法院，取得最高人民法院对华某农业重整的受理批复。

（六）疫情期间多管齐下保障工作正常推进

在疫情背景下，为确保华某农业重整程序顺利推进、工作进度不受阻延，在法院的监督和指导下，华某农业以保生存、促发展为宗旨，确保整个疫情期间生产经营活动不断流，维系企业经营价值；管理人坚持以深入沟通为载体，增强团队人员调配，在严格遵守防疫政策的前提下，分派人员前往各地与重整投资人、债权人沟通协商，争取债权人对重整工作的理解与支持，重整有关各项工作在疫情期间仍取得重大突破。

二、吉林利某精制破产重整案

案件审理情况

2019 年 9 月 9 日，辽源市中级人民法院（以下简称辽源中院）正式立案审查债权人提出的利某精制破产申请，同时启动预重整程序，指定临时管理人开展工作。

在预重整期间，辽源中院解决了影响重整进程乃至结果的 13 个方面的重大疑难问题，最终使利某精制保住了上市公司地位，为重整工作排除了障碍。其中包括：（1）为企业协调大量纾困资金，保障企业不停产，最大限度稳定职工队伍和客户。（2）成立风险处置工作领导小组，协调解决工作中遇到的重大问题，防范化解各种风险和隐患。（3）与深某控股集团、秦某实业、吉林资某等投资主体企业进行多次洽谈，最终确定秦某实业为投资方。（4）协调沈阳市政府主要领导使沈阳利某进入破产程序，将沈阳利某剥离出表，为利某精制制作财务审计报告提供条件。（5）协调沈阳市政府和沈阳利某管理人，推迟沈阳利某债权人会议召开时间，避免沈阳利某破产给利某精制造成重整风险。（6）由辽源法院协调东北证券和长江证券两家证券公司申请执行案件，通过执行取得了大股东的支持配合，使管理人得以正常开展工作。（7）协调省证监局和中国证监会，许可推迟利某精制发布年报时间，为会计师事务所出具明确意见的审计报告赢得时间。（8）协调解决审计工作僵局问题，推动会计师事务所出具了保留意见的审计报告，保住了利某精制上市公司地位。（9）协调省政府、省证监局、中国证监会领导，对利某精制证券违规问题及时作出处理结论，为重整工作创造了有利条件。（10）组织召开金融债权人座谈会，最大限度争取金融债权人的理解和支持。（11）与投资人洽谈重整计划，引进产业投资主体，谋划企业长远发展规划。（12）与省证监局、省政府和中国证监会领导多次沟通协调，取得支持。2020 年 10 月 29 日获得了中国证监会批准，同意利某精制破产重整。（13）争取省法院、最高人民法院的支持，辽源中院在最高人民法院批准当日，立即裁定受理了利某精制破产重整案件。2020 年 12 月 11 日召开了债权人会议，以 79. 84%的赞成比例通过了重整计划草案，辽源中院于当日裁定批准了重整计划。12 月 24 日，出资人投资款 11. 5 亿元全部到账，发放拖欠职工工资 2600 多万元，12 月 30 日为债权人和出资人办理资本公积金转增手续，重整计划全部执行完毕。12 月 31 日，辽源中院裁定终结了执行程序。

推荐理由

利某精制破产重整案件是在习近平总书记主持召开民营企业座谈会并发表重要讲话、最高人民法院提出要为民营经济发展提供有力司法服务和保障的新形势下，辽源中院充分发挥审判职能，维护经济社会大局稳定的一例典型案件。该案件充分运用预重整机制，实现了较高的程序时间利用效率、较低的破产成本、相对较高的债权回收率，成功协助了企业进行信用修复，有效缓解企业重整期间的生产经营困难，最大限度地缓解因破产重整对企业生产经营产生的不良影响，并对辽源市企业破产处置府院联动机制起到一定的助推作用，为优化辽源市营商环境、推动经济社会高质量发展提供了坚实有力的司法保障。

三、通化仁某药业股份有限公司破产重整案

企业基本情况

通化仁某药业股份有限公司（以下简称仁某药业）系柳河县一家药企。1978 年地方接管后，企业名称变更为吉林省柳河长某制药厂。1998 年改制为股份制企业，变更为通化长某药业股份有限公司。2010 年，进行了股权重组并更名为通化仁某药业股份有限公司。因历史债务负担过重，资不抵债，且在恢复生产经营过程中民事诉讼案件较多，且陆续有债权人向法院申请执行，导致账户冻结，药款结算和企业声誉受到严重影响，使得恢复经营阻力不断，企业生产经营逐渐陷入困境。

案件审理情况

通化市中级人民法院（以下简称通化中院）在审理仁某药业破产一案（2020 吉 05 破 1 号）过程中，始终坚持“公正司法、为民司法”理念，采取积极妥善的措施，认真处理案件中的每一环节。

经通化中院业务庭室综合考虑，如果仁某药业进入破产清算程序，企业主体将被注销，大量有效的药品批准文号也将作废，不仅股东和债权人的利益无法得到保护，还会影响地方经济的发展。相反，仁某药业虽然具有破产原因，但却有重整价值和再生希望。

案件承办人摒弃机械办案思维，考虑到本案的实际和案件特点，从维护地方稳定出发，从大局出发，想方设法积极维护地方经济发展和社会稳定，让企业活过来，维持企业正常经营，保障企业员工就业，恢复生机与活力，继续发挥企业的社会功能。

通化中院经过与企业、债权人、柳河县委、县政府及柳河县法院反复沟通协商，说服企业撤回破产清算申请，而是采取破产重整来挽救企业。这个

方法最终受到包括企业、债权人、地方县委、县政府的认可和大力支持，并最终落实贯彻实施，企业平稳地进入破产重整程序中。

主要法律问题及解决途径

通化中院在企业破产过程中，除了“债权审核、资产评估、重整计划制作、召开债权人会议、破产宣告”等常规程序正常进行外，法院还根据仁某药业自身特点，经过多方多次研讨，经与债权人充分协商，提出了“出售式重整”的创新模式，即由投资人设立新公司整体收购仁某药业全部有效资产，用有效债权受偿仁某药业全部债务，新公司实质上将保持仁某药业“可持续经营价值”的基本工作思路，并最终促成了重整计划草案，为妥善解决重整打下良好的基础。

在企业重组期间，通化中院注重发挥府院联动机制，积极发挥柳河县委、县政府、当地法院等相关部门的职能作用，助推形成司法与行政良性互动、纵深推进新格局府院联动机制推动县政府与法院全面对接。通化中院与柳河县委、县政府相关部门多次沟通、研讨，共同推进企业破产重整工作。重组期间，柳河县指定破产工作包保人，并多次到通化中院，与合议庭成员共同会商处理办法。工作中，通化中院充分发挥职能优势，积极提供法律支持和业务指导，并利用多年承办破产案件经验积极提出建设性、可操作性强的意见。在对“破产企业债务处理、员工就业、资产处置”等问题处理进行专业指导，对重整草案的制定发挥了积极的促进作用。

正是在“府院联动”机制的推动下，在通化中院积极协调下，在各级政府多部门重视、帮助、支持下，仁某药业破产重整工作得以顺利完成。企业破产前后，通化中院与柳河县委、县政府都高度重视，通化中院与柳河县委、县政府负责人多次到企业调研，了解情况，并指定柳河法院院长包保仁某药业，为企业提供了诸多法律方面的支持，在多方的协调和帮助下，钓鱼台医药集团吉林天某制药股份有限公司作为仁某药业的最大债权人，于 2020 年 9 月向通化中院申请仁某药业破产重整，化解债务，同时提供经营流动资金帮助仁某药业恢复生产经营。

经与多家战略投资人的沟通、磋商，战略投资人均以受让仁某药业可能带来不确定性经营风险为由，不同意以调整出资人权益的方式取得仁某药业的股权进而对仁某药业进行重整，在此种情况下，通过选择出售式重整的模式对仁某药业进行重整，能够避免涉及出资人权益调整，又能够尽快实现对债权人的清偿。如果坚持调整出资人权益的方式重整，仁某药业将无法在法定期限内提交重整计划草案。如仁某药业进入破产清算程序，仁某药业将因职工不稳定、资金断流、订单大规模陷入违约而进入停产状态。同时，因仁某药业资产的特殊性，在清算程序变现难度极大，资产拍卖价款低于评估价值的概率很高，不利于债权人整体利益，故选择出售式重整的方式是当前形势下最有利于全体债权人整体利益的方式。

其他审理经验

本案最终采取了“出售式重整”方式进行，由投资人设立新公司整体收购仁某药业全部有效资产，用有效债权受偿仁某药业全部债务，新公司实质上将保持仁某药业可持续经营价值。此次重整，不仅维护债权人整体利益，而且能解决 139 名在岗员工就业问题，维持企业职工整体稳定。

该案自 2019 年起法院提前介入，到 2022 年 1 月通化中院裁定批准《仁某药业重整计划草案》，终止仁某药业重整程序，裁定终结破产程序。通化中院严格把关，积极指导；在短短一年多的时间内完成了债权审核、资产评估、重整计划制作、召开债权人会议、破产宣告等工作，在切实保障各方合法权益的同时，大幅减少案件办理时间，节约了司法资源，进一步释放企业的市场活力，优化社会资源配置，更好地服务和保障县域经济高质量发展。

四、易某财产保险股份有限公司破产重整案

案件审理情况

2023 年 2 月 24 日，北京金融法院正式裁定批准易某财产保险股份有限公司（以下简称易某财险）重整计划并终止该案重整程序；5 月 24 日，易某财险重整计划执行完毕，北京金融法院依法裁定终结重整程序，标志着易某财险重整成功，案件圆满审结。该案系全国首例保险机构破产重整案，涉及明天系金融风险处置，以市场化法治化方式，在未动用公共资金、未发生涉众

涉稳事件、未出现风险外溢的情况下，实现了问题股东全部清退、各类债务全额清偿、职场员工全员承接、保险偿付能力全面达标的风险处置目标，同时通过公开招募方式引入实体企业［比某迪汽车工业有限公司（以下简称比某迪）作为重整投资人，投资 35.47 亿元］，有效挽救具有重整价值的互联网保险企业，化解问题金融机构风险同时，促进了实体企业产业布局优化，进一步扩大实体与金融协同效应，是金融服务实体经济的创新探索，也是我国金融风险司法处置的生动案例。

易某财险破产重整案具有很强的重大敏感性、疑难复杂性和社会影响性，该案审理中，最高人民法院成立工作专班对北京金融法院全程指导，案件处理平稳有序、依法合规、高效准时、结果圆满，取得了良好的政治效果、法律效果和社会效果。

2022 年 7 月 15 日，裁定受理易某财险重整申请；2022 年 9 月 6 日，召开第一次债权人会议，审查申报债权并表决通过了易某财险财产管理方案、债权人委员会组成及议事规则、对外借款等议案，北京金融法院指定某保险保障基金有限责任公司（以下简称保险保障基金）担任债权人会议主席；2023 年 1 月 12 日，召开第二次债权人会议暨出资人组会议，高票表决通过重整计划草案及出资人权益调整方案，符合法律规定批准重整计划的条件；2023 年 2 月 24 日，依法裁定批准重整计划并终止重整程序；其后北京金融法院与管理人密切沟通，高效督促推进执行工作，在三个月执行期内，完成投资款及重整费用支付、各类债权偿付、股东变更批复及实施，于 2023 年 5 月 24 日裁定终结案件重整程序并发布公告。

（一）当事人基本情况

易某财险是经中国银保监会批准设立的国内四家专业互联网保险公司之一。2020 年 7 月 17 日，因易某财险触发了《保险法》规定的接管条件，中国银保监会依法对易某财险实施接管，并派驻接管组。2021 年 7 月 16 日，中国银保监会决定延长接管期限 1 年，至 2022 年 7 月 16 日止。

（二）案件基本情况

1. 案件审理情况

2022 年 7 月 8 日，易某财险以其不能清偿到期债务且明显缺乏清偿能力为由，向北京金融法院申请破产重整。北京金融法院于7月12日组织召开听证会，7月15日裁定受理易某财险的重整申请，指定易某财险清算组担任管理人并发布债权申报公告。

根据管理人申请，北京金融法院审查并于2022年7月22日、7月27日、9月1日分别复函管理人，许可易某财险对外继续营业，由管理人选聘审计机构、评估机构，易某财险继续履行保险及非保险合同，委托中国人某财产保险股份有限公司负责易某财险营业事务，并向金融机构借款1400万元。

2022年9月6日，北京金融法院主持召开易某财险第一次债权人会议，参会债权人核查债权并表决通过了《财产管理方案》《债权人委员会组成及议事规则的议案》《对外借款的议案》《债权人会议召开及表决方式的议案》。后根据相关法律规定及管理人申请，北京金融法院经审查指定保险保障基金担任债权人会议主席，并认可债权人委员会成员。

2022年9月29日，北京金融法院根据管理人申请，裁定确认永某财产保险股份有限公司上海分公司等4223位债权人的无争议债权。

2023年1月12日，北京金融法院主持召开易某财险第二次债权人会议暨出资人组会议，参会债权人核查债权并对《重整计划（草案）》进行分组表决，出资人组会议对出资人权益调整方案进行了表决，截止到2023年1月18日表决期限届满，各组均已表决通过重整计划草案。

2023年1月28日，管理人向北京金融法院提交《关于提请人民法院批准重整计划的申请》及《关于确定易某财险管理人报酬的请示》，合议庭及时进行了合议，并向北京金融法院审判委员会进行了汇报。

2. 重整计划内容

经过第二次债权人会议表决通过的重整计划（草案）主要包括下列核心要点：

（1）全额现金偿付各类费用和债务。对易某财险职工债权、保单债权、普通债权等各类债权实现100%全额现金清偿，在重整计划执行期内一次性支付。同时承诺保障易某财险全面履行重整计划等法律义务和相关合同义务，各类费用和债务按实际发生情况进行全额现金偿付。

（2）引入实力雄厚的重整投资者。通过公开招募，引入比某迪作为重整投资人，拟提供35.47亿元资金有条件取得易某财险100%股权，包括：

①提供5.4亿元资金，保证重整费用、共益债务、保单债权、普通债权

等各类债务全额清偿、填补易某财险净资产缺口、使易某财险偿付能力满足监管要求。承诺保障易某财险全面履行重整计划等法律义务和相关合同义务，各类费用和债务按实际发生情况进行全额现金偿付，如有不足，由重整投资者继续补足。

②提供资金700万元，用于按出资比例向原股东支付。

③在重整计划执行期间，向易某财险增加资本金30亿元。

④对易某财险现有职工进行全员现状承接。

⑤自受让易某财险股权之日起5年内不得对外转让。

⑥比某迪成为易某财险股东后，借助自身产业优势、资源优势，全面改善提升易某财险的盈利能力，并根据业务发展需要，持续投入运营资金，推动业务发展。

（3）制定切实可行的经营发展方案。重整后，投资者将借助自身产业优势、资源优势和区位优势，全面改善提升易某财险的盈利能力，并将根据业务发展需要，持续投入各项资源，推动业务发展。

（4）调整出资人权益。原股东持有的易某财险100%的股权让渡给重整投资者，原股东全部退出。

（5）执行和监督期限。重整计划的执行期限3个月，自重整计划获得北京金融法院裁定批准之日起计算。

自法院裁定批准重整计划之日起20日内，重整投资者应向管理人账户支付重整投资款5.47亿元。

自法院裁定批准重整计划之日起3个月内，重整投资者应向管理人指定账户支付重整投资款30亿元。

重整投资款项支付至管理人指定账户后，产生的孳息由易某财险享有，用于根据本重整计划偿付债务，如有剩余，用于补充流动资金。

（三）第二次债权人会议暨出资人组会议情况

1. 会议基本情况

2023年1月12日，北京金融法院通过全国企业破产重整案件信息网召开第二次债权人会议暨出资人组会议，案件审判人员、管理人工作人员、审计机构代表、评估机构代表、易某财险财务负责人、债权人委员会主席、保险保障基金代表等共计23人在北京金融法院现场参会。债权人、出资人线上参会，签到率 100%，出资人组 7 家（含“明天系”5 家）全部签到。

会上，管理人、债权人委员会主席、审计机构、评估机构分别做工作报告，债权人核查债权，管理人就重整计划草案主要内容进行介绍并回答询问。本次会议共设职工债权、保单债权、普通债权等 3 个债权人组和 1 个出资人组，通过“线上+线下”相结合的方式，对《重整计划（草案）》进行了分组表决，出资人组会议对出资人权益调整方案进行了表决。

2. 表决结果情况

（1）职工债权组。职工债权组应参会债权人 1 家，实际参会债权人 1 家，参会率 100%。职工债权组有表决权的债权人共 1 家，代表的有表决权的债权总额为 23 739. 65 元。

截止到 2023 年 1 月 18 日表决期限届满，表决同意 1 家，代表总金额 23 739. 65 元；表决同意人数占比 100. 00%，已超过出席会议的有表决权的债权人的半数；金额占比 100. 00%，已超过该组债权总额的 2/3。根据《企业破产法》第 84 条的规定，职工债权组表决通过重整计划草案。

（2）保单债权组。保单债权组应参会债权人 7659 家，实际参会债权人 7659 家，参会率 100%。保单债权组有表决权的债权人共 7219 家，代表的有表决权的债权总额为 118 077 011. 33 元。

截止到 2023 年 1 月 18 日表决期限届满，表决同意 7219 家，代表总金额 118 077 011. 33 元；表决同意人数占比 100%，超过出席会议的有表决权的债权人的半数；金额占比 100%，超过该组债权总额 2/3。根据《企业破产法》第 84 条的规定，保单债权组表决通过重整计划草案。

（3）普通债权组。普通债权组应参会债权人 123 家，实际参会债权人 123 家，参会率 100%。普通债权组有表决权的债权人共 120 家，代表的有表决权的债权总额为 145 777 243. 31 元。

截止到 2023 年 1 月 18 日表决期限届满，表决同意 116 家，代表总金额 145 250 789. 07 元；表决同意人数占比 96. 67%，已超过出席会议的有表决权的债权人的半数；金额占比 99. 64%，已超过该组债权总额 2/3。根据《企业破产法》第 84 条的规定，普通债权组表决通过重整计划草案。

（4）出资人组。出资人组由 7 家股东组成，应参会股东 7 家，实际参会股东 7 家，参会率 100%。股东之一的深圳光某石油集团股份有限公司（以下简称光某石油）持有易某财险 15%的股权，其将 5%的股权质押给青岛智某电子有限公司（以下简称青岛智某），同时与青岛智某签署协议，约定将5%的股权转让给青岛智某，但一直未履行监管审批手续，也未登记至股东名册，未办理工商变更登记。根据《北京市高级人民法院企业破产案件审理规程》，青岛智某作为质押权人列席了出资人组会议。

截止到2023年1月18日表决期限届满，所有股东均同意重整计划草案之出资人权益调整方案，其中，光某石油向管理人寄送了书面表决票，明确其已将5%的股权质押并转让给青岛智某，其仅对10%的股权行使表决权；表决期限内，青岛智某已书面同意出资人权益方案。表决同意的出资人代表的表决权为100%，超过出席会议的出资人所持表决权总数的2/3。根据《企业破产法》第85条第2款、《公司法》第103条第2款、《北京破产法庭破产重整案件办理规范（试行）》第112条第2项的规定，出资人组会议表决通过出资人权益调整方案。

主要法律问题及解决途径

（一）在重整原因审查方面：充分考虑保险公司偿付能力对破产重整条件审查的影响

根据《企业破产法》第2条的规定，企业法人不能清偿到期债务，并且资产不足以清偿全部债务或者明显缺乏清偿能力的，依照本法规定清理债务。企业法人有前款规定情形，或者有明显丧失清偿能力可能的，可以依照本法规定进行重整。

本案中，从易某财险申请破产重整时提交的证据材料来看，审计报告显示资产小于负债，但经北京金融法院审查，发现部分待追偿债权未计入账面资产，且该部分待追偿债权总额大于审计报告显示的资产负债差，即便因该部分待追偿债权的抵押房产存在变现周期等现实困难，但简单依据审计报告直接认定易某财险“资产小于负债”，并进而认定其存在“资产不足以清偿全部债务”存在疑问。

易某财险已于2020年7月由中国银保监会实施接管，当时易某财险的偿付能力已不能满足中国银保监会的监管要求。本次破产重整申请是由易某财险接管组提出并经过中国银保监会批准，亦向有关部门报告并同意。申请破产重整本身是保险公司保单债权保护机制的组成部分，亦是金融机构风险防控、处置的具体环节。另外，本案涉及“明天系”相关金融机构的整体风险处置，其选择市场化、法治化的处置手段亦是从金融稳定、金融安全的角度进行的整体衡量和处置。

根据中国银保监会发布的《保险公司偿付能力管理规定》，偿付能力是指保险公司对保单持有人履行赔付义务的能力。从事商业保险业务的保险公司具有一定的涉众性，相较于普通公司，甚至一般金融机构有着更高层次的风险预防要求，因此需要由中国银保监会制定具体监管规则、进行全面评价和监督检查，并依法采取监管措施。对保单债权的监管保护，目前的制度设计有四层保护机制：计提保险责任准备金、偿付能力监管、监管机构介入整顿或接管、破产程序中启动保险保障基金保护。虽然《保险公司偿付能力管理规定》中规定的保险公司偿付能力与企业破产法意义上的清偿能力并非同一法律概念，计算方法和依据也不尽相同，在现有法律框架内，法院不宜直接将保险公司偿付能力不足作为衡量是否构成企业破产法意义上“明显缺乏清偿能力”的直接依据。但易某财险是从事商业保险业务的保险公司，其保险业务范围也具有涉众性，结合其“保险公司偿付能力”的特殊监管要求和资产负债实际情况，合议庭认为，“保险公司偿付能力”可以作为保险公司是否存在破产重整原因的衡量因素之一纳入整体考虑。

基于此，合议庭在一般企业破产法意义上“明显缺乏清偿能力”审查标准的基础上，充分关注易某财险现有资产的流动性情况、实际变现时效情况、保险公司偿付能力等因素，从审计评估报告认定的资产负债情况和保险公司偿付能力两个方面，对易某财险的破产重整原因进行了全面审查，并结合易某财险作为保险公司的特殊属性、监管机构实施接管且接管组申请重整的监管意见、相关金融机构整体风险处置的特殊背景，认为易某财险的财务状况目前更符合企业破产法关于“明显缺乏清偿能力”的规定，故北京金融法院依法作出受理易某财险重整申请的裁定，以实现维护金融稳定与安全的金融风险处置目标。

（二）在债权申报审查方面：积极探索保单债权分类申报、审查方案，保障保单债权人合法权益

根据《保险法》第 91 条的规定，保险公司的破产财产在优先清偿破产费用和共益债务后，清偿顺序第二位即“赔偿或者给付保险金”。也即，仅在保

险公司破产案件中涉及保单债权这类特殊债权，也是保险公司的主要负债来源。因此，如何在司法重整程序中保障保单持有人的合法权益，成为易某财险重整案件的重要课题。

在深入研究现行法律制度的基础上，合议庭指导管理人充分研究有益的域外保险公司破产重整制度及案例，开创性拓展了保单债权分类申报及审查的司法实践。

在中国银保监会接管期间，易某财险的保险业务处于正常经营状态，故在本案处理过程中，以易某财险作为保险人的保险合同存在多种履行状态，如重整受理日前已到期，已发生保险事故，但保险人尚未完成赔付的保单；重整受理日前未到期，保险人按照合同约定完成本次赔付后保险责任即终止的保单；已申请退保，但保险人尚未退还保险费的保单，属于易某财险的保单债权等。

从保险责任角度进行划分，本案中共涉及四类需要进行申报的保单债权：一是保险事故及赔付金额已决未付保单；二是保险事故已发生已报告但未确定赔付金额的未决保单；三是保险事故已发生但未报告的保单；四是截至受理日已申请退保的保单。在上述保单中，第一、二、四类，以及第三类中向易某财险报案的保单持有人都属于已知债权人，需要履行通知程序。

以上述保单债权基础事实情况为素材，结合管理人提交的保单债权申报及确认方案，合议庭评议并梳理了《易某财险破产重整程序中保单债权申报及确认方案》，分为总体原则、保单持有人授权的取得、债权申报、债权确认、表决权行使、债权清偿、重整方案中的分配与责任承担等七个部分共28条，层报上级法院。合议庭与管理人沟通后，将上述方案要求在债权申报及确认的过程中逐项落实，同时提示管理人应当在实际工作过程中确保申报债权金额的公允性、程序正当性和及时性等问题。

（三）在保单持有人利益保护方面：充分发挥保险保障基金作用，注重对保单债权人的整体利益保护

作为保险公司，易某财险自申请破产重整之初即提出在破产重整期间继续营业的申请，考虑到对全体保单债权人合法权益的保护、保险合同的射幸属性及持续履行的特殊性、保险公司商业运营的稳定性等因素，北京金融法院许可易某财险继续营业，同时提出，易某财险的破产重整工作方案每一步

都需要考虑到对保单债权人的利益保护。

因此，北京金融法院对管理人发出下列提示：第一，在保单债权申报阶段，要注重保险保障基金代为行使权利的完整性和合法授权，确保不遗漏任何一位已知保单债权人。第二，在保单债权审查阶段，要注意审查标准的统一性，已决保单按照赔付金额确认，未决保单统一按照理赔估损金额审查。第三，在继续履行合同过程中，出于对所有保单债权人的平等保护，存量保单的赔付与其他保单债权采取相同原则处理，如在重整过程中进行赔付的，由管理人制定具体赔付方案并提交债权人会议表决同意后执行。第四，在与战略投资人协商重整计划草案的过程中，务必明确提出对全体已确认的保单债权人 100%赔付且进行同等保护的要求。

同时，根据《保险保障基金管理办法》的规定，保险保障基金用于在法定情形下救助保单持有人、保单受让公司或者处置保险业风险。

在本案处理过程中，考虑到易某财险作为网络保险公司的特殊经营模式，保单持有人人数众多、分布广泛且分散、保单金额不等，为确保重整程序有效开展，尽可能减少保单持有人参与重整程序的成本，本案深入研究相关理论成果，由保险保障基金代理保单持有人申报债权、参加债权人会议和行使表决权；对于明确不同意保险保障基金代理的保单持有人，可自行参与重整程序。

本案中保险保障基金的作用发挥主要体现在如下方面：

1. 在易某财险重整受理日对外发布《关于依法保障易某财险保单债权人权益的公告》，明确代理保单债权的范围。管理人在北京金融法院监督下，指导易某财险通过电话等方式将保险保障基金代理申报等情况与所有已知保单持有人进行沟通，对于明确不同意由保险保障基金代为申报的，由保单持有人自行参加重整程序。

2. 担任债权人会议主席、债权人委员会主席。保险保障基金经北京金融法院指定担任债权人会议主席，依法履行债权人会议主席职责。同时，根据法律规定以及第一次债权人会议表决通过的议案，易某财险成立债权人委员会，北京金融法院出具决定书认可管理人申请，决定由保险保障基金担任债权人委员会主席。债权人委员会除履行企业破产法及相关司法解释规定的职责外，还参与战略投资者遴选、重大诉讼或仲裁案件调解等。

保险保障基金作为保单债权人代理人，同时作为债权人委员会主席，全程参与易某财险重整工作，充分发挥监督管理人履职、保障各方债权人合法权益的作用。

3. 全程参与战略投资人招募遴选工作。保险保障基金作为保单债权人代理人和债权人会议主席、债权人委员会主席，充分参与易某财险重整案战略投资人的招募程序。作为重整投资人遴选委员会成员，保险保障基金全程参与重整投资人招募工作，对投资人招募的流程、投资方案等进行把控和监督。对易某财险清产核资工作进行监督，审查清产核资结论并在此基础上评价投资人的投资方案。

同样，对于保险保障基金的前述代理行为，北京金融法院在综合分析评估的基础上，对管理人进行如下提示：一是保险保障基金的代理应当依法取得授权。管理人应当对保险保障基金申报债权、参加债权人会议、行使表决权授权的合法性进行审核。对于车抵贷以外未决保单债权，管理人应通知保单持有人申报债权。除非保单持有人明确不同意授权，原则上由保险保障基金代为申报债权、参加债权人会议、行使表决权。二是申报金额及审查确认。结合保险行业特殊性，对于未决保单，保险保障基金应以保单持有人报案情况根据理赔估损金额进行申报，管理人对该部分保单债权在《债权表》上列示为暂未确认债权，提请法院按照申报金额确定临时债权额，保险保障基金参与重整计划表决。三是例外情形。如保单持有人不同意授权保险保障基金代为行使上述权利，保单持有人可单独向管理人申报债权，管理人在《债权表》上列示为暂未确认债权，提请法院按照理赔估损金额确定临时债权额，保单债权人参与重整计划表决。四是履职要求。保险保障基金作为债权人会议主席和债权人委员会主席，同时还是不少保单债权人的代理人，应当根据法律规定履职尽责，最大限度保护各方的合法权益。

（四）在出资人权益调整方面：对保险业务模式及对股东权益的可能影响进行分析并及时发出风险提示

《企业破产法》第 85 条第 2 款规定，重整计划草案涉及出资人权益调整事项的，应当设出资人组，对该事项进行表决。

根据对易某财险破产重整原因及审计评估报告的审查，结合易某财险作为网络保险公司存在大量以车或房进行抵押的保证保险业务的特殊性，合议庭评议认为，“车抵贷”“房抵贷”业务（以下简称“两贷”）的处置可能因存在违法抵押、提前解封或违法解封、房产变现周期长、价值波动大等问题，对债权申报审查、债权追收及重整方案制定造成困难，并进而影响出资人权益。为此，北京金融法院要求管理人提供易某财险“两贷”相关资料，对“两贷”的业务模式、整体经营情况、底层资产情况、变现可能性及评估价值、易某财险在其中的刑事或民事责任认定及监管责任认定、对资产负债认定和对股东权益保障的影响等进行逐项分析。

根据“两贷”交易模式进行分析，审计和评估机构认为“房抵贷”业务的待追偿款无法百分之百回收，回收率在43%~67%之间；“车抵贷”业务因涉及刑事案件及特殊保险责任条款，易某财险在核保过程中存在过错，仍需承担相应民事责任。该结论将对易某财险的资产负债情况认定和原股东权益产生如下影响：

1. 目前审计报告作出的公司资产负债约为1.2亿元的结论，存在约2亿元的偏差可能，即易某财险存在8000万元左右的正资产的可能。鉴于审计报告是以2022年7月15日为基准日，后续可能会有其他费用、负债或债权实现产生，再加上“房抵贷”的实际追偿及变现情况、“车抵贷”诉讼情况本身等均具有不确定性，合议庭认为目前仍不宜直接认定易某财险资不抵债。

2. 根据本案涉及的相关金融机构整体风险处置要求，原股东需要全部退出，但如易某财险不存在符合行政清理要求的情形，则应当根据市场化、法治化原则通过司法重整程序，与投资人通过商业谈判确定是否退出企业经营，其前提是对易某财险现有资产负债等情况的全面、充分披露。

据此，北京金融法院提示管理人在与战略投资人和原股东进行商业谈判时，充分披露易某财险的相关情况，并对资产状况可能的偏差作出充分说明，以便战略投资人提出符合各方利益的合理合法的重整草案，妥善推进本案及相关联案件的金融风险处置化解。

为充分保障易某财险原股东的知情权，管理人向明天系和非明天系股东送达《关于易某财险审计评估相关情况的沟通函》，同步提供了重整期间的审计、评估专项报告征求原股东的意见。管理人还于2022年11月14日组织人民银行与明天系股东代理人等四方会议，介绍审计评估结果情况。针对“两贷”可能对易某财险资产负债产生的影响，管理人形成书面报告，向原股东作专项说明，并于2022年12月8日、9日再次与原股东进行交流，充分披露和说明易某财险资产负债特殊情况。

围绕股东权益保障，经北京金融法院与管理人多次沟通，形成了三种方案：一是通过行政措施要求原股东退出；二是原股东、战略投资人协商后续解决方案，确定确权及回收期间，待债权债务实际确定且实现后进行具体分配处置；三是向原股东、战略投资人进行充分信息披露后，通过一次性谈判解决。在分析上述三种方案的不同优劣势后，北京金融法院合议庭综合审查评议认为，虽方案一、二对于重整案件处理风险较小，但实现难度较大；如选择按照方案三继续推进重整工作，需要注意以下几点：一是易某财险管理人团队如仍以“资不抵债”为前提开展后续战略投资人谈判和原股东退出工作，风险很大，应当充分考虑审计评估报告与实际资产实现可能的出入，确保补偿款体现真实股东权益；二是要坚持“充分披露”的原则，尤其是关于“两贷”业务与审计评估报告对资产负债认定情况之间可能存在的偏差，避免在原股东清退和战投引入过程中因“两贷”业务的后续工作处理产生争议。

管理人采纳北京金融法院建议，在向投资人和原股东进行充分信息披露后，根据第三种方案形成了出资人权益调整方案，并在二债会上再次就该方案进行说明。全体股东出席了二债会，“明天系”股东在会议期间即投票表决同意该方案。截至表决截止日，出资人权益调整方案已经全体出资人表决通过。

（五）在管理人报酬确定方面：充分考虑清算组转任管理人特点，由管理人团队提交中介机构团队取酬比例划分意见

根据《最高人民法院关于审理企业破产案件确定管理人报酬的规定》第15条，清算组中有关政府部门派出的工作人员参与工作的不收取报酬。根据《北京市高级人民法院企业破产案件审理规程》第97条规定：“人民法院确定或者调整管理人报酬方案时，应当考虑以下因素：（1）破产案件的复杂性；（2）管理人的勤勉程度；（3）管理人为重整、和解工作做出的实际贡献；（4）管理人承担的风险和责任；（5）债务人住所地居民可支配收入及物价水平；（6）其他影响管理人报酬的情况。”因此，本案的管理人报酬将由清算组成员之一的大某律所根据履行职责的情况确定后收取。对于取酬比例的具体确定，本案采取由管理人团队自行就内部取酬比例提交意见的基础上，综合案件实际情况核定的原则。

考虑到本案系“明天系”金融风险整体处置的其中一环，且进入司法重

整程序前，监管机构已在接管期间完成了大量的工作；重整计划（草案）的顺利通过，也与保险保障基金的作用发挥密不可分；且管理人报酬不能在重整费用中占过大比重，建议由管理人根据清算组中各成员单位的具体工作量和履职情况，确定大某律所的取酬比例。

大某律所向管理人报送了《关于管理人报酬确定相关事宜的报告》，表示项目团队充分考虑易某财险重整的特殊性以及压降成本的需要、参与易某财险风险处置的初衷、工作团队履职情况、投入的人员成本及未来长期服务机会等因素，拟按法定标准上限的“七折”，即约618万元收取报酬。

管理人表示，在前期行政接管阶段，按照易某财险与大某律所签订的《专项法律服务合同》制定了《管理人报酬方案》，明确管理人报酬按法定比例上限的九折确定，由大某律所收取。在清算组担任管理人模式下，政府工作人员和中介机构的工作性质与工作内容侧重各有不同，都为重整工作顺利推进贡献了重要力量，二者相辅相成，无法互相替代，也难以进行区分。在缺乏双方履职占比标准相关约定或规定的情况下，管理人难以对双方的履职比例、贡献程度进行简单划分。大某律所提出的“七折”并不代表其在清算组中承担七成的工作，而是根据管理人报酬各项考虑因素，结合实际成本投入提出的请求，管理人表示希望法院按照大某律所提出的“七折”比例确定大某律所的取酬。

（六）在重整计划可执行性方面：论证重整投资人的主体合法合规性，对后续重整计划的执行进行风险预判与提示

易某财险管理人提请批准的重整计划内容完备，不违反法律、行政法规强制性规定，为保证重整计划后续的顺利执行，合议庭预先就重整计划执行可能涉及的相关重点问题进行风险研判与提示。

1. 关于比某迪单一股东持股

现行《公司法》《保险法》并未对单一股东持股保险公司作出禁止性规定。中国银保监会发布的部门规章《保险公司股权管理办法》第88条规定：“经中国保监会批准，参与保险公司风险处置的，或者由指定机构承接股权的，不受本办法关于股东资质、持股比例、入股资金等规定的限制。”比某迪投资易某财险属于参与保险公司风险处置项目，经银保监会批准后，不受股东资质等规定的限制，符合申请豁免的条件，且符合作为易某财险控制类股东的其他资格条

件。因银保监会表示其拟在重整计划裁定批准后进行相应豁免程序。

2. 关于实体企业控股金融机构

中国人民银行、银保监会、证监会曾于2018年共同发布《关于加强非金融企业投资金融机构监管的指导意见》，对于加强企业投资境内金融机构监管提出意见。经过遴选委员会遴选，比某迪这一实力较强、行为规范的实体企业成为易某财险的重整投资人，并允诺全员现状承接公司职工、增加易某财险的资本金、扩大经营范围，这在未来将有助于补充易某财险的资本金，对公司股权结构和公司治理优化完善亦有助益，同时也有利于增强金融业与实体经济之间的良性互动，服务实体经济发展。

本案中，重整投资人的招募、资格审查、遴选等相关方案制定及过程，均由包括中国银保监会相关负责同志在内的管理人组织。合议庭提示管理人在整个投资人招募及确定环节均充分考虑监管意见具体包括：在招募条件设计及重整投资者及招募公告内容表述确定环节、重整投资人资格审查及拟确定重整投资人选环节、重整计划（草案）上报环节，均上报监管部门并征求监管部门意见。

管理人出具的说明，管理人已在二债会前将重整计划（草案）报中国银保监会同意，亦已将相关豁免事项进行了汇报，在北京金融法院裁定批准重整计划后启动股东资质豁免申请相关手续。易某财险也于北京金融法院裁定后按照行政许可规定提交申请材料，进行公司章程、名称、增加注册资本等相关工商登记信息变更。根据业务发展需要和监管要求，比某迪如申请增加车险经营范围的，监管机构依法对公司车险经营资质给予支持。

其他审理经验

作为全国首例保险机构破产重整案件，案件办理将金融机构破产案件办理与保障国家金融战略实施、防范化解重大金融风险、优化金融法治营商环境、推进金融审判体制机制创新紧密结合，在最高人民法院全程指导下在北京金融法院圆满顺利审结。一是建立重大敏感案件垂直联动专班办理机制。累计报送周报36篇、请示汇报16次，5次就本案疑难法律问题专程赴最高人民法院、市高级法院请示汇报或召开专题工作会。通过该机制提升了政治站位，确保了法律研究权威准确、程序推进稳妥高效。二是建立金融机构破产重整启动综合研判机制。协调监管机构充分调研保险公司作为金融机构的经营特点和监管要求，充分关注保险公司偿付能力、资产流动性情况。三是建立保单债权科学分类多元论证机制。结合保险合同的射幸属性及持续履行的特殊性、保险公司商业运营的稳定性等因素，在维持保险公司继续营业的情况下，细化分析具体金融产品的不同特性，充分征询监管部门、托管机构、保险保障基金等多元主体的意见，从保险责任角度对保单债权进行科学分类。在易某财险重整案中，根据不同保险合同具体内容及履行情况，区分 4 种保单债权分类梳理形成《保险公司保单债权申报及确认方案》28 条，确保债权申报的公允性、程序正当性和及时性，在重整计划中实现对所有保单债权全额现金一次性清偿。四是建立涉众金融机构风险处置无感推进机制。监督指导保险保障基金在取得合法授权的基础上统一代理保单持有人参与司法处置，作为债权人会议、债权人委员会主席参与司法处置，最大限度保护各方合法权益，实现金融风险处置在涉众群体层面无感稳妥推进。五是建立金融风险处置府院联动会商机制。研究借鉴监管结论和处置意见，建立定期工作会议机制，建立周报告、月调度机制，召开专项工作会议 7 次协调司法处置中的疑难复杂问题，充分发挥监管部门在金融机构主管、部委协调方面的作用，保整体风险处置合法、稳妥，经得起历史的检验。六是建立金融机构破产案件办理全流程廉政风险防控机制。建立案件台账纳入重大敏感案件统筹管理，制定《破产重整专案审理工作守则》，出台《关于金融机构破产案件办理廉政风险防控工作的措施》对案件办理全流程进行监督，把好申请受理关、管理人选任关、管理人报酬关、管理人遴选关、重整计划批准关五大关卡，通过查阅案件材料、不定期抽查合议笔录和合议录像等多种举措，确保案件审理程序公正、规范有序。

案件效果

（一）牢固树立金融治理协同理念，实现风险处置全市场化法治化

此次司法重整通过公开招募引入比某迪投资 35.47 亿元，用于对各类债权在重整计划执行期内全额现金清偿、调整原股东权益并增加易某财险资本金，保护近 8000 名保单债权人在内的各方合法权益。针对易某财险风险特点，分类施策，按照市场化、法治化原则，采取行政接管有效衔接司法重整

的方式推进风险处置工作，在国家、人民利益不受损失的前提下，全市场化法治化方式实现了问题股东全部清退、债务全额清偿、员工全员承接、偿付能力达标的风险处置目标。

（二）牢固树立风险底线理念，实现各类风险全面稳妥有效化解

在未动用公共资金、未发生涉众涉稳事件、未出现风险外溢的情况下，公司的治理结构问题得到解决，净资产缺口得以补足，理赔大面积逾期问题得到缓解，流动性危机平稳度过，员工队伍保持基本稳定，公司各类风险得到全面有效化解。建立涉众金融机构风险处置无感推进机制。积极发挥保险保障基金作用，监督指导保险保障基金在取得合法授权的基础上统一代理7641家保单债权人申报债权112 452 252.82元，占全体保单债权人的99.7%，并作为债权人会议、债权人委员会主席参与司法处置，最大限度保护各方合法权益，保障8000名投保人不受风险处置程序影响，实现金融风险处置在涉众群体层面无感稳妥推进。

（三）牢固树立服务实体经济理念，实现金融与实体双重高质量发展

此次重整易某财险原问题股东股权市场化清零，比某迪作为重整投资人制定了清晰的经营方案，为公司未来健康发展打下了良好基础。借助比某迪集团旗下产业、上下游垂直生态链网络和新能源汽车产业布局，取得车险经营资质，推进易某财险的经营范围向新能源汽车保险业务延伸，并依托比某迪现有的新能源汽车服务网络及相关中介渠道，与头部保险企业建立战略合作关系，进一步提升理赔网络覆盖、多角度全方位为新能源车主提供更好的保险服务，以满足广大新能源汽车车主的保险需求所可能企及的承保车辆数及保费规模金额。根据业务规划，重整计划执行完毕后首年，易某财险（现更名为深圳比某迪财产保险有限公司）的偿付能力充足率水平将恢复至400%以上，未来五年的平均偿付能力水平可超过200%，充分满足监管要求。

五、网某证券有限责任公司破产重整案

企业基本情况

网某证券有限责任公司（以下简称网某证券）是一家在全国有43家分支

机构的综合性券商，注册地为沈阳市沈河区，注册资本为人民币 5 亿元，类型为其他有限责任公司。网某证券经营范围包括证券经纪、证券自营、证券投资咨询、证券投资基金销售、证券资产管理、证券承销、代销金融产品、证券保荐，以及与证券交易、证券投资活动有关的财务顾问，融资融券（依法需经批准的项目，经相关部门批准后方可开展经营活动）。

网某证券因债券交易业务造成重大经营风险，自 2018 年 11 月起，相关债权人陆续对网某证券提起诉讼、仲裁并查封、冻结网某证券资产。2019 年，网某证券前述诉讼、仲裁案件进入执行阶段，公司面临资产被强制执行、流动性紧张、证券业务停滞等各类问题，公司陷入严重经营困境，涉众、跨机构、跨行业风险一触即发。

截至 2021 年 6 月，网某证券资产总额约 6.6 亿元，负债约 46.7 亿元，已严重资不抵债，且主要债权人均为地方农商行和城商行等中小金融机构。网某证券一旦破产清算，将可能引发相关中小金融机构自身出现风险，甚至可能引发小规模系统性金融风险。

2021 年 7 月 12 日，中国证监会批复同意网某证券以破产重整方式化解风险。2021 年 7 月 16 日，沈阳市中级人民法院（以下简称沈阳中院）依法裁定受理网某证券的破产重整申请，并指定管理人。

案件审理情况

（一）债权分类和表决情况

1. 第一次债权人会议分组及表决情况

根据企业破产法等相关规定和债权审查确认情况，网某证券无税收债权、职工债权，仅有普通债权。经沈阳中院裁定确认的普通债权，共涉及 22 家债权人，债权总额为 4 198 641 585.38 元。因诉讼或仲裁尚未终结的或有债权共 3 笔，涉及金额为 190 173 299.75 元。因此，网某证券债权人会议仅设普通债权组进行表决。

2021 年 9 月 27 日，网某证券破产重整案召开第一次债权人会议（以下简称一债会）。一债会通过全国企业破产重整案件信息网，以网络视频会议方式召开，22 位债权人全部参会，《网某证券财产管理方案》《网某证券继续营业的议案》《后续债权人会议召开方式及表决方式的方案》三个议案全部表决通过。

2. 第二次债权人会议分组及表决情况

2022年2月16日，网某证券破产重整案召开第二次债权人会议成功召开，第二次债权人会议分为普通债权组、出资人组分组表决。

会议高票通过指某针公司（网某证券重整投资人）《网某证券重整计划草案》。作为国内首例市场化的证券公司破产重整案，至此取得了重要进展。

（二）清偿方案

1. 网某证券破产重整期间的破产费用和共益债务由债务人财产随时清偿。

2. 重整投资人提供的15亿元现金全部用于偿还普通债权。根据以下清偿方式和比例对每家普通债权人进行清偿：（1）每家普通债权人的普通债权金额在100万元（含本数）以内的债权部分获得100%清偿，由公司在重整计划执行期内以现金方式清偿。（2）每家普通债权人的普通债权金额超过100万元（不含本数）的债权部分根据33.80%的比例，由公司在重整计划执行期内以现金方式清偿。

3. 因诉讼或仲裁尚未终结等原因产生的或有债权，管理人将按照案涉金额预留偿债资金7000万元。上述案涉金额如被判决或裁决所确认，被确认的金额将根据重整计划规定予以清偿。如预留金额仍有剩余，将根据重整计划规定对债权人进行补充分配。

（三）投资人引进情况

为招募与网某证券具有高度协同性的重整投资人，确保网某证券重整后能够重新焕发生机，沈阳中院指导管理人依据《企业破产法》《证券公司股权管理规定》等相关法律法规及监管政策的规定，制定了重整投资人招募方案，并在全国破产重整信息网发布公开招募重整投资人公告，同时在券商中国、上海证券报等平台进行了推广。

2021年11月至12月，意向重整投资人对网某证券开展尽职调查；同时，为更加专业、规范地推进招募重整投资人的工作，根据《企业破产法》《证券公司股权管理规定》《证券公司风险处置条例》等相关规定，结合网某证券破产重整工作实际需要，管理人对意向重整投资人开展反向尽职调查工作，聘请审计机构对意向投资人的财务状况及其提交的投资方案进行深度测算、分析及评判；2021 年 11 月 30 日至 2021 年 12 月 2 日，管理人组织意向投资方、债权人沟通见面会；2022 年 1 月 17 日，管理人向法院、证监会、债权人会议提交重整计划草案；2022 年 1 月 28 日，网某证券召开第一次临时债权人会议，通过了《关于重整投资方案的竞争性遴选方案》；2022 年 2 月 10 日，网某证券召开第二次临时债权人会议，选定北京指某针公司为网某证券重整投资人。

2022 年 3 月 16 日，管理人与指某针公司签订《网某证券重整投资协议》并报沈阳中院。经沈阳中院裁定批准《网某证券重整计划》后，2022 年 5 月 7 日，重整投资人按照《网某证券重整投资协议》的约定，15 亿元重整投资款全额支付至管理人账户。

（四）经营方案

根据重整投资人提交的《重整投资方案》，网某证券经营方案包括以下内容：

1. 重整计划执行期间的经营

（1）根据《企业破产法》第 89 条之规定，人民法院裁定批准重整计划后，管理人将向债务人移交财产和营业事务。

（2）重整投资人将负责全面恢复网某证券各项生产经营活动，并保证网某证券持续满足《证券法》《证券公司监督管理条例》《风险控制指标管理办法》等法律法规对注册资本、净资本等监管指标的标准和要求。

（3）重整投资人承诺重整后网某证券注册地继续保留在沈阳，并协助化解网某证券的业务风险。

2. 重整计划执行期限届满后的经营

重整完成后重整投资人将不断完善治理结构，规范公司运作，为公司提供资金、平台等全方位的支持，使公司实现跨越式发展，更好地服务辽沈经济、服务国家东北振兴战略。

（1）投资人未来投入资金规划。重整投资人将在重整完成后 12 个月内累计向网某证券增资不少于 20 亿元，还将持续根据网某证券未来经营情况和需要为其补充必要资金。资金来源包括重整投资人未来年度经营盈利所得及开展的各类再融资计划（如非公开发行股票、配股、可转换公司债券）等。

（2）发展愿景。通过本次破产重整，网某证券将成为以金融科技为驱动，财富管理为特色的全国知名金融服务商。

(3) 发展目标。网某证券将以财富管理为基础，以证券资产管理业务为重点突破，以投行、自营和其他业务为重要补充，坚持发展速度与质量平衡，成为治理健全、管理规范、业务突出、合规专业、风控良好的证券公司。

(4) 发展规划。网某证券后续将按照“五年三步走”发展规划（2022年至2026年）逐步发展。①第一阶段（2022年年底前）：回正轨、补短板，规范公司运作和全面恢复网某证券的经纪业务；②第二阶段（2024年年底前）：夯基础、立长远，丰富和完善网某证券现有业务版图；③第三阶段（2026年年底前）：强长项、谋飞跃，成为财富管理特色鲜明、盈利能力强的证券公司。

主要法律问题及解决途径

（一）破产程序中，跨部门、跨区域的“立体式府院联动机制”的应用问题

一般而言，企业破产重整主要涉及府院联动，但证券公司破产重整不仅需要府院联动，更重要的是要接受金融管理部门的监督管理和规制约束。而且，金融作为国家事权，多数审批事项由国家金融管理部门决定，这就需要建立省级金融管理部门与国家层面金融管理部门纵向联动；尤其是在网某证券的重整中，还涉及了金融管理部门之间人民银行总行、银保监会、公安部、最高人民法院和证监会的横向沟通协调，跨部门、跨地域、跨条线的沟通事项多，协调难度大，而且还需要建立特事特办工作机制。

从规制层面看，《证券法》《证券公司风险处置条例》和证券公司行政许可规范确认的是全国集中统一的证券监管体制和风险防范机制，但具体到区域内金融风险防范和处置工作，证券监管派出机构、地方政府相关部门、其他金融监管机构之间是一个协作机制、综合监管体系，这些机构部门在破产程序中如何协同配合并避免多部门多层面在职能、政策、资源和力量上的碎片化，是证券公司破产重整案件中开展府院联动的难点。

沈阳中院在网某证券破产重整案的办理过程中，坚持顶层设计和具体实践“两端发力”，创新和协同跨部门、跨区域“立体府院联动”机制。从纵向层面而言，在案件进入破产重整程序前，沈阳市中院积极主动向政府通报案件可能遇到的难点和堵点问题，请政府出面做好协调工作；第一次债权人

会议召开前，沈阳市中院积极与金融机构等主要债权人沟通交流，努力取得主要债权人的理解和支持；第二次债权人会议召开前，加强与证监局沟通协调，指导管理人拟订重整计划草案方案，最终优选出网某证券的战略投资人，该公司出资 15 亿元进行重整；重整计划草案通过后，与市工商局进行沟通，并送达了协助执行通知书，及时办理股权变更登记手续，撤销和解除了原股权上设定的质押担保和保全措施，协调管理人、战略投资人和债务人办理交接手续，确保重整计划顺利执行。

横向协同方面，在沈阳中院的指导和协调、多部门的协同和配合下，一是确保稳定运营，保障重整价值。中国证监会等五部委、辽宁省和沈阳市两级地方政府多次召开协调会，研究落实稳定运行的具体措施，保障经营稳定、系统稳定、人员稳定，为平稳过渡、保障重整价值创造一切有利条件。二是协同治理、打通“破”与“立”的衔接点。加强同证券监管、银保监、地方金融监管、市场监管、自然资源管理、税务部门、公安机关等多部门协同推进，尽可能将网某证券历史上违规经营导致的行政处罚、违规事项对网某证券的不良影响降到最低，为保障重整价值，开展重整投资人引进等工作创造更有力的支撑。三是创新协同处置模式。网某证券破产重整案构建了由政府（监管）主导金融风险管控和行政许可、法院主导司法程序的协同处置模式，充分发挥政府部门在战投引进、经营维护、信访维稳、税务筹划、证券监管、市场监管等方面的职能优势，对各项工作予以切实引导、支持与保障，为重整工作创造了良好的外部环境，保障网某证券重整工作在法律框架内有序开展，稳妥推进。

（二）破产程序中，证券监管和破产法双重规制下多条线、多程序的法律衔接问题

网某证券破产重整受到证券法、企业破产法及相关法律法规的双重法律规制，需要兼顾证券监管和企业破产法的规定。网某证券破产重整案是《证券公司风险处置条例》实施以来，以司法重整方式化解证券公司金融风险的首例案件，从进入破产重整程序、投资人的招募遴选、重整计划的制定、到重整程序的终结，既要符合《企业破产法》的程序性规定，又要遵守《证券公司风险处置条例》的相关规定。

在开展重整投资人的反向尽调及遴选工作中，曾面临诸如期货公司对子

公司的长期股权投资全额扣减净资本后是否具备资金实力和风险管控能力、管理人对股东资质核查过程中能否不适用单个非金融企业持股不超过50%的兜底条款、重整投资人自有资金/非自有资金、股权结构是否清晰、经营合规性的认定标准、重整投资人持续资本补充能力界定、重整投资人控股或参股证券公司数量范围认定、重整投资人金融行业协同性认定等一系列问题，涉及《期货公司风险监管指标管理办法》《期货公司风险监管报表编制与报送指引》《证券公司股权管理规定》《中国人民银行、中国银行保险监督管理委员会、中国证券监督管理委员会关于加强非金融企业投资金融机构监管的指导意见》《中国人民银行有关负责人就〈关于加强非金融企业投资金融机构监管的指导意见〉答记者问》等近百部法律、法规及规章或规定，甚至存在没有规定、规定不明的情形。沈阳中院联合现场工作组和工作专班、管理人进行了多次研讨论证，反复研究法律法规和相关案例，并积极主动向证监会机构部等主管部门请示汇报，为重整投资人的确定做好铺垫并打下良好的基础。

在《重整计划》和股东资格的审查批准时限上，《企业破产法》规定人民法院批准重整计划的时限是收到申请日起30日。网某证券重整计划涉及《证券法》第122条规定的变更主要股东事项，应向中国证监会提出批准变更主要股东、实际控制人相关事项的行政许可申请，行政许可审核期限为受理之日起3个月。《证券公司风险处置条例》规定，证券监督管理机构批准证券公司主要股东、实际控制人变更事项的工作时限是收到申请日起15日。网某证券重整投资人作为上市公司，重整投资触发了上市公司重大资产重组审核程序。需要取得人民法院和中国证监会的双重批准。为避免因审批时限不同而导致行政审批和司法程序无法有效衔接，沈阳中院指导管理人反复沟通协调各审核审批条线，保证重整程序的稳步推进，加快了重整流程，提高了重整效率，也避免了个别审批程序失败导致重整失败的风险。本案的处理，沈阳中院兼顾了法律双重规制，优化了法律适用，通过不断的沟通协调，保障了重整程序有效衔接、顺利推进。

（三）破产程序中，法院对市场化、法治化模式推进破产重整的司法权运用问题

重整程序是一项复杂的商业判断过程，涉及各方利益主体的协调和博弈，司法权直面商场上的云谲波诡，其间，需要审判团队掌握处理好不同的关系，

与债务人、管理人、债权人深入沟通，平衡各方利益。“司法机关需要切实尊重既有法律规则和市场规则，正确处理落实政策和严格执法的关系，通过严格执行法律、公正高效审判，实现法律效果和社会效果的统一”，由此可见，破产制度尤其是破产重整程序需要审判团队具有综合性的审判思维，正确合理地运用司法权力，既要求审判团队既具有商业思维，又具备决策气魄，坚持市场化、法治化的原则，推动重整程序顺畅进行。在破产审判中，法院应当居于主导地位，为追求重整成功以及社会公共利益的实现，更需要法院积极行使司法权力。如法院过于克制，试图规避一切风险，则无法取得创造性的成果。在很多情形下，把握时机，勇于担当，运用司法智慧，敢于创新气魄，更符合新时代破产审判事业的要求。

网某证券破产重整案受理伊始，金融监管部门、审判团队和管理人团队均没有经验供借鉴。沈阳中院指导管理人敢于“吃螃蟹”，着眼于金融机构“风险化解、新老划断”而非简单以“解决债务危机”为目标，将市场化、法治化思维贯穿整个网某证券破产重整环节。一是反复推敲论证，设计公平公正、完善具体的重整投资人遴选方案，并严格按照方案要求，公开招募重整投资人。二是积极推动债务人与监管机构的沟通联系，引导网某证券识别符合证券公司股东资格要求，同时具备恢复企业持续经营能力的投资者。三是及时对参与竞争和遴选的意向重整投资人进行了全面而深入的尽职调查，并通过组织意向投资人与债权人沟通见面会、召开临时债权人会议等方式，聆听债权人的诉求，寻找债权人和重整投资人的契合点和平衡点。四是引导管理人组织多轮沟通谈判，制定切实可行的《重整计划草案》。

网某证券重整过程中，因不同类型的债权人存在不同的利益诉求，有效平衡各债权人的利益成为决定本次破产重整成败的关键。为此，沈阳中院指导管理人建立了高效的沟通和决策机制，及时透明公开破产重整过程中的重大事项，使债权人能够真正参与到重整的各项工作中，切实保障了债权人在重整程序中的知情权和参与权。同时，沈阳中院对整个重整程序从债权人会议、投资人遴选、企业运行到重整计划的制定均高度参与、实时监督、积极沟通，充分提高了程序推进效率，增进了债权人对管理人的信任和重整成功的信心，对破产重整成功和案件高效审结产生了重要积极意义。

其他审理经验

（一）加强调研和经验总结，实现审判经验和调研成果转化

以网某证券破产重整及其他本地区的成功案例为指引，持续推进业务调研、加强经验分析和总结。做到学思用贯通、知信行统一，将理论学习、调查研究、经验总结和成果转化结合起来。提升经验总结和成果转化的能力，坚持问题导向，提升开展调查研究的能力，提升审判实践中的突出问题解决应对能力。充分整合沈阳本地优质学术资源和人才资源，持续转化破产审判经验，增强破产调研实效、发挥破产研究示范引领作用，为助推破产审判事业进阶、助力优化营商环境提供有效支撑。

（二）创新工作方式方法，提高破产审判司法能动性

破产审判工作具有重大敏感案件多、社会关注度高、涉及利益面广、风险处置难度大的特点，在破产案件审理过程中，要善于创新，以实务操作和创新方式方法相结合，促进案件有效推进、实现多方利益平衡和共赢。包括树立创新思维，以小切口实现大突破；找准创新方向，以降低时间和成本提升市场主体的满意度；明确审判目标，探索可比较可执行的方案方法，以实现多方利益平衡。围绕新形势下破产审判工作新变化、新要求，持续向内挖潜、推进改革，进一步降低破产成本，优化破产程序。

（三）提高审判质效，助力优化法治化营商环境

一要提高政治站位，充分认识办理破产案件在优化城市营商环境中的重要作用，切实提高破产案件审判质效；二要细化措施，严格按照时间节点推进破产案件审理进度，抓好落实情况；三要提升履职能力，充分发挥破产案件审判团队的内部管理调度工作，加强府院联动机制的运用，确保破产案件审理工作依法高效推进，为沈阳市经济发展，提供有力的司法服务和保障，推动本市破产审判工作再上新台阶。

第十一章　小微企业重整特殊问题

一、广东和某国际旅行社有限公司破产重整案
——小微企业快速重整规则的探索与适用

案件审理情况

（一）基本案情

广东和某国际旅行社有限公司（以下简称和某旅行社）注册资本 1500 万元，是经营 30 多年的广东老牌旅行社，为典型的小微民营企业。受新冠肺炎疫情影响，近年来持续亏损，其于 2021 年实际停止经营。2021 年 12 月 30 日，广东省广州市中级人民法院（以下简称广州中院）裁定受理和某旅行社破产清算一案。2022 年 3 月 18 日，管理人在广州中院重整智某平台发布和某旅行社投资人预招募公告。2022 年 9 月 28 日，和某旅行社以其具有重整价值且已招募到意向重整投资人并制定了重整计划草案为由，向广州中院提出重整申请。2022 年 10 月 9 日，广州中院主持召开线上债权人会议分为出资人组、普通债权组对和某旅行社重整计划草案进行预表决，因职工债权全额受偿，不设职工债权组表决。2022 年 10 月 10 日，和某旅行社管理人以重整计划草案获全部表决组表决通过为由申请广州中院批准重整计划。2022 年 10 月 14 日，广州中院裁定和某旅行社重整并批准其重整计划。2023 年 3 月 22 日，广州中院裁定确认《和某旅行社重整计划》执行完毕；终结和某旅行社破产重整程序。

（二）裁判结果

广州中院于2022年10月14日作出（2021）粤01破370-4号民事裁定书：依照《企业破产法》第86条第2款之规定，裁定如下：一、批准和某旅行社重整计划；二、终止和某旅行社重整程序。

（三）裁判理由

重整计划中明确规定了执行完毕的标准，现根据上述标准，经管理人监督确认，本案重整计划已经执行完毕，管理人向广州中院申请确认重整计划执行完毕，并终结和某旅行社破产重整程序符合法律规定。

其他审理经验

小微企业对于我国经济社会发展起到极为重要的作用，是保市场主体的重要对象，是保就业的重要力量，也是构建新发展格局的有力支撑。小微企业对于维护就业、供应链稳定、地区经济活力都产生广泛影响。[①] 2023年5月，世行公布新的营商环境B-READY指南手册及方法论手册与原评估体系相比，新增小微企业专门破产程序。2021年联合国国际贸易法委员会审议通过的《小微企业破产立法建议》（以下简称联合国立法建议），对世界各经济体小微企业救治提供了立法指引。小微企业在资产、负债、所有权、控制权等方面与大企业存在很大差别，导致其与大企业遵循不同的危机救助制度逻辑。[②]

（一）视同认可规则

联合国小微企业立法建议认为债权人会议表决机制无法顾及中小企业的债权人对程序消极性态度，[③] 即使重整，其重整率也不乐观。小微企业破产程序尤其是重整程序普遍存在债权人缺乏参与积极性的问题。因为小微企业债

---

① 参见中华人民共和国信息和工业化部中小企业局：《关于健全支持中小企业发展的若干意见解读》（2020年7月24日）：中小企业贡献50%以上的税收，60%以上的GDP，70%以上的技术创新，80%以上的城镇劳动力就业，90%以上的企业数量。

② 王佐发：《小微企业危机救助的制度逻辑与法律建构》，载《中国政法大学学报》2020年第6期。

③ 金春：《个人破产立法与企业经营者保证责任问题研究》，载《南大法学》2020年第2期。

权人一般为小额债权人，其在重整程序中行使权利的成本可能超过其能从重整中受偿的金额，且因小微企业可供清偿的财产十分有限，债权人获得的清偿很低甚至得不到清偿，因此，小微企业债权人往往不会积极主动行使权利，这导致债权人会议因为参会人数达不到法定标准或者参与表决的债权人人数不够而无法形成有效决议。为解决这一问题，联合国立法建议提出“视同认可规则”，即在债权人会议表决中，尤其是重整计划草案的表决中，债权人经正式通知的会议缺席会议、参与未投票和投弃权票均被视为对重整计划草案的赞成票。该规则有效解决因债权人不参与对简易破产程序造成的障碍，省略了组织正式表决所涉及的所有程序步骤，大大减少了获得认可的手续。因我国破产法律并无明确规定“视同认可规则”，适用“视同认可规则”首先需要解决“视同认可规则”的合法性问题。本案中，和某旅行社的债权人人数高达176人，167名为债权金额不足20万元的小额债权人，多为供应商、旅行消费者等，债权金额集中在数百元和数千元不等。为解决小额债权人怠于行使权利、拖延重整进程的问题，广州中院指引管理人在本案中适用“视同认可规则”。为解决“视同认可规则”的合法性问题，广州中院指导管理人在债权人申报破产债权申报时书面征询债权人是否同意“视同认可规则”，如债权人同意“视同认可规则”，则“视同认可规则”对该债权人才生效。因小微企业绝大部分债权人只在债权申报时才“浮出水面”，债权人在申报债权时，管理人即书面送达“视同认可规则”的表决议案，议案载明了“在表决期限时间截止日前，没有提出书面异议的，视为同意相关表决事项（该表决事项包含对重整计划草案的表决）”。在取得债权人书面明确同意的情况下，“视同认可规则”对该部分债权人发生效力。本案中，“视同认可规则”在债权人债权申报时获得所有债权人的书面表决同意，因此，本案适用“视同认可规则”取得了全体债权人的书面同意。“视同认可规则”在和某旅行社重整计划草案表决中发挥了重要作用，在重整计划表决时，和某旅行社仅16个债权人明确发表同意的意见，159个债权人没有发表意见，按照“视同认可规则”，没有发表意见的债权人视为同意重整计划草案。在小微企业重整中采用“视同认可规则”极大缩短了表决时间，提高了重整效率，为小微企业重生赢得宝贵时间。

（二）重整投资人预招募规则

重整价值的判断是小微企业重整的难点所在。不论对于项目成功以及盈利与否等方面的前景抑或企业特定的经营理念，往往难以为外部所观测，即便是对经验丰富的银行而言，亦难以有效评估。① 实践中，人民法院裁定重整后因没有投资人，企业最终宣告破产的案例并不少见。而小微企业较大型企业而言更易发生进入重整之后招募不到投资人的情况，如法院在裁定重整之后再招募投资人，一旦招募不到投资人，将造成重整程序的空转，极大增加了破产的时间成本，拖延了债权人的清偿时间。而且，绝大多数小微企业最先进入的是破产清算程序，再由清算程序转为重整程序，因小微企业重整价值难以判断，重整能否成功存在极大不确定性，如清算转重整后重整未能成功，则案件将从清算程序再到重整程序最后再宣告破产，审理时间甚至比大型企业重整案件还要长，极大拖延了债权人清偿时间。对于清算转重整案件，可以考虑在清算阶段启动投资人的预招募，将重整投资人招募工作提前，如在清算阶段成功招募到意向投资人，因其重整价值得到市场的检验和确认，人民法院可迅速裁定企业从破产清算转入到重整程序进行救治。将重整程序中投资人招募工作提前，极大压缩了重整时长，避免重整程序空转，极大节约了救治成本，提升小微企业重整的成功率。本案中，虽然和某旅行社具有境内旅游业务、出境旅游业务、入境旅游业务等多项经营许可及资质，其在出入境旅游业务领域具备相当的品牌知名度，业务规模、服务业绩在广东省内旅游行业内名列前茅，具有一定的重整价值。但是因新冠肺炎疫情影响，旅行行业整体都出现困境，和某旅行社的资质是否仍具有市场价值，法院难以判断。小微企业的重整价值需要交给市场作出判断，重整投资人的预招募是检验重整价值的有效途径。广州中院指引管理人在广州中院重整智某平台发布和某旅行社投资人预招募公告，成功招募到意向投资人。因其重整价值得到市场的检验和确认，人民法院遂根据债务人的申请，迅速裁定和某旅行社从破产清算转入到重整程序进行救治。本案中，和某旅行社的重整价值完全是由市场决定的，在市场认可的情况下再进入重整程序，避免了重整程序的空转，同时将重整程序中投资人招募工作提前，极大压缩了重整时长。同时，公开招募投资人保证了程序的公开公正，避免了暗箱操作，招募过程使债权人信服，让重整最大程度获得债权人支持，为债权人高效行使表决权打

① 杨丰来、黄永航：《企业治理结构、信息不对称与中小企业融资》，载《金融研究》2006 年第 3 期。

下基础。此外，通过投资人预招募的形式，让市场对重整价值进行定价，价高者得，让小微企业的重整价值通过市场化手段实现了最大化。

（三）预表决规则

一般情况下，债权人或者管理人在法院裁定进入重整之日起6个月内制定重整计划草案。人民法院在自收到重整计划30日内召开债权人会议表决。表决未获得通过或者法院未批准重整计划草案的，人民法院将终止重整程序并宣告债务人破产。按照法律规定，小微企业即便能够进入到重整程序，依然面临长达6个月的重整计划制定期限和可能面临重整最终失败的后果，但小微企业重整救治速度直接影响重整结果，冗长的重整期限以及重整结果的不确定性对小微企业尤其是正在经营的小微企业而言难以承担。本案探索运用了预表决规则，在转入重整程序前，法院指导管理人向全体债权人征询对重整计划草案以及后续转重整程序后表决效力延伸至重整程序的表决规则的意见，准确了解债权人意愿。管理人制定了预表决规则议案提交债权人会议表决，该议案载明："因债权人会议表决重整计划草案时，广州中院尚未裁定和某旅行社重整，该重整计划草案为管理人预先制定并由债权人会议预先表决。本重整计划草案经债权人会议表决后，广州中院裁定和某旅行社重整的，本草案即视为和某旅行社重整计划草案，管理人不再另行召开债权人会议再次表决。管理人可以径行将预先表决通过的本重整计划提请广州中院裁定批准。广州中院裁定批准重整计划后，重整计划生效。"除一位债权人不同意该规则外，其他175位债权人均认可预表决规则。广州中院遂在裁定重整之前召开债权人会议对重整计划草案进行预表决，重整计划草案获全部表决组预表决通过。和某旅行社以其具有重整价值且已招募到意向重整投资人并制定了重整计划草案为由，向广州中院提出重整申请。和某旅行社管理人同步以重整计划草案获全部表决组表决通过为由申请广州中院批准社重整计划。广州中院于同一日裁定和某旅行社进入重整程序并批准其重整计划。广州中院适用预表决规则且在裁定受理重整的当天即批准重整计划，最大程度压降了重整的时间成本，同时保证了重整结果的确定性。本案中，小微企业的救援实现了实质上的提速换挡，也使债权人最快获得清偿。

（四）无影响不表决规则

《最高人民法院关于〈中华人民共和国企业破产法〉司法解释（三）》

第 11 条确立了无影响不表决的规则，即权益因重整计划草案未受到调整或者影响的债权人，不参加重整计划草案的表决。该规则极大缩小了重整计划谈判范围，缩短了重整谈判时间和表决时间，在小微企业重整中适用尤为重要，小微企业破产时因没有或者仅有很少资产可供分配，债权人参与小微企业破产往往得不偿失，这使其对小微企业破产持消极不参与态度。[①] 结合小微企业具体的情况，对于全额清偿的职工债权组和特殊小额债权组，可不参加重整计划的表决。在小微企业重整案件中，职工债权人数众多且金额普遍较小，因职工债权享有优先受偿顺位，重整计划中一般安排职工债权全额清偿，职工债权组权益不受重整计划草案的调整或影响，因此广州中院绝大多数小微企业重整案件中均不设职工债权组表决。此外在某些资质型重整案件中，如驾校的学员、教培机构的学员等特殊的群体，基于债权的特殊性，往往另行设置小额债权组，设立小额债权组也是基于重整实务中提高重整计划表决效率的需要。小额债权组虽然金额小，但往往人数众多，其表决权的行使会加大表决程序的成本，拖延表决时间。由于小额债权总额一般较小，即使全额或者高比例清偿，也不会给债务人财产造成过多负担，相对于小额债权支付的高于一般普通债权的受偿比例而言，提高重整计划表决效率所带来的时间和成本节约，特别是重整计划早日付诸实施所带来的效益，更值得重视。[②] 小微企业的职工债权人、小额债权人不参加表决，使表决人数大大减少，也能够有效避免债权人滥用表决权的情况，大大增加了重整计划草案通过的可能性，极大提高了重整效率。本案中，根据和某旅行社的重整计划草案，自重整计划批准之日，职工债权按 100%足额清偿，因和某旅行社职工债权人获得全额清偿，其权益不受重整计划草案的调整或影响，本案不设职工债权组表决。职工债权人不参加表决，使表决人数大大减少，极大提高了重整效率。同时能够有效避免债权人滥用表决权的情况，管理人、债务人和投资人明确谈判对象，集中精力协调各方意见，使重整计划草案获得尽可能多的支持，和某旅行社重整计划草案获得高票通过，其中出资人组 100%通过；普通债权人组有表决权的人数共 176 人，175 人同意，同意人数占普通债权组债权人数比例为 99.43%，同意的债权金额占普通债权组债权总额比例为 98.18%。

---

① 王欣新：《小微企业破产立法的重要意义与作用》，载《人民法院报》2022 年 9 月 8 日，第 8 版。

② 王卫国：《破产法精义》，法律出版社 2007 年版，第 249~250 页。

和某旅行社是首个通过快速重整成功挽救的旅行社，广州中院从裁定重整的当天即批准重整计划，职工工资获全额清偿。旅行社运营能力得以存续，最大程度维护了旅游产业链的正常秩序。旅行社在疫情期间重整成功，对于提振行业信心也具有积极意义，也为疫情原因而陷入经营困境的同类型企业提供了法治化、市场化的救治路径。本案是破产审判助力小微企业发展的典型案例，也是对小微企业重整特殊规则的成功探索和生动实践，上述审理要点和做法对小微企业的成功挽救形成了可复制、可推广的经验，已在多件案件中成功实践，对类案审理具有指导、参考和示范意义。该案入选 2022 年广东法院助力小微企业发展典型案例。

二、广州市梅某机动车驾驶员培训有限公司破产清算转重整案

——强制裁定批准重整计划草案的适用条件

企业基本情况

债务人广州市梅某机动车驾驶员培训有限公司（以下简称梅某驾校）成立于 1994 年 6 月，注册资本为 50 万元，股东为 14 名自然人，经营状态为在业。由于市场环境不景气以及经营不善，梅某驾校陷入严重经营和债务危机。2021 年 5 月 31 日，经股东会决议，梅某驾校以无法清偿到期债务且资不抵债为由，申请破产清算。6 月 29 日，法院裁定受理梅某驾校破产清算申请并指定个人管理人董某（广东金桥百某律师事务所律师）为管理人（以下简称管理人）。

经管理人尽职调查和审计，截止到破产清算受理日，梅某驾校有约 4000 名待培学员未完成培训。驾校全部资产仅为银行存款 28 454 元、金某牌小汽车一辆以及办公用品若干。经债权申报、管理人审核并经法院裁定确认的债权额为 1 554 185. 88 元，包括税款债权 1 笔计 6159. 4 元，普通债权 49 家计 1 548 026. 48 元。此外，尚有经管理人调查确认的职工债权 13 笔计 590 159. 7 元。梅某驾校负债总额逾 200 万元。如破产清算，因梅某驾校现有资产尚不足以支付破产费用，各类债权人的清偿率均将为零，数千名待培学员将无法

完成培训，处置风险隐患大。在清算期间，陈某等29名债权人认为驾校有较为规整的培训场地，累积了一定的教练和客户资源，在当地经营多年有一定市场知名度，有重整价值，申请对驾校重整，管理人提交了支持意见和可行性报告，认为重整效益显著高于清算，可以妥善解决数千名待培学员继续培训难题，支持重整。

案件审理情况

2021年10月14日，法院经听证后裁定对梅某驾校进行重整。重整期间，管理人通过公开招募，招募到有驾校经营经验的韩某等三名投资人组成联合体。同时，法院指导管理人在建立防火墙的前提下继续营业：即如重整成功，则由重整后的梅某驾校对新招学员承担培训职责；如重整不成功，则由韩某三名投资人负责安排好新招学员的培训事宜。在保障新学员利益的情况下，法院根据管理人的申请批准梅某驾校在重整期间借款，并恢复招生和培训工作，确保梅某驾校营业得以在重整期间持续。

经与投资人、债权人、出资人沟通、协商，管理人起草了重整计划草案。重整计划草案相关安排如下：一是关于偿债资金。三名重整投资人提供130万元，加上梅某驾校自有财产合计1 395 254.22元作为偿债资金。二是关于债权清偿方案。本案中经法院裁定确认的债权总额为1 554 185.88元，其中税款债权6159.4元、普通债权1 548 026.48元。另外，经管理人调查确认的职工债权金额为590 159.7元。根据重整计划草案，职工债权、税款债权全部100%清偿；普通债权按30%清偿率在重整计划草案获批后9个月内清偿，余债免除。三是关于出资人权益调整方案。因梅某驾校自有资产已经不足以清偿破产费用，模拟清算各类债权清偿率为零，出资人无剩余权益可供分配，故出资人权益调整为零，无偿转让给联合投资人。四是关于经营方案。联合投资人获得梅某驾校全部出资人股权，优化经营策略，继续经营驾驶员培训事业。管理人提交重整计划草案给债权人会议、出资人组表决。税款债权、职工债权因获得全额清偿依法不参加表决。表决结果为：出资人组经两次表决，同意的表决权均仅占36.21%，故未通过出资人权益调整方案；普通债权组以表决同意人数占比75%，代表表决权占比84.6%通过重整计划草案。2022年1月29日，根据管理人的申请，法院依法裁定批准重整计划草案并终止重整程序。2023 年 3 月 2 日，法院裁定重整计划执行完毕，目前驾校经营状况良好。

主要法律问题及解决途径

本案为广东省首例驾校重整成功案。在破产重整程序中，人民法院正确运用强制批准权，对于拯救有价值的困境中小微企业具有十分重要的意义。一方面，应避免强制批准权的滥用，避免损害出资人、债权人等利益相关方的合法权益，从而损害重整程序的严肃性和人民法院裁判的权威性；另一方面，应正确把握强制批准权的适用条件，发挥强制批准权对于拯救有价值困境企业再生的强大功能，避免《企业破产法》第 87 条沦为具文。

《企业破产法》第 87 条规定了重整计划草案强制批准的规则，允许法院在重整计划草案没有得到全部表决组通过时，根据申请强制批准重整计划草案。赋予法院强制批准权，符合重整制度的立法目的，具有正当性，是解决“搭便车”效应、打破谈判僵局，提高重整效率的利器。但司法实践中，一度出现滥用强制批准权的倾向，导致部分重整案件对债权人的利益保护不足、出资人权益难得公平保障、中小股东的利益得不到维护、债务人资产评估值过低、重整程序公开透明度不足和重整计划强制批准的标准过低等问题，损害强制批准权的严肃性和人民法院裁判的权威性。为了纠正这一不良倾向，《全国法院破产审判工作会议纪要》第 18 条要求：“人民法院应当审慎适用企业破产法第八十七条第二款，不得滥用强制批准权。确需强制批准重整计划草案的，重整计划草案除应当符合企业破产法第八十七条第二款规定外，如债权人分多组的，还应当至少有一组已经通过重整计划草案，且各表决组中反对者能够获得的清偿利益不低于依照破产清算程序所能获得的利益。”人民法院要在实践中准确掌握适用上述司法政策，妥当行使强制批准权，可以从以下五项原则加以判断。

（一）遵循清算价值保障原则

《企业破产法》第 87 条第 2 款第 3 项规定，“按照重整计划草案，普通债权所获得的清偿比例，不低于其在重整计划草案被提请批准时依照破产清算程序所能获得的清偿比例”。该原则要求任何一个反对重整计划的利害关系人（债权人或出资人）依据重整计划可以得到其在破产清算程序中原可以得到的清偿和清算利益，该原则是强制批准权的底线标准。法院在行使强制批准权前，应当认真审查债权人在重整和清算状态所能获得的清偿比例，确保重整状态下的清偿率高于模拟清算状态下的清偿率。为确保模拟清算的准确性，需要确定破产财产的市场价值。为此，管理人通常需要聘请专业的资产评估机构运用恰当的评估方法对破产财产进行资产评估，以便计算普通债权的模拟清偿率。本案中，通过管理人的尽职调查和审计，明确梅某驾校的破产财产仅为小额现金和价值不大的车辆和办公设备，其价值已不足以清偿破产费用，在破产清算状态下，各类债权人的清偿率均为零应无疑义。而重整状态下，因投资人额外提供偿债资金，不仅保障破产费用、共益债务、职工债权、税款债权全部得以清偿，普通债权清偿率大幅提高到30%。这为法院强制批准重整计划草案奠定坚实基础。

（二）遵循绝对优先原则

《企业破产法》第87条第5项规定，重整计划草案公平对待同一表决组的成员，并且所规定的债权清偿顺序不违反该法第113条的规定清偿。据此，绝对优先原则要求，如果有一组债权人或者出资人反对重整计划草案，那么最终的重整计划必须保证，这个组的成员在获得充分清偿以前，优先顺序置于其后的其他组不能够被清偿。该原则确保破产法为清算程序规定的优先顺序对重整程序中持反对意见的表决组同样适用，具体体现在两个方面：（1）如果任何一组债权人或者出资人反对重整计划，该计划就必须保证只有该组成员获得充分清偿之后，优先顺序低于这个组的其他表决组成员才可以开始受偿；（2）在该组成员获得充分清偿之前，优先顺序高于该组的其他表决组成员不得获得超过其债权数额的清偿。本案中，在重整状态下，普通债权组清偿率为30%，并未获得全部清偿，清产核资也表明债务人实际上已经没有剩余价值归属出资人。因此，出资人权益方案调整为零符合绝对优先原则。即使出资人组两次表决未通过，也不构成法院行使强制批准权的障碍。

（三）遵循公平对待原则

《企业破产法》第87条第5项规定，重整计划草案公平对待同一表决组的成员……公平对待原则指反对重整计划的债权人或者出资人在重整计划中要被公平对待，获得公平清偿，其和统一清偿顺序的债权人获得相同比例清偿。如果说绝对优先权原则关注的对象是处于不同清偿顺序的利益相关方，确保处于不同清偿顺位的债权人得到合理的清偿顺序，那么公平对待原则关注的是同一清偿顺位的利害关系人，保证同一顺位下的被清偿者获得同比例的清偿数额。本案中，债权受偿方案严格遵循公平对待原则，对于同一顺位的债权清偿率作出了统一安排。

（四）遵循可行性原则

《企业破产法》第87条第6项规定，债务人的经营方案需要具有可行性。《全国法院破产审判工作会议纪要》第17条规定，人民法院在审查重整计划时，除合法性审查外，还应审查其中的经营方案是否具有可行性，该经营方案是否可以使被重整的企业重新获得盈利能力。遵循可行性原则有助于保障重整计划草案行之有效，排除不具操作性的重整计划草案，防止程序空转。本案中，债务人的主要业务为驾驶员培训，三名投资人均为同行业经营者，有丰富的从业经验和较强的经营能力，重整计划草案关于经营方案的设计符合驾校运营特点，操作性强。这为债务人在重整后持续经营提供了有力保障。

（五）遵循最低限度通过原则

遵循最低限度通过原则指即至少有一个权利人组别表决通过了重整计划草案。如果没有任何一组债权人同意该重整计划草案，说明该重整计划草案没有任何的意思自治的基础，表明重整计划不存在执行基础，几乎没有可行性，法院也就没有必要，也不能忤逆所有表决权人的意志，强行裁定通过重整计划。本案重整计划草案表决时，依《最高人民法院关于适用〈中华人民共和国企业破产法〉若干问题的规定（三）》第15条的规定，职工债权、税款债权均获得全部清偿，权益不受影响无须参加表决，普通债权组通过重整计划草案，符合最低限度通过原则。

综上所述，驾校经股东会决议申请破产清算，表明出资人无意继续经营，在重整期间，出资人也未表示过继续经营的意愿。通过重整引入投资人可以化解债务风险，保住市场主体和就业，帮助回收无望的债权人获得部分清偿，实现债权人利益最大化，更有利于解决数千名待培学员的继续培训难题，重整效益显著高于清算。出资人组一方面无意愿继续经营；另一方面在重整计划草案明显有利于债权人、职工、待培学员等利益相关方的情形下，并无正当理由未通过出资人权益调整方案。特别是，通过重整妥善解决了4000余名待培学员的继续培训难题，化解了重大风险。在此情况下，法院运用强制裁定批准重整计划草案，实现了案件办理“三个效果”的高度统一。

第十二章　企业责任与环境保护

一、陕西三秦能源长某铝业有限公司破产重整案

企业基本情况

陕西三秦能源长某铝业有限公司（以下简称长某铝业或者债务人）成立于 2001 年，系主营电解铝生产销售的国有控股企业，也是渭南市澄城县招商引资的重点项目，属于澄城县工业园区煤电铝综合性产业链的重要环节，企业产能一度位于全国前列，对于澄城县的经济发展和就业安置作出了巨大的贡献。

从 2015 年开始，因国家淘汰落后产能政策，长某铝业逐步关停。2021 年因不能清偿到期债务且严重资不抵债。

案件审理情况

（一）案件受理

债权人陕西三某能源有限公司向渭南市中级人民法院（以下简称渭南中院）申请长某铝业破产清算。经通知长某铝业无异议后，渭南中院于 2021 年 3 月依法裁定受理其破产清算申请，并指定陕西华某破产清算有限公司担任破产管理人。2021 年 10 月，经出资人申请，渭南中院依法裁定对长某铝业进行重整。

（二）债权申报及债权分类

截止到重整计划草案发布之日，共有36户债权人向管理人申报债权，申报总金额为953 795 584.94元，其中税款债权1笔，申报金额为3 042 396.86元。经债权人会议核查通过，并经渭南中院裁定确认，税款债权1笔，确认金额为2 287 870.70元；普通债权31笔，确认总金额共计778 209 477.02元；劣后债权2笔，确认总金额为1 952 388.72元。

经管理人调查，长某铝业职工债权涉及258人，职工债权总金额为30 866 475.18元。

（三）重整投资人的引进及债权清偿方案

1. 重整投资人的引进

为了实现长某铝业财产价值的最大化，妥善接收或安置职工，管理人在全国企业破产重整案件信息网、京东重整投资人招募平台、阿里资产招商推介平台同时发布了招募重整投资人的公告，并配合意向投资人进行尽职调查。招募期内，多家投资人表达了参与重整的意向，但因土地使用权的现状，并没有意向投资人愿意按照公告的招募条件要求缴纳保证金，完成报名手续。为实现长某铝业重整目标，经债权人表决，决议通过在网络拍卖平台以公开竞价的方式拍卖重整投资人资格。经过四次拍卖，陕西长宏高某再生资源回收利用有限公司以5686万元成功竞得长某铝业重整投资人资格。

2. 清偿方案

（1）职工债权。职工债权不作调整，由重整投资人接管长某铝业后，负责职工接收或安置。相关费用由重整投资人分批转入长某铝业基本账户；涉及超出公示范围的其他职工接收、安置及相关费用亦由重整投资人全部负责及承担。长某铝业和重整投资人对于所有职工接收或安置及其相关费用承担连带责任。

（2）税款债权。税款债权不作调整，由重整投资人按照人民法院裁定确认的金额将相应款项转入长某铝业基本账户，由长某铝业向税务部门予以缴纳；破产期间新增的税费及相应滞纳金（初步预估截止到2022年9月30日，破产期间新增税费及滞纳金共计约为143万元，实际以税务部门核算金额为准）亦由重整投资人负责和承担。

（3）普通债权。对普通债权予以调整，调整后的清偿方案具体如下：已裁定确认普通债权总金额小于等于10万元的，按照100%的清偿率进行清偿；已裁定确认普通债权总金额大于10万元但小于等于30万元的，按照50%的清偿率进行清偿；已裁定确认普通债权总金额大于30万元但小于等于200万元的，按照35%的清偿率进行清偿；已裁定确认普通债权总金额大于200万元的，实际清偿按照0.250 096 9%的清偿率进行清偿。用于普通债权清偿的金额在长某铝业重整计划经渭南中院裁定批准后1个月内，由重整投资人存入长某铝业专用账户，向普通债权人按照以上方案进行清偿分配。

（4）其他。澄城县自然资源局先行向管理人申报了澄国用（2008）字第00190号土地使用权的土地出让金债权，其后澄城县自然资源局作出澄政自然收字（2022）1号决定书。因该决定书，澄国用（2008）字第00190号土地使用权发生权属争议，尚处于行政争议处理程序中。澄政自然收字（2022）1号决定书相关争议的复议、诉讼及其他相关工作由重整投资人负责处理，争议最终处理结果及相关权益、风险均由重整投资人全部承担。

对于无法予以确认的债权及未在规定期限申报但账面记载的债权，在重整计划执行期间不得行使权利；在重整计划执行完毕后，可以按照重整计划规定的同类债权清偿条件行使权利，即不享有法定优先权的债权按照普通债权清偿条件处理。

3. 表决情况

根据《企业破产法》的规定，结合已确认债权的实际情况，长某铝业的债权分为职工债权组、税款债权组和普通债权组。其中，职工债权组包括债权258笔，债权金额为30 866 475.18元；税款债权组包括债权1笔，债权金额为2 287 870.70元。普通债权组包括债权31笔，债权金额为778 209 477.02元。

管理人制作了《长某铝业重整计划草案》提交第二次债权人会议。职工债权组、税款债权组、普通债权组、出资人组分别对该重整计划草案进行了表决。经表决，职工债权组经职工代表大会决议，由工会主席代表行使表决权，其表决同意重整计划草案；税款债权组有表决权债权人1户，该户债权人表决同意重整计划草案；普通债权组有表决权的债权人31户，参与表决债权人30户，其中29户表决同意重整计划草案，同意债权人占该组总人数的93.55%，其所代表债权额占普通债权组债权总额的99.86%；出资人组有表决权出资人4户，参与表决出资人4户，4户出资人均表决同意重整计划草案。各表决组均表决通过《长某铝业重整计划草案》。

4. 经营方案

为盘活长某铝业的现有资产，结合长某铝业的自备电厂陕西群某发电有限公司及已有的危险废物处置经营许可资质，进行重组嫁接改造，做成完整的上下游产业链。据此，可降低重复投资上亿元，增加产值超亿元，入库税金增千万元。同时扩大生产经营规模，增加就业人员 300 至 500 人，推动当地的经济社会发展，缓解当地就业压力。具体改造方案如下：（1）将长某铝业 3 号库西侧约 80 亩空地，改建成陕西群某电力有限公司使用的煤矸石加工基地。（2）将长某铝业 1~4 号库，改造成危险废物的收集、分类、贮存专用库房。（3）将长某铝业的炭素车间改造成大修渣粉、炭渣粉水洗预处理车间。（4）将长某铝业电解槽车间，改造成合金铝锭精炼车间，再生冰晶石车间。（5）将长某铝业的剩余库房，改造成合金铝锭成型车间、铝锭库、再生冰晶石库、预处理料库。（6）长某铝业现有的水、电、排污等综合设施完全可以满足嫁接进厂项目的需求。

主要法律问题及解决途径

（一）职工债权审查确认

管理人接管长某铝业相关资料后，根据债务人移交的职工工资表以及职工名册、企业财务资料等及时开展职工债权调查工作；因企业存续时间长，涉及职工状况复杂，为了全面厘清职工债权、切实保障职工合法权益，渭南中院指导管理人在全国企业破产重整案件信息网发布了申报职工债权公告，并将该公告在厂区张贴。管理人还前往养老经办等机构进行了调查。经管理人调查，长某铝业职工债权涉及 258 人，总金额为人民币 30 866 475. 18 元。管理人将职工债权在全国企业破产重整案件信息网和厂区公示。

职工债权的认定及职工的安置不仅关系着职工的生存权保障、破产程序的推进效率，更关涉到社会的稳定性。因而，在渭南中院的指导下，管理人在重整计划及重整投资协议中都对职工接收和安置做了特别的要求：职工债权不作调整，由重整投资人在接管长某铝业后负责职工接收或安置；超出公示范围的其他职工接收、安置及相关费用亦由重整投资人全部负责及承担；长某铝业和重整投资人对于所有职工接收或安置及其相关费用承担连带责任。

本案通过对重整投资人资格拍卖模式的探索与实践创新，平稳解决了200多名职工的安置，保障民生安全，实现了良好的社会效应。

（二）危废处置

长某铝业在生产经营及关停过程中产生列入国家危险废物名录的大修渣4986吨和炭渣8000吨需进行处置。依据《固体废物污染环境防治法》的相关规定，结合本案企业产业转型升级的实际情况，坚决落实环保责任，为保护环境，压实危险废物处置责任，本案在重整计划中将危废物处置总费用12 383 200.00元列为共益债务，由重整投资人在重整计划执行过程中直接支付给了处置单位。

这一做法有效消除了破产企业留存危废的环境污染隐患，最大限度地维护破产财产的价值和安全，加快环境瑕疵资产的盘活；同时，提前化解了因环境污染可能产生的各类侵权责任纠纷、公益诉讼等，有利于破产程序的顺利推进。

（三）探索电子网络方式高效办案

因本案件审理阶段处于新冠肺炎疫情期间，为提高案件办理效率，渭南中院指导管理人采用灵活的方式组织债权申报与审查、重整投资人招募、其他事项的征求意见或表决、清偿分配等工作，并指导利用“网络会议+现场会议”结合的组织债权人会议，极大压缩了办案的周期。探索和实践充分利用电子网络方式提高破产程序效率。在债权申报与审查、债权人会议组织与召开、重整投资人招募等工作中，在充分保障各方利益主体权利的同时通过网络方式降低疫情时期案件办理成本、提高案件办理质效，在便利债权人的同时更好地维护了债权人的权益。

其他审理经验

该案是渭南中院推动破产审判与生态环境治理有机融合，助力营造良好生态和法治营商环境的典型案例。

（一）创新思路，积极探索重整投资人确定模式

在公开招募没有成功的情况下，为了保证重整的公开，特别是本案涉及原国有股东的权益，经债权人会议讨论，同意参照破产财产公开拍卖的有关

法律、法规和司法解释的规定，确定了起拍价及降价幅度，公开拍卖重整投资人资格。通过网络拍卖公开竞价，最终确定了重整投资人和投资金额。该模式不仅保证了重整成功率，还实现了市场的充分竞争和债权人利益的最大化。

（二）依法指导，推动生态治理和破产重整并行

渭南中院充分发挥破产审判职能作用，在破产程序有序推进前提下积极探索破产企业生态环境治理，确立环保理念先行原则，依法指导管理人统筹危废处置和破产重整双线运行，将危废处置费用认定为共益费用，并在重整计划中规定重整投资人将危废处置费用直接支付给处置单位，避免了企业破产终结后环境治理责任难落实的问题。

（三）有效救治，公正司法实现“三个效果”有机统一

通过重整，一方面使该企业重获新生，并解决了200余名职工的就业安置问题，促进了社会稳定；另一方面，重整投资人改造了落后产能，推动产业转型升级，对危废物进行资源化利用，取得了良好的经济效益，实现了政治效果、法律效果、社会效果“三效合一”。

二、贵州华某焦化制气股份有限公司破产清算转重整案

企业基本情况

贵州华某焦化制气股份有限公司（以下简称华某焦化公司）是经贵阳市政府特许经营的煤气生产企业，从事煤气生产三十余年，因城市加快推进天然气置换焦炉煤气进程，公司未能适应市场变化进行产业调整，于2015年5月全面停产。公司负债24.73亿元无法清偿，主要资产被多家法院查封殆尽，长期借贷维持1459名职工基本工资发放，不能正常经营。同时，该公司毗邻贵阳市水源保护区红枫湖，生产期间产生的危险废物处置不当即可能造成极大生态环境损害风险。

案件审理情况

债权人贵州能某电力燃料开发有限公司因生效判决不能强制执行、债权无法实现，向执行法院提出对华某焦化公司“执转破”申请。经“执转破”程序，贵阳市中级人民法院（以下简称贵阳中院）于2020年12月22日裁定华某焦化公司破产清算并指定管理人。破产程序启动后，因企业毗邻城市水源保护区且长期从事会产生有害废料的焦煤制气生产，贵阳中院及时核查生态环境问题，稳妥处置违规存放的2600余吨脱硫废液，并将危废物处置费1045万元列入破产费用。

全面清理公司资产后，鉴于公司资产具备一定投资和开发价值，且已有意向投资人表明投资意愿，经占股44.8%的股东兼债权人申请，贵阳中院于2021年10月29日裁定该公司转入重整程序。重整中，经公开招募，由2家企业组成的众鑫鼎盛联合体、由4家企业组成的团结工矿联合体分别作为意向投资人参与重整。经投资人、管理人、债权人委员会对2位意向投资人提交的方案分别讨论后，债权人会议分为职工债权组、税收债权组、担保债权组、普通债权人组、出资人（股东）组共5个表决组对2位意向投资人提出的重整计划草案进行竞争性表决：众鑫鼎盛联合体为投资人的重整计划草案，获职工债权组、税收债权组、担保债权组、普通债权人组4个表决组投票通过，但出资人组表决未通过；团结工矿联合体的重整方案在5个表决组中均未通过。

获得全部债权人组投票通过的众鑫鼎盛联合体为投资人的《重整计划（草案）》，根据市场变化改变企业主营业务打造立足贵阳、贵安，服务全省的现代智慧综合物流园，留用全部职工；投入8.4亿元资金，一年内分4次清偿公司债务，在抵押权人自愿放弃部分债权的基础上，全额清偿抵押债权、职工债权、税款债权；普通债权按照30万元以下全额清偿、30以上分段清偿方式分配，普通债权综合清偿率为17.91%，高于模拟清算模式下债权清偿率。贵阳中院根据债权人会议表决情况，严格审查众鑫鼎盛联合体为投资人的《重整计划（草案）》在偿债安排、经营方案、出资人权益调整等方面的合法性、可行性、合理性，于2022年5月7日裁定批准《重整计划（草案）》，终止华某焦化公司重整程序。

主要法律问题及解决途径

（一）破产企业的生态环境问题处理

破产案件中如何处理涉生态环境问题并无规定，本案规范性地处理了生态环境问题识别、处置及费用处理问题。首先，通过要求债务人自行申报、管理人进一步核查，及时识别企业违规露天存放2600余吨脱硫废液的生态环境问题。其次，在生态环境主管部门指导下，拟订《预防生态环境损害的处置方案》，并提交华某焦化公司债权人委员会审议通过。再次，发布《脱硫废液处置项目采购公告》，由行业专家、债权人及职工代表组成评审小组，择优选聘专业机构处置脱硫废液。最后，优先开展环境污染防治，在现金资产不足的情况下，争取大股东借款处置脱硫废液，1045万元的危废物处置费依法认定为破产费用，以重整投资款优先偿还。本案优先处理生态环境问题的处置方案得到包括债权人在内各方认可，在生态环境问题处理程序、整治途径、费用保障等方面进行了积极的实践探索。

在实践基础上，贵阳中院于2022年11月4日发布《审理企业破产案件中涉生态环境问题处理的工作指引（试行）》，在现行法律法规及司法解释对破产程序中涉生态环境问题的处理尚无明确规定的情况下，首次将企业破产程序中涉生态环境问题的处理规范化、制度化，把绿色发展理念贯穿于企业破产案件办理的各方面、全过程。

（二）府院联动多元共治

华某焦化公司清算转重整案审理中，通过府院协调，在法院启动“执转破”当日贵阳市政府即派工作组入驻企业开展政策宣传，有效稳定了1459名在职职工群体，并在重整执行期间帮助职工与投资人协商妥善解决再就业问题。另外，针对企业违规存放危废物造成的生态环境问题，贵州省生态环境厅固体废物与化学品处、贵阳市生态局清镇分局指导管理人拟订预防生态环境损害的处置方案，并在破产费用不足无法开展治理的情况下，府院联动共同争取股东支持垫付危废物安全处置费用，司法与行政良性互动、多元共治维护生态环境，助力绿色发展。

（三）清算转重整挽救企业

本案通过“执转破”启动破产清算程序，在对企业全面清理基础上，及时发现其市场价值。华某焦化公司位于贵阳市郊交通枢纽位置，厂区占地广（约1073亩）且自有铁路设施，除持有待开发的煤矿（贵州华某佳源煤业有限公司）股权外，还持有三家物流运输企业（贵州省晟某仓储物流有限公司、贵阳公交华某焦化有限公司、贵州能某铁路运输有限公司）控股股权，企业资产具备市场价值及经营前景。贵阳中院根据《企业破产法》第70条第2款对持股44.8%的股东贵阳静某企业管理有限公司的重整申请进行审查，经组织债权人委员会、部分股东、职工代表参加的听证会查明相关情况及债权人、股东重整后，于2021年10月29日裁定公司由破产清算转入重整程序并最终成功重整。

本案通过“执转破”、破产清算转重整等破产制度实现企业产业调整，挽救了具有经营价值的市场主体。目前重整计划执行顺利，债权按计划清偿，职工就业稳定，集货运物流、商贸物流、专业市场为一体的现代智慧综合物流园如期建设。

（四）竞争性表决选择重整投资人

重整中，经发布投资人招募公告，由2家企业组成的众鑫鼎盛联合体、由4家企业组成的团结工矿联合体分别报名参与投资人竞争。众鑫鼎盛联合体拟用自有资金投资8.4亿元，1年内清偿负债，调整产业方向打造辐射全省的现代智慧综合物流园；团结工矿联合体拟用重整企业资产融资等方式获得16.1亿元投资在5年内清偿负债并按出资额给予股东补偿，易地搬迁后继续从事焦煤制气生产。为有效保护债权人合法权益、提高重整可行性，贵阳中院采取了如下措施：一是组织意向投资人、债权人委员会、管理人、讨论投资方案，帮助意向投资人完善投资计划、债权人充分了解计划安排；二是组织债权人会议分组进行竞争性投票，充分听取债权人、出资人意见，采用公开方式竞争选择重整投资人。根据债权人会议投票结果，4个债权人组均投票通过管理人根据众鑫鼎盛联合体投资方案制作的重整计划（草案），贵阳中院在对其合法性、可行性进行审查后，以市场化方式公开选定众鑫鼎盛联合体为投资人，裁定批准该重整计划（草案）。

（五）投资人资产处置权逐步释放

在部分债权留债清偿模式下，为平衡好债权人权益保障和重整企业融资发展的需求，重整计划对公司资产处置权作了逐步向投资人释放的安排，即法院裁定通过重整计划草案后，投资人可管理、使用公司资产，但出让或设置担保等的处分权受限制，根据重整投资人支付的偿债资金相应等额向其释放资产处置权利，且土地使用权、煤矿企业股权等重要资产劣后释放。

推荐理由

法院积极推动“执转破”，通过破产程序转换重整陷入经营僵局的企业，清偿债务24.73亿元，为1459名职工提供就业保障，优先处置2600吨有环境损害风险的危废物品，有效平衡了债权公平清偿与生态保护优先之间的关系，通过环境污染防治提升企业重整价值，实现生态保护、企业纾困、债权人利益最大化的有机统一，体现破产审判与生态环境司法保护的深度融合，是“生态优先、绿色发展”原则的生动演绎，是人民法院司法服务社会发展大局的体现。

本案审理为贵阳中院率先制定规范破产程序中生态环境问题处理的规范性文件——《审理企业破产案件中涉生态环境问题处理的工作指引（试行）》提供了基础性实践样本，促成贵阳中院在现行法律规范无明确规定的情况下，立足先行先试出台规范性文件，把绿色发展贯穿于企业破产案件办理全过程。该指引从生态环境问题的识别核查、修复治理、费用安排、程序衔接、司法监督等方面，探索建立破产程序中生态环境问题处理的工作机制，平衡债权公平清偿与生态保护优先之间的关系，促进生态环境司法与行政的良性互动和多元共治，为人民法院如何在市场经济主体拯救和退出机制中助推发展方式绿色转型做出有益尝试。

三、青海华某水电开发有限公司破产重整案

企业基本情况

青海华某水电开发有限公司（以下简称华某公司）于2007年3月6日经

青海省工商行政管理局核准设立，原股东为北京鑫某集团有限公司、青海黄某水电再生铝有限公司。华某公司承建的黄河玛尔挡水电站，位于青海省海南州同德县和果洛州玛沁县交界处的黄河干流，是国家“十二五”规划建设的重点水电项目，也是首批列入国家基础设施领域鼓励社会投资的项目。该水电站装机容量220万千瓦，总库容16.22亿立方米，调节库容7.06亿立方米，是实现西电东送的重要节点工程。该项目于2010年10月开始前期工程的建设施工，先后完成导流洞、上下游围堰等施工内容，后期由于华某公司资金链断裂，建设资金不能按期足额到位，导致玛尔挡水电站停工，国家重点项目难以落地，移民安置陷入停滞，防汛隐患日趋严峻。由于庭外重组引入投资人失败，人民法院主导的破产重整方式成为解决难题的最佳路径。

案件审理情况

2020年6月15日，青海省发某投资有限公司以华某公司不能清偿到期债务，且明显丧失清偿能力为由，向西宁市中级人民法院（以下简称西宁中院）申请破产重整。同时，华某公司根据自身情况，亦主动提交破产重整申请。根据华某公司提交的财务报告载明的内容，公司资产主要为在建工程，该部分资产变现能力差，应收账款收回风险大，股权投资处置变现难度较大。且华某公司对外担保债务数额巨大，涉及大量诉讼案件，同时涉诉标的巨大，已不能清偿到期债务，且有明显丧失清偿能力的可能，符合破产案件的受理条件。西宁中院于2020年6月24日裁定受理对华某公司进行破产重整的申请，并指定北京市中某（西宁）律师事务所为管理人。

经评估审计，华某公司的资产总额141.57亿余元（其中，其他应收款约92.16亿元，占资产总额的65.09%，收回难度极大），负债总额149.19亿余元，涉及债权人122家。经公开招募遴选，最终由国家能源投某集团有限责任公司作为华某公司的战略投资人，出资62.87亿元参与破产重整。管理人与国家能源投某集团有限责任公司签署了《破产重整投资框架协议》，为成功实现重整奠定了坚实基础。西宁中院加强与政府相关部门和管理人的沟通协调，联动处置破产重整中衍生的行政事项和相关社会问题，积极参与重整计划草案的制订，统筹解决破产企业继续营业中产生的共益债务，依法稳妥推进破产重整司法程序。

2021年4月19日，西宁中院以网络会议的形式召开第二次债权人会议，各表决组均高票通过了重整计划草案。通过重整计划的有效执行，普通债权超过200万元的部分，清偿比例达43.49%。2021年4月22日，西宁中院根据华某公司管理人的申请，作出民事裁定，批准《华某公司重整计划》、终止华某公司重整程序。

2021年6月24日，玛尔挡水电站建设全面复工复产，首台机组有望于2024年3月31日发电。战略投资人国家能源投某集团有限责任公司还将依托玛尔挡水电站的地理优势，加大在青海省的投资力度，建设玛尔挡“水光风一体化”综合能源基地，积极打造“国家清洁能源产业高地”。华某公司破产重整成功并取得良好的政治效果、法律效果和社会效果。

主要法律问题及解决途径

玛尔挡水电站是黄河上游在建海拔最高、装机容量最大的水电站。案件受理之初，黄河上游区域降雨量激增，导致十年一遇的汛情，防汛度汛任务极为紧迫。针对上述紧急情况，人民法院指导管理人及时启动防汛工程第三方的优选和委托工作，确定由国家电力投某集团所属的黄河上游水电开发有限责任公司开展防汛工作，进而产生了8000余万元防汛工程费用。

对于该笔8000余万元防汛工程费用的性质是否属于共益债务，管理人内部存在不同意见。《企业破产法》第42条仅列举了六种共益债务的类型，但对于共益债务的认定标准并没有明确规定。合议庭讨论认为，防汛工程费用虽不能直接反映系为全体债权人利益而支出的共益债务特性，也与《企业破产法》第42条列举的六种情形无法从文义层面完全对应，但从统筹兼顾公共利益和债权人利益的角度出发，以及从防汛工程费用的实质化属性来看，将其认定为共益债务符合案件实际情况和破产法律精神。一方面，围堰、导流洞等加固工程是防汛度汛必须完成的工作，完成与否直接影响下游群众的生命和财产安全，直接关乎重大公共利益；另一方面，案涉工程时间跨度大，如不做必要维护，将可能导致已建成的破产财产受到损害，不利于保护债权人合法权益。此外，本案是重整程序，从长远来看，加固工程也是玛尔挡水电站重整成功后继续经营的必要措施。因此，将防汛工程费用纳入共益债务范围，有利于公共利益的保护，符合防范化解重大风险的政策导向，契合保护债权人利益的破产法律精神，也为破产重整成功奠定了坚实基础。破产重整计划草案中将该笔费用列为共益债务后，全体债权人均未提出异议。

其他审理经验

（一）分类处置破产衍生诉讼，兼顾破产审判效率与债权人利益保护

为防止破产衍生诉讼影响破产程序的推进，人民法院对衍生的诉讼，根据案件难易程度和审理周期长短等情况，分类施策，依法保护债权人合法利益的同时，有效缩短办案周期。第一，审计评估中发现华某公司通过非正常交易行为将巨额资金转入到关联公司账户，相关人员涉嫌刑事犯罪。为确保破产财产的完整性，人民法院根据管理人申请，对相关企业和个人采取了财产保全措施，同时督促管理人向公安机关移送案件线索，刑民并行，确保清产核资工作稳步推进。第二，对破产财产追回成本高，债务人清偿能力弱或丧失清偿能力的案件，依照《企业破产法》第69条第1款第6项的规定，由管理人提交债权人会议决定是否放弃追索权利，以减少破产重整经济成本和时间成本。第三，对破产债权确认等债务关系明晰的案件，组织专门审判力量，快审快结，依法保护债权人合法权益，确保破产重整计划顺利通过。第四，对因鉴定、审计等原因，审理周期较长的案件，指导管理人预留分配额，根据相关诉讼案件审理结果进行二次分配。

（二）充分发挥人民法院在制定重整计划草案中的引导作用，有效提升重整计划草案质量和重整成功率

华某公司是玛尔挡水电站的项目公司，如果破产重整失败转入破产清算程序，会导致破产企业主体消灭，水电站项目的建设和审批手续会随着公司主体资格的丧失而灭失，玛尔挡水电站的建设工作将停滞不前，甚至可能导致国家重点能源建设项目无法落地。庭外重组失败后，以人民法院为主导的破产重整工作成为稳妥、高效、低风险推动玛尔挡水电站项目重新步入正轨的最佳选择。重整计划草案的制定关系重整拯救功能能否实现。为了重整计划顺利通过并有效执行，人民法院加强与管理人、政府相关部门的沟通协调，对重整计划草案的制定多次提出具体意见建议。人民法院研究、审查重整计划草案时，不仅关注债权调整和股权调整内容，是否平等保护全体债权人利

益，还重点审核重整经营方案是否具体，是否有利于企业长远发展及未来能否恢复盈利能力，引导管理人深入分析债务人陷入困境的原因，并有针对性地制定改善生产经营的方案。最终重整计划草案约定了重整计划执行期间和执行完成后的经营模式，分阶段落实经营方案，特别对影响企业持续发展的内容进行了明确。重整计划草案中规定："十四五"期间，战略投资人承诺将继续加大在青海省投资力度，打造玛尔挡"水光风一体化"综合能源基地，发展光伏、风电、氢能等清洁能源，努力实现清洁能源装机规模新增1000万千瓦以上。第二次债权人会议表决时，各表决组高票通过重整计划草案。人民法院批准重整计划草案后3个月，管理人依照重整计划向86家债权人偿付资金4 706 522 291.63元，占第一阶段偿债总额的96.93%。破产重整后，华某公司得到全面救治，职工劳动关系继续存续，黄河上游防汛工作得到加强，债权人利益获得最大化清偿，国家重点能源建设项目全面复工建设，实现了社会效果和经济效益的最大化。

（三）人民法院与政府相关部门高效协调、联动协作，推动破产重整程序良性运行

企业破产是一项系统性工程，在企业破产程序中，人民法院依照法定程序解决债务清偿、财产分配、企业挽救等法律问题，但是职工安置、维稳风险管控和重整企业信用修复等工作需要政府相关部门牵头处理或协调解决。本案中，债务人华某公司虽属于民营企业，但其承建的工程属国家重点能源项目建设，对于推动青海"四地"建设，保护"中华水塔"、维护三江源生态安全具有重要战略意义。重整过程中，人民法院与政府有关部门协调，依法稳妥处置衍生的行政事务和社会问题。华某公司庭外重组失败后，主动提出破产重整申请，并提交公司财务账册，积极配合法院和管理人工作。第一次债权人会议召开前，人民法院加强与发改、规划、水利等政府行政主管部门的沟通协调，指导管理人拟订《破产重整战略投资人评选方案》，最终优选出国家能源投某集团有限责任公司作为华某公司的战略投资人，该公司出资62.87亿元进行重整，高出其他战略投资人报价20亿元。第二次债权人会议召开前，人民法院积极主动向政府通报可能影响重整计划草案通过的问题，政府出面协调工作，人民法院并积极与金融机构等主要债权人沟通交流，取得了主要债权人的理解和支持。重整计划草案通过后，人民法院与工商登记

主管部门沟通，送达了协助执行通知书，及时办理股权变更登记手续，撤销和解除了原股权上设定的质押担保和保全措施，协调省发改委、管理人、战略投资人和债务人办理交接手续，确保重整计划草案顺利执行。在“府院联动”模式下，法院主导司法程序的推进，政府主导维稳风险管控和行政事务协调，有效提高了破产管理人工作效率，在依法平衡各方权益、维护社会稳定的同时，拯救危困企业重新立足于市场，保障了国家重点能源项目复工建设。